TRIBUNAIS DE CONTAS
TEMAS POLÊMICOS
Na visão de Ministros e Conselheiros Substitutos

Luiz Henrique Lima
Coordenador

Marcos Bemquerer Costa
Prefácio

TRIBUNAIS DE CONTAS
TEMAS POLÊMICOS
Na visão de Ministros e Conselheiros Substitutos

2ª edição revista, ampliada e atualizada

Belo Horizonte

Fórum
CONHECIMENTO JURÍDICO

2018

© 2018 Editora Fórum Ltda.

© 2018 2ª edição

É proibida a reprodução total ou parcial desta obra, por qualquer meio eletrônico, inclusive por processos xerográficos, sem autorização expressa do Editor.

Conselho Editorial

Adilson Abreu Dallari
Alécia Paolucci Nogueira Bicalho
Alexandre Coutinho Pagliarini
André Ramos Tavares
Carlos Ayres Britto
Carlos Mário da Silva Velloso
Cármen Lúcia Antunes Rocha
Cesar Augusto Guimarães Pereira
Clovis Beznos
Cristiana Fortini
Dinorá Adelaide Musetti Grotti
Diogo de Figueiredo Moreira Neto
Egon Bockmann Moreira
Emerson Gabardo
Fabrício Motta
Fernando Rossi
Flávio Henrique Unes Pereira

Floriano de Azevedo Marques Neto
Gustavo Justino de Oliveira
Inês Virgínia Prado Soares
Jorge Ulisses Jacoby Fernandes
Juarez Freitas
Luciano Ferraz
Lúcio Delfino
Marcia Carla Pereira Ribeiro
Márcio Cammarosano
Marcos Ehrhardt Jr.
Maria Sylvia Zanella Di Pietro
Ney José de Freitas
Oswaldo Othon de Pontes Saraiva Filho
Paulo Modesto
Romeu Felipe Bacellar Filho
Sérgio Guerra
Walber de Moura Agra

Luís Cláudio Rodrigues Ferreira
Presidente e Editor

Coordenação editorial: Leonardo Eustáquio Siqueira Araújo

Av. Afonso Pena, 2770 – 15º andar – Savassi – CEP 30130-012
Belo Horizonte – Minas Gerais – Tel.: (31) 2121.4900 / 2121.4949
www.editoraforum.com.br – editoraforum@editoraforum.com.br

L732t	Tribunais de Contas: temas polêmicos: na visão de Ministros e Conselheiros Substitutos / Coordenador Luiz Henrique Lima ; prefácio de Marcos Bemquerer Costa. 2. ed. rev., ampl. e atual. – Belo Horizonte : Fórum, 2018.
	292 p.
	ISBN 978-85-450-0521-6
	1. Direito público. 2. Controle externo. 3. Direito constitucional. I. Lima, Luiz Henrique II. Costa, Marcos Bemquerer.
	CDD 341
	CDU 342

Informação bibliográfica deste livro, conforme a NBR 6023:2002 da Associação Brasileira de Normas Técnicas (ABNT):

LIMA, Luiz Henrique (Coord.). *Tribunais de Contas*: temas polêmicos: na visão de Ministros e Conselheiros Substitutos. 2. ed. rev., ampl. e atual. Belo Horizonte: Fórum, 2018. 292 p. ISBN 978-85-450-0521-6.

O grande desafio hoje não é mais a enunciação dos direitos, mas a efetivação dos direitos enunciados.

(Norberto Bobbio)

SUMÁRIO

PREFÁCIO DA PRIMEIRA EDIÇÃO
PROPOSTAS PARA UM CONTROLE EXTERNO QUE ATENDA
AOS ANSEIOS DA SOCIEDADE BRASILEIRA
Marcos Bemquerer Costa.. 13

APRESENTAÇÃO DA PRIMEIRA EDIÇÃO
Luiz Henrique Lima 19

NOTA À SEGUNDA EDIÇÃO
Luiz Henrique Lima 21

A EVOLUÇÃO (?) DO PAPEL DOS AUDITORES DOS TRIBUNAIS
DE CONTAS DO BRASIL
Cláudio Augusto Canha 23
1 Introdução 23
2 Auditor: um termo equívoco 23
3 O termo "auditor" no direito comparado 25
4 A República Velha, o surgimento dos Tribunais de Contas
  no Brasil e do cargo de auditor 27
5 Os auditores dos Tribunais de Contas após a República
  Velha e antes da Constituição de 1988 30
6 O Decreto-Lei nº 199/1967 e a "proposta de decisão" 31
7 Os auditores do Tribunal de Contas na Constituição de 1988 32
8 O sistemático desrespeito ao cargo de auditor 43
9 As tentativas legiferantes para desvalorizar a função do
  auditor e dos servidores dos Tribunais de Contas 44
10 Conclusão 50
   Referências 51

AVALIAÇÃO DA QUALIDADE E AGILIDADE DOS TRIBUNAIS
DE CONTAS DO BRASIL: NECESSIDADE DE ADEQUAÇÃO ÀS
NORMAS CONSTITUCIONAIS QUANTO À SUA COMPOSIÇÃO
Jaylson Fabianh Lopes Campelo 55

1	Introdução...	56
2	Do projeto qualidade e agilidade nos Tribunais de Contas (Revisão por Pares)...	58
3	A composição dos Tribunais de Contas na Constituição Federal...	59
4	Dos resultados da avaliação dos Tribunais (Revisão por Pares)...	63
5	Conclusão..	69
	Referências...	71

AUDITOR CONSTITUCIONAL DOS TRIBUNAIS DE CONTAS: NATUREZA E ATRIBUIÇÕES
Leonardo dos Santos Macieira.. 73

1	Introdução...	73
2	Natureza e atribuições constitucionais...........................	73
3	Inexistência de subordinação ou vinculação..................	80
4	Organização dos Tribunais de Contas.............................	82
5	Conclusão..	84
	Referências...	84

COMPOSIÇÃO E FUNCIONAMENTO DOS TRIBUNAIS DE CONTAS: ANOTAÇÕES À JURISPRUDÊNCIA DO SUPREMO TRIBUNAL FEDERAL
Luiz Henrique Lima.. 87

1	Introdução...	87
2	O modelo constitucional de composição e funcionamento dos Tribunais de Contas...	89
3	Subterfúgios utilizados para alcançar a "máxima postergação" da implantação do modelo constitucional......	95
4	A jurisprudência do Supremo Tribunal Federal e dos Tribunais de Justiça...	98
4.1	A regra da simetria	98
4.2	A regra da origem e da vinculação.................................	99
4.3	A regra da máxima efetividade e a reserva da vaga para as carreiras de Auditor (Conselheiro Substituto) e Procurador de Contas..	100
4.4	A absoluta necessidade de Auditores (Conselheiros Substitutos) selecionados por concurso público.................	105

4.5	A impossibilidade de limitar a convocação simultânea de vários Conselheiros Substitutos	106
4.6	A impossibilidade da exigência para as carreiras técnicas de requisitos diversos dos previstos na Constituição da República	107
4.6.1	Distrito Federal: Mandado de Segurança 2010.00.2.006070-1 .	108
4.7	As garantias dos Conselheiros Substitutos e o exercício das funções de judicatura	109
4.7.1	Alagoas: vedação do preenchimento de vaga reservada a Conselheiro Substituto (Mandado de Segurança 2009.002185-0)	109
4.7.2	Ceará: obrigatoriedade da distribuição originária de processos (Mandado de Segurança Cível nº 5918-31.2009.8.06.0000/1)	110
4.7.3	Sergipe: obrigatoriedade da distribuição originária de processos (Mandado de Segurança 2012.00107425)	111
4.7.4	Amazonas: obrigatoriedade da convocação de Conselheiro Substituto mediante escala específica (Mandado de Segurança 4001911-74.2012.8.04.0000)	111
4.7.5	Roraima: obrigatoriedade de realização de concurso para o cargo de Auditor (Conselheiro Substituto) (Ação Civil Pública 0817409-51.2016.8.23.0010)	112
5	Conclusão	112
	Referências	115

A ATUAÇÃO CONSTITUCIONAL DOS TRIBUNAIS DE CONTAS E DE SEUS MAGISTRADOS (COMPOSIÇÃO, ATUAÇÃO E DELIBERAÇÕES): DE EISENHOWER A ZÉ GERALDO

Licurgo Mourão, Diogo Ribeiro Ferreira 117

1	Introdução	117
2	Os Tribunais de Contas	122
3	A magistratura de contas: os Ministros, os Conselheiros e os Auditores (Ministros e Conselheiros Substitutos)	128
4	Natureza jurídica da proposta de decisão: de Eisenhower a Zé Geraldo	144
4.1	Proposta de decisão e o princípio do livre convencimento motivado	146
4.2	Proposta de decisão: etimologia e hipóteses	151
4.2.1	Hipótese de natureza jurídica de parecer ou opinativa	154
4.2.2	Hipótese de natureza jurídica de decisão	157

4.2.3	Hipótese de natureza jurídica de voto	159
5	Considerações finais	163
	Referências	166

A COMPOSIÇÃO DOS TRIBUNAIS DE CONTAS MUNICIPAIS DE SÃO PAULO E DO RIO DE JANEIRO
Alexandre Manir Figueiredo Sarquis,
Rafael Neubern Demarchi Costa 171

1	Introdução	171
2	As carreiras especializadas	172
3	Tribunais de Contas Municipais no federalismo brasileiro	174
4	O controle externo municipal na história da República	177
4.1	Período 1946-1967	177
4.2	Período 1967-1988	179
4.3	Período atual	184
5	As carreiras especializadas nos Tribunais de Contas Municipais	190
5.1	Interpretação do Judiciário Fluminense	190
5.2	Interpretação do Judiciário Paulista	190
6	Argumentos contra e a favor das carreiras especializadas nas Cortes municipais	191
6.1	Contra	191
6.2	A favor	193
7	Possibilidade de extinção dos Tribunais de Contas Municipais	195
8	Início do julgamento das ADIs 346 e 4.776	197
9	Conclusão	200
	Referências	200

EM BUSCA DA LEGITIMIDADE DA JUDICATURA DE CONTAS: O MODELO CONSTITUCIONAL
Sabrina Nunes Iocken 203

1	Introdução	203
2	Judicatura de contas: o modelo constitucional	205
2.1	Composição dos Tribunais de Contas: um modelo em descompasso com o seu alicerce de legitimidade	208
3	Das garantias constitucionais dos membros dos Tribunais de Contas	212

3.1	Das garantias orgânicas: arcabouço jurídico-constitucional ..	214
3.2	Das garantias procedimentais do julgamento de contas	217
4	Conclusão	218
	Referências	220

A LEI ANTICORRUPÇÃO E OS TRIBUNAIS DE CONTAS
Cesar Santolim 223

A CONTABILIDADE FORENSE COMO INSTRUMENTO DE CONTROLE E DE INVESTIGAÇÕES DE CRIMES PERPETRADOS CONTRA O PATRIMÔNIO PÚBLICO
Omar Pires Dias 231

1	Introdução	231
2	A importância do controle contábil e a utilidade das suas informações	234
3	Contabilidade do setor público: ferramenta de controle e suas especificidades	236
4	O uso das informações contábeis em auditorias e nas investigações de desvios de recursos	239
5	Contabilidade forense: instrumento de investigação e combate à corrupção	242
5.1	Etapas das investigações mediante o uso da contabilidade forense	245
5.2	Condutas danosas ao patrimônio público, investigadas através das informações contábeis	247
6	Conclusão	248
	Referências	250

O AUDITOR (MINISTRO/CONSELHEIRO SUBSTITUTO) DO TRIBUNAL DE CONTAS: UMA ANÁLISE DA IDENTIDADE INSTITUCIONAL E DA NATUREZA JURÍDICA DO CARGO
Milene Cunha 253

1	Introdução	253
2	Da historicidade do cargo de Auditor e sua identidade nos Tribunais de Contas brasileiros	254
2.1	Auditores (Ministros e Conselheiros Substitutos): um breve histórico	254
2.2	Da identidade do cargo nos Tribunais de Contas brasileiros..	256

2.2.1	Da inadequação da nomenclatura do cargo: dissonância com sua natureza jurídica	256
2.2.2	Da condição de membro dos Tribunais de Contas	260
3	As atribuições do cargo: natureza judicante	266
3.1	Da atribuição extraordinária e sua limitação inconstitucional	266
3.2	Da definição das atribuições ordinárias e suas assimetrias inconstitucionais	270
3.2.1	Das normas que promovem distinção na distribuição processual	279
4	Conclusão	286
	Referências	287
SOBRE OS AUTORES		291

PREFÁCIO DA PRIMEIRA EDIÇÃO

PROPOSTAS PARA UM CONTROLE EXTERNO QUE ATENDA AOS ANSEIOS DA SOCIEDADE BRASILEIRA

"Felicito o país e a República pelo estabelecimento de uma instituição que será a garantia de boa administração e o maior embaraço que poderão encontrar os governos para a prática de abusos no que diz respeito a dinheiros públicos."
(Inocêncio Serzedello Corrêa, Ministro da Fazenda, ao instalar o primeiro Tribunal de Contas, em 17 de janeiro de 1893)

    A Associação Nacional dos Auditores (Ministros e Conselheiros Substitutos) dos Tribunais de Contas (AUDICON) foi criada em 18 de fevereiro de 2009. Desde então, essa entidade vem atuando firmemente no sentido de defender os direitos e aspirações dos Ministros e Conselheiros Substitutos dos Tribunais de Contas do Brasil, buscando sempre o aprimoramento das funções de judicatura de contas desempenhadas por seus associados, segundo o modelo delineado na Constituição Federal.

    A AUDICON congrega os Ministros e Conselheiros Substitutos dos Tribunais de Contas, promovendo a cooperação e a solidariedade mútua, estreitando e fortalecendo a união desses profissionais.

    O Auditor, também denominado de Ministro Substituto ou Conselheiro Substituto, cargo de estatura constitucional (CF, art. 73, §4º), é magistrado vitalício nomeado pelo Chefe do Poder Executivo, dentre cidadãos que satisfaçam os requisitos exigidos para o cargo de Ministro e Conselheiro, mediante concurso público de provas e títulos.

Os ocupantes do cargo de Auditor têm a relevante função de substituir, no Tribunal de Contas da União, os Ministros, e, nos Tribunais de Contas dos Estados, do Distrito Federal e dos Municípios, os Conselheiros, no caso de vacância, férias, impedimentos, licenças e outros afastamentos legais. Quando não estão convocados a substituir os titulares, exercem as demais atribuições da judicatura, com assento permanente nas Câmaras e no Tribunal Pleno, além de presidir a instrução de processos a eles originalmente distribuídos.

Fazendo um breve histórico de sua origem, o cargo de Auditor do Tribunal de Contas completou, em 2014, 96 anos de existência. Instituído como corpo especial a atuar no Tribunal de Contas da União, pelo Decreto Legislativo nº 3.454, de 06 de janeiro de 1918, o quadro de Auditores, então em número de oito, recebeu, já naquela oportunidade, as funções de presidir e relatar processos de contas e substituir os Ministros, em suas faltas e impedimentos.

Com o advento da Carta Magna de 1988, o cargo foi alçado à categoria constitucional, tendo-lhe sido atribuída a competência da judicatura de contas e, para o exercício independente desse nobre mister, as garantias e impedimentos de juiz de Tribunal Regional Federal (Desembargador Federal).

Os artigos colacionados neste livro são subscritos por pessoas que têm ou tiveram alguma vinculação com o cargo de Ministro ou Conselheiro Substituto. Grande parte dos temas abordados nesta obra tem sido objeto de profícuos debates em vários fóruns sobre controle externo, em especial nos eventos em que a AUDICON é convidada a se manifestar.

Importante destacar que são assuntos de grande interesse para o controle externo, abordados por autores altamente qualificados, detentores de currículos notáveis, e que, além de dedicados estudiosos do tema, têm o conhecimento prático, decorrente da incansável e laboriosa atuação cotidiana.

A primeira abordagem trata da "evolução do papel dos auditores dos Tribunais de Contas do Brasil". O Conselheiro Substituto do Tribunal de Contas do Paraná, Cláudio Augusto Canha, aborda as mudanças nas atribuições do cargo de auditor, ao longo do tempo, confrontando-as com as expectativas da sociedade brasileira sobre controle externo.

Nesse contexto, é feita uma análise da acepção jurídica do termo "Auditor", com utilização do Direito Comparado. Depois, o enfoque passa a ser as prerrogativas desse cargo na história do Brasil, desde a primeira discriminação de atribuições contida no art. 13 do Decreto Federal nº 13.247, de 23 de outubro de 1918. O perfil técnico do cargo também é destacado, bem como a necessária ponderação entre o nível adequado de especialização e os deveres e direitos inerentes à magistratura.

O segundo tópico, a cargo do Conselheiro Substituto do TCE/PI, Jaylson Fabianh Lopes Campelo, enfoca a questão da qualidade dos trabalhos desenvolvidos no âmbito dos Tribunais de Contas do Brasil e a necessária tempestividade dos julgados dessas Cortes de Contas.

Nesse sentido, são feitas reflexões acerca das expectativas da sociedade brasileira, em especial no tocante a uma maior agilidade, com transparência e efetividade dos órgãos e poderes, refletindo-se, ainda, sobre o contexto que levou à criação dos Conselhos Nacionais,[1] órgãos colegiados, com composição plural e função de exercer o controle externo, administrativo e disciplinar, de órgãos e poderes até então fiscalizados apenas *interna corporis*.

Também os avanços são ressaltados, em especial o progresso decorrente da implantação do Programa de Modernização dos Tribunais de Contas (Promoex),[2] o qual propiciou a aproximação entre essas Cortes, com intercâmbio de produtos, troca de experiências e de ideias, compartilhamento de soluções, entre outros benefícios.

Outra questão interessante, consoante expõe o ex-Conselheiro Substituto do TCM/PA Leonardo dos Santos Macieira, é a discriminação da natureza e das atribuições do cargo de auditor, com ponderações acerca dos critérios de hierarquia e subordinação.

Em alinhamento ao que está disposto na Constituição Federal de 1988, são delimitadas duas atribuições para os auditores: de substituição e de judicatura. O papel desempenhado, portanto, assemelha-se ao de um juiz natural das Cortes de Contas, de tal forma que são asseguradas as garantias de magistrados para atuação com plena independência e sem subordinação hierárquica ou jurídica, com vinculação apenas ao ordenamento constitucional e legal, delimitando-se as diferenças com os

---

[1] O Conselho Nacional de Justiça foi criado pela Emenda Constitucional nº 45, de 08 de dezembro de 2004 (*DOU*, 31 dez. 2004).

[2] O Programa de Modernização do Sistema de Controle Externo dos Estados, Distrito Federal e Municípios Brasileiros (PROMOEX) foi instituído em 2006, com recursos financeiros do Banco Interamericano de Desenvolvimento (BID), com o objetivo geral de fortalecer o sistema de controle externo como instrumento de cidadania, incluindo o aperfeiçoamento das relações intergovernamentais e interinstitucionais, com vistas, inclusive, ao controle do cumprimento da Lei de Responsabilidade Fiscal (LC nº 101/2000).

demais cargos infraconstitucionais e infralegais que possuem a mesma denominação de auditor.

Já o Conselheiro Substituto do TCE/MT Luiz Henrique Lima enfoca a polêmica questão da composição dos tribunais de contas, em especial à luz dos entendimentos contidos na jurisprudência do Supremo Tribunal Federal.

Consoante pesquisa da Associação dos Membros dos Tribunais de Contas do Brasil (ATRICON), o modelo constitucional de composição heterogênea das Cortes de Contas ainda não foi plenamente implementado no país. Ainda segundo os dados colhidos: a) a composição dos colegiados da maioria dos tribunais de contas não contempla dois membros oriundos de carreiras técnicas (Conselheiros Substitutos e/ou Procuradores de Contas); e b) 14% desses tribunais nunca realizaram concursos para preenchimento de vagas para Conselheiros Substitutos.

Mediante análises da jurisprudência do Supremo Tribunal Federal e de julgados de diversos tribunais, é delineada a abordagem do Poder Judiciário acerca dessa questão da implantação do modelo constitucional de composição e funcionamento dos Tribunais de Contas.

Licurgo Mourão e Diogo Ribeiro Ferreira, respectivamente Conselheiro Substituto e Analista de Controle Externo do TCE/MG, apresentam extensa argumentação sobre o tema "A atuação constitucional dos Tribunais de Contas e de seus magistrados (composição, atuação e deliberações): de Eisenhower a Zé Geraldo".

Primeiramente o artigo aponta que, embora o Tribunal de Contas seja instituição essencial ao Estado Democrático de Direito, expressiva parcela da sociedade desconhece sua importância, de tal forma que suas atuações são objeto de questionamentos e, muitas vezes, alvo de interpretações equivocadas acerca do controle das contas públicas, desconsiderando-se seu papel fundamental no combate à perpetuação de eventuais fraudes e ruidosos casos de corrupção em nosso país.

É ressaltada a importância da colegialidade no julgamento efetuado pelas Cortes de Contas, com participação efetiva de todos os órgãos julgadores, de tal forma que a todos os Magistrados das Cortes de Contas deveria ser assegurada a possibilidade de proferir votos, inclusive auditores, os quais, na maioria das vezes, apenas oferecem propostas, concedendo-lhes essa prerrogativa, pelo menos nos locais que possuem assento permanente, ou seja, nas Câmaras de julgamento que existem paralelamente ao Tribunal Pleno em algumas Cortes de Contas do país.

Nesse sentido, o que se aduz é que a proposta de deliberação não possui supedâneo constitucional, representando forma de se retirar do Auditor o exercício "das atribuições da judicatura", ocasionando maior morosidade no âmbito das Cortes de Contas, pois magistrados concursados e, portanto, preparados tecnicamente, deixam de participar da votação efetiva dos julgamentos.

Considerando-se as prerrogativas e deveres assegurados a Ministros e Conselheiros Substitutos, na condição indissociável de magistrados, aduzem que não há como se conceber a permanência da sistemática da "proposta de decisão", a qual é sinônimo de retrabalho e de rejulgamento, fazendo com que o Auditor, enquanto relator, apresente um "mero parecer", sem eficácia jurídica, ou seja, apenas uma proposição sujeita a posterior "acolhimento".

Alexandre Manir Figueiredo Sarquis, Conselheiro Substituto do Tribunal de Contas de São Paulo, e Rafael Neubern Demarchi Costa, Procurador do Ministério Público de Contas de São Paulo, trazem à baila a questão específica da Composição dos Tribunais de Contas Municipais de São Paulo e do Rio de Janeiro.

Ainda acerca desse tema, o âmago da questão é a falta de posicionamento do Supremo Tribunal Federal que ainda não declarou recepcionados os Tribunais de Contas Municipais, havendo dúvidas quanto à possibilidade de extinção dessas Cortes, que não são consideradas instituições permanentes, e à faculdade que as respectivas Câmaras de Vereadores possuem de, caso julguem inoportuna sua manutenção, deliberarem sobre sua extinção.

Ao discorrer sobre a previsão constitucional para a legitimidade da judicatura de Contas, Sabrina Nunes Iocken, Conselheira Substituta do TCE/SC, argumenta que o "modelo do Estado Constitucional é, sem dúvida, a mola propulsora do redesenho das funções de Estado, que devem moldar-se às novas exigências sociais".

Nesse sentido, os Tribunais de Contas devem adotar uma postura atuante e efetiva na aplicação da lei, cabendo aos seus membros proferir decisões com total isenção, para que o controle externo seja mecanismo asseguratório de concretização das diretrizes constitucionais.

Aduz, ainda, que os julgamentos de processos relacionados ao controle externo envolvem interpretação e aplicação da lei, indução probatória e juízo de valor próprio da esfera de contas públicas.

As pressões políticas surgem, então, como tentativa de se arranhar a legitimidade institucional das Cortes de Contas, enfraquecendo seu próprio corpo de julgadores e, por conseguinte, a confiança que a sociedade deveria depositar na instituição.

O combate à corrupção também é abordado na presente obra. Cesar Santolim, Conselheiro Substituto do TCE/RS, discorre sobre o impacto da recente entrada em vigor da Lei nº 12.846/2013 (apelidada "Lei Anticorrupção") na atuação dos Tribunais de Contas, contemplando algumas situações que afetam o controle externo. Segundo o autor, nessa perspectiva de aperfeiçoamento, o que se pretende é adotar um modelo que sirva como desestímulo ao cometimento de atos de corrupção por agentes, integrantes ou não da Administração Pública.

Para fechar essa coletânea de interessantes artigos, Omar Pires Dias, Conselheiro Substituto do TCE/RO, traz pertinentes ponderações acerca da utilização da contabilidade forense como importante ferramenta de trabalho no exercício do controle externo.

No momento atual do Brasil, com manifestações eclodindo em várias cidades, este livro surge como oportunidade ímpar para se discutir a atuação dos Tribunais de Contas, com vistas ao atendimento dos anseios de uma população ávida por um efetivo combate à corrupção e à má gestão dos negócios públicos.

Esta publicação é a soma do conhecimento de autores que vivenciam ou vivenciaram a experiência e os desafios decorrentes do desempenho das elevadas atribuições dos cargos de Ministro Substituto e Conselheiro Substituto e podem retratar, com precisão, os principais aspectos associados ao exercício do controle externo no Brasil.

Sem mais delongas, sugiro ao leitor um mergulho nas páginas dessa inusitada obra que trata dos Tribunais de Contas, da composição de seus colegiados e, notadamente, com destaque, das funções desempenhadas pelos Ministros Substitutos e Conselheiros Substitutos, peças fundamentais para o pleno exercício do controle externo.

Enfim, para aqueles que se interessam pela fiscalização dos gastos públicos, este livro proporciona verdadeira degustação, dissecando assuntos polêmicos, em busca da necessária otimização dos trabalhos desenvolvidos pelas Cortes de Contas, de modo que as expectativas da sociedade brasileira relativas à atuação governamental na execução das despesas públicas possam ser atendidas.

Marcos Bemquerer Costa
Ministro Substituto do Tribunal de Contas da União e Presidente da Associação Nacional dos Auditores (Ministros e Conselheiros Substitutos) dos Tribunais de Contas do Brasil – AUDICON. Graduado em Direito, Engenharia Elétrica e Administração Postal. Possui especialização em Direito Processual Civil. Mestre em Direito pela UFPE.

APRESENTAÇÃO DA PRIMEIRA EDIÇÃO

Reunir uma seleção de artigos técnicos sobre temas relevantes para os Tribunais de Contas do Brasil, de autoria de Conselheiros e Ministros Substitutos não foi uma tarefa fácil. Não pela escassez de matéria-prima. Ao contrário, pela sua abundância. Ao longo da organização desta obra, pudemos constatar a fecunda produção intelectual dos membros da magistratura de contas cuja origem é eminentemente técnica. Em todas as regiões do país, os Tribunais de Contas dispõem de Conselheiros Substitutos altamente qualificados, que podem contribuir muito para que os órgãos de controle externo exerçam com maior efetividade as importantes competências que lhes foram atribuídas pela Constituição da República.

Assim, a maior dificuldade da organização consistiu em identificar os artigos mais relevantes para o primeiro livro patrocinado pela Associação Nacional dos Auditores (Ministros e Conselheiros Substitutos) dos Tribunais de Contas do Brasil (AUDICON). Considerando que, mesmo na área acadêmica e entre os operadores do direito, ainda há grande desconhecimento acerca dos cargos de Ministro e Conselheiro Substituto, optou-se por priorizar as contribuições que, de forma didática, apresentam as origens, características, atribuições e prerrogativas de tais cargos, bem como a jurisprudência dos Tribunais Superiores em numerosas ações envolvendo tais tópicos.

Como o leitor observará, é impressionante a resistência dos bolsões mais retrógrados da vida pública brasileira à implantação do modelo de composição e funcionamento dos Tribunais de Contas estabelecido pela Carta Cidadã de 1988. Talvez nenhum outro dispositivo constitucional tenha sido objeto de tantas tentativas de desvirtuamento e/ou flagrante inobservância como os parágrafos 1º, 2º e 4º do art. 73 da Lei Maior, que dispõem sobre os requisitos e o processo de escolha de Ministros e Conselheiros e a previsão da existência de Auditores (Ministros e Conselheiros Substitutos), a quem se atribuem funções de substituição e de judicatura. Tais tentativas incluem a omissão na criação dos cargos de Conselheiros Substitutos em diversas Cortes de Contas e/ou a não realização de concursos públicos para provê-los; o subterfúgio a expedientes diversos para procrastinar a escolha de

Conselheiros oriundos da carreira técnica; a introdução em leis orgânicas e regimentos internos de dispositivos que afrontam a dignidade constitucional do cargo, impedindo aos seus detentores a relatoria original de determinadas classes de processos e o assento permanente nos plenários e câmaras ou atribuindo-lhes funções subalternas de emissão de pareceres; e, até mesmo, manobras casuísticas para evitar a convocação imediata de Conselheiros Substitutos quando configuradas as hipóteses de vacância, licenças, férias e outros afastamentos legais.

Enquanto a sociedade brasileira clama pelo fortalecimento técnico dos órgãos de controle externo, constata-se o arraigado conservadorismo de alguns, aliado aos interesses nada republicanos de outros, para, em sentido contrário, sorrateiramente debilitar e desvirtuar o papel que a Constituição reservou aos Ministros e Conselheiros Substitutos. Os diversos artigos que compõem a primeira parte do livro documentam e desnudam esse processo, bem como expõem o repúdio que tais manobras têm merecido das mais altas instâncias do Poder Judiciário brasileiro.

Ademais, esta obra contém artigos que abordam de forma inovadora temas de grande relevância para o exercício do controle externo, como a legitimidade da judicatura de contas, a atuação dos Tribunais de Contas em decorrência das normas previstas na Lei Anticorrupção (Lei nº 12.846/2013) e a utilização da contabilidade forense como instrumento de controle e investigações de crimes perpetrados contra o patrimônio público.

Desde logo registro a existência de diversas outras contribuições de excelente qualidade que, certamente, em tempo oportuno, deverão compor novo volume da parceria ora inaugurada entre a Editora Fórum e a AUDICON.

Finalmente, agradeço ao Ministro Substituto do Tribunal de Contas da União Marcos Bemquerer, Presidente da AUDICON, pela confiança e apoio na realização deste projeto.

Luiz Henrique Lima

NOTA À SEGUNDA EDIÇÃO

Transcorridos quatro anos do lançamento da primeira edição desta obra, verifica-se que os temas abordados permanecem atuais e relevantes. Em alguns casos, situações descritas nos diversos capítulos sofreram evolução, embora nem sempre positiva. Todavia, pudemos verificar que o livro contribuiu significativamente para a compreensão da importância do cargo de Ministros e Conselheiros Substitutos dos Tribunais de Contas brasileiros, bem como para o debate de alterações constitucionais e legais no sistema de controle externo.

O ano de 2018 marca o primeiro centenário deste cargo, criado pela Lei nº 3.454/1918, cujo art. 162, inciso XXVII, §2º, letra "b" introduziu na organização administrativa pátria o cargo de Auditor do Tribunal de Contas, com a competência de relatar os processos de contas perante a Câmara de julgamento, além de substituir os Ministros em suas faltas e impedimentos.

Assim, o lançamento desta segunda edição é oportunidade para homenagear os pioneiros que o exerceram com dignidade ao longo desse período, bem como os 126 Conselheiros e Conselheiras Substitutos que atuam nos 33 TCs brasileiros, que têm desempenhado um extraordinário papel no aprimoramento do controle externo brasileiro, contribuindo para a detecção de fraudes, a correção de rumos e a melhoria dos resultados das políticas públicas. Sua qualificação acadêmica tem sido determinante para a modernização dos procedimentos de fiscalização e a evolução jurisprudencial dos órgãos de controle, cada vez mais concentrados em atuações preventivas e de orientação aos gestores públicos. Em algumas situações de grave crise institucional em que houve determinação judicial de afastamento da maioria dos membros titulares, são os Conselheiros Substitutos que têm assegurado o cumprimento da missão constitucional dos TCs, uma vez que não há democracia sem controle externo e independente da administração pública.

Nesta segunda edição, além de ajustes pontuais, foram atualizados os artigos relativos à jurisprudência do Supremo Tribunal Federal (Luiz Henrique Lima), especialmente considerando as decisões sobre as Ações Diretas de Inconstitucionalidade 374, 4.812 e 5.698, e aos Tribunais de Contas Municipais do Rio de Janeiro e São Paulo (Alexandre Sarquis e

Rafael Costa), neste caso incorporando a decisão da ADI 5.763 e o início da votação das ADIs 346 e 4.776.

Mas a principal inovação desta edição foi o acréscimo do importantíssimo artigo de Milene Cunha, que analisa com profundidade e clareza a identidade institucional e a natureza jurídica do cargo de Ministro ou Conselheiro Substituto. Trata-se de uma contribuição que enriquece sobremaneira a versão original da obra e constitui excelente estímulo à leitura, ao estudo e ao debate destes Temas Polêmicos.

Luiz Henrique Lima

A EVOLUÇÃO (?) DO PAPEL DOS AUDITORES DOS TRIBUNAIS DE CONTAS DO BRASIL

CLÁUDIO AUGUSTO CANHA

1 Introdução

O ponto de interrogação entre parênteses no título do artigo após a palavra "evolução" pretende realçar que as mudanças em relação ao cargo de auditor dos Tribunais de Contas, ao longo do tempo, mais caracterizam a acepção desse termo como sinônimo de movimento, seja contínuo, regular, circular ou para diante, do que como processo gradativo, progressivo de transformação, de mudança de estado ou condição, sinônimo de progresso, avanço, melhoria ou desenvolvimento.

A História confirma que pouco se valorizou o cargo de auditor em relação ao que foi estabelecido quando da sua criação no início do século passado. Os auditores dos Tribunais de Contas são ocupantes de cargos desconhecidos da maioria dos brasileiros, mesmo daqueles com formação nas áreas que são afetas a essa instituição.

O presente texto é uma versão condensada do que consta nas referências, cujo objetivo foi apresentar dados acerca do real papel que esses profissionais desempenham nas Cortes de Contas brasileiras, e uma comparação com aquele que deveria ser esse papel, sob a ótica dos desígnios da sociedade brasileira, conforme ficou assentado na elaboração do texto constitucional de 1988, em que, apesar de iniciar conferindo maior relevância ao segmento técnico, ao final prevaleceu a conservação do *status* anterior, com modificações que, embora relevantes, foram sufocadas pela cultura organizacional ainda vigente.

2 Auditor: um termo equívoco

Nas últimas décadas, com o predomínio das técnicas contábeis de origem anglo-saxã, que consagraram a auditoria como uma técnica de fiscalização contábil de ampla efetividade, a acepção contábil do termo "auditor" tem dominado o conceito, haja vista que o seu uso corrente normalmente remete a essa acepção.

De seu turno, a acepção jurídica desse termo tem sido constantemente olvidada.

Na acepção contábil, auditor é aquele que realiza auditoria, técnica contábil que verifica ou revisa registros, demonstrações e procedimentos da escrituração contábil.[1] Tal acepção é tão dominante que até mesmo a Associação Civil de Estudos e Pesquisas dos Tribunais de Contas do Brasil, denominada "Instituto Ruy Barbosa", registrou em seu *Glossário: termos técnicos mais comuns utilizados por Tribunais de Contas* somente essa acepção:

> AUDITOR: pessoa encarregada de realizar uma auditoria e elaborar um relatório escrito sobre essa auditoria (Boletim Interno do TCU nº 34 de 23/07/1992 – Glossário de Termos Comuns Utilizados no Âmbito do Controle Externo do TCU e do Tribunal de Contas de Portugal).[2]

Convém registrar que o termo auditor não é usado na Corte de Contas portuguesa,[3] por esse motivo não constou dos termos comuns aos Tribunais de Contas brasileiro e português. Em que pese essa constatação, o glossário retrocitado não apresenta justificativa para utilizar apenas essa definição para o termo "auditor", posto que essa obra não se cinge aos termos comuns a Brasil e Portugal.

A acepção jurídica do termo "auditor" existe e é presentemente utilizada, conquanto seja atualmente desconhecida. O eminente jurista De Plácido e Silva assim registra o vocábulo,[4] tanto na acepção jurídica como na contábil:

> AUDITOR: É título por que se designam juízes ou magistrados encarregados da aplicação de justiça em certo ramo ou espécie de jurisdição, em regra, de ordem criminal.
>
> No Direito Antigo, com o mesmo sentido de ouvidor, indicava o funcionário instruído em leis, que tinha a missão ou atribuição de informar o tribunal ou repartição pública sobre a legalidade de certos atos ou sobre

---

[1] SÁ. *Dicionário de contabilidade*.
[2] INSTITUTO RUY BARBOSA. *Glossário*: termos técnicos mais comuns utilizados por Tribunais de Contas, p. 30.
[3] Segundo a Lei nº 98, de 26 de agosto de 1997, e modificações posteriores, os componentes do Tribunal de Contas português são denominados "juízes conselheiros", sendo recrutados por concurso curricular (art. 19.º).
[4] SILVA. *Vocabulário jurídico*, p. 170.

a interpretação das leis nos casos concretos submetidos à sua apreciação. É o *consultor jurídico* da atualidade.

Segundo a aplicação atual, o vocábulo designa o juiz de direito agregado aos tribunais de jurisdição especial: *auditor de guerra* ou *auditor de marinha*. *Auditor*. Na linguagem técnica da contabilidade, é a palavra empregada para distinguir o *perito* ou *técnico* de contabilidade, a que se comete o encargo de examinar e dar parecer sobre a escrituração mercantil de um estabelecimento comercial, atestando, igualmente, a sua exatidão, em confronto com os documentos, de que se originaram os lançamentos ou assentos constantes da escrita e a veracidade do balanço geral, que lhe foi mostrado para exame.

Forçoso destacar o emprego no Tribunal de Contas da União (TCU) de ambas as acepções: os auditores, internamente denominados ministros-substitutos,[5] e os auditores federais de controle externo,[6] servidores públicos da Secretaria do Tribunal, responsáveis pela execução da fiscalização a cargo daquela Corte de Contas, incluindo-se entre as suas atribuições a realização de auditorias governamentais.

3 O termo "auditor" no direito comparado

O objetivo aqui é demonstrar que o termo "auditor" é usado, em sua acepção jurídica, nos países que serviram de modelo para implantação do Tribunal de Contas no Brasil. Ruy Barbosa, na célebre Exposição de Motivos do Decreto nº 966-A, cita expressamente a Corte de Contas italiana, motivo pelo qual será objeto de estudo neste artigo, bem como a Corte de Contas francesa, que serviu de inspiração para as demais cortes europeias que empregam o modelo "Tribunais de Contas",[7] entre elas, a italiana, e, como essa, também foi citada por Ruy Barbosa.

Nesse diapasão, deixam de ser abordados os modelos de outros tribunais de contas europeus, haja vista que, no que tange ao objeto desse estudo, as diferenças em relação à França e à Itália não descaracterizam a sua natureza primordial: os órgãos que julgam contas são compostos por membros de comprovada capacitação e formação técnica.

---

[5] Expressão utilizada no Regimento Interno do Tribunal de Contas da União, mas estranha à sua Lei Orgânica, Lei Federal nº 8.443, de 16 de julho de 1992, que emprega exclusivamente o termo "auditor".

[6] Denominação adotada conforme art. 4º da Lei Federal nº 11.950, de 17 de junho de 2009, em substituição à expressão "analista de controle externo".

[7] Assim entendido como o órgão que tem como missão precípua o julgamento de contas dos administradores públicos.

Deixa de ser abordado o modelo anglo-saxão (auditoria-geral), posto que essas instituições não têm competência para julgamento de contas, sendo sua missão precípua auxiliar o Poder Legislativo na fiscalização financeira. Por esse mesmo motivo não será abordado o modelo alemão, pois, conquanto seja um órgão colegiado, suas decisões não constituem julgamento de contas.

É preciso lembrar que França e Itália utilizam dualidade de jurisdição, ou seja, no Poder Judiciário desses países, há órgãos específicos para julgar as causas que envolvem o poder público.

Na França, o termo *Auditeur* é empregado no Código de Justiça Administrativa (*Code de Justice Administrative*) para designar os magistrados oriundos da Escola Nacional de Administração.

O mesmo termo é empregado na Lei Orgânica da Magistratura (*Loi Organique relative au Statut de La Magistrature*) para os juízes que compõem o grau inicial da magistratura, recrutados por concurso público, após realizarem o curso da Escola Nacional da Magistratura.

A *Cours de Comptes* segue a mesma orientação da justiça francesa, tanto na justiça administrativa quanto na justiça comum, ou seja, o grau inicial da magistratura de contas recebe também a denominação de *auditeur*.

Na justiça italiana, até a edição da Lei nº 111, de 30 de julho de 2007, o magistrado de início da carreira era denominado *Uditor* e, a partir de então, passou a receber a denominação de *Magistrato Ordinario*.

Na justiça administrativa italiana, pela Lei nº 186, de 27 de abril de, 1982 (*Ordinamento della Giurisdizione Amministrativa*), o magistrado de grau inicial é denominado *Referendario*, mesmo termo utilizado na *Corte dei Conti* para o cargo que equivale ao de auditor.

É de se notar, portanto, que a República Italiana e a República Francesa adotaram a mesma postura, designando o posto de entrada na magistratura de contas com a mesma denominação utilizada para os magistrados de primeira entrância na justiça administrativa.

Além da proximidade dos termos utilizados nas justiças e nas cortes de contas de ambos os países, quanto ao provimento de cargos também há coincidência: a formação técnica é requisito primordial na escolha dos magistrados de contas.

Conforme consta do Título II do Livro I do *Code de Juridictions Financières*, nos dispositivos referentes à sua organização, a *Cours de Comptes* é composta por *Conseillers-Maîtres*, *Conseillers Référendaires* e *Auditeurs* de 1ª e 2ª classe.

Os *Auditeurs* de 2ª classe até o ano de 1945 eram recrutados mediante concurso público específico.[8] Após esse período, até os dias de hoje, são arregimentados da Escola Nacional de Administração. Após um período de dezoito meses, estão aptos a desempenharem as funções de *Auditeurs* de 1ª classe.

Três quartos das vagas de *Conseillers Référendaires* são destinados aos *Auditeurs* de 1ª classe. O quarto restante é reservado a funcionários públicos da área de finanças com pelo menos dez anos de serviço.

Dois terços das vagas de *Conseillers-Maîtres* são reservadas aos *Conseillers Référendaires*, sendo o terço restante endereçado, em sua maior parte, a funcionários públicos da área de finanças com pelo menos quinze anos de serviço, e, em sua minoria, a funcionários públicos de outras áreas com pelo menos quinze anos de serviço.

Na Itália, a formação técnica também é imprescindível aos componentes da *Corte dei Conti*. Da mesma forma adotada para a admissão dos magistrados da *Giurisdizione Amministrativa* (art. 16 da Lei nº 186, de 27 de abril de 1982), para a nomeação no cargo de *Referendario* da *Corte dei Conti* é exigido concurso público (art. 12 da Lei nº 1345, de 20 de dezembro de 1961).

Os demais postos da magistratura de contas italiana são reservados aos magistrados de nível imediatamente inferior, exceto no que tange ao posto de *Consiglieri*, em que metade das vagas é reservada a funcionários públicos da *Corte dei Conti* e dos demais órgãos da administração que cumpram os requisitos previstos em lei (art. 7º da Lei nº 655, de 06 de maio de 1948, com a redação dada pela Lei nº 385, de 08 de julho de 1977).

A outra metade é composta de oriundos do cargo de *Primo Referendario*.

4 A República Velha, o surgimento dos Tribunais de Contas no Brasil e do cargo de auditor

Ainda durante o Império, diversas personalidades defenderam a criação de um Tribunal de Contas, o que somente viria a ocorrer após a proclamação da República.

Entre essas personalidades, é imperioso destacar a figura do Visconde do Uruguay, que exerceu diversos cargos públicos e é considerado um dos maiores juristas brasileiros na área de direito público.

---

[8] DUVERGER. *Finances publiques*.

Em sua obra intitulada *Ensaio sobre o direito administrativo*, de 1862, defende a separação entre a política e a administração pública. Em outra de suas obras,[9] discorre acerca de uma consulta da então província de Sergipe, estabelecendo razões para a criação de Tribunais de Contas e explicando tanto a inadequação da prestação de contas ser julgada perante as assembleias provinciais quanto a inadequação de ser prestada às tesourarias provinciais.[10]

(...)

Caso do Sergipe. Consulta do 29 de Outubro de 1845.

§276.
As Thesourarias?

Serão mais proprias as Thesourarias provinciaes? Compoem-se ellas de agentes subalternos, dependentes do Presidente, que lhes pode fazer bem, e muito mal.

Não tem os empregados das Thesourarias provinciaes a posição e independencia que requer um Tribunal de contas·. Um Presidente demittirá o empregado que souber não ser favoravel às suas contas. Outro tirará o pão à familia de um antigo servidor por entender que foi favoravel a seu antecessor, do que ha exemplo.

§277.
Serão creadas nas Províncias Repartições Independentes, Tribunaes provinciaes de contas?

A primeira e indispensavel qualidade que devem ter os membros de um Tribunal de contas é uma inteira independencia, principalmente daquelles cujas contas tomão. Não podem ser independentes sem uma alta posição, e se não tiverem vencimentos que os ponhão acoberto da necessidade.

Não deve ser tão diminuto o numero dos membros de um semelhante Tribunal que fique tudo apenas dependente de um ou dous individuos. É preciso que sejão uns contrastados por outros, e que seja revisto por outros o que cada um faz e prepara.

Semelhantes Tribunaes não podem deixar de ser mais ou menos numerosos, mais ou menos dispendiosos.

Já demonstrei no meu Ensaio sobre o Direito Administrativo que a nossa organisação administrativa provincial era muito pesada, e dispendiosa

---

[9] SOUZA. Visconde do Uruguay. *Estudos práticos sobre a Administração das Províncias no Brasil*, p. 341-345.

[10] O trecho grifado em itálico, que estão nas primeiras linhas do §277, corresponde a uma citação feita pelo Exmº Sr. Temístocles Brandão Cavalcanti no artigo "O Tribunal de Contas: órgão constitucional: funções própria e funções delegadas", em conferência realizada em São Paulo nas comemorações do 25º aniversário do Tribunal de Contas do Estado, em 09de junho de 1972, e publicado na *Revista do Tribunal de Contas da União* (Brasília, ano 4, n. 4, p. 37-46, abr. 1973).

para um paiz pouco povoado, sobretudo para Provincias pobres e em grande parte desertas.

Se juntarmos a esse pesado e dispendioso machinismo mais essa mola, uma Repartição de contas, ficará muito mais pesado e dispendioso. (sem grifos no original)

Na Exposição de Motivos do Decreto nº 966-A (*Revista do Tribunal de Contas da União*, Brasília, v. 1, n. 1, p. 253-262, 1970), que criou o Tribunal de Contas da União, Ruy Barbosa realça a independência e imparcialidade que os membros da Corte de Contas deveriam ter para bem desempenhar suas funções. A par disso, defende que a Corte de Contas seguisse o modelo italiano, que em sua opinião seria mais efetivo no combate a fraudes e malversações do dinheiro público:

(...) a medida que vem propor-vos é a criação de um Tribunal de Contas, *corpo de magistratura intermediaria à administração e à legislatura*, que, colocado em posição autônoma, com attribuições de revisão e julgamento, cercado de garantias – contra quaisquer ameaças, possa exercer as suas funções vitais no organismo constitucional, sem risco de converter-se em instituição de ornato aparatoso e inútil.

(...)

Dois tipos capitais discriminam essa instituição, nos países que a têm adotado: o francês e o italiano.

(...)

No primeiro sistema a fiscalização se limita a impedir que as despesas sejam ordenadas, ou pagas, além das faculdades do orçamento. No outro a ação dessa magistratura vai muito mais longe: antecipa-se ao abuso, atalhando em sua origem os atos do poder executivo susceptíveis de gerar despesa ilegal.

(...)

Dos dois sistemas, o ultimo é o que satisfaz cabalmente os fins da instituição, o que dá toda a elasticidade necessária ao seu pensamento criador. Não basta julgar a administração, denunciar o excesso cometido, colher a exorbitância, ou a prevaricação, para as punir. Circunscrita a estes limites, essa função tutelar dos dinheiros públicos será muitas vezes inútil, por omissa, tardia, ou impotente. *Convém levantar, entre o poder que autoriza periodicamente a despesa e o poder que quotidianamente a executa, um mediador independente, auxiliar de um e de outro, que, comunicando com a legislatura, e intervindo na administração, seja, não só o vigia, como a mão forte da primeira sobre a segunda*, obstando a perpetração das infrações orçamentarias por um veto oportuno aos atos do executivo, que direta ou indireta, próxima ou remotamente discrepem da linha rigorosa das leis de finanças. (sem grifos no original)

Contrariando a lição de Visconde do Uruguay, o Tribunal de Contas da União foi criado com um corpo deliberativo de apenas quatro membros (art. 1º, §1º, do Decreto nº 392, de 08 de janeiro de 1896). O cargo de auditor somente foi criado na reforma promovida no governo Venceslau Braz,[11] a qual também ampliou o número de ministros para nove, sendo todos nomeados pelo Presidente da República, não havendo requisitos legais para o preenchimento das vagas.

Aos auditores foi atribuída a competência para relatar, perante a Segunda Câmara, os processos de tomada de contas e substituir os ministros de qualquer das Câmaras nas suas faltas e impedimentos. Para ocupar o cargo de auditor, o indicado pelo Presidente da República deveria ser bacharel em direito.

As atribuições dos auditores foram discriminadas no art. 13 do Decreto Federal nº 13.247, de 23 de outubro de 1918, cuja leitura permite inferir que os auditores somente gozavam das prerrogativas da magistratura quando substituindo ministros.

O texto desse decreto é bem claro ao atribuir aos auditores a relatoria de processos de contas, mas dando a entender que o relator não teria direito a voto, posto que essa prerrogativa somente era conferida aos ministros.

Isso porque, ao se referir aos ministros, o texto atribui as competências para relatar, discutir e votar (art. 49, inciso I), ao passo que aos auditores somente é atribuída a competência para relatar (art. 50, inciso I).

Em face da adoção de um novo Código de Contabilidade (Lei nº 4.536, de 28 de janeiro de 1922), foi editada uma nova Lei Orgânica para o TCU (Decreto nº 15.770, de 1º de novembro de 1922), que, apesar de modificações de estilo, manteve inalteradas as competências de ministros e auditores (arts. 46 e 47, respectivamente) no que tange a julgamento de contas.

5 Os auditores dos Tribunais de Contas após a República Velha e antes da Constituição de 1988

Durante os anos Vargas, em face da característica dos governos autocráticos de não se submeterem a efetivo controle de finanças, o cargo de auditor perdeu importância, acompanhando a falta de prestígio da Corte de Contas.

---

[11] A Lei nº 3.454, de 06 de janeiro de 1918, que fixava despesas no exercício financeiro, criou oito cargos de auditor, que compunham o denominado "corpo especial" (art. 162, §2º, alínea *b*).

A redemocratização do país reavivou a importância do Tribunal de Contas, na esteira das demais instituições democráticas. Foi editada uma nova Lei Orgânica para o TCU – a Lei Federal nº 830/1949 – que, em relação aos auditores, manteve o número de cargos em quatro (art. 25, *caput*) e inovou ao estabelecer concurso público para seu provimento (metade das vagas por concurso interno entre funcionários do próprio Tribunal e metade das vagas por concurso externo).

No que tange às competências, a lei estabeleceu que, em se tratando de processos de tomada de contas, os auditores funcionariam junto às duas Câmaras, e junto ao Tribunal Pleno, em recursos naquela espécie processual, com as atribuições previstas na própria lei (art. 22). Mas a lei não estipulou outras atribuições aos auditores, apenas remeteu ao regimento interno a incumbência de regular o processo no âmbito do Tribunal.

Mas o desrespeito com o cargo de auditor também existiu nesse período. Prova disso consta do *Diário Oficial dos Estados Unidos do Brasil*, de 11 de janeiro de 1950, em que consta a ata da sessão de discussão e aprovação das Normas Regimentais (Seção I, p. 536-539). Ali, o Ministro Alvim Filho, designado como relator, deixa exposta a ideia de que os auditores somente poderiam votar quando em substituição, já que, afora tal hipótese, não estavam ao abrigo das garantias da magistratura. A seguir, o relator utiliza os argumentos expendidos no Senado Federal, por ocasião da análise do projeto que deu origem à Lei Federal nº 830/1949, para marcar a posição de que as atribuições dos auditores deveriam ser tratadas regimentalmente.

6   O Decreto-Lei nº 199/1967 e a "proposta de decisão"

Em 1964 um regime autocrático é instalado no país e o TCU novamente se vê desprestigiado.

Com a publicação do Decreto-Lei nº 199/67, é instituída uma nova Lei Orgânica para o TCU. Assim como foi determinado na lei orgânica anterior, no que é referente aos auditores, ficou a cargo do Regimento Interno estabelecer as suas atribuições (art. 12, §3º).

Apenas em 1977 é adotado um novo Regimento Interno (Resolução Administrativa nº 14, de 12 de dezembro de 1977). Ali ficou estabelecido um aparente avanço no papel dos auditores. Além de relatar os processos, desta feita sem estarem limitados às prestações de contas, os auditores passariam a apresentar "proposta de decisão" (art. 73, inciso

IV), que poderia ser acatada pelo órgão colegiado como solução para a questão em apreciação.

7 Os auditores do Tribunal de Contas na Constituição de 1988[12]

O projeto elaborado pela Comissão Affonso Arinos (f. 53-55 do volume 576 – arts. 205 a 217 do texto do projeto de Constituição) trazia uma única referência aos auditores no art. 210, *caput*, que estabelecia que um quinto das vagas de ministros seria preenchido por auditores ou outros substitutos legais dos titulares ou, ainda, por membros do Ministério Público que tenham servido junto ao Tribunal por pelo menos cinco anos. Não consta do projeto a justificativa para a adoção desse critério, mas é evidente e inegável, quanto à participação do Ministério Público, sua semelhança com o quinto constitucional das vagas de tribunais superiores destinadas a advogados e membros do *Parquet*.

Tal projeto, apresentado pelo Poder Executivo à Assembleia Nacional Constituinte, não foi seguido. O passo seguinte na elaboração da constituição foi a realização, pelas diversas comissões, de audiências públicas a fim de que fossem elaborados os anteprojetos.

Na apresentação do anteprojeto, o relator da subcomissão Vb (Subcomissão de Orçamento e Fiscalização Financeira), Deputado Constituinte José Luiz Maia (f. 4 do volume 151), exaltou o fato de o projeto ter estabelecido critérios técnicos para a escolha dos ministros do TCU, o que seria consonante com o restabelecimento da democracia no país:

> inovamos, em certa medida, no que respeita à composição do TCU: os cargos de Ministros serão preenchidos sob critérios mais democráticos, mais participativos, evitando-se, no limite do possível, a predominância de fatores políticos na formação daquele colegiado.

O texto desse anteprojeto, no que diz respeito à composição da Corte de Contas e dos auditores, vinha vazado nos seguintes termos (volume 151):

> Art. 31. Os Ministros do Tribunal de Contas da União serão nomeados pelo Presidente da República, dentre brasileiros maiores de trinta e cinco anos, obedecidas as seguintes condições:

---

[12] As referências desta seção (páginas e volumes) são dos Anais da Assembleia Constituinte. Disponível em: <www.camara.gov.br>. Acesso em: 03 mar. 2009 a 30 dez. 2011.

I – dois terços, após aprovada a escolha pelo Congresso Nacional, dentre cidadãos de reputação ilibada e de notórios conhecimentos jurídicos, econômicos, financeiros ou de administração pública;
II – um terço entre auditores, indicados pelo Tribunal, segundo os critérios de antiguidade e merecimento.

§1º – Os Ministros terão as mesmas garantias, prerrogativas, vencimentos e impedimentos dos Ministros do Tribunal Federal de Recursos, e somente poderão aposentar-se com as vantagens do cargo após cinco anos de efetivo exercício.

§2º – Além de outras atribuições definidas em lei, os auditores, que têm as mesmas garantias, prerrogativas e impedimentos dos titulares, substituirão os Ministros em suas faltas e impedimentos.

Nota-se, em relação ao projeto encaminhado pelo Poder Executivo, que a representação dos auditores aumentava do quinto para o terço do total de número de ministros, bem como conferia aos auditores garantias, prerrogativas e impedimentos da judicatura, mas somente quando em substituição.

No que tange ao objeto tratado neste texto, foram aprovadas as emendas 5B0048-2 (f. 65 do volume 152) e 5B0078-4 (f. 115, 116 do volume 152), que incluiu a participação de membros do Ministério Público na composição do Tribunal, em respeito à tradição do direito brasileiro, e a emenda 5B0163-2 (f. 224-226 do volume 152), que deu a redação final dos dispositivos, desvinculando a nomeação dos ministros pelo Chefe do Poder Executivo, a fim de afastar a sua influência, e estabelecendo a maioria da formação do colegiado por técnicos, entre auditores e procuradores e mediante concurso público, considerado pelos componentes da Subcomissão como melhor processo de aferição de capacitação profissional em qualquer área do conhecimento humano.

Após a apresentação de emendas pelos constituintes, o relator apresentou a redação final do anteprojeto da Subcomissão Vb (volume 154):

> Art. 27. Os Ministros do Tribunal de Contas da União serão nomeados pelo Presidente do Congresso Nacional, dentre brasileiros maiores de trinta e cinco anos, obedecidas as seguintes condições:
> I – um terço dentre cidadãos de reputação ilibada e de notórios conhecimentos jurídicos, econômicos, financeiros ou de administração pública, escolhidos pelo Congresso Nacional;
> II – um terço entre auditores e membros do Ministério Público junto ao Tribunal, por este indicados, segundo os critérios, em ambos os casos, de merecimento e antigüidade;
> III – um terço mediante concurso público de provas e títulos.

§1º – Os Ministros terão as mesmas garantias, prerrogativas, vencimentos e impedimentos dos Ministros do Tribunal Federal de Recursos, e somente poderão aposentar-se com as vantagens do cargo após cinco anos de efetivo exercício.

§2º – Além de outras atribuições definidas em lei, os auditores, que têm as mesmas garantias, prerrogativas e impedimentos dos titulares, substituirão os Ministros em suas faltas e impedimentos.

Ressalte-se o fato de que a Emenda 5B0163-2 conferiu aos auditores permanentemente as garantias, prerrogativas e impedimentos da judicatura. A representação técnica permanecia em um terço do total de ministros, ainda que em detrimento dos auditores, ao incluir os membros do Ministério Público.

Na Comissão V, o texto anterior foi modificado por emendas que foram aprovadas parcialmente. Os textos das emendas não permitem concluir quais partes foram aprovadas e quais deixaram de ser. É preciso uma visão global para se chegar ao texto apresentado pelo relator, segundo as razões por ele expendidas em seu relatório (f. 21 do volume 146):

O art. 57 do Substitutivo corresponde ao art. 27 do Anteprojeto, porém altera-lhe substancialmente o conteúdo: a composição do TCU continuaria resultante da indicação pelo Presidente da república, de ministros vitalícios, mas apenas 1/3; os 2/3 restantes seriam escolhidos pelo Congresso Nacional (metade dentre profissionais indicados por entidades representativas, e outra metade oriunda de Auditores e Procuradores junto ao próprio TCU), todavia para exercerem mandato de seis anos. Os parágrafos foram mantidos com pequenas adaptações.

Embora não houvesse emendas que alterassem o texto do art. 27, §2º, do Anteprojeto da Subcomissão Vb, que havia conferido aos auditores permanentemente as garantias, prerrogativas e impedimentos da judicatura, foi restabelecida a redação do anteprojeto inicial, para estabelecer que somente durante as substituições os auditores gozariam dessas disposições.

Diante desse silêncio, é de se presumir que essa alteração tenha sido fundamentada apenas como "pequena adaptação", gerando conflito insolúvel com a magnitude de seu impacto sobre a independência da função de auditor.

Essa "pequena adaptação" perdurou até o segundo substitutivo apresentado pela Comissão de Sistematização, em que foi incluída a previsão de garantias e impedimentos de juiz de Tribunal Regional Federal aos auditores no exercício das demais funções da judicatura.

A redação inicial do Anteprojeto Comissão V ficou da seguinte forma (volume 142):

> Art. 57. Os Ministros do Tribunal de Contas da União serão nomeados pelo Presidente do Congresso Nacional, dentre brasileiros maiores de trinta e cinco anos, de reputação ilibada e notórios conhecimentos jurídicos, econômicos, financeiros ou de administração pública, obedecidas as seguintes condições:
>
> I - um terço, indicado pelo Presidente da República, com aprovação do Congresso Nacional;
>
> II - dois terços, escolhidos pelo Congresso Nacional, com mandato de seis anos, não renovável, sendo:
>
> a) um terço dentre profissionais indicados por entidades representativas da sociedade civil, na forma que a lei estabelecer;
>
> b) um terço entre Auditores, substitutos legais de Ministros, ou membros do Ministério Público junto ao Tribunal de Contas, por este indicado, em lista tríplice.
>
> §1º - Os Ministros, ressalvada a não-vitaliciedade na hipótese do exercício de mandato, terão as mesmas garantias, prerrogativas, vencimentos e impedimentos dos Ministros do Tribunal Federal de Recursos, e somente poderão aposentar-se com as vantagens do cargo após cinco anos de efetivo exercício.
>
> §2º - Além de outras atribuições definidas em lei, os Auditores, quando em substituição aos Ministros, em suas faltas e impedimentos, têm as mesmas garantias, prerrogativas e impedimentos dos titulares.

Das emendas apresentadas à redação inicial do anteprojeto da Comissão V (volume 143), a única que foi aprovada e se refere ao objeto em estudo é a Emenda nº 5S0344-2, que retirou o critério de idade mínima de 35 anos do *caput* do art. 57.

Com as alterações, ficou assim ficou a redação final do Anteprojeto da Comissão V (volume 146):

> Art. 61. Os Ministros do Tribunal de Contas da União serão nomeados pelo Presidente do Congresso Nacional, dentre brasileiros de reputação ilibada e notórios conhecimentos jurídicos, econômicos, financeiros ou de administração pública, obedecidas as seguintes condições:
>
> I - um terço, indicado pelo Presidente da República, com aprovação do Congresso Nacional;
>
> II - dois terços, escolhidos pelo Congresso Nacional, com mandato de seis anos, não renovável, sendo:
>
> a) um terço dentre profissionais indicados por entidades representativas da sociedade civil, na forma que a lei estabelecer;

b) um terço entre Auditores, substitutos legais de Ministros, ou membros do Ministério Público junto ao Tribunal de Contas, por este indicado, em lista tríplice, alternadamente, segundo os critérios de antiguidade e de merecimento.

§1º – Os Ministros, ressalvada a não-vitaliciedade na hipótese do exercício de mandato, terão as mesmas garantias, prerrogativas, vencimentos e impedimentos dos Ministros do Tribunal Federal de Recursos, e somente poderão aposentar-se com as vantagens do cargo após cinco anos de efetivo exercício.

§2º – Além de outras atribuições definidas em lei, os Auditores, quando em substituição aos Ministros, em suas faltas e impedimentos, têm as mesmas garantias, prerrogativas e impedimentos dos titulares.

O Anteprojeto da Comissão de Sistematização (volumes 219, 220) apenas reincluiu a idade mínima de 35 anos para a escolha de ministros e incluiu na redação a expressão "idoneidade moral" entre os critérios para escolha de tal cargo. Também foi substituída a denominação "Tribunal Federal de Recursos" para "Superior Tribunal de Justiça".

Não houve aprovação de alterações do texto do anteprojeto no que concerne a este estudo (volumes 221, 222), ficando conforme a seguir o texto do Projeto da Comissão de Sistematização (volume 226):

Art. 145 Os Ministros do Tribunal de Contas da União serão nomeados pelo Presidente do Congresso Nacional, dentre brasileiros maiores de trinta e cinco anos, de idoneidade moral, de reputação ilibada e notórios conhecimentos jurídicos, econômicos, financeiros ou de administração pública, obedecidas as seguintes condições:

I – um terço, indicado pelo Presidente da República, com aprovação do Congresso Nacional;

II – dois terços, escolhidos pelo Congresso Nacional, com mandato de seis anos, não renovável, sendo:

a) um terço dentre profissionais indicados por entidades representativas da sociedade civil, na forma que a lei estabelecer;

b) um terço entre Auditores, substitutos legais de Ministros, ou membros do Ministério Público junto ao Tribunal de Contas, por este indicado, em lista tríplice, alternadamente, segundo os critérios de antiguidade e de merecimento.

§1º – Os Ministros, ressalvada a não-vitaliciedade na hipótese do exercício de mandato, terão as mesmas garantias, prerrogativas, vencimentos e impedimentos dos Ministros do Superior Tribunal de Justiça, e somente poderão aposentar-se com as vantagens do cargo após cinco anos de efetivo exercício.

§2º – Além de outras atribuições definidas em lei, os Auditores, quando em substituição aos Ministros, em suas faltas e impedimentos, têm as mesmas garantias, prerrogativas e impedimentos dos titulares.

Com aprovação de emendas apresentadas ao Projeto da Comissão de Sistematização (volumes 227-229), juntamente com o parecer do relator sobre cada uma delas (volume 234), a redação do Primeiro Substitutivo da Comissão de Sistematização (volume 235) ficou como transcrito integralmente a seguir, sendo a mais relevante alteração a supressão das alíneas do inciso que reservava vagas aos auditores e a representantes de entidades profissionais. Além dessa alteração, há a supressão do termo "prerrogativas" no §2º do art. 145, entre "garantias" e "impedimentos", cuja fundamentação não foi encontrada:

Art. 106. O Tribunal de Contas da União, com sede no Distrito Federal e quadro próprio de pessoal, tem jurisdição em todo o território nacional, cabendo-lhe:

I – elaborar seu Regimento Interno;

II – eleger seu Presidente e Vice-Presidente; e

III – exercer, no que couber, as atribuições previstas no artigo 138.

§1º Os Ministros do Tribunal de Contas da União serão escolhidos dentre brasileiros maiores de trinta e cinco anos, de idoneidade moral, de reputação ilibada e notórios conhecimentos jurídicos, econômicos, financeiros ou de administração pública, obedecidas as seguintes condições:

I – um terço, indicado pelo Presidente da República, com aprovação do Senado da República;

II – dois terços, escolhidos pelo Congresso Nacional, com mandato de seis anos, não renovável.

§2º – Os Ministros, ressalvada a não-vitaliciedade na hipótese do exercício de mandato, terão as mesmas garantias, prerrogativas, vencimentos e impedimentos dos Ministros do Superior Tribunal de Justiça e somente poderão aposentar-se com as vantagens do cargo após cinco anos de efetivo exercício.

§3º – Os Auditores, quando substituindo Ministros, em suas faltas e impedimentos, têm as mesmas garantias e impedimentos dos titulares.

Entre as emendas que alteraram o texto do Primeiro Substitutivo da Comissão de Sistematização (volumes 236-239) porque tiverem parecer favorável do relator (volume 241), merecem destaque aquelas que incluíram parágrafo atribuindo as garantias da magistratura aos auditores mesmo quando não estivessem em substituição (Emendas ES22052-7, ES22209-1, ES22210-4, ES22212-1, ES23332-7, ES26271-8, ES26272-6, ES27492-9, ES28037-6, ES28120-8 e ES32879-4). Como as razões de cada uma das emendas são muito semelhantes (quando não são rigorosamente idênticas), é transcrita a justificação da primeira emenda citada – Emenda ES22052-7:

JUSTIFICAÇÃO

Os auditores são os juízes permanentes do Tribunal de Contas que têm por missão relatar os processos que são distribuídos entre eles e os Ministros titulares.

Mesmo quando não estão substituindo os Ministros, estão ao lado deles relatando e fazendo propostas de decisões que constituem inequivocamente atos de judicatura.

Por isso é necessário que mesmo nessa situação e, especialmente nelas, estejam protegidos pelas garantias tradicionais da magistratura. Se quando substituem são equiparados aos Ministros, quando executam as atribuições da sua judicatura, sem substituírem, devem, por hierarquia, ser equiparados aos juízes dos Tribunais Regionais Federais.

Também merecedoras de destaque as emendas (ES20918-3, ES22210-4, ES23332-7, ES25743-9, ES26271-8, ES27491-1 e ES28037-6) que recolocaram no teto do projeto a destinação de duas vagas para os auditores, usando como pilar a comparação com o Superior Tribunal Militar. Como as razões de cada uma das emendas, quando não são idênticas, são muito semelhantes, é transcrita a justificação da primeira emenda citada – Emenda ES20918-3:

JUSTIFICAÇÃO

A participação dos Auditores, que são juízes substitutos dos Ministros, na composição da Corte é um ato de justiça, a exemplo do que já ocorre com os Auditores da Justiça Militar.

Os projetos anteriores da Comissão Temática e da Comissão de Sistematização consagraram essa conquista e lhe deram 1/3 da composição, juntamente com o MP.

Agora o que se pretende é que apenas 2 (dois) dos 9 ministros da Corte sejam escolhidos dentre os Auditores para composição da Corte.

Os Auditores são bacharéis que se submeteram a concurso de provas e títulos e contribuem com a sua experiência e tirocínio para manter a coerência e prestígio do Tribunal.

Sua ascensão é um prêmio ao mérito e à antiguidade e constitui uma justa promoção em sua carreira, valorizando e dignificando a função pública.

É de se notar que a supressão do termo "prerrogativas" para os auditores permaneceu (§§3º e 4º), conquanto não tenha sido encontrada justificativa para tal. A redação final do Segundo Substitutivo da Comissão de Sistematização assim ficou (volume 244):

Art. 83. O Tribunal de Contas da União, integrado por onze Ministros, tem sede no Distrito Federal, quadro próprio de pessoal e jurisdição em todo o território nacional, exercendo, no que couber, as atribuições previstas no art. XXX.

§1º Os Ministros do Tribunal de Contas da União serão escolhidos dentre brasileiros maiores de trinta e cinco anos, de idoneidade moral, de reputação ilibada e notórios conhecimentos jurídicos, econômicos, financeiros ou de administração pública, obedecidas as seguintes condições:
I – um terço, indicado pelo Presidente da República, com aprovação do Senado da República;
II – dois terços, escolhidos pelo Congresso Nacional, sendo:
a) dois entre os auditores indicados pelo Tribunal em lista tríplice, alternadamente, segundo os critérios de antiguidade e de merecimento;
b) os demais, com mandato de seis anos, não-renovável.

§2º – Os Ministros, ressalvada a não-vitaliciedade na hipótese do exercício de mandato, terão as mesmas garantias, prerrogativas e impedimentos dos Ministros do Superior Tribunal de Justiça e somente poderão aposentar-se com as vantagens do cargo após cinco anos de efetivo exercício.

§3º – Os auditores, quando em substituição a ministros, têm as mesmas garantias e impedimentos dos titulares.

§4º – Os Auditores, quando no exercício das demais atribuições da judicatura, têm as mesmas garantias e impedimentos dos juízes dos Tribunais Regionais Federais.

Submetido ao Plenário da Assembleia Nacional Constituinte, o projeto da Comissão de Sistematização, no que concerne ao objeto deste estudo, sofreu apenas modificações de estilo, sem alteração de conteúdo, passando a ter o seguinte texto, denominado "Projeto A":

Art. 87. O Tribunal de Contas da União, integrado por onze Ministros, tem sede no Distrito Federal, quadro próprio de pessoal e jurisdição em todo o território nacional, exercendo, no que couber, as atribuições previstas no art. XXX.
§1º. Os Ministros do Tribunal de Contas da União serão escolhidos dentre brasileiros maiores de trinta e cinco anos, de idoneidade moral, de reputação ilibada e notórios conhecimentos jurídicos, econômicos, financeiros ou de administração pública, obedecidas as seguintes condições:
I – um terço, indicado pelo Presidente da República, com aprovação do Senado Federal;
II – dois terços, escolhidos pelo Congresso Nacional, sendo:
a) dois entre os auditores indicados pelo Tribunal em lista tríplice, alternadamente, segundo os critérios de antiguidade e de merecimento;
b) os demais, com mandato de seis anos, não-renovável.
§2º – Os Ministros, ressalvado, quanto à vitaliciedade, o disposto na alínea "b" do inciso II do parágrafo anterior, terão as mesmas garantias, prerrogativas e impedimentos dos Ministros do Superior Tribunal de

Justiça e somente poderão aposentar-se com as vantagens do cargo após cinco anos de efetivo exercício.

§3º – Os auditores, quando em substituição a ministros, têm as mesmas garantias e impedimentos dos titulares.

§4º – Os auditores, quando no exercício das demais atribuições da judicatura, têm as mesmas garantias e impedimentos dos juízes dos Tribunais Regionais Federais.

Diversas emendas foram propostas ao projeto apresentado em Plenário. Conforme consta do mapa demonstrativo da matéria aprovada em 1º turno (f. 58 do volume 293), foi aprovada uma fusão das diversas emendas e destaques apresentados. As alterações feitas se referiram à redução de onze para nove ministros no TCU, à inclusão da exigência de dez anos de exercício de função ou de efetiva atividade profissional que exija os conhecimentos notórios, à inclusão dos conhecimentos contábeis entre os denominados "conhecimentos notórios", à redução de duas para uma vaga de ministros aos auditores, remetendo a outra vaga aos membros do Ministério Público, e à inclusão de vencimentos e vantagens na equiparação dos ministros do TCU aos ministros do STJ.

A manifestação em defesa da alteração proposta foi realizada pelo Deputado Constituinte Victor Faccioni durante a votação nº 0309, de 22 de março de 1988 (*Diário da Assembleia Nacional Constituinte*, n. 210, p. 8700-8704), da qual é possível inferir as razões que fundamentaram as mudanças no texto em estudo:

(...) Havia emenda propondo a elevação para onze membros. Mas, o acordo, na reunião entre os diversos autores e Lideranças, rejeitou a hipótese da ampliação do número de membros do Tribunal de Contas da União, que permanecerá com nove, a exemplo, aliás, da decisão anterior desta Constituinte, que manteve em sete o número de membros para os Tribunais de Contas dos Estados.

(...)

Quero chamar a atenção para um fato importante e inovador. Dentro desse um terço que o Presidente da República continuará indicando, metade das vagas respectivas deverá surgir de lista tríplice, dentre os membros da Auditoria e do Ministério Público junto ao Tribunal de Contas da União. Enseja-se uma composição mista com critério político, mas também com critério eminentemente técnico.

Por outra parte, os demais membros a serem indicados para o Tribunal de Contas da União deverão atender a um pré-requisito, tanto aqueles indicados pelo Presidente da República, quanto aqueles indicados pelo Congresso Nacional. E qual é esse pré-requisito? Primeiro, deve referir-se a nome que atenda às exigências de idoneidade moral, reputação ilibada e notórios conhecimentos nas áreas de Direito, Ciências Contábeis, Economia, Finanças ou da Administração Pública, com mais de dez anos de efetiva atividade no exercício da função. Consequentemente, veda-se a improvisação de qualquer nome, por critério meramente político. Há uma composição de critérios. Evidentemente, indicados pelo Presidente da República e pelo Congresso Nacional, há que haver algum critério político, que não pode prescindir de outro, eminentemente técnico, e de um nome de ilibada reputação, de reconhecida reputação e notórios conhecimentos nos diversos ramos do saber e experiência profissional relacionada com as matérias afins às atribuições do Tribunal.

Com as modificações acolhidas em votação, o texto do denominado "Projeto B" assim ficou:

Art. 75. O Tribunal de Contas da União, integrado por nove Ministros, tem sede no Distrito Federal, quadro próprio de pessoal e jurisdição em todo o território nacional, exercendo, no que couber, as atribuições previstas no art. XXX.

§1º – Os Ministros do Tribunal de Contas da União serão nomeados dentre brasileiros que satisfaçam os seguintes requisitos:

I – mais de trinta e cinco e menos de sessenta e cinco anos de idade;

II – idoneidade moral e reputação ilibada;

III – notórios conhecimentos jurídicos, contábeis, econômicos e financeiros ou de administração pública;

IV – mais de dez anos de exercício de função ou de efetiva atividade profissional que exija os conhecimentos mencionados no inciso anterior.

§2º – Os Ministros do Tribunal de Contas da União serão escolhidos, para um mandato de seis anos, não renovável, obedecidas as seguintes condições:

I – um terço escolhido pelo Presidente da República, com aprovação do Senado Federal, sendo dois alternadamente dentre auditores e membros do Ministério Público junto ao Tribunal de Contas da União, indicados em lista tríplice pelo Tribunal, segundo os critérios de antigüidade e merecimento;

II – dois terços pelo Congresso Nacional.

§2º – Os Ministros, exceto quanto à vitaliciedade, terão as mesmas garantias, prerrogativas, impedimentos, vencimentos e vantagens dos Ministros do Superior Tribunal de Justiça e somente poderão aposentar-se com as vantagens do cargo quando o tenham exercido efetivamente por mais de cinco anos.

§3º – Os auditores, quando em substituição a ministros, têm as mesmas garantias e impedimentos dos titulares e quando no exercício das demais atribuições da judicatura, as dos juízes dos Tribunais Regionais Federais.

O texto definitivo da Constituição corresponde ao denominado "Projeto C". Em relação ao objeto deste artigo, a única alteração relevante consiste na concessão e vitaliciedade a todos os ministros do TCU, em respeito à sua comparação com os ministros do STJ, ficando o texto conforme promulgado em 05.10.1988.

Ao longo do processo de elaboração do texto constitucional, a concessão de *status* de magistrados aos auditores oscilou entre ser permanente e ser eventual, somente por ocasião das substituições.

Ao relatar processos sem estar substituindo, o auditor seria um servidor público, sujeito às normas de hierarquia inerentes ao serviço público. Como seria garantida sua independência, a fim de manter resguardada a garantia dos jurisdicionados ao devido processo legal? Com toda certeza andou bem o legislador constituinte originário ao evitar que fosse criada essa figura de servidor público anfíbio.

Também ao longo da elaboração do texto constitucional, as vagas destinadas aos auditores foram reduzidas do terço para o nono da composição do colegiado. Os argumentos para a redução para duas vagas e uma vaga, respectivamente, foram a comparação com a Justiça Militar, em função da utilização do mesmo termo (auditor) e do denominado quinto constitucional, que remete vagas na Justiça ao Ministério Público e advogados indicados por órgão de classe.

Ambos os argumentos são contraditórios com o próprio texto constitucional aprovado. Primeiro, porque a comparação existente entre membros do TCU se fez com os membros do Superior Tribunal de Justiça, não havendo, em relação a este, qualquer referência ao Superior Tribunal Militar. O argumento equivocado, baseado unicamente na identidade de termos (auditor), somente corrobora a ideia de que o texto foi construído por autores que ignoravam a realidade dos Tribunais de Contas.

Quanto ao segundo argumento, na realidade criou-se nos Tribunais de Contas um "quinto constitucional" às avessas, pois, no Poder Judiciário, as vagas reservadas a membros oriundos de carreiras estranhas à magistratura são minoria (20%, sendo metade – 10% – destinada aos membros do Ministério público e a outra metade a advogados).

Além disso, esse argumento sofre do mesmo equívoco do anterior, posto que o "quinto constitucional" se aplica aos Tribunais Regionais Federais, aos Tribunais dos Estados e ao Tribunal do Distrito Federal e Territórios (art. 94 da Constituição Federal[13]). O paradigma constitucional

---

[13] "Art. 94. Um quinto dos lugares dos Tribunais Regionais Federais, dos Tribunais dos Estados, e do Distrito Federal e Territórios será composto de membros, do Ministério Público, com mais de dez anos de carreira, e de advogados de notório saber jurídico e de reputação ilibada,

– Superior Tribunal de Justiça – tem na sua composição dois terços de membros oriundos da magistratura (art. 104 da Constituição Federal[14]). Mesmo assim, a ampla maioria é reservada aos técnicos que militam na área da competência do órgão – os magistrados.

8 O sistemático desrespeito ao cargo de auditor

As Normas Regimentais de 1949, após crise de 1947, já demonstravam a intenção sempre presente de diminuir a relevância das atribuições dos auditores. Essa visão perdurou ao longo da história. No advento da Assembleia Constituinte, instalada em 1987,[15] o legislador constituinte originário, em diversas oportunidades, mesmo que o texto constitucional em elaboração conferisse aos auditores a condição de magistrados, deixou claro que sua visão era de que os auditores eram funcionários do Tribunal. Funcionários escolhidos para emitirem "voto consultivo", conforme estabelecia o art. 7º do Decreto nº 966-A, de 1890.

Em suma, não houve mudanças em relação a esse ponto – os auditores não seriam magistrados em sua plenitude, mas apenas funcionários com certa relevância na Corte de Contas, ficando, em última análise, subordinados hierarquicamente, como os demais funcionários, aos ministros e conselheiros.

O texto constitucional deixa clara a intenção. Afinal, por que atribuir somente garantias aos auditores, ao passo que aos ministros do TCU foram atribuídas garantias e prerrogativas, além de vencimentos e vantagens?

---

com mais de dez anos de efetiva atividade profissional, indicados em lista sêxtupla pelos órgãos de representação das respectivas classes."

[14] "Art. 104. O Superior Tribunal de Justiça compõe-se de, no mínimo, trinta e três Ministros. Parágrafo único. Os Ministros do Superior Tribunal de Justiça serão nomeados pelo Presidente da República, dentre brasileiros com mais de trinta e cinco e menos de sessenta e cinco anos, de notável saber jurídico e reputação ilibada, depois de aprovada a escolha pela maioria absoluta do Senado Federal, sendo: (Redação dada pela Emenda Constitucional nº 45, de 2004)
I – um terço dentre juízes dos Tribunais Regionais Federais e um terço dentre desembargadores dos Tribunais de Justiça, indicados em lista tríplice elaborada pelo próprio Tribunal;
II – um terço, em partes iguais, dentre advogados e membros do Ministério Público Federal, Estadual, do Distrito Federal e Territórios, alternadamente, indicados na forma do art. 94."

[15] Os críticos que não aceitam que se usem argumentos baseados na elaboração da Constituição, em face da regra hermenêutica que a lei tem vida própria em relação à sua elaboração, devem lembrar que esse artifício foi usado nas Normas Regimentais de 1949 (*Diário Oficial*, p. 536-539, 11 jan. 1950).

É preciso ter em conta que, a despeito da visão míope de alguns constituintes, o texto constitucional atribui a condição de magistrados a ministros e auditores. E não faz sentido algum, dentro do texto constitucional, a interpretação de que as garantias concedidas aos auditores sejam em sentido estrito, uma vez que essa interpretação vai de encontro à independência da magistratura. Não é possível ter magistrado que não o seja por inteiro. A independência do magistrado é, acima de tudo, a garantia de que o julgamento proferido será imparcial.

O texto constitucional deve ser encarado como escrito por leigos. Então, o termo "garantias" deve ser interpretado em sentido amplo, englobando os demais conceitos de prerrogativas, vencimentos e vantagens. Não sendo essa a interpretação, estar-se-ia criando um espécime jurídico anfíbio, que ora é servidor efetivo, ora é magistrado.

9 As tentativas legiferantes para desvalorizar a função do auditor e dos servidores dos Tribunais de Contas

Com o mesmo desconhecimento sobre o funcionamento dos Tribunais de Contas revelado por diversos constituintes, vários parlamentares têm apresentado, desde a promulgação da Constituição Federal, diversas propostas de emenda à Constituição (PEC), com o fito de alterar a escolha e a composição dos membros do TCU. Em todas elas nota-se a intenção de importar soluções que foram elaboradas heuristicamente pelos seus proponentes. Não é possível inferir que houve fundamentação técnica, já que propostas que gozam de tais fundamentos têm por ponto de partida conhecer a fundo o que se pretende mudar.

As PECs nºs 123/1999, 209/2003, 222/2003 e 531/2006, todas apensadas à PEC nº 556/1997 (que remete ao Congresso Nacional a indicação de todas as vagas de ministros do TCU), modificam a Constituição para realizar concurso público para ministros e conselheiros.

O verdadeiro propósito dessas propostas é difícil compreender. Os auditores já são escolhidos mediante concurso público e realizam as mesmas tarefas dos ministros. Por que, então, realizar concurso público, em vez de tornar os cargos de ministros e auditores reunidos em uma única carreira, conforme se verifica nas cortes de contas europeias e que serviram de inspiração para a adoção do modelo de Tribunal de Contas no Brasil? Tampouco fica esclarecido por que não seguir os paradigmas europeus, valorizando-se a escolha de servidores públicos das carreiras afetas aos controles interno e externo. A leitura das razões que fundamentam essas PECs não esclarece essas dúvidas.

A PEC nº 316/2008, também apensada à PEC nº 556/1997, em que o parlamentar que a apresenta faz pleno uso das suas prerrogativas, e pelo texto transcrito a seguir pode-se constatar a natureza *ira et studium* de seu conteúdo, pinça trechos da Convenção das Nações Unidas contra a Corrupção para defender a participação dos Conselhos Federais de Contabilidade, de Economia, de Administração e da Ordem dos Advogados do Brasil na escolha de membros do TCU:

Não é nenhuma novidade que em praticamente todos os Estados do país as Assembléias Legislativas costumam referendar os atos e as vontades do Chefe do Executivo. Desse modo, desejando o Governador que um seu aliado político ou amigo pessoal venha a tornar-se membro do Tribunal de Contas do Estado – independente de haver pessoas mais capacitadas para tal –, basta evidenciar sua vontade ao legislativo estadual que esta será realizada.

Não é raro encontrar-se, nos Estados, membros de Tribunais de Contas que foram agraciados com tais cargos após terem atuado como Secretários de Estado durante a administração do Chefe do Executivo que os nomearam, ou após terem exercido fielmente, na Assembleia Legislativa local, funções de lideranças políticas do mesmo governo responsável por suas indicações para a Corte de Contas.

Em assim sendo, qual a garantia de que esses Conselheiros, ao julgarem as contas daqueles que foram responsáveis por suas escolhas para o Tribunal de Contas, não serão influenciados, ao menos, pelo sentimento de gratidão que é inerente a todo ser humano.

A indiscutível influência política sobre os Tribunais de Contas compromete seriamente a independência que devem ter tais órgãos para os quais a Constituição da República determinou a importante tarefa de fiscalização e revisão da atividade administrativa de qualquer das esferas de Poder.

O ideal é que tais Cortes fossem extirpadas de qualquer influência política, seja esta influência oriunda do Poder Executivo ou do Poder Legislativo, idéia que várias vezes foi esposada nesta Casa, em PECs como as que propõem a escolha de Ministros e Conselheiros (ou parte deles) por meio de concurso público, algumas delas apenas aguardando a constituição de Comissão Especial nesta Casa.

Quanto à relação entre o Tribunal de Contas da União e o Congresso Nacional, dispõe a própria Constituição da República que aquele deve atuar em auxílio ao Poder Legislativo, em regime de cooperação, o mesmo se aplicando, pelo princípio da simetria, aos Tribunais de Contas dos Estados e dos Municípios. O entendimento dominante, pois, tanto entre doutrinadores do direito quanto nos tribunais pátrios é o de que o Tribunal de Contas da União não é integrante do Congresso Nacional, assim como os Tribunais de Contas dos Estados ou os Tribunais de

Contas dos Municípios não são integrantes dos Poderes Legislativos estaduais ou municipais.

Em face disso, não é imperativo que os membros de um Tribunal de Contas sejam escolhidos, livremente, pelo Poder Legislativo ao qual ele deve auxiliar, podendo essa escolha recair – como aqui se propõe – sobre nomes indicados por setores da sociedade civil.

Uma vez que a Constituição exige, para quem vier a compor os Tribunais de Contas, notórios conhecimentos jurídicos, contábeis, econômicos e financeiros ou de administração pública (art. 73, §1º, inciso III), entendemos que os membros dos Conselhos fiscais ligados a essas áreas são as pessoas mais indicadas para apontarem aqueles que possuem tais conhecimentos, afastando-se, dessa forma, o risco de indicações e escolhas meramente políticas.

A participação da sociedade civil, ainda, é fortemente recomendada, para os Estados Partes, pela Convenção das Nações Unidas Contra a Corrupção – CNUCC na promoção e formulação das políticas e medidas administrativas destinadas ao combate à corrupção (lembrando que os Tribunais de Contas são importantes órgãos de combate à corrupção). A referida Convenção foi adotada pela Assembleia Geral das Nações Unidas em 31 de outubro de 2003 e assinada pelo Brasil em 9 de dezembro do mesmo ano.

Transcrevemos, a seguir, os artigos 5º e 13 da CNUCC.

"Art. 5º. Políticas e práticas de prevenção da corrupção

Cada Estado Parte, de conformidade com os princípios fundamentais de seu ordenamento jurídico, formulará e aplicará ou manterá em vigor políticas coordenadas e eficazes contra a corrupção que promovam a participação da sociedade e reflitam os princípios do Estado de Direito, a devida gestão dos assuntos e bens públicos, a integridade, a transparência e a obrigação de render contas" (sublinhamos).

"Art. 13. Participação da sociedade

1. Cada Estado Parte adotará medidas adequadas, no limite de suas possibilidades e de conformidade com os princípios fundamentais de sua legislação interna, para fomentar a participação ativa de pessoas e grupos que não pertençam ao setor público, como a sociedade civil, as organizações não governamentais e as organizações com base na comunidade, na prevenção e na luta contra a corrupção, e para sensibilizar a opinião pública a respeito à existência, às causas e à gravidade da corrupção, assim como à ameaça que esta representa. Essa participação deveria esforçar-se com medidas como as seguintes:
...." (sublinhamos).

Assim, ao retirarmos do Executivo Federal a faculdade de escolher alguns dos membros do Tribunal de Contas da União e ao estabelecermos que cinco desses membros venham a ser escolhidos, pelo Congresso Nacional, dentre aqueles indicados em listas encaminhadas pelos Conselhos Federais de Contabilidade, de Economia, de Administração e da Ordem dos Advogados do Brasil – cientes, sobretudo, de que os Estados membros, os Municípios e o Distrito Federal deverão adotar o modelo federal aqui estabelecido – estamos tão somente contribuindo para o fortalecimento e uma maior transparência do controle financeiro exercido pelo Poder Legislativo e pela Corte de Contas e, ainda, para uma participação mais efetiva de setores da sociedade civil na fiscalização dos recursos públicos.

Além do fato de que a participação de membros de setores da sociedade civil não ser adotada nas Cortes de Contas europeias, não fica elucidado por que a fundamentação da PEC não trouxe à colação o conteúdo dos artigos 6º e 7º da Convenção das Nações Unidas Contra a Corrupção. Esses dispositivos são mais esclarecedores quanto ao papel da sociedade civil no combate à corrupção, correspondendo ao que se denomina de "controle social":

Artigo 6
Órgão ou órgãos de prevenção à corrupção
1. Cada Estado Parte, de conformidade com os princípios fundamentais de seu ordenamento jurídico, garantirá a existência de um ou mais órgãos, segundo procede, encarregados de prevenir a corrupção com medidas tais como:
a) A aplicação das políticas as quais se faz alusão no Artigo 5 da presente Convenção e, quando proceder, a supervisão e coordenação da prática dessas políticas;
b) O aumento e a difusão dos conhecimentos em matéria de prevenção da corrupção.
2. Cada Estado Parte outorgará ao órgão ou aos órgãos mencionados no parágrafo 1 do presente Artigo a independência necessária, de conformidade com os princípios fundamentais de seu ordenamento jurídico, para que possam desempenhar suas funções de maneira eficaz e sem nenhuma influência indevida. Devem proporcionar-lhes os recursos materiais e o pessoal especializado que sejam necessários, assim como a capacitação que tal pessoal possa requerer para o desempenho de suas funções.
3. Cada Estado Parte comunicará ao Secretário Geral das Nações Unidas o nome e a direção da(s) autoridade(s) que possa(m) ajudar a outros Estados Partes a formular e aplicar medidas concretas de prevenção da corrupção.

Artigo 7
Setor Público
1. Cada Estado Parte, quando for apropriado e de conformidade com os princípios fundamentais de seu ordenamento jurídico, procurará adotar sistemas de convocação, contratação, retenção, promoção e aposentadoria

de funcionários públicos e, quando proceder, de outros funcionários públicos não empossados, ou manter e fortalecer tais sistemas. Estes:

a) Estarão baseados em princípios de eficiência e transparência e em critérios objetivos como o mérito, a eqüidade e a aptidão;

b) Incluirão procedimentos adequados de seleção e formação dos titulares de cargos públicos que se considerem especialmente vulneráveis à corrupção, assim como, quando proceder, a rotação dessas pessoas em outros cargos;

c) Fomentarão uma remuneração adequada e escalas de soldo eqüitativas, tendo em conta o nível de desenvolvimento econômico do Estado Parte;

d) Promoverão programas de formação e capacitação que lhes permitam cumprir os requisitos de desempenho correto, honroso e devido de suas funções e lhes proporcionem capacitação especializada e apropriada para que sejam mais conscientes dos riscos da corrupção inerentes ao desempenho de suas funções. Tais programas poderão fazer referência a códigos ou normas de conduta nas esferas pertinentes.

2. Cada Estado Parte considerará também a possibilidade de adotar medidas legislativas e administrativas apropriadas, em consonância com os objetivos da presente Convenção e de conformidade com os princípios fundamentais de sua legislação interna, a fim de estabelecer critérios para a candidatura e eleição a cargos públicos.

3. Cada Estado Parte considerará a possibilidade de adotar medidas legislativas e administrativas apropriadas, em consonância com os objetivos da presente Convenção e de conformidade com os princípios fundamentais de sua legislação interna, para aumentar a transparência relativa ao financiamento de candidaturas a cargos públicos eletivos e, quando proceder, relativa ao financiamento de partidos políticos.

4. Cada Estado Parte, em conformidade com os princípios de sua legislação interna, procurará adotar sistemas destinados a promover a transparência e a prevenir conflitos de interesses, ou a manter e fortalecer tais sistemas.

Ademais, é possível constatar que a participação da sociedade civil, conforme prega a Convenção, não inclui a indicação de membros de grupos para órgãos públicos porque isso conflitaria com o disposto no art. 7º da Convenção. Fica ainda mais clara a ideia quando se transcreve as hipóteses de participação, que foi suprimida na fundamentação da PEC:

(...). Essa participação deveria esforçar-se com medidas como as seguintes:

a) Aumentar a transparência e promover a contribuição da cidadania aos processos de adoção de decisões;

b) Garantir o acesso eficaz do público à informação;

c) Realizar atividade de informação pública para fomentar a intransigência à corrupção, assim como programas de educação pública, incluídos programas escolares e universitários;

d) Respeitar, promover e proteger a liberdade de buscar, receber, publicar e difundir informação relativa à corrupção. Essa liberdade poderá estar sujeita a certas restrições, que deverão estar expressamente qualificadas pela lei e ser necessárias para: i) Garantir o respeito dos direitos ou da reputação de terceiros; ii) Salvaguardar a segurança nacional, a ordem pública, ou a saúde ou a moral públicas.

2. Cada Estado Parte adotará medidas apropriadas para *garantir que o público tenha conhecimento dos órgãos pertinentes de luta contra a corrupção* mencionados na presente Convenção, e *facilitará o acesso a tais órgãos,* quando proceder, para a *denúncia, inclusive anônima, de quaisquer incidentes que possam ser considerados constitutivos de um delito qualificado de acordo com a presente Convenção.* (sem grifos no original)

Para cumprir eficazmente o que prega a Convenção é salutar que participem do corpo decisório servidores públicos que tenham dedicado sua carreira às finanças públicas. E no transcorrer dessa carreira, é fundamental que haja programas de formação e capacitação para que o corpo técnico tenha maior capacitação nas áreas afetas ao controle.

Na graduação em direito, cadeiras como a de direito financeiro são matérias acessórias, assim como a contabilidade pública é no curso de graduação em contabilidade. Da mesma forma, são acessórias, quando previstas na grade curricular, as matérias referentes ao setor público nos cursos de graduação em economia e em administração. Os ensinamentos transmitidos nesses cursos somente serão úteis no âmbito do Tribunal de Contas se envoltos na sua missão constitucional e na aplicação prática de cada um desses conhecimentos em conjunto com os demais. Assim, pouco útil será a participação de um advogado no corpo decisório de uma corte de Contas se sua atividade profissional fosse voltada ao Direito Trabalhista ou ao Direito Penal, por exemplo. Assim como o contador atuante na contabilidade bancária também terá pouca utilidade no cotidiano dos julgamentos a cargo de um Tribunal de Contas.

E ao se pensar nos cursos de especialização *strictu sensu* (mestrados e doutorados), conclui-se pela raridade daqueles voltados a assuntos afetos a Tribunais de Contas.

A valorização dos auditores e dos servidores dos Tribunais de Contas, assegurando-lhes as vagas de ministros e conselheiros, se mostra atitude mais consentânea com a eficiência e a busca de critérios objetivos como o mérito, a equidade e a aptidão, conforme previsto no art. 7º da Convenção, bem como supre o anseio colocado em diversas PECs de que os cargos de ministros deveriam ser preenchidos por concurso público.

Aliás, a valorização do servidor público, adotando-se o paradigma europeu, deveria abranger os servidores de todos os poderes que dedicam sua carreira à fiscalização financeira, contábil, orçamentária, operacional e patrimonial, em especial aqueles pertencentes aos quadros do sistema de controle interno e externo.

A especificação de carreiras para provimento dos cargos de servidores nos Tribunais de Contas estaduais vai de encontro a isso.

Novamente, serve o Tribunal de Contas da União como paradigma, já que não exige especificação por áreas de formação para o preenchimento dos cargos de nível superior.

Aliás, instituições que são apontadas como modelos de formação e capacitação de seus quadros, como a Receita Federal e a Polícia Federal, também adotam o modelo usado pelo TCU no preenchimento de seus quadros. Cabe a esses órgãos a continuada capacitação e aperfeiçoamento de seus servidores, haja vista que seus afazeres não são de domínio amplo na sociedade.

10 Conclusão

Ao se reduzir a relevância do papel dos auditores dos Tribunais de Contas corre-se o risco de transformar o seu exercício em uma sinecura. E toda sinecura é incompatível com os princípios da eficiência e da moralidade da Administração Pública. Para que isso seja evitado, é necessário que a capacidade técnica desses profissionais seja plenamente aproveitada, remetendo-lhes as atribuições devidas, nos termos constitucionais, com os deveres e direitos inerentes à magistratura.

No que tange à composição dos Tribunais de Contas, não se pretendeu afirmar que os atuais ocupantes dos cargos de conselheiros não preencham os requisitos técnicos exigidos constitucionalmente, haja vista que não há elementos que permitam a formação desse juízo de valor.

Entretanto, é inconstitucional toda escolha que não contemple os requisitos do texto constitucional, mediante critérios objetivos que possibilitem a eleição do candidato que melhor atenda àqueles requisitos. Não basta preencher o mínimo para satisfazer o texto constitucional, e a partir desse mínimo promover uma escolha política. O Tribunal de Contas é um órgão técnico. Os critérios políticos, se inevitáveis, devem vir após o exaurimento dos critérios técnicos.

Além disso, a escolha dos candidatos deve ser transparente, conforme exige o regime democrático. Nesse diapasão, a Lei Federal nº 12.527, de 18 de novembro de 2011, a vigorar 180 dias a partir de sua publicação, deve ser observada também pelos Poderes Executivo e Legislativo no processo de escolha dos cargos para conselheiros, a fim de que não pairem dúvidas, como aquelas que são reiteradamente veiculadas na mídia, criticando a composição dos Tribunais de Contas.

Referências

BRASIL. Constituição (1988). *Constituição da República Federativa do Brasil*, 1988. Brasília: Senado Federal, Centro gráfico, 1988.

BRASIL. Decreto nº 13.247, de 23 de outubro de 1918.

BRASIL. Decreto nº 15.770, de 1º de novembro de 1922.

BRASIL. Decreto nº 19.625, de 24 de janeiro de 1931.

BRASIL. Decreto nº 19.824, de 1º de abril de 1931.

BRASIL. Decreto nº 3.454, de 06 de janeiro de 1918.

BRASIL. Decreto nº 392, de 08 de outubro de 1896.

BRASIL. Decreto nº 966-A, de 07 de novembro de 1890.

BRASIL. Decreto-Lei nº 199, de 25 de fevereiro de 1967.

BRASIL. Decreto-Lei nº 426, de 12 de maio de 1938.

BRASIL. *Diário Oficial*, de 11 de janeiro de 1950.

BRASIL. Lei Complementar nº 35, de 14 de março de 1979. Lei Orgânica da Magistratura Nacional.

BRASIL. Lei Federal nº 12.527, de 18 de novembro de 2011.

BRASIL. Lei nº 11.950, de 17 de junho de 2009. Plano de Carreira do Tribunal de Contas da União.

BRASIL. Lei nº 156, de 24 de dezembro de 1935.

BRASIL. Lei nº 4.536, de 28 de janeiro de 1922.

BRASIL. Lei nº 8.112, de 11 de dezembro de 1990.

BRASIL. Lei nº 8.443, de 16 de julho de 1992. Lei Orgânica do Tribunal de Contas da União.

BRASIL. Lei nº 830, de 23 de setembro de 1949.

CÂMARA DOS DEPUTADOS. Documentos da Assembleia Nacional Constituinte. Disponível em: <http://imagem.camara.gov.br/pesquisa_constituicao.asp>. Acesso em: 03 mar. 2009 a 30 dez. 2011.

CAVALCANTI. Temístocles Brandão. O Tribunal de Contas: órgão constitucional: funções próprias e funções delegadas. *Revista do Tribunal de Contas da União*, Brasília, ano 4, abr. 1973.

DUVERGER, Maurice. *Finances publiques*. 6ª éd. Paris: Presses Universitaires de France, 1968.

FRANÇA. Código de Jurisdição Financeira. *Code de Juridictions Financières*. Disponível em: <http://www.legifrance.gouv.fr>. Acesso em: 09 maio 2012.

FRANÇA. Código de Justiça Administrativa. *Code de Justice Administrative*. Disponível em> <http://www.legifrance.gouv.fr>. Acesso em: 09 maio 2012.

FRANÇA. Lei Orgânica da Magistratura. *Loi Organique relative au Statut de La Magistrature*. Disponível em: <http://www.legifrance.gouv.fr>. Acesso em: 09 maio 2012.

INSTITUTO RUY BARBOSA. *Glossário*: termos técnicos mais comuns utilizados por Tribunais de Contas. Florianópolis: TCE/SC, 2005.

ITÁLIA. Lei nº 1.214, de 12 de julho de1934. Lei Orgânica da Corte de Contas. *R.D. 12 luglio 1934, n. 1214. Approvazione del testo unico delle leggi sulla Corte dei Conti*. Disponível em: <http://www.corteconti.it/export/sites/portalecdc/_documenti/normativa/corte_dei_conti/r.d._12_luglio_1934x_1214.pdf>. Acesso em: 09 maio 2012.

ITÁLIA. Lei nº 111, de 30 de julho de 2007. Disponível em: <http://www.camera.it/parlam/leggi/071111.htm>. Acesso em: 09 maio 2012.

ITÁLIA. Lei nº 1345, de 20 de dezembro de 1961. Disponível em: <http://www.governo.it/Presidenza/USRI/magistrature/norme/L_1345_1961_n.pdf>. Acesso em: 09 maio 2012.

ITÁLIA. Lei nº 186, de 27 de abril de 1982. Organização da Jurisdição Administrativa do Pessoal de Secretaria e Auxiliar do Conselho de Estado e dos Tribunais Administrativos Regionais. *Ordinamento della giurisdizione amministrativa e del personale di segreteria ed ausiliario del Consiglio di Stato e dei Tribunali amministrativi regionali*. Disponível em: <http://www.governo.it/Presidenza/USRI/magistrature/norme/L186_1982.pdf>. Acesso em: 09 maio 2012.

ITÁLIA. Lei nº 385, de 08 de julho de 1977. Disponível em: <http://www.corteconti.it/export/sites/portalecdc/_documenti/normativa/corte_dei_conti/d.p.r._8_luglio_1977x_385.pdf>. Acesso em: 09 maio 2012.

ITÁLIA. Lei nº 655, de 06 de maio de 1948. Disponível em: < http://www.corteconti.it/export/sites/portalecdc/_documenti/normativa/corte_dei_conti/rd_1934_n_1214.pdf>. Acesso em: 09 maio 2012.

MIRANDA, Pontes de. *Comentários ao Código de Processo Civil*. 2. ed. Rio de Janeiro: Forense, 2000. t. VIII – Arts. 539 a 565.

MOREIRA, José Carlos Barbosa. *Comentários ao Código de Processo Civil*, Lei nº 5.869, de 11 de janeiro de 1973. 10. ed. Rio de Janeiro: Forense, 2002. v. 5 – Arts. 476 a 565.

ORGANIZAÇÃO DAS NAÇÕES UNIDAS. Convenção das Nações Unidas contra a Corrupção. Disponível em http://www.unodc.org>. Acesso em: 09 maio 2012.

PORTUGAL. Lei nº 98, de 26 de agosto de 1997.

SÁ, Antônio Lopes de. *Dicionário de contabilidade*. 10. ed. São Paulo: Atlas, 2005.

SILVA, de Plácido e. *Vocabulário jurídico*. Atualizados por Nagib Slaibi Filho e Gláucia Carvalho. 25. ed. Rio de Janeiro: Forense, 2004.

SOUZA, Paulino Jose Soares de, Visconde do Uruguay. *Estudos práticos sobre a Administração das Províncias no Brasil*. Rio de Janeiro, 1865.

TCU. Alteração do Regimento Interno: Resolução nº 246, de 30 de novembro de 2011. *Boletim do Tribunal de Contas da União – BTCU*, Brasília, 02 jan. 2012.

TCU. *Prêmio Serzedello Corrêa 1998*: monografias vencedoras. Brasília: TCU, Instituto Serzedello Corrêa, 1999.

TCU. Regimento Interno: Resolução Administrativa nº 14, de 12 de dezembro de 1977, e alterações posteriores. *Boletim do Tribunal de Contas da União – BTCU*, Brasília, 21 fev. 1989.

TCU. Regimento Interno: Resolução Administrativa nº 15, de 15 de junho de 1993, e alterações posteriores. Brasília, 1997.

TCU. *Revista do Tribunal de Contas da União*, Brasília, v. 1, n. 1, 1970.

TOSI, Renzo. *Dicionário de sentenças latinas e gregas*. Tradução de Ivone Castilho Benedetti. 3. ed. São Paulo: WMF, 2010.

WEBER, Max. *Economia e sociedade*. Brasília: UnB, 2009. v. 2.

Informação bibliográfica deste texto, conforme a NBR 6023:2002 da Associação Brasileira de Normas Técnicas (ABNT):

CANHA, Cláudio Augusto. A evolução (?) do papel dos auditores dos Tribunais de Contas do Brasil. In: LIMA, Luiz Henrique (Coord.). *Tribunais de Contas*: temas polêmicos: na visão de Ministros e Conselheiros Substitutos. 2. ed. rev., ampl. e atual. Belo Horizonte: Fórum, 2018. p. 23-53. ISBN 978-85-450-0521-6.

AVALIAÇÃO DA QUALIDADE E AGILIDADE DOS TRIBUNAIS DE CONTAS DO BRASIL

NECESSIDADE DE ADEQUAÇÃO ÀS NORMAS CONSTITUCIONAIS QUANTO À SUA COMPOSIÇÃO

JAYLSON FABIANH LOPES CAMPELO

A medida que vem propor-vos é a criação de um Tribunal de Contas, corpo de magistratura intermediária à administração e à legislatura que, colocado em posição autônoma, com atribuições de revisão e julgamento, cercado de garantias contra quaisquer ameaças, possa exercer as suas funções vitais no organismo constitucional, sem risco de converter-se em instituição de ornato aparatoso e inútil (...) Não basta julgar a administração, denunciar o excesso cometido, colher a exorbitância ou prevaricação, para as punir. Circunscrita a estes limites, essa função tutelar dos dinheiros públicos será muitas vezes inútil, por omissa, tardia ou impotente.

(Exposição de Motivos do Decreto 966-A, de 7 de novembro de 1890, que criou o Tribunal de Contas da União)

1 Introdução

Com a redemocratização do Brasil e a paulatina tomada de consciência da cidadania, a sociedade passou a cobrar respostas efetivas das instituições, não mais aceitando manter aquelas que não se autojustifiquem, que não atinjam satisfatoriamente os objetivos para os quais foram criadas.

As justas cobranças da sociedade por mais e melhores serviços, não raras vezes, esbarravam – e ainda esbarram –, na autonomia e independência de alguns órgãos e poderes, os quais, devido a certas garantias constitucionais a eles asseguradas para o exercício dos seus misteres sem interferências indevidas, confundiam as prerrogativas do órgão com um injustificado direito de atuar sem um mínimo de atenção ao contribuinte.

Foi essa cobrança da sociedade por maior agilidade, mais transparência e efetividade dos órgãos e poderes que levou à criação dos Conselhos Nacionais,[1] órgãos colegiados, com composição plural, com a função de exercer o controle externo, administrativo e disciplinar de órgãos e poderes até então fiscalizados apenas *interna corporis*.

Os resultados alcançados pelos Conselhos são expressivos, a exemplo do Conselho Nacional de Justiça, que tem aperfeiçoado o trabalho do sistema judiciário brasileiro, especialmente quanto ao controle e à transparência administrativa e processual, zelando pela autonomia do Poder, pelo cumprimento do Estatuto da Magistratura, definindo o planejamento estratégico com metas e programas de avaliação institucional, recebendo e apurando reclamações e representações contra membros ou órgãos do Judiciário, com publicação periódica de relatórios estatísticos sobre a movimentação de processos e outros indicadores da atividade jurisdicional no Brasil.

Os motivos que ensejaram a criação do Conselho Nacional de Justiça também estão presentes no sistema dos Tribunais de Contas, que é composto por diversos tribunais diferentes (Tribunal de Contas do Estado, Tribunal de Contas dos Municípios, Tribunal de Contas do Município),[2] cada um deles dotado de autonomia administrativa e

---

[1] O Conselho Nacional de Justiça foi criado pela Emenda Constitucional nº 45, de 08 de dezembro de 2004 (*DOU*, 31 dez. 2004).

[2] No Brasil existem 34 Tribunais de Contas. Além dos Tribunais de Contas dos Estados, que têm competência para fiscalizar o Estado, com seus órgãos e Poderes, e também os Municípios (TCE-AC, TCE-AL, TCE-AP, TCE-AM, TCE-ES, TCE-MA, TCE-MT, TCE-MS, TCE-MG, TCE-PB, TCE-PR, TCE-PE, TCE-PI, TCE-RN, TCE-RS, TCE-RO, TCE-RR, TCE-SC, TCE-SE e TCE-TO), há Estados nos quais existem dois Tribunais de Contas, um que fiscaliza

financeira, com poucos padrões nacionais comuns para seu funcionamento. São órgãos sem vinculação hierárquica a nenhum outro, com a agravante de não haver sequer o duplo grau de jurisdição em seu âmbito de atuação, não existindo uma instância recursal à qual possam ser submetidas as suas decisões.[3] Também os Tribunais de Contas não são imunes ao corporativismo nas correições e controles disciplinares dos seus próprios membros.

Esses os motivos a ensejarem a necessidade da criação do Conselho Nacional dos Tribunais de Contas, medida esta defendida com veemência pelos membros dos Tribunais por meio de sua associação, Atricon.[4]

Enquanto a Proposta de Emenda à Constituição[5] não é aprovada, a própria Associação dos Membros dos Tribunais de Contas do Brasil tomou para si, antecipando-se à inevitável e desejada criação do Conselho, a condução do aperfeiçoamento do Controle Externo da Administração Pública no Brasil, em postura proativa, buscando a harmonização de procedimentos, o cumprimento de prazos razoáveis, o aperfeiçoamento das rotinas de fiscalização e o fortalecimento do

---

somente os recursos estaduais (TCE-BA, TCE-CE, TCE-GO e TCE-PA), e outro responsável pela fiscalização dos municípios (TCM-BA, TCM-CE, TCM-GO e TCM-PA). Há, ainda, dois Estados que contam com o Tribunal de Contas Estadual para fiscalizar Estado e Municípios – a exemplo da maioria dos Estados – (TCE-RJ e TCE-SP), mas contam, também, com Tribunais de Contas para fiscalizar as respectivas capitais (TCM-RJ e TCM-SP). Finalmente, existem o Tribunal de Contas do Distrito Federal e o Tribunal de Contas da União.

[3] Existem sérios limites à revisibilidade pelo Judiciário das decisões dos Tribunais de Contas, podendo haver, contudo, a sua invalidação por algum vício no processo como, por exemplo, no oferecimento do contraditório e da ampla defesa (JACOBY FERNANDES. Limites à revisibilidade judicial das decisões dos Tribunais de Contas. *Revista do Tribunal de Contas do Estado de Minas Gerais*). Ver, também, Darcie "Decisões do Tribunal de Contas e o seu controle judicial".

[4] Em diversas oportunidades, a Associação dos Membros dos Tribunais de Contas do Brasil (Atricon) se manifestou oficialmente sobre o tema, apoiando a criação do Conselho dos Tribunais de Contas. Com efeito, a defesa explícita de sua criação está no Manifesto de Cuiabá, de 27 de agosto de 2009; na Carta de Curitiba, de 18 de novembro de 2009; na Declaração de Belém, de 23 de novembro de 2011; na Carta de Campo Grande, de 14 de novembro de 2012; sendo, finalmente, reforçada como diretriz e compromisso do órgão na Declaração de Vitória, por ocasião do XXVII Congresso dos Tribunais de Contas do Brasil, em 06 de dezembro de 2013, lavrados nos seguintes termos: manter a defesa da criação do CNTC – Conselho Nacional dos Tribunais de Contas, com competência de normatização, integração, correição e coordenação do planejamento estratégico, indispensáveis ao fortalecimento do sistema dos Tribunais de Contas.

[5] A Proposta de Emenda Constitucional nº 28 (PEC nº 28), que prevê a criação do Conselho Nacional dos Tribunais de Contas e cria um controle externo da sociedade sobre decisões dos Tribunais em todo o país, está pronta para ser votada no Congresso Nacional.

controle social, tudo com ênfase na transparência e na efetividade de suas ações.[6]

2 Do projeto qualidade e agilidade nos Tribunais de Contas (Revisão por Pares)

É nesse contexto que a Associação dos Membros dos Tribunais de Contas do Brasil concebeu seu Planejamento Estratégico para o período 2012/2017, consignando nele diversos objetivos estratégicos[7] que dizem respeito diretamente aos Tribunais de Contas e que demonstram, de modo inequívoco – e o estatuto da Associação vai no mesmo sentido –, que a Atricon não é apenas uma instituição associativa de classe, de defesa dos legítimos interesses dos seus associados, mas também, e principalmente, fomentadora do aperfeiçoamento do Controle Externo da Administração Pública.

Para o atendimento desses amplos objetivos, estabeleceram-se no planejamento as iniciativas de criação de índices de qualidade e agilidade, a partir de critérios que foram definidos por um grupo de

---

[6] Com a reforma do Estatuto, em 2011, a Atricon deixou de ser entidade meramente associativa, para se tornar fomentadora do aperfeiçoamento dos Tribunais de Contas e do Controle Externo da Administração Pública, conforme os objetivos consignados no mesmo, tais como: estudar e sugerir a órgãos e autoridades públicos diretrizes para o aperfeiçoamento das normas de controle da Administração Pública; diligenciar a execução, pelos meios ao seu alcance, das recomendações dos Congressos dos Tribunais de Contas, nacionais e internacionais; manter um centro de estudos sobre matérias relacionadas com a competência dos Tribunais de Contas; propugnar pelo entrosamento e coordenação das atividades dos Tribunais de Contas do Brasil, visando à uniformização dos métodos de controle, atendidas as características das áreas de jurisdição de cada uma; estimular e manter intercâmbio entre os associados, bem como entre os Tribunais de Contas, buscando a troca de informações e experiências sobre inovações e aperfeiçoamentos científicos, técnicos e de legislação, visando a ampliar a eficácia dos sistemas de controle da Administração Pública; incentivar a instalação e o aprimoramento, pela Administração Pública, de sistemas especializados de controle interno; estimular a Administração Pública a adotar medidas que possam otimizar a aplicação de seus recursos; estudar e recomendar aos Tribunais de Contas do Brasil métodos e procedimentos de fiscalização; coordenar a implantação, nos Tribunais de Contas do Brasil, de um sistema integrado de controle da Administração Pública, buscando a uniformização de procedimentos e garantindo amplo acesso do cidadão às informações respectivas; promover estudos e a sistematização sobre as decisões judiciais acerca do controle externo da Administração Pública, bem assim as relativas aos Tribunais de Contas; acompanhar, junto aos Poderes Legislativos, a tramitação de projetos acerca do controle externo da Administração Pública, bem como os relativos aos Tribunais de Contas, promovendo estudos e debates com vistas a aperfeiçoá-los.

[7] Os objetivos estratégicos são os seguintes: fortalecer a imagem dos Tribunais de Contas como essenciais ao controle da gestão dos recursos públicos e à cidadania; ser reconhecido como instrumento efetivo de representação e desenvolvimento dos Tribunais de Contas; e estimular a transparência das informações, das decisões e da gestão dos Tribunais de Contas.

trabalho integrado por membros e servidores de todos os Tribunais de Contas.

Dos vinte itens do projeto[8] destaco, no presente estudo, "a composição em consonância com a Constituição Federal", que objetivou verificar se os Tribunais de Contas estão compostos de acordo com o modelo estabelecido na Constituição.

3 A composição dos Tribunais de Contas na Constituição Federal

A Constituição de 1988 trouxe importantes mudanças no âmbito do Controle Externo da Administração Pública, dentre as quais sobressai a inovação na composição dos Tribunais de Contas. Aqui, como se sabe, ocorreu uma ruptura do modelo que vinha da Primeira República, de indicações partidas exclusivamente do Presidente da República ou do Chefe do Executivo, para reparti-las em três cotas idênticas:[9] uma do Poder Executivo, com duas indicações vinculadas à escolha entre conselheiros substitutos e procuradores do Ministério Público de Contas, uma da Câmara dos Deputados e uma do Senado Federal.[10]

A Constituição também elegeu o Tribunal de Contas da União como paradigma das demais Cortes de Contas, impondo uma adequação destas ao modelo federal, ditando, desde logo, para todo o Brasil, o número certo de conselheiros dos Tribunais de Contas locais em sete.[11]

---

[8] Os 20 itens são os seguintes: composição dos Tribunais; adoção do Código de Ética; agilidade; planejamento estratégico como ferramenta de gestão; normas de auditoria governamental; auditoria operacional; auditoria de receita; controle externo concomitante de contratos, licitações, obras e concursos públicos; informações estratégicas; acordos de cooperação técnica com outros órgãos de controle; acompanhamento das próprias decisões; súmula e jurisprudência; corregedoria; controle interno; unidade de tecnologia da informação; política de gestão de pessoas; escola de contas; ouvidoria; cumprimento das regras de transparência; e, comunicação institucional.

[9] Embora não haja cotas diferenciadas para a Câmara e o Senado, é praxe metade das vagas caber à Câmara e a outra metade ao Senado.

[10] "Art. 73. O Tribunal de Contas da União, integrado por nove Ministros, tem sede no Distrito Federal, quadro próprio de pessoal e jurisdição em todo o território nacional, exercendo, no que couber, as atribuições previstas no art. 96.
§1º...
§2º – Os Ministros do Tribunal de Contas da União serão escolhidos:
I – um terço pelo Presidente da República, com aprovação do Senado Federal, sendo dois alternadamente dentre auditores e membros do Ministério Público junto ao Tribunal, indicados em lista tríplice pelo Tribunal, segundo os critérios de antigüidade e merecimento;
II – dois terços pelo Congresso Nacional."

[11] "Art. 75. As normas estabelecidas nesta seção aplicam-se, no que couber, à organização, composição e fiscalização dos Tribunais de Contas dos Estados e do Distrito Federal, bem como dos Tribunais e Conselhos de Contas dos Municípios.

Desde a vigência dessa regra – de condição de paradigma necessário do TCU –, inúmeras foram as demandas judiciais que, afinal, encontram-se pacificadas no âmbito do Supremo Tribunal Federal.[12] A primeira demanda se deu na Adin nº 219, da Paraíba, na qual o STF discutiu, pela primeira vez, em decisão de mérito, a questão da implantação do novo modelo. O problema inicial surgiu devido ao número de ministros do TCU – nove – ser discrepante do número de conselheiros titulares – sete (número primo[13]). A partir dos Tribunais de Contas preexistentes, formados todos por indicação e nomeação do Executivo, como implantar o modelo novo em que os dois terços do modelo federal tocariam ao Poder Legislativo?

O Supremo lançou mão de princípio elementar na interpretação de direito transitório, de direito intertemporal, sobretudo das decisões constitucionais transitórias: a de que a melhor interpretação delas é aquela que torne mais breve no tempo a implantação do modelo definitivo. Assim, a decisão foi no sentido de assegurar que os primeiros provimentos tocassem ao Poder Legislativo, na medida em que toda a composição anterior era devida à indicação do Executivo. Estabeleceu-se, também, e na impossibilidade de divisão exata das sete vagas conforme o modelo da União, que quatro vagas caberiam ao Legislativo e três ao Executivo, estas últimas com as duas vinculações já mencionadas.

Fixada essa regra, novas demandas surgiram ainda em relação à composição dos Tribunais de Contas. Desta feita no que se refere aos auditores ou conselheiros substitutos,[14] que é o tema dos Tribunais de Contas que mais ocupou o Supremo Tribunal Federal.

Parágrafo único. As Constituições estaduais disporão sobre os Tribunais de Contas respectivos, que serão integrados por sete Conselheiros."

[12] Neste sentido, é pacífico o entendimento do STF, conforme as seguintes decisões: ADI nº 849/Mato Grosso, Ministro Celso de Mello; ADI nº 1.140/Roraima, Ministro Sidney Sanches; ADI nº 1.779/Pernambuco, Ministro Ilmar Galvão; ADI 1.964/Espírito Santo, Ministro Sepúlveda Pertence.

[13] Como se sabe, o número primo é aquele que só tem dois divisores: o número 1 e o próprio número.

[14] A denominação ministro e conselheiro substituto é mais adequada porque o termo auditor comporta confusão com outras categorias funcionais. Ademais, é a denominação praticada hoje na maioria dos Tribunais, havendo, no plano federal, a Lei nº 12.811, de 16 de maio de 2013, que em seu art. 3º consagra a denominação ministro substituto:
"Art. 3º Os titulares do cargo de Auditor de que trata o §4º do art. 73 da Constituição Federal, os quais, nos termos do texto constitucional, substituem os Ministros e exercem as demais atribuições da judicatura, presidindo processos e relatando-os com proposta de decisão, segundo o que dispõe o parágrafo único do art. 78 da Lei nº 8.443, de 16 de julho de 1992, também serão denominados Ministros-Substitutos."

Efetivamente, de todas as figuras do Tribunal de Contas, é a que tem dado mais trabalho ao Supremo Tribunal Federal. Elemento essencial à composição e ao trabalho dos Tribunais de Contas, já que injetam a capacidade técnica específica, os Auditores têm sido alvo, no entanto, de uma reação dos Poderes políticos à rigidez da imposição do modelo federal e do número de sete Conselheiro; daí toda uma tentativa de utilização do quadro de Auditores como forma de ampliar o número de Conselheiros ou de dignitários do Tribunal de Contas com *status* similar ao de Conselheiro, dependente da escolha e da seleção pelos Poderes políticos.[15]

Inicialmente, pretendeu-se burlar a obrigatoriedade do concurso público, assunto também pacificado no âmbito do STF (Adin nº 184, de Mato Grosso; Adin nº 1.067, de Minas Gerais; Adin nº 507, do Amazonas).

Mas outras questões foram objeto de demanda judicial, como a recusa de nomeação do conselheiro substituto e do membro do Ministério Público de Contas para as vagas que a eles são reservadas[16] e a atribuição aos conselheiros substitutos de atividades estranhas à judicatura,[17] esta última ainda por solucionar no âmbito de muitos Tribunais de Contas que, conquanto já contem com a figura do conselheiro substituto, cometem a ele atribuições que não são de judicatura, como emissão de pareceres.

Em que pese ainda existir alguma discrepância no seio de um ou de outro Tribunal de Contas quanto à figura do conselheiro substituto, é seguro, com alicerce na melhor doutrina e na jurisprudência do STF, afirmar-se que os conselheiros substitutos são membros dos Tribunais de Contas e, quando não estiverem em substituição a conselheiros, exercem atribuições de judicatura. Nesse sentido a lição lapidar do Ministro Carlos Ayres Britto:

> A Constituição Federal faz do cargo de auditor um cargo de existência necessária, porque, quando ela se refere nominalmente a um cargo, está dizendo que faz parte, necessariamente, da ossatura do Estado, e só por efeito de emenda à Constituição – e olhe lá – é que a matéria poderia ser modificada. De outra parte, auditor ainda tem uma particularidade: é regrado pela Constituição como um elemento de composição do próprio Tribunal. (ADI nº 1994-5/ES)

---

[15] Os Tribunais de Contas no Supremo Tribunal Federal: crônicas de jurisprudência. *In*: CONGRESSO DOS TRIBUNAIS DE CONTAS DO BRASIL, p. 221.
[16] ADIN nº 789/DF.
[17] SS nº 4005/Ceará. Disponível em: <http://www.stf.jus.br/portal/processo/verProcessoTexto. asp?id=2748558&tipoApp=RTF>.

No mesmo sentido, e para encerrar esse ponto, a precisa observação do Ministro Octavio Gallotti:

O status dos Auditores dos Tribunais de contas tem dado margem a muitas perplexidades, que começam com a impropriedade da denominação do cargo, ligada a uma tradição respeitável, mas totalmente divorciada do atual conceito de atividades de auditoria. Imprópria, por isso mesmo, para designar o servidor que tem normalmente assento no Plenário do Tribunal de Contas, com atribuições de relatar processos, formalizar propostas conclusivas e exercer plena jurisdição quando convocado para substituir Conselheiro ou Ministro...

Assim, podem-se concluir como pacificadas no âmbito do Supremo Tribunal Federal as seguintes diretrizes quanto à composição dos Tribunais de Contas do Brasil:

1. dos sete conselheiros titulares, quatro são escolhidos pelo Poder Legislativo; três pelo Chefe do Poder Executivo, nesse caso, um entre os conselheiros substitutos, um entre os procuradores do Ministério Público de Contas, e o outro de livre escolha;
2. também integram os Tribunais de Contas os conselheiros substitutos, recrutados mediante concurso público de provas e títulos, com atribuições de judicatura[18] e de substituição aos conselheiros;
3. as atribuições de judicatura consistem na relatoria de processos, presidindo a instrução do feito e propondo a decisão, tendo assento permanente no Plenário e nas Câmaras;[19]
4. atua junto ao Tribunal um Ministério Público de Contas, com procuradores recrutados mediante concurso público de provas e títulos.

---

[18] Atribuições de judicatura são atribuições de juiz, de julgamento e de todos os atos necessários ao exercício dessas funções. sf (lat *judicatu*+ura2) 1 Cargo ou dignidade de juiz. 2 Dir Exercício da função de juiz; duração desse exercício. 3 Poder de julgar. 4 Poder judiciário. 5 Tribunal (MICHAELIS: moderno dicionário da língua portuguesa).

[19] Em regra, os Tribunais de Contas, hoje, são repartidos em Câmaras, funcionando estas de forma fracionada e para processos determinados.

4 Dos resultados da avaliação dos Tribunais (Revisão por Pares)[20]

No processo de Revisão por Pares, no item alusivo à composição dos Tribunais de Contas, buscou-se avaliar se ela está em consonância com o que prescreve a Constituição Federal (arts. 73 e 75) e com as interpretações pacificadas no âmbito do Supremo Tribunal Federal. Para serem considerados plenamente de acordo com esse item os Tribunais deveriam estar integrados por conselheiros, conselheiros substitutos e procuradores de contas. No que se refere aos conselheiros, quatro deles escolhidos pelo Poder Legislativo e três pelo Chefe do Poder Executivo. Nesse último caso, um entre os conselheiros substitutos, um entre os procuradores de contas e o outro de livre escolha.

Quanto aos conselheiros substitutos e aos procuradores de contas, que tenham sido nomeados mediante concurso público e que aos primeiros sejam distribuídos originariamente processos para relatoria própria, com a presidência de toda a instrução do feito até a proposta de decisão a ser submetida ao órgão colegiado, Plenário ou Câmaras.

Os resultados do trabalho são apresentados a seguir.

---

[20] Participaram do Projeto, sendo objeto de visita técnica por parte das equipes de trabalho os seguintes Tribunais de Contas: Tribunal de Contas do Estado do Acre, Tribunal de Contas do Estado de Alagoas; Tribunal de Contas do Estado do Amapá; Tribunal de Contas do Estado da Bahia; Tribunal de Contas do Estado do Ceará; Tribunal de Contas dos Municípios do Estado do Ceará; Tribunal de Contas do Distrito Federal; Tribunal de Contas do Estado do Espírito Santo; Tribunal de Contas do Estado de Goiás; Tribunal de Contas dos Municípios do Estado de Goiás; Tribunal de Contas do Estado do Maranhão; Tribunal de Contas do Estado de Mato Grosso; Tribunal de Contas do Estado de Minas Gerais; Tribunal de Contas do Estado do Pará; Tribunal de Contas dos Municípios do Estado do Pará; Tribunal de Contas do Estado da Paraíba; Tribunal de Contas do Estado do Paraná; Tribunal de Contas do Estado de Pernambuco; Tribunal de Contas do Estado do Piauí; Tribunal de Contas do Município do Rio de Janeiro; Tribunal de Contas do Estado do Rio Grande do Norte; Tribunal de Contas do Estado do Rio Grande do Sul; Tribunal de Contas do Estado de Rondônia; Tribunal de Contas do Estado de Roraima; Tribunal de Contas do Estado de Santa Catarina; Tribunal de Contas do Estado de São Paulo; Tribunal de Contas do Estado de Sergipe; e Tribunal de Contas do Estado de Tocantins.

Gráfico 1 – Composição dos TCs em consonância
com a Constituição Federal (consolidado)

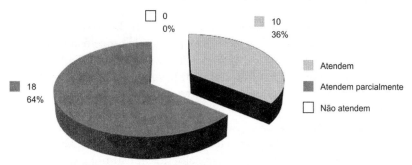

Fonte: Diagnóstico dos Tribunais de Contas do Brasil: Atricon. Brasília: 2013.

Conforme se verifica no Gráfico 1, apenas 36% Tribunais de Contas têm a sua composição plenamente adequada ao comando constitucional, resultado desfavorável às Cortes de Contas, porquanto a maioria – 64% – está atuando sem a composição concebida pelo legislador constituinte, situação que pode ocasionar o questionamento da legitimidade das suas decisões.

Apenas no que se refere à composição com membros oriundos do Poder Legislativo a composição está adequada, uma vez que somente 18% dos Tribunais estão sem a composição completa e, assim estão, seguramente, por alguma contingência facilmente vencível, como, por exemplo, a demora no processo de escolha para alguma vaga surgida há pouco tempo. Como regra, não há maiores problemas quanto à escolha do Poder Legislativo (Gráfico 2), exceto quanto aos requisitos para o exercício do elevado cargo, nem sempre observados pelas Casas Legislativas do Brasil.[21]

---

[21] Episódio recente comprova esta assertiva, quando o Senado Federal pretendeu indicar para o Tribunal de Contas da União um Senador que, segundo amplamente divulgado, não reunia os requisitos exigidos para o cargo. Tanto assim que houve fortíssima reação não somente do Tribunal de Contas da União, dos veículos de mídia, como também das associações afetas ao sistema de controle, como Atricon, Audicon e Ampcon, em excelente precedente que resultou no pronto recuo do Senado em seu desiderato.

Gráfico 2 – Composição dos TCs em consonância com a Constituição Federal: quatro conselheiros indicados pelo Poder Legislativo.

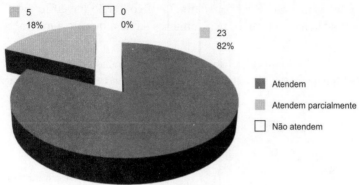

Fonte: Diagnóstico dos Tribunais de Contas do Brasil: Atricon. Brasília: 2013.

No que se refere à vaga de conselheiro oriundo da carreira de conselheiro substituto, como demonstra o Gráfico 4, 29% dos Tribunais ainda não os têm em sua composição, situação também vexatória, que até pode ser explicada em razão de ainda não haver surgido a vaga, com a aposentação de conselheiros escolhidos ainda pela regra anterior, mas que também é decorrente de injustificada insistência, por parte de alguns, em desatender ao comando constitucional.

Gráfico 4 – Composição dos TCs em consonância com a Constituição Federal: um conselheiro indicado pelo Poder Executivo dentre os conselheiros substitutos.

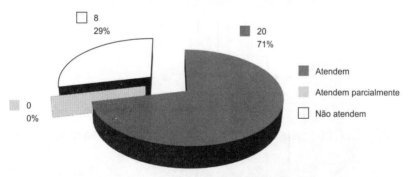

Fonte: Diagnóstico dos Tribunais de Contas do Brasil: Atricon. Brasília: 2013.

Fica ainda mais evidente essa assertiva quando se comprova que todos os Tribunais estão compostos quanto à vaga de livre nomeação do Chefe do Executivo, consoante Gráfico 3, não havendo, portanto, em relação a essas vagas, nenhuma resistência quanto à indicação.

Gráfico 3 – Composição dos TCs em consonância com a Constituição Federal: um conselheiro indicado pelo Poder Executivo – livre nomeação.

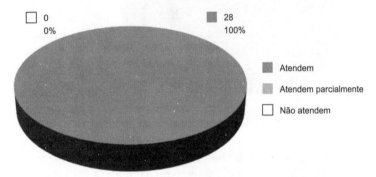

Fonte: Diagnóstico dos Tribunais de Contas do Brasil: Atricon. Brasília: 2013.

Ainda quanto aos conselheiros substitutos, como se vê no Gráfico 7, 14% dos Tribunais ou não têm o cargo em sua estrutura, ou aqueles que substituem os conselheiros não fizeram concurso para o cargo de conselheiro substituto.

Gráfico 7 - Existência de conselheiros substitutos concursados.

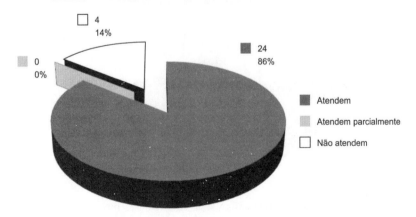

Fonte: Diagnóstico dos Tribunais de Contas do Brasil: Atricon. Brasília: 2013.

Não colhem melhor resultado as vagas destinadas aos membros oriundos do Ministério Público de Contas, cujos resultados demonstram (Gráfico 5) que 36% dos Tribunais ainda não estão compostos com representantes de tal órgão.

Gráfico 5 – Composição dos TCs em consonância com a Constituição Federal: um conselheiro indicado pelo Poder Executivo dentre os procuradores de contas.

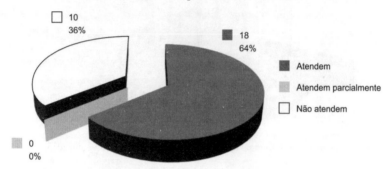

Fonte: Diagnóstico dos Tribunais de Contas do Brasil: Atricon. Brasília: 2013.

Também quanto Ministério Público de Contas, ainda há Tribunais que não contam com o *Parquet* Especial, consoante o Gráfico 6.

Gráfico 6 – Integração do Ministério Público de Contas por procuradores de contas concursados.

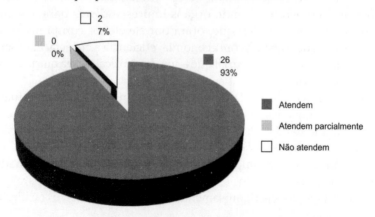

Fonte: Diagnóstico dos Tribunais de Contas do Brasil: Atricon. Brasília: 2013.

Finalmente, os resultados quanto à não distribuição de processos aos conselheiros substitutos, Gráfico 8, a deturparem a composição dos

Tribunais de Contas, na medida em que esses membros são desviados de sua função, exercendo instrução de processos em detrimento da judicatura que lhes é afeta.

Gráfico 8 – Distribuição originária de processos aos conselheiros substitutos para relatoria.

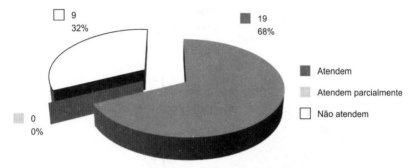

Fonte: Diagnóstico dos Tribunais de Contas do Brasil: Atricon. Brasília: 2013.

Esses resultados demonstram que há inúmeras providências a serem tomadas pelos Tribunais de Contas no que se refere a sua composição. Com efeito, é expressivo o número deles que não está adequadamente composto, 64%, mesmo já transcorridos vinte e seis anos da promulgação da Carga Magna.

Os Tribunais de Contas são vitais no organismo constitucional, detendo competências exclusivas e extremamente relevantes para o regime democrático, sendo órgãos imprescindíveis para assegurar ao cidadão que aqueles que foram por ele eleitos cumpram os seus programas de trabalho com economia, eficiência e eficácia. Para serem reconhecidos como tal, curial que a sua composição seja a que prescreve o texto constitucional.

Acresce que aos Tribunais de Contas, no seu âmbito de atuação, assiste competência para apreciar a constitucionalidade de leis e dos atos emanados da Administração Pública.[22] Logo, não é demasiado afirmar serem os Tribunais de Contas guardiãs da Constituição, cumprindo-lhes esse importante mister no que se refere aos normativos dos seus jurisdicionados e, *a fortiori*, cabendo-lhes o zelar para que a sua composição seja rigorosamente aquela que delineou o constituinte.

---

[22] Súmula nº 347, do STF: "O Tribunal de Contas, no exercício de suas atribuições, pode apreciar a constitucionalidade das leis e dos atos do Poder Público".

Para tanto, urge que as vagas de conselheiros, na medida em que surgirem, sejam preenchidas por conselheiros substitutos e procuradores de contas, respectivamente. Em alguns Tribunais, devem ser realizados concursos públicos, de provas e títulos, para os cargos de conselheiro substituto e procurador de contas. Em outros, devem ainda ser adotadas providências para a criação dos cargos, que sequer existem nos ordenamentos jurídicos estaduais.

Aos conselheiros substitutos, quando não estiverem em substituição a conselheiro, devem ser cometidas atribuições de judicatura, com exclusão de qualquer outra, salvo as de auxiliar dos órgãos intestinos do Tribunal, como a Corregedoria e a Presidência.[23]

5 Conclusão

Conscientes de que são procedentes, em grande parte, as frequentes críticas quanto à incapacidade das instituições públicas de dar resposta à demanda da sociedade, à expectativa social de sua atuação, têm os Tribunais de Contas buscado o necessário aperfeiçoamento, a

---

[23] Na Lei Orgânica do Tribunal de Contas do Estado do Piauí estão devidamente estabelecidas quais são as atividades cometidas aos conselheiros substitutos, ainda denominados de auditor na aludida lei (Lei Estadual nº 5.888/2009).
"Art. 22 Compete ao Auditor:
II – No exercício das demais atribuições da judicatura:
a) atuar, em caráter permanente, junto ao Plenário e às Câmaras, presidindo a instrução dos processos que lhe forem distribuídos e relatando-os com proposta de decisão a ser votada pelo Plenário ou pela Câmara para a qual estiver designado;
b) atuar, em caráter permanente, junto ao Plenário ou à Câmara para a qual estiver designado, participando das discussões sobre os processos relatados e prestando-lhe assistência, quando solicitado, mediante emissão de parecer;
c) atuar, em caráter permanente, junto à Corregedoria, como auxiliar, exercendo as competências previstas nos incisos III, IV e V do art. 30;
d) atuar, em caráter permanente, junto à Ouvidoria, como auxiliar, exercendo as competências previstas nos incisos I a III do art. 32;
e) atuar, em caráter permanente, junto à unidade de Controle Interno do Tribunal de Contas, como auxiliar, exercendo as competências previstas nos incisos I, II e IV do art. 34;
f) atuar, em caráter permanente, junto à Presidência, auxiliando o Presidente do Tribunal de Contas no exercício de suas atribuições, quando solicitado.
§1º Ao Auditor compete, ainda, a defesa dos princípios e da ordem jurídica na Administração Pública.
§2º Enquanto não for proferida decisão definitiva sobre os processos redistribuídos, o Auditor será considerado em substituição.
§3º Os Auditores que atuarão, como auxiliares, junto à Corregedoria, à Ouvidoria e à Unidade de Controle Interno, e os que atuarão, como auxiliares, junto à Presidência, serão escolhidos conforme o disposto no art. 26 desta Lei, sendo vedado o exercício cumulativo de cargos.
§4º É vedado ao Auditor exercer funções ou comissões na Secretaria do Tribunal, bem como desempenhar atividades incompatíveis com as atribuições de judicatura."

modernização, tudo de forma a cumprir melhor o seu mister constitucional.

É inegável que houve avanços nos últimos anos, progresso esse que se iniciou com o Programa de Modernização dos Tribunais de Contas (Promoex),[24] responsável por resultados significativos na modernização dos Tribunais de Contas, tendo legado inúmeras conquistas, dentre as quais se destaca a aproximação entre os Tribunais, o que proporcionou o intercâmbio de produtos, a troca de experiências e de ideias, o compartilhamento de soluções, o contato permanente entre os técnicos e membros. Não fosse o Promoex, é de se reconhecer, os Tribunais de Contas estariam em nível bem inferior ao que se encontram.

Mas ainda há espaço para o seu aperfeiçoamento, em vários campos, como bem atesta a Revisão por Pares que acabou de ser feita e conforme se procurou abordar na presente análise dos resultados quanto à composição dos Tribunais.

Aos Tribunais de Contas são cometidas importantes funções de fiscalização e controle, cabendo-lhes a avaliação da gestão dos administradores públicos do país. E quem são eles? A presidente da República, os ministros de Estado, os presidentes e diretores de autarquias, empresas públicas e sociedades de economia mista, os presidentes dos Parlamentos Nacionais, os presidentes dos órgãos do Poder Judiciário, os procuradores do Ministério Público, os defensores públicos, os governadores de Estado, os secretários de Estado, os prefeitos municipais e respectivos secretários, entre outros. Como se nota, são pessoas que exercem notável influência na vida de todos, são autoridades que, via de regra, decidem o destino do povo.

Se a atuação dessas autoridades não for satisfatória, há um órgão estruturado adrede para assegurar que se torne. Ou seja, o organismo estatal possui um aparelhamento que foi concebido para garantir que a administração pública se haja bem, para assegurar a boa e regular aplicação dos recursos do erário.

Partindo dessas premissas, diante da magnitude das atribuições das Cortes de Contas, a conclusão não pode ser outra senão a de que a composição dos Tribunais precisa estar em acordo com a Constituição Federal, tanto no que se refere aos conselheiros substitutos como ao

---

[24] O Programa de Modernização do Sistema de Controle Externo dos Estados, Distrito Federal e Municípios Brasileiros (PROMOEX) foi instituído em 2006, com recursos financeiros do Banco Interamericano de Desenvolvimento (BID), com o objetivo geral de fortalecer o sistema de controle externo como instrumento de cidadania, incluindo o aperfeiçoamento das relações intergovernamentais e interinstitucionais, com vistas, inclusive, ao controle do cumprimento da Lei de Responsabilidade Fiscal (LC nº 101/2000).

Ministério Público de Contas, sendo inaceitável a continuidade da situação atual, porque já transcorridos vinte e seis anos desde a promulgação da Lei Maior.

E o momento é extremamente propício à implantação do modelo constitucional, porque se chegou a um patamar importante na vida dos Tribunais de Contas do Brasil, alcançando-se um ponto a partir do qual não se pode mais retroceder, porque a sociedade já acordou e não aceita; porque os Tribunais já despertaram e não querem.

A Revisão por Pares, de significado histórico, incorpora-se definitivamente à vida dos Tribunais de Contas do Brasil, trabalho permanente, na contínua busca do aperfeiçoamento e da modernização, tudo com vistas ao melhor cumprimento do seu desiderato. Constitui-se em importante marco referencial, que haverá de conduzir os Tribunais de Contas do Brasil ao patamar de excelência a que estão destinados, afastando, definitivamente, o risco de se converterem em instituições de ornato aparatoso e inútil, como advertiu Rui Barbosa, insigne patrono dos Tribunais de Contas.

Referências

ALEJARRA, Luis Eduardo Oliveira. A criação do Tribunal de Contas na história constitucional brasileira. Disponível em: <http://jus.com.br/artigos/27898/a-criacao-do-tribunal-de-contas-na-historia-constitucional-brasileira>. Acesso em: 30 abr. 2014.

ATRICON. *Diagnóstico dos Tribunais de Contas do Brasil*: avaliação da qualidade e agilidade do controle externo. Brasília: Atricon, 2013.

BRASIL. Constituição (1988). *Constituição da República Federativa do Brasil*, 1988. Disponível em: <http://planalto.gov.br/ccivil_03/Constituicao/Constituicao.htm>. Acesso em: 30 abr. 2014.

ESTATUTO da Associação dos Membros dos Tribunais de Contas do Brasil. Novembro, 2011. Disponível em: <http://www.atricon.org.br/institucional/estatuto/>. Acesso em: 30 abr. 2014.

FERRAZ, Luciano de Araújo. *Controle da Administração Pública*: elementos para a compreensão dos Tribunais de Contas. Belo Horizonte: Mandamentos, 1999.

JACOBY FERNANDES, Jorge Ulisses. Limites à revisibilidade judicial das decisões dos Tribunais de Contas. *Revista do Tribunal de Contas do Estado de Minas Gerais*, Belo Horizonte, v. 27, n. 2, p. 69-89, abr./jun. 1998.

MICHAELIS: moderno dicionário da língua portuguesa. São Paulo: Melhoramentos, 2008.

PERTENCE, Sepúlveda. Os Tribunais de Contas no Supremo Tribunal Federal: crônicas de jurisprudência. In: CONGRESSO DOS TRIBUNAIS DE CONTAS DO BRASIL, 19., 1997. Rio de Janeiro. *Anais...* Rio de Janeiro: Coordenadoria de Editoração, 1997.

PIAUÍ. Lei Estadual nº 5.888, de 19 de agosto de 2009. Dispõe sobre a Lei Orgânica do Tribunal de Contas do Estado do Piauí. Disponível em: <http://www.tce.pi.gov.br/site/legislacao/normas-tce-pi>. Acesso em: 30 abr. 2014.

Informação bibliográfica deste texto, conforme a NBR 6023:2002 da Associação Brasileira de Normas Técnicas (ABNT):

CAMPELO, Jaylson Fabianh Lopes. Avaliação da qualidade e agilidade dos Tribunais de Contas do Brasil: necessidade de adequação às normas constitucionais quanto à sua composição. In: LIMA, Luiz Henrique (Coord.). *Tribunais de Contas*: temas polêmicos: na visão de Ministros e Conselheiros Substitutos. 2. ed. rev., ampl. e atual. Belo Horizonte: Fórum, 2018. p. 55-72. ISBN 978-85-450-0521-6.

AUDITOR CONSTITUCIONAL DOS TRIBUNAIS DE CONTAS

NATUREZA E ATRIBUIÇÕES[1]

LEONARDO DOS SANTOS MACIEIRA

1 Introdução

O objetivo deste breve estudo é apresentar aspectos legais, doutrinários e jurisprudenciais do Auditor (Magistrado) Constitucional dos Tribunais de Contas, no que se refere à natureza e às atribuições do cargo, assim como abordar questões relacionadas à hierarquia e subordinação.

2 Natureza e atribuições constitucionais

Segundo previsão constitucional,[2] os Tribunais de Contas são integrados por Ministros e Conselheiros que, em suas ausências e impedimentos, são substituídos por Auditores efetivos (concursados). Esses Auditores, quando não estão substituindo Ministros e Conselheiros, exercem as demais atribuições da judicatura, com garantias de juiz de Tribunal Regional Federal.

Partindo da premissa de que a Constituição não contém palavras inúteis, quis expressamente o constituinte que os Auditores exercessem somente duas atribuições, i) de substituição e ii) de judicatura.

Pretendeu o constituinte de 1988, com isso, manter o significado original da denominação do cargo de Auditor, quando da criação do cargo no Tribunal de Contas da União, por meio do Decreto Legislativo

---

[1] Artigo publicado originariamente em 2009.
[2] Art. 73, §4º, CF/88 – "O auditor, quando em substituição a Ministro, terá as mesmas garantias e impedimentos do titular e, quando no exercício das demais atribuições da judicatura, as de juiz de Tribunal Regional Federal".

nº 3.454, de 06 de janeiro de 1918, que, àquela época, significava exatamente Magistrado da Corte de Contas.

Atualmente, embora a denominação de Auditor não seja a mais adequada para se referir a quem exerce atribuições de judicatura, muitos dicionários jurídicos e da língua portuguesa ainda registram o vocábulo auditor como sinônimo de magistrado.

Auditor (ô). [Do lat. *auditore.*] *S.m.* 1. Aquele que ouve; ouvidor. 2. Magistrado com exercício na Justiça militar e que desfruta de prerrogativas honorárias de oficial do exército. 3. Magistrado do contencioso administrativo. 4. Auditor da nunciatura (Tribunal Eclesiástico sujeito ao núncio – Embaixador do Papa).[3]

Por força de disposição constitucional[4] e observando o princípio da simetria,[5] os Estados são obrigados a organizar seus Tribunais segundo o modelo federal, ou seja, os Tribunais estaduais devem seguir o modelo de organização, composição e de fiscalização do Tribunal de Contas da União (TCU) detalhados na Constituição Federal de 1988, havendo, inclusive, julgados do STF nesse sentido.

1. Estrutura dos Tribunais de Contas Estaduais. Observância necessária do modelo federal. Precedentes. 2. Não é possível ao Estado-membro extinguir o cargo de Auditor na Corte de Contas estadual, previsto constitucionalmente (ADI 1994/ES).

A despeito da clara previsão na Lei Fundamental, há grande confusão no que tange à natureza jurídica e às atribuições do cargo de Auditor. O Auditor constitucional dos Tribunais de Contas, assim chamados por ter fundamento constitucional, difere de outros cargos de auditores previstos em normativos infraconstitucionais e infralegais.

Apesar do mesmo *nomem juris*, com aqueles não podem ser confundidos, pois a natureza jurídica e atribuições dos cargos são distintas. Explica-se: a Constituição Federal faz menção somente a dois

---

[3] FERREIRA. *Novo dicionário da língua portuguesa da Academia Brasileira de Letras e da Academia Brasileira de Filosofia*, p. 160.

[4] Art. 75, CF/88 – "As normas estabelecidas nesta seção aplicam-se, no que couber, à organização, composição e fiscalização dos Tribunais de Contas dos Estados e do Distrito Federal, bem como dos Tribunais e Conselhos de Contas dos Municípios.
Parágrafo único. As Constituições estaduais disporão sobre os Tribunais de Contas respectivos, que serão integrados por sete Conselheiros".

[5] O princípio da simetria determina que as entidades federativas estaduais, municipais e distrital, ao organizarem suas constituições estaduais e leis orgânicas, devem obediência às normas de organização previstas na Constituição Federal.

cargos de Auditor, ambos efetivos: i) o Auditor do Tribunal de Contas (art. 73, §30) e ii) o Juiz-Auditor, como é conhecido o magistrado com exercício na Justiça Militar[6] (art. 123, parágrafo único, II). Os dois cargos possuem em comum atribuição e garantias de judicatura.

O Auditor militar também é chamado de Juiz-Auditor ou Juiz-Auditor Substituto (art. 1º, IV, da Lei nº 8.457/92). Trata-se de magistrado com exercício na justiça militar e que desfruta de prerrogativas honoríficas de oficial do exército.[7]

Por outro lado, os demais cargos, sejam eles públicos ou não, denominados de "auditor", são previstos somente em normas infraconstitucionais e infralegais, não possuindo atribuições de judicatura e garantias de magistrado. Dessa forma, existem Auditores com fundamento constitucional e que são magistrados por possuírem atribuições e garantias de judicatura (Auditor substituto de Ministros ou de Conselheiros dos Tribunais de Contas e o Auditor da Justiça Militar) e outros cargos de auditores na esfera pública e privada, com fundamento somente em normas legais e infralegais, que não exercem atribuições de judicatura e nem possuem garantias a ela inerentes.

O eminente tratadista Dr. Jorge Ulisses Jacoby Fernandes,[8] ex-Conselheiro do Tribunal de Contas do Distrito Federal, mestre em Direito Público e professor de Direito Administrativo, elucida as atribuições do Auditor com muita propriedade:

> Possuem os Tribunais de Contas Substitutos de ministros e conselheiros concursados, prontos para atuar durante os impedimentos e vacâncias. Trata-se de um traço peculiar. O nome jurídico do cargo também é referido como auditor e tem duas relevantes funções.
> A ordinária, consistente em participar do plenário ou câmara e relatar processos (...)
> A extraordinária consiste, precisamente, em substituir, para integrar quorum, o ministro ausente, no caso do Tribunal de Contas da União, ou o conselheiro, nos demais Tribunais. Nos impedimentos eventuais e

---

[6] Lei nº 8.457/92. "Art. 1º São órgãos da Justiça Militar:
 I – o Superior Tribunal Militar;
 II – a Auditoria de Correição;
 III – os Conselhos de Justiça;
 IV – os *Juízes-Auditores* e os *Juízes-Auditores Substitutos*".
[7] FERREIRA. *Novo dicionário da língua portuguesa da Academia Brasileira de Letras e da Academia Brasileira de Filosofia*, p. 160.
[8] *Tribunais de Contas do Brasil*: jurisdição e competência, p. 692-693.

nos não eventuais, assume integralmente as prerrogativas do substituto, inclusive quanto ao voto. (...)
É preciso notar que o constituinte foi muito criterioso ao definir as atribuições ordinárias do auditor, qualificando-as de, não sem motivo de "judicatura", dada a feição judicialiforme do julgamento das contas (...), isto é, próprias de juiz, do exercício da magistratura.

O doutrinador Valdecir Pascoal, Conselheiro do Tribunal de Contas do Estado de Pernambuco, professor de Direito Financeiro e Controle Externo, professor da Escola de Contas Públicas do TCE-PE e pós-graduado em Direito Constitucional e Administrativo, também disserta sobre o cargo de auditor mencionando as garantias e atribuições de judicatura.[9]

No sentido técnico-jurídico, não há como confundir o cargo de Auditor de Tribunal de Contas previsto na Constituição Federal, que tem natureza jurídica especial, com aquele profissional responsável por fazer auditorias e fiscalizações, regidos estritamente por normas infralegais, seja na condição de agente administrativo (regido por regime jurídico único), ou como profissional liberal e celetista (regido por normas próprias de conselhos de classe profissionais).[10]

---

[9] *Direito financeiro e controle externo.*

[10] Como exemplo pode-se citar os servidores da Receita Federal do Brasil que, embora tenham o nome de auditor dado por lei, não possuem previsão constitucional, e os servidores das secretarias e serviços auxiliares dos Tribunais de Contas, que denominados de "auditor", mas sem estatura constitucional ou atribuições de substituição de Ministros e de judicatura com as garantias inerentes.
Os auditores independentes e internos são regidos, entre outras, pelas Resoluções do Conselho Federal de Contabilidade (CFC) nºs 700/91, que trata das normas de Auditoria Independente; 701/91, que trata das normas Profissionais do Auditor Independente; e Norma Brasileira de Contabilidade T11 e T12 (NBC T 11 – 11.1.1.4 – O parecer é de exclusiva responsabilidade de contador registrado no Conselho Regional de Contabilidade, nestas normas denominado de auditor; NBC T 12 – 12.1.1.2 – A auditoria interna é de competência exclusiva de Contador registrado em Conselho Regional de Contabilidade, nesta norma denominado auditor interno).
O auditor independente é um profissional independente da empresa e de reconhecida capacidade técnica, inscrito no Conselho Profissional de Contabilidade. Esse profissional contábil, que examina as demonstrações contábeis da empresa e emite sua opinião sobre estas, é também conhecido como auditor externo. Seus pareceres são peças opinativas sobre as demonstrações contábeis da empresa e classificam-se em: parecer sem ressalva, parecer com ressalva, parecer com abstenção de opinião e parecer adverso.
Os auditores internos, ao contrário do auditor independente, é um profissional vinculado à empresa. Eles focam suas atividades no policiamento de fraudes, fiscalização de cumprimento de normas, conferência de despesas e verificação de documentos comprobatórios internos da empresa. Em boa parte das descrições, o trabalho do auditor interno parece restrito ao campo contábil.

É possível que o constituinte de 1988 tenha sido infeliz em empregar, nos tempos atuais, o *nomem júris* de Auditor para denominar o magistrado das Cortes de Contas, ao invés de, por exemplo, denominar o cargo de "Ministro-Substituto" (Conselheiro-Substituto) ou de "Auditor Substituto de Ministro" (Auditor Substituto de Conselheiro), nome este que refletiria mais apropriadamente a natureza jurídica das atribuições do cargo e que foi adotado por algumas Leis Orgânicas de Tribunais de Contas com o nítido propósito de deixar claro que tal cargo em nada se assemelha a outros também denominados de auditor que compõem os serviços auxiliares (secretarias) daqueles Tribunais.

Com extrema didática, o Exmo. Sr. Ministro do STF, o Dr. Octavio Gallotti, já em meados da década de 1980, tinha perfeita clareza das atribuições do cargo de Auditor constitucional do Tribunal de Contas, assim se manifestando a respeito:

> O status dos Auditores dos Tribunais de Contas tem dado margem a muitas perplexidades, que começam com a impropriedade da denominação do cargo, ligada a uma tradição respeitável, mas totalmente divorciada do atual conceito de atividades de auditoria. Imprópria, por isso mesmo, para designar o servidor que tem normalmente assento no Plenário do Tribunal de Contas, com atribuições de relatar processos, formalizar propostas conclusivas e exercer plena jurisdição quando convocado para substituir Conselheiro ou Ministro (...). (REP nº 1.232-8/AM)

Da mesma feita, o eminente Exmo. Ministro do STF, Dr. Carlos Ayres Britto, que é reconhecidamente um respeitado estudioso do tema, assim prelecionou:

> A Constituição Federal faz do cargo de auditor um cargo de existência necessária, porque, quando ela se refere nominalmente a um cargo, está dizendo que faz parte, necessariamente, da ossatura do Estado, e só por efeito de emenda à Constituição – e olhe lá – é que a matéria poderia ser modificada. De outra parte, auditor ainda tem uma particularidade: é regrado pela Constituição como um elemento de composição do próprio Tribunal. (ADI nº 1994-5-ES).

Com isso, nota-se que importa menos o *nomem juris* ou denominação do cargo e mais a sua natureza jurídica. O raciocínio inverso também pode ser feito, à medida que cargos com *nomem juris* diferentes podem ter natureza jurídica semelhante, como é o caso do cargo de Ministro do TCU e o de Conselheiro dos Tribunais de Contas dos Estados e dos Municípios, que, apesar de nomes diversos, tem a mesma natureza, mesmo pressuposto de fundamento e de atribuições.

Em recente questão enfrentada pelo egrégio Tribunal de Justiça do Estado do Ceará, o Exmo. Sr. Desembargador Dr. Francisco Lincoln Araújo e Silva assim se manifestou em julgamento do dia 22.06.2009, acerca de Resolução do Tribunal de Contas local que violara as atribuições de judicatura do Auditor-Magistrado:

> Em se tratando, portanto de AUDITOR, em face de suas peculiaridades institucionais e da relevância do cargo, entendo que a sua disciplina, em caráter exaustivo, só pode ser estabelecidas em nível constitucional e legal, principalmente, no que se refere à definição de suas atribuições, que têm tudo a ver com o que, a respeito, já se encontra, expressa e exaustivamente, disposto nos textos constitucionais pertinentes.

Reconhecendo que as atribuições de judicatura do Auditor-Magistrado não se coadunam com a emissão de parecer,[11] visto que essa atividade é de caráter meramente opinativo, o ilustre Desembargador concedeu medida liminar suspendendo a eficácia da Resolução daquele Tribunal por reconhecer a manifesta ilegalidade e inconstitucionalidade:

> Não posso, por isso, entender, data vênia, o motivo pelo qual o Tribunal de Contas dos Municípios, na contramão de comezinhos princípios, aqui e ali, de vez em quando, resolve se atribuir função típica de órgão legislativo, disciplinando, algumas vezes, por via simples resolução, matéria reservada ao domínio estritamente legislativo, usurpando dessa forma, a competência que a constituição adjudica, privativamente, ao Poder Legislativo.

Ainda na citada Decisão, o Desembargador determinou a imediata distribuição de processos ao impetrante, mediante critérios impessoais de sorteio, aplicáveis a todos os magistrados da Corte de Contas, para que o Auditor possa dirigir a sua instrução como Magistrado-Relator.

Várias leis orgânicas e constituições estaduais estabeleceram que os Auditores exerceriam as únicas duas funções previstas na Constituição Federal: a ordinária, de judicatura, e a extraordinária, de substituto de Conselheiros.[12]

---

[11] O parecer de auditoria é emitido pelo profissional da iniciativa privada da área contábil, denominado de auditor independente e regido por norma infralegal, no caso, a Norma Brasileira de Contabilidade T11.

[12] "Art. 16. O Auditor, quando em substituição a Conselheiro terá as mesmas garantias, impedimento, vencimentos e vantagens do titular e, quando no exercício das demais atribuições da judicatura, as de juiz de direito (...) (A Lei Complementar nº 25/1994. Lei Orgânica do TCM-PA)."

A clara dicção constitucional reproduzida pelas constituições estaduais não deixou muita margem para a competência legislativa em nível infraconstitucional e menos ainda no nível infralegal, visto que somente o constituinte federal e o legislador ordinário podem definir atribuições do cargo de Auditor.

Assim, é juridicamente impossível a criação de novas atribuições para os Auditores ou a prática de atos administrativos que interfiram na independência, imparcialidade e autonomia exclusivamente por força de ato de nível apenas regimental, em face de a atribuição do referido cargo ser matéria constitucional, regulada por lei complementar, em obediência ao princípio da estrita reserva legal.

Ocorre que muitas leis orgânicas não teceram maiores detalhes sobre as atribuições dos Auditores. Nesses casos, as omissões, desde que respeitado o comando constitucional, podem ser supridas subsidiariamente pelo disposto na Lei Orgânica do TCU e na Lei Orgânica da Magistratura (haja vista ser o Auditor o juiz natural das Cortes de Contas).

A legislação do TCU assim dispõe sobre os Auditores:

Art. 63. Os ministros, em suas ausências e impedimentos por motivo de licença, férias ou outro afastamento legal, serão substituídos, mediante convocação do Presidente do Tribunal, pelos auditores (...)

§1º Os auditores serão também convocados para substituir ministros, para efeito de quorum (...)

§2º Em caso de vacância de cargo de ministro, o Presidente do Tribunal convocará auditor para exercer as funções inerentes ao cargo vago, até novo provimento (...)

Parágrafo único. O auditor, quando não convocado para substituir ministro, presidirá à instrução dos processos que lhe forem distribuídos, relatando-os com proposta de decisão a ser votada pelos integrantes do plenário ou da câmara para a qual estiver designado.

Art. 79. O auditor, depois de empossado, só perderá o cargo por sentença judicial transitada em julgado. (Lei nº 8.443/92)

Como somente a lei em sentido estrito pode estabelecer atribuições de cargos públicos e ainda assim nos limites da Constituição, observa-se que a legislação infraconstitucional e infralegal do TCU apenas detalhou que as atribuições da judicatura seriam presidir a instrução processual e relatar com proposta de decisão a ser votada pelo Plenário e Câmaras.[13]

---

[13] Instruir é efetuar atos, diligências, formalidades, análise das alegações dos interessados e produção de provas para esclarecer a relação jurídica e proporcionar elementos de convicção

Em decorrência das atribuições judicantes, o Regimento Interno do TCU deixa explícito que os Auditores não se confundem com os servidores da Secretaria do Tribunal (que atualmente também são denominados de auditores), proibindo-os de exercer funções ou comissões naquela secretaria. Essa distinção é importante, pois em vários Tribunais de Contas é comum que os cargos dos serviços auxiliares também tenham denominação de auditor, embora o mais usual seja a denominação de Analista de Controle Externo, Inspetor de Controle Externo ou de Técnico de Controle Externo.

3 Inexistência de subordinação ou vinculação

Judicatura significa o mesmo que poder de julgar, função ou cargo de magistratura.[14] Em decorrência do exercício de judicatura, sobrevêm as garantias constitucionais que asseguram a independência, autonomia e imparcialidade. A respeito da imparcialidade e garantias do magistrado, o doutrinador Alexandre Freitas Câmara[15] destaca o seguinte:

> Para se assegurar a imparcialidade do Estado, é preciso que haja imparcialidade do agente estatal que irá, no caso concreto, exercer a função jurisdicional. Assim, em primeiro lugar, cuida o ordenamento jurídico, através de norma jurídica hierarquicamente superior às demais, de estabelecer garantias para os magistrados, ou seja, a Constituição da República arrola uma série de garantias dos juízes, destinadas a assegurar que a atuação do magistrado se dê, no processo, de forma imparcial.

Isso quer dizer que, nos termos da Constituição Federal, no exercício das atribuições de judicatura, cada Auditor atua "sem subordinação jurídica, vinculando-se exclusivamente ao ordenamento jurídico",[16] com o objetivo de "colocar-se acima dos poderes políticos e das massas que pretendem exercer pressão sobre suas decisões".[17]

Conforme leciona o professor Humberto Theodoro Júnior, a atividade do juiz é "subordinada exclusivamente à lei, a cujo império se submete com penhor de imparcialidade".[18] Nesse mesmo sentido,

---

necessários ao julgamento da causa. Relatar é expor sumariamente a situação de fato que é submetida a julgamento do Tribunal.
[14] SANTOS. *Dicionário jurídico brasileiro*.
[15] *Lições de direito processual civil*, p. 136.
[16] PACHECO. *Direito processual civil*.
[17] COUTURE. *Introdução ao estudo do direito processual civil*.
[18] *Curso de direito processual civil*, v. 1, p. 39.

o Exmo. Sr. Ministro do TCU, Dr. Ubiratan Aguiar,[19] deixou bem claro em seu discurso, quando da posse do Exmo. Sr. Auditor Weder de Oliveira, que o Auditor subordina-se apenas às normas constitucionais e infraconstitucionais. Logo, o Auditor não está sujeito a coordenação ou supervisão de superior hierárquico.

Segundo José dos Santos Carvalho Filho,[20] hierarquia é o escalonamento em plano vertical dos órgãos e agentes que tem como objetivo a organização da função administrativa e tem como efeitos: o poder de comando; a fiscalização de atividades; o poder de revisão; e a avocação de atribuições. Assim, indaga-se: é possível submeter o Auditor-Magistrado à hierarquia funcional? É possível obrigar o Auditor a instruir e concluir seu relatório no mérito de acordo com orientações administrativas? É possível determinar ao Auditor-Magistrado que presida a instrução desta ou daquela forma? Por fim, é possível avocar as competências constitucionais atribuídas ao Auditor-Magistrado?

Cremos que as respostas a todas essas indagações sejam negativas, pois, segundo o eminente administrativista José dos Santos Carvalho Filho, "inexiste hierarquia entre os agentes que exercem função jurisdicional ou legislativa, visto que inaplicável o regime de comando que a caracteriza. No que concerne aos primeiros, prevalece o princípio da livre convicção do juiz, pelo qual age com independência, 'sem subordinação jurídica aos tribunais superiores', com bem salienta Humberto Theodoro Junior".

Como não há no Poder Judiciário Juiz vinculado a Desembargador, não pode haver Auditor vinculado a Ministro (ou Conselheiro). As atividades administrativas e de gestão dos juízes e desembargadores são fiscalizadas internamente pelas corregedorias do próprio Tribunal e externamente pelo Conselho Nacional de Justiça. O mesmo modelo é seguido pelos Tribunais de Contas, cujos Ministros (Conselheiros) e Auditores também estão submetidos à função correcional interna e, possivelmente, no futuro próximo, do Conselho Nacional dos Tribunais de Contas.

Assim, a hierarquia que o Auditor-Magistrado, Ministro e Conselheiro se submetem é a correição no que se refere à função disciplinar e à hierarquia administrativa, e de gestão em relação à Presidência do Tribunal, mas nunca a uma hierarquia que interfira na

---

[19] "A partir de hoje, vossa excelência, como Auditor desta Corte de Contas, estará subordinado apenas às normas constitucionais e infraconstitucionais brasileiras". Ata do TCU nº 1, de 21 de janeiro de 2009.

[20] *Manual de direito administrativo.*

isenção da instrução processual, na imparcialidade das conclusões do seu Relatório, ou que atente contra a autonomia e independência do Auditor-Magistrado, Ministro e Conselheiro. Logo, conclui-se que não há subordinação hierárquica do ponto de vista funcional (ou vinculação, supervisão, coordenação, controle ou outro termo sinônimo ou análogo), mas apenas para com os atos administrativos e de gestão em relação à Presidência do Tribunal, a quem compete, por disposição legal, dirigir os trabalhos da instituição.

4 Organização dos Tribunais de Contas

Como decorrência do princípio da simetria, a organização dos demais Tribunais segue o modelo federal, consubstanciado no modelo do TCU, que serve de parâmetro para as demais Cortes de Contas.

A estrutura organizacional (organograma) do TCU é dividida em Colegiados (Plenários e Câmaras), Autoridades (Ministros, Auditores e Procuradores) e Secretaria (serviços auxiliares técnicos e administrativos).

Os servidores das secretarias dos Tribunais são normalmente estatutários e seus cargos geralmente possuem as seguintes denominações: Auditor Federal de Controle Externo (TCU), Auditor de Contas Públicas (TCE-PE e TCE-PB), Auditor de Controle Externo (TCE-PI), Auditor Externo (TCE-MT), Auditor Fiscal de Controle Externo (TCE-SC), Auditor Contábil (TCE-SE), Inspetor de Controle Externo (TCE-MG), Analista de Controle Externo (TCE-MA, TCE-TO e TCE-AC), Analista Fiscal (TCE-RR) e Técnico de Controle Externo (TCE-RO e TCE-PR).

Dessa diversidade de denominações dos servidores das secretarias dos Tribunais é que decorre a confusão feita com relação ao cargo de Auditor-Magistrado previsto na Constituição Federal (Ministro e Conselheiro Substituto).

Não há hierarquia entre Ministros, Auditores e Procuradores. Os Ministros (exceção do presidente) e os Auditores presidem a instrução e relatam processos. Os Auditores votam quando estiverem substituindo Ministros e quando não estiverem, as propostas de deliberações dos Auditores são votadas pelos demais Ministros. Os jurisdicionados são divididos em tantas listas quanto for o número de Ministros e de Auditores relatores, sendo tais listas sorteadas entre eles mediante critérios de publicidade e alternatividade a cada biênio.

As secretarias do Tribunal são responsáveis por operacionalizar a execução da instrução processual de tomadas e de prestações de contas ordinárias e especiais, de consultas, de denúncias, de representações, de requerimentos, de contratos, de licitações, bem como por analisar os pedidos e solicitações de órgãos e entidades vinculados à área de atuação da secretaria. Dependendo de cada Ministro ou Auditor, mediante delegação, as secretarias podem sanear os processos sob sua responsabilidade, por meio de inspeção, diligência, citação ou audiência.

Diversos Tribunais seguem o modelo federal. No Estado do Pará, por exemplo, o organograma do TCE reproduz o modelo federal, estando divido em Colegiado, Autoridades e Serviços Auxiliares.

A exposição de motivos da lei de criação do cargo de Auditor no Tribunal de Contas de São Paulo deixa claro que seus titulares, a par de exercerem a substituição dos Conselheiros, devem compor o modelo constitucional de organização da Corte de Contas. Cita dezenas de decisões do STF nesse sentido para concluir que essa é orientação que vem sendo definida pelo Supremo Tribunal Federal. Afirma ainda que busca acompanhar os parâmetros das competências atribuídas ao Auditor, no âmbito da organização do Tribunal de Contas da União.

A título exemplificativo, apresenta-se um quadro com Tribunais que, segundo as respectivas leis complementares e regimentos internos, seguiam o modelo federal no ano de 2009.

Quadro 1 – Cortes de Contas que seguem
integralmente o modelo federal (TCU)

Função Ordinária	Função Extraordinária	Tribunal			
1) Presidir a instrução de processos que lhe for distribuídos;	1) Substituir Ministros e Conselheiros nas seguintes hipóteses:	1) TCE-AM;		10) TCE-PR;	
		2) TCE-CE;		11) TCE-RN;	
		3) TCE-DF;		12) TCE-RO;	
2) Relatar processos com proposta de decisão a ser votado pelo Plenário ou Câmaras.	2) ausências;	4) TCE-ES;		13) TCE-RR;	
	3) impedimentos;	5) TCE-MA;		14) TCE-SC;	
	4) licenças;	6) TCE-PA;		15) TCE-SE;	
	5) férias;	7) TCE-PB;		16) TCE-SP;	
	6) afastamento legal;	8) TCE-PE;		17) TCE-TO.	
	7) vacância; e	9) TCE-PI;			
	8) quorum.				

Fonte: Leis Orgânicas e Regimentos Internos

Alguns Tribunais ainda não possuem a figura do Auditor, em sede constitucional ou legal. Outras Cortes de Contas possuem cargos com *nomes juris* de Auditor, mas as atribuições se distanciam de tal maneira do modelo constitucional que foram excluídas do Quadro naquela ocasião. No entanto, aos Tribunais não constantes da Quadro 1, na maior parte das vezes, faltam lhes algumas das funções ordinárias ou extraordinárias do cargo de Auditor.

5 Conclusão

Pretendeu-se com este pequeno artigo apresentar elementos e subsídios para uma análise descritiva do cargo de Auditor Constitucional dos Tribunais de Contas (Auditor-Magistrado) sem, contudo, apresentar cunho crítico ou prescritivo, mas visando tão somente contribuir para a compreensão da natureza jurídica e das atribuições desse cargo, que também é denominado de Ministro (Conselheiro) Substituto. Cargo esse que nada mais é do que o juiz natural das Cortes de Contas, como concebido há mais de noventa anos pelo Decreto nº 3.454/1918, possuidor de garantias de magistrados que o possibilita atuar com plena independência e sem subordinação hierárquica ou jurídica, vinculando-se apenas ao ordenamento constitucional e legal, o que o diferencia, sobremaneira, de todos os demais cargos infraconstitucionais e infralegais também denominados de auditor.

Referências

BRASIL. Constituição (1988). *Constituição da República Federativa do Brasil*, 1988. Brasília: Senado Federal, Centro gráfico, 1988.

BRASIL. Decreto Legislativo nº 3.454, de 06 de janeiro de 1918. Fixa a despesa geral da República dos Estados Unidos do Brasil para o exercício de 1918.

BRASIL. Lei nº 8.443, de 16 de julho de 1992. Dispõe sobre a Lei Orgânica do Tribunal de Contas da União e dá outras providências.

BRASIL. Lei nº 8.457, de 04 de setembro de 1992. Organiza a Justiça Militar da União e regula o funcionamento de seus serviços auxiliares.

BRASIL. Regimento Interno do Tribunal de Contas da União. *Boletim do Tribunal de Contas da União Especial*, Brasília, v. 1, n. 1, 1982.

BRASIL. Resolução nº 700, de 24 de abril de 1991. Aprova a NBC – T – 11 – Normas de Auditoria Independente das Demonstrações Contábeis.

BRASIL. Resolução nº 701, de 10 de maio de 1991. Aprova NBC P 1 – Normas Profissionais de Auditor Independente.

BRASIL. Supremo Tribunal Federal. Acórdão nº 1.232-8/AM, Tribunal Pleno. Rel. Min. Rafael Mayer. Brasília, 29 de maio de 1985. *Diário Oficial da União*, 09 ago. 1985.

BRASIL. Supremo Tribunal Federal. Acórdão nº 1.994, Tribunal Pleno. Rel. Min. Eros Grau. Brasília, 24 de maio de 2006. *Diário Oficial da União*, 08 set. 2006.

BRASIL. Tribunal de Contas da União. Ata nº 1/2009, Sessão Extraordinária, Plenário. Brasília, 21 de janeiro de 2009. *Diário Oficial da União*, 22 jan. 2009.

CÂMARA, Alexandre Freitas. *Lições de direito processual civil*. 17. ed. Rio de Janeiro: Lumen Juris, 2008.

CARVALHO FILHO, José dos Santos. *Manual de direito administrativo*. 17. ed. Rio de Janeiro: Lumen Juris, 2007.

COUTURE, Eduardo. *Introdução ao estudo do direito processual civil*. Rio de Janeiro.

FERREIRA, Aurélio Buarque de Holanda. *Novo dicionário da língua portuguesa da Academia Brasileira de Letras e da Academia Brasileira de Filosofia*. Rio de Janeiro: Nova Fronteira, 1975.

JACOBY FERNANDES, Jorge Ulisses. *Tribunais de Contas do Brasil*: jurisdição e competência. 2. ed. Belo Horizonte: Fórum, 2005.

PACHECO, José da Silva. *Direito processual civil*. São Paulo: Saraiva, 1976.

PARÁ (Estado). Lei Complementar nº 25, de 25 de agosto de 1994. Dispõe sobre a Lei Orgânica do Tribunal de Contas dos Municípios do Estado do Pará e dá outras providências.

PASCUAL, Valdecir. *Direito financeiro e controle externo*. 4. ed. Rio de Janeiro: Impetus, 2004.

SANTOS, Washington. *Dicionário jurídico brasileiro*. Belo Horizonte: Del Rey, 2001.

THEODORO JR., Humberto. *Curso de direito processual civil*. 50. ed. Rio de Janeiro: Forense, 2009. v. 1.

Informação bibliográfica deste texto, conforme a NBR 6023:2002 da Associação Brasileira de Normas Técnicas (ABNT):

MACIEIRA, Leonardo dos Santos. Auditor Constitucional dos Tribunais de Contas: natureza e atribuições. In: LIMA, Luiz Henrique (Coord.). *Tribunais de Contas*: temas polêmicos: na visão de Ministros e Conselheiros Substitutos. 2. ed. rev., ampl. e atual. Belo Horizonte: Fórum, 2018. p. 73-85. ISBN 978-85-450-0521-6.

COMPOSIÇÃO E FUNCIONAMENTO DOS TRIBUNAIS DE CONTAS

ANOTAÇÕES À JURISPRUDÊNCIA DO SUPREMO TRIBUNAL FEDERAL

LUIZ HENRIQUE LIMA

O fundamento de uma boa república, mais até do que as boas leis, é a virtude dos cidadãos.

(Norberto Bobbio)

1 Introdução

As maiores críticas aos Tribunais de Contas (TCs) concentram-se no modo de sua composição. Mesmo quando se questiona a efetividade das Cortes de Contas no exercício do controle externo da administração pública, é a forma da escolha de seus membros, considerada excessivamente política, que é apontada como responsável por um desempenho considerado aquém das expectativas.

Percebe-se um movimento conflitante entre a demanda expressa por importantes segmentos sociais no sentido de TCs "mais técnicos" e a resistência de setores empenhados em produzir indicações que procuram atender interesses de grupos político-partidários.

O curioso é que a Constituição de 1988 previu, pela primeira vez,[1] a presença nos Colegiados dos TCs de Ministros e Conselheiros oriundos

---

[1] Embora o cargo de Auditor tenha sido criado em 1918, com a função de substituir os Ministros do TCU, as Constituições de 1934 (art. 100), 1937 (art. 114), 1946 (art.76) e 1967 (art. 73) atribuíam ao Presidente da República a competência para indicar os ministros do TCU, sem menção à carreira.

das carreiras técnicas de Auditor (Ministro ou Conselheiro Substituto) e de Procurador do Ministério Público de Contas. As Cortes de Contas que contam com tais representantes na sua composição experimentaram notável progresso na qualidade de sua atuação, o que pode, em parte, explicar a demanda por TCs com uma matriz mais técnica.[2]

Não me somo àqueles que ostentam preconceito contra os Ministros e Conselheiros que exerceram mandatos parlamentares ou relevantes cargos no Poder Executivo, como se tal condição lhes contaminasse de forma irreversível, ao modo de um "pecado original". Ao contrário, minha vivência testemunha que, em muitos casos, a experiência adquirida em casas legislativas ou liderando a gestão pública é de grande relevância para o aprimoramento das decisões e da própria gestão dos órgãos de controle externo.

O que se destaca é que, embora bastante criticado, o modelo constitucional de composição heterogênea das Cortes de Contas ainda não foi plenamente implementado no país. Pesquisa empreendida pela Associação dos Membros dos Tribunais de Contas do Brasil (Atricon) revelou que 25 anos após a promulgação da Carta Cidadã[3]:

- 64 % dos TCs não atendem à composição prevista na Constituição e não contam com dois membros do Colegiado oriundos de carreiras técnicas (Conselheiros Substitutos e/ou Procuradores de Contas); e
- 14 % dos TCs nunca realizaram concurso para Conselheiros Substitutos.

Acresça-se o fato de que, em diversos TCs, os Conselheiros Substitutos não dispõem de condições mínimas – regimentais ou de infraestrutura – para o exercício das funções de judicatura: vedação à relatoria originária de determinados processos, vedação à participação na votação de matérias de maior relevância, mesmo quando em substituição, vedação ao assento permanente em plenário, ausência de cargos de gabinete, entre outras.

Tudo isso em frontal oposição ao modelo definido na Carta Republicana para a composição, a organização e o funcionamento

---

[2] Tais demandas são expressas, por exemplo, nas Propostas de Emenda Constitucionais nº 262/2008, 45/2011,143/2012, 235/2012, 256/2013, 303/2013, 329/2013, 339/2013, 378/2014 e 22/2017.
[3] ASSOCIAÇÃO DOS MEMBROS DOS TRIBUNAIS DE CONTAS DO BRASIL (ATRICON). *Diagnóstico dos Tribunais de Contas do Brasil*: avaliação da qualidade e agilidade do controle externo. Brasília: Atricon, 2013.

das Cortes de Contas brasileiras e, ainda, à copiosa jurisprudência do Supremo Tribunal Federal (STF). O presente artigo, após esta breve introdução, expõe o modelo constitucional de composição e funcionamento dos Tribunais de Contas, registra alguns subterfúgios utilizados para alcançar a "máxima postergação" da implantação desse modelo, apresenta a jurisprudência do STF e de diversos Tribunais de Justiça em relação ao tema e conclui apontando a necessidade de maior acompanhamento da opinião pública quanto ao funcionamento dos TCs e do exercício de legítimas pressões para o cumprimento da Constituição.

2 O modelo constitucional de composição e funcionamento dos Tribunais de Contas

Os Tribunais de Contas são órgãos de controle externo, incumbidos de relevantes competências de fiscalização financeira, contábil, orçamentária, operacional e patrimonial da administração pública.[4] São essenciais ao regime democrático e têm a vocação de constituir poderosos instrumentos da cidadania. Na lição de Torres,[5] "exercem papel de suma importância no campo das garantias da liberdade". Fortemente prestigiados pela Constituição de 1988, vivenciam importante processo de modernização, buscando maior efetividade e tempestividade na sua atuação, de modo a contribuir para o aprimoramento da gestão pública, em benefício da sociedade.

Para efeito de nosso estudo, importa considerar o art. 73 e seus parágrafos da Constituição da República:

> Art. 73. O Tribunal de Contas da União, integrado por nove Ministros, tem sede no Distrito Federal, quadro próprio de pessoal e jurisdição em todo o território nacional, exercendo, no que couber, as atribuições previstas no art. 96.
>
> §1º – Os Ministros do Tribunal de Contas da União serão nomeados dentre brasileiros que satisfaçam os seguintes requisitos:
> I – mais de trinta e cinco e menos de sessenta e cinco anos de idade;
> II – idoneidade moral e reputação ilibada;
> III – notórios conhecimentos jurídicos, contábeis, econômicos e financeiros ou de administração pública;

---

[4] BRASIL. *Constituição da República*, arts. 70 e 71.
[5] TORRES, Ricardo Lobo. *O orçamento na Constituição*. 3. ed. rev. e atual. Rio de Janeiro: Renovar, 2008, p. 501. (Tratado de Direito Constitucional Financeiro e Tributário, v. 5).

IV – mais de dez anos de exercício de função ou de efetiva atividade profissional que exija os conhecimentos mencionados no inciso anterior.

§2º – Os Ministros do Tribunal de Contas da União serão escolhidos:
I – um terço pelo Presidente da República, com aprovação do Senado Federal, sendo dois alternadamente dentre auditores e membros do Ministério Público junto ao Tribunal, indicados em lista tríplice pelo Tribunal, segundo os critérios de antiguidade e merecimento;
II – dois terços pelo Congresso Nacional.

§3º Os Ministros do Tribunal de Contas da União terão as mesmas garantias, prerrogativas, impedimentos, vencimentos e vantagens dos Ministros do Superior Tribunal de Justiça, aplicando-se-lhes, quanto à aposentadoria e pensão, as normas constantes do art. 40.

§4º – O auditor, quando em substituição a Ministro, terá as mesmas garantias e impedimentos do titular e, quando no exercício das demais atribuições da judicatura, as de juiz de Tribunal Regional Federal.

Em decorrência, são cinco os requisitos exigidos pela Carta Magna para a nomeação para Ministro do Tribunal de Contas da União (TCU):

I – nacionalidade: ser brasileiro;
II – idade: possuir mais de trinta e cinco e menos de sessenta e cinco anos de idade;
III – idoneidade moral e reputação ilibada;
IV – formação: notórios conhecimentos jurídicos, contábeis, econômicos e financeiros ou de administração pública; e
V – experiência: mais de dez anos de exercício de função ou de efetiva atividade profissional que exija os conhecimentos supramencionados.

Os requisitos de nacionalidade, idade e experiência são objetivos e não despertam controvérsia. Já os de formação e, principalmente, de idoneidade moral e reputação ilibada têm suscitado acesos debates, mormente por ocasião de indicações polêmicas.[6]

---

[6] Em 2014, a indicação, por lideranças partidárias do Senado, para Ministro do TCU de senador acusado em diversas ações penais por crimes contra a administração pública, inclusive com condenação em segunda instância, gerou forte reação da opinião pública e dos próprios ministros do TCU, provocando a renúncia do postulante. O episódio ilustrou que o ato dos TCs de dar posse aos indicados não é apenas protocolar, mas exige a verificação do cumprimento dos requisitos constitucionais. De acordo com Ruy Barbosa: "Nomear um mau juiz equivale a chamar ao templo um mau sacerdote, dotar a igreja de um mau pontífice. Se há expiações eternas, ninguém as merece mais do que o sacrílego autor de tal atentado. Um funcionário incapaz estraga a administração. Um juiz indigno corrompe o direito, ameaça a liberdade e a fortuna, a vida e a honra de todos, ataca a legalidade no coração, inquieta a família, leva a improbidade às consciências e a corrupção às almas" (BARBOSA, Ruy. *Obras completas de Rui Barbosa*. v. 40, t. 6, 1913, p. 100. Disponível em: <http://www.casaruibarbosa.gov.br/scripts/scripts/rui/mostrafrasesrui.idc?CodFrase=2090>. Acesso em: 14 abr. 2014).

Com efeito, em ações judiciais tem sido questionada a tradicional tese de que a ausência de condenação definitiva ou a posse de diploma são suficientes para assegurar tais requisitos[7]. De um lado, há o preceito constitucional de presunção da inocência na esfera penal; de outro, a reconhecida necessidade de fortalecer os órgãos de controle com seleções rigorosas do ponto de vista técnico e ético.

Por sua vez, a escolha de Ministros do TCU obedece a dois processos distintos:

I – dois terços são escolhidos pelo Congresso Nacional, na forma do Regimento Comum.

II – um terço pelo Presidente da República, com aprovação do Senado Federal, sendo dois alternadamente dentre auditores e membros do Ministério Público junto ao Tribunal, indicados em lista tríplice pelo Tribunal, segundo os critérios de antiguidade e merecimento.

No primeiro caso, exige-se apenas o atendimento dos requisitos do §1º do art. 73 da Constituição.

Quanto aos escolhidos pelo Presidente da República, há um rito específico e critérios adicionais. O nome indicado é submetido à aprovação do Senado em votação secreta, após arguição pública. Somente se confirmada a indicação pode-se proceder à nomeação. No que concerne aos critérios, além dos requisitos já descritos, um dos nomes deve ser escolhido a partir de lista tríplice de Auditores do TCU, elaborada pelo Tribunal; outro será indicado a partir de lista tríplice de membros do Ministério Público junto ao Tribunal, também elaborada pelo TCU; e somente um nome será de livre escolha do Chefe do Poder Executivo. As listas tríplices deverão obedecer alternadamente aos critérios de antiguidade e merecimento.[8]

---

[7] A propósito: STF: RE-167.137-8-TO, STA 248-RO; TJDF: 2003.34.00.029866-8.

[8] A exemplo das listas múltiplas para promoções no Poder Judiciário, sustentamos que a primeira a ser elaborada deverá observar o critério de antiguidade. CNJ: PP nº 0001832-78.2012.2.00.0000: "(...) 8) A ordem a ser observada para o provimento dos cargos de juiz é a seguinte: 1) promoção por antiguidade; 2) remoção; 3) promoção por merecimento e 4) provimento inicial. Precedentes do STF, STJ e CNJ"; CNJ: PCA 0001021-84.2013.2.00.0000: "A antiguidade tem precedência ao merecimento, posto que, como critério objetivo, além de privilegiar a impessoalidade, prestigia a maturidade do agente público mais antigo no exercício da função"; STJ: "(...) A CONSTITUIÇÃO FEDERAL CONFERE TRATAMENTO PRIORITÁRIO A PROMOÇÃO POR ANTIGUIDADE. POR ESTA RAZÃO, NÃO A INCLUI NA OBRIGATORIEDADE DO ART. 81 DA LOMAN, QUE ESTABELECE A COMPULSORIEDADE DA REMOÇÃO NOS CASOS DE PROVIMENTO INICIAL E PROMOÇÃO POR MERECIMENTO". V – RECURSO PROVIDO. (RMS 2328/TO. Rel(a) Min. PEDRO ACIOLI. Sexta Turma, DJ 14.03.1994 p. 4534 RSTJ vol. 66 p. 181).

Em artigo seminal, Canha[9] demonstra que os modelos que inspiraram Ruy Barbosa na criação do Tribunal de Contas brasileiro,[10] o francês e o italiano, possuem expressiva maioria de magistrados de origem puramente técnica, ao passo que aqui:

> na realidade criou-se nos Tribunais de Contas um *"quinto constitucional" às avessas*, pois, no Poder Judiciário, as vagas reservadas a membros oriundos de carreiras estranhas à magistratura são minoria (20%, sendo metade – 10% – destinada aos membros do Ministério público e a outra metade a advogados) (grifos nossos).

A Constituição da República previu a existência do cargo de Auditor, com a função de substituir os Ministros do TCU em suas férias, licenças, afastamentos legais, bem como nas hipóteses de vacância ou impedimentos. O Auditor, quando em substituição a Ministro, terá as mesmas garantias e impedimentos do titular e, quando no exercício das demais atribuições da judicatura, as de juiz de Tribunal Regional Federal. Nos TCEs e TCMs, quando em substituição a Conselheiro, o Auditor equipara-se a Desembargador do Tribunal de Justiça e, nas demais funções, a juiz de última entrância ou de entrância especial.[11]

Destarte, como bem assinalado por Macieira,[12] os Auditores previstos na Constituição como substitutos de Ministros ou Conselheiros "são magistrados por possuírem atribuições e garantias de judicatura".

No referido estudo,[13] Canha descreve como a participação de membros da carreira de Auditor (Ministro Substituto) na composição do Tribunal Pleno foi sendo minimizada no decorrer dos trabalhos da Assembleia Constituinte, tendo sido reduzida de um terço dos ministros no anteprojeto da subcomissão de Orçamento e Fiscalização Financeira para um único no texto final.

---

[9] CANHA, Cláudio Augusto. A evolução (?) do papel dos auditores dos tribunais de contas do Brasil. *Jus Navigandi*, Teresina, ano 18, n. 3641, 20 jun. 2013. Disponível em: <http://jus.com.br/revista/texto/24751>. Acesso em: 14 abr. 2014.

[10] Decreto nº 966-A, de 7 de novembro de 1890.

[11] Tal dispositivo está em consonância com a Súmula nº 42 do STF: "É LEGÍTIMA A EQUIPARAÇÃO DE JUÍZES DO TRIBUNAL DE CONTAS, EM DIREITOS E GARANTIAS, AOS MEMBROS DO PODER JUDICIÁRIO".

[12] MACIEIRA, Leonardo dos Santos. Auditor constitucional dos Tribunais de Contas: natureza e atribuições. *Jus Navigandi*, Teresina, ano 14, n. 2.364, 21 dez. 2009. Disponível em: <http://jus.com.br/revista/texto/13986>. Acesso em: 14 abr. 2014.

[13] CANHA, Cláudio Augusto. A evolução (?) do papel dos auditores dos tribunais de contas do Brasil. *Jus Navigandi*, Teresina, ano 18, n. 3641, 20 jun. 2013. Disponível em: <http://jus.com.br/revista/texto/24751>. Acesso em: 14 abr. 2014.

É relevante sublinhar que o art. 75 da Constituição estipula que as normas estabelecidas para o controle externo na esfera federal aplicam-se, no que couber, à organização, composição e fiscalização dos Tribunais de Contas dos Estados e do Distrito Federal, bem como dos Tribunais e Conselhos de Contas dos Municípios. O seu parágrafo único orienta as Constituições Estaduais a disporem sobre os Tribunais de Contas respectivos, que serão integrados por sete Conselheiros.

No caso dos Tribunais de Contas dos Estados, do Distrito Federal e dos Municípios, quando da elaboração das Constituições Estaduais, em 1989, surgiu a seguinte dúvida: sendo sete o número de Conselheiros, e não sendo sete um número múltiplo de três, como obedecer ao critério de indicação de dois terços pelo Legislativo e um terço pelo Executivo? De fato, dois terços de sete são 4,7, e um terço são 2,3. Alguns estados optaram por atribuir cinco indicações ao Legislativo e duas ao Executivo. Como era de se esperar, a controvérsia foi levada ao STF, que terminou por firmar jurisprudência, expressa na Súmula nº 653, no sentido de que nos Tribunais de Contas Estaduais, quatro Conselheiros devem ser escolhidos pela Assembleia Legislativa e três pelo Chefe do Poder Executivo estadual, cabendo a este indicar um dentre auditores e outro dentre membros do Ministério Público, e um terceiro a sua livre escolha:

SÚMULA STF Nº 653
NO TRIBUNAL DE CONTAS ESTADUAL, COMPOSTO POR SETE CONSELHEIROS, QUATRO DEVEM SER ESCOLHIDOS PELA ASSEMBLEIA LEGISLATIVA E TRÊS PELO CHEFE DO PODER EXECUTIVO ESTADUAL, CABENDO A ESTE INDICAR UM DENTRE AUDITORES E OUTRO DENTRE MEMBROS DO MINISTÉRIO PÚBLICO, E UM TERCEIRO A SUA LIVRE ESCOLHA.

Entre outras decisões, que explicitam o tema, veja-se:

Os Tribunais de Contas estaduais, por sua vez, não poderão, em sua composição, ter mais do que sete (7) Conselheiros. Trata-se de limite numérico que se impõe, por inultrapassável, aos Estados-Membros (CF, art. 75, parágrafo único). A dificuldade de adaptar-se, no âmbito dos Estados-Membros, à proporção estabelecida no plano federal, para efeito de composição do Tribunal de Contas da União, que possui nove integrantes, foi bem realçada pelo eminente Min. Ilmar Galvão, cujo voto, proferido no julgamento da ADIn 585/AM, de que foi Relator (RTJ 155/43, 47/265), assim expôs essa questão: 'Acresça-se, no caso dos estados, a impossibilidade de efetuar-se a distribuição das vagas, em número de sete, entre o Governador do Estado e a Assembleia Legislativa, na proporção exata de 1/3 e 2/3, pela singela razão de não se tratar de número múltiplo de três. Acresça-se, mais, que uma distribuição de vagas entre os dois órgãos que viesse a favorecer, em razão das sobras, a Assembleia Legislativa (2 por 5), conduziria a um impasse, seja à impossibilidade de cumprir-se o mandamento contido no inc. I, do mencionado dispositivo da Constituição Federal (art. 73, §2º), seja destinar-se uma vaga à livre escolha do Governador, uma a auditor e uma a membro do Ministério Público. Colhe-se, de todo o exposto, a convicção de que, do texto do art. 73, §2o, e incisos, da CF/1988, o que resulta, como *preceito insuscetível de ser ladeado pelo legislador*, constituinte ou ordinário, dos estados, é o de que quatro das vagas dos Tribunais de Contas hão de assegurar-se às Assembleias Legislativas, cabendo ao Governador preencher as três restantes, *duas delas por meio de nomes retirados, alternadamente, de listas tríplices elaboradas pelo Tribunal, segundo os critérios de antiguidade e merecimento, dentre os auditores e membros do Ministério Público* (ADIn 2.884, voto do Min. Celso de Mello, DJ de 20.5.2005) (grifos nossos).

Ainda com relação à norma constitucional regente, vale destacar a observação de Furtado,[14] para quem o cargo de Auditor Substituto de Ministro ou de Conselheiro constitui exceção única à sistemática de aquisição de vitaliciedade: a investidura no cargo pressupõe prévia aprovação em concurso público, mas a vitaliciedade dá-se com a posse.

Na festejada lição de Jacoby Fernandes:[15]

É importante notar que o constituinte foi muito criterioso ao definir as atribuições ordinárias do Auditor, qualificando-as, não sem motivo, de "judicatura", dada a feição judicialiforme das decisões proferidas pelos Tribunais de Contas. Esse argumento reforça o fato de os Ministros e Conselheiros, e do próprio Tribunal de Contas, exercerem funções jurisdicionais e outras funções. Assim, os Auditores, por força de dispositivo constitucional, têm atribuições ordinárias de judicatura, isto é, próprias de juiz, do exercício da magistratura.

Por suposto, tal judicatura restringe-se aos processos de controle externo no âmbito da jurisdição especializada de contas públicas.[16]

---

[14] FURTADO, Lucas Rocha. *Curso de Direito Administrativo*. Belo Horizonte: Fórum, 2007, p. 951.

[15] FERNANDES, Jorge Ulisses Jacoby. *Tribunais de Contas do Brasil*: jurisdição e competência. 3. ed. rev., atual. e ampl. Belo Horizonte: Fórum, 2012, p. 819.

[16] A doutrina tradicional rebela-se contra a ideia de uma jurisdição de contas, entendendo que só o Poder Judiciário possui jurisdição. Nada obstante, a Lei Orgânica do TCU (Lei nº 8.443/1992) preceitua, em seu art. 4º, que o TCU exerce jurisdição própria e privativa em todo o território nacional sobre as pessoas e matérias sujeitas à sua competência. Dispositivos semelhantes constam das leis orgânicas dos TCs estaduais e municipais. Para uma resenha dos principais argumentos dessa polêmica, veja-se a seção 4.1 do meu livro *Controle externo:*

Em preciosa síntese, o respeitado Conselheiro do TCE-MA Caldas Furtado[17] leciona:

I) é compulsória a presença do Auditor (Ministro Substituto) no quadro efetivo do TCU;
II) o cargo de Auditor (Ministro Substituto) é de provimento vitalício;
III) a posse nesse cargo depende de aprovação prévia em concurso público de provas ou de provas e títulos, no qual serão exigidos conhecimentos jurídicos, contábeis, financeiros e de administração pública;
IV) o Auditor (Ministro Substituto) será nomeado dentre os concursados que satisfaçam os mesmos requisitos impostos aos membros do Tribunal;
V) o Auditor (Ministro Substituto) tem dupla função judicante de contas, atuando em duas situações: a) substituindo os Ministros do TCU no caso de vacância e nas suas eventuais ausências e impedimentos; e b) presidindo a instrução dos processos que lhes forem distribuídos, relatando-os com proposta de decisão a ser votada pelos integrantes do Plenário ou da Câmara para a qual estiver designado;
VI) o Auditor (Ministro Substituto), em qualquer situação, tem as mesmas garantias e impedimentos dos magistrados;
VII) a remuneração e demais benefícios, bem como os deveres e restrições do Auditor (Ministro Substituto) devem ser compatíveis com os dos magistrados; e
VIII) o quadro de Auditores (Ministros-Substitutos) deve ser reduzido.

Tais assertivas também se aplicam integralmente aos Conselheiros Substitutos dos TCs estaduais, distrital e municipais.

3 Subterfúgios utilizados para alcançar a "máxima postergação" da implantação do modelo constitucional

Na contramão do constituinte que preconizou, ainda que timidamente, a presença no corpo de magistrados de contas de membros de origem técnica, selecionados em rigorosos concursos de provas e títulos, os segmentos mais conservadores do *establishment*[18] resistiram, e ainda

---

teoria e jurisprudência para os Tribunais de Contas (7. ed. rev. e atual. Rio de Janeiro: Forense; São Paulo: Método, 2018).

[17] FURTADO, J. R. Caldas. *Direito Financeiro*. 4. ed. rev., atual. e ampl. Belo Horizonte: Fórum, 2013, p. 588-591.

[18] A atuação dos representantes de tais segmentos, nos Poderes Executivo, Legislativo e Judiciário e no interior dos próprios Tribunais de Contas, remete à obra de Raymundo Faoro, *Os donos do poder* (3. ed. rev. Porto Alegre: Globo, 2001): "Sobre a sociedade, acima das classes, o

resistem, de todas as formas à implantação do modelo constitucional de composição e funcionamento dos Tribunais de Contas. De forma esquemática, os subterfúgios utilizados podem ser classificados em dois gêneros:

I) de natureza jurídica; e
II) de natureza procedimental.

Os rodeios de natureza jurídica consistem em dispositivos flagrantemente inconstitucionais inseridos em constituições estaduais, leis orgânicas e regimentos internos dos TCs estaduais e municipais. Lamentavelmente, são múltiplos os exemplos e alcançam quase todas as unidades da federação. Em rol não exaustivo, cumpre destacar:

a) Constituições estaduais que não previram a existência de Auditores substitutos de Conselheiros, assegurando a possibilidade de mais um membro de livre escolha do chefe do Poder Executivo;
b) leis orgânicas que, apesar de previsão na Constituição estadual, não fixaram o quantitativo de Auditores substitutos de Conselheiros, retardando a realização de concursos e o provimento dos cargos e, consequentemente, assegurando a possibilidade de mais um membro de livre escolha do chefe do Poder Executivo;
c) leis orgânicas e regimentos internos que restringiram a participação de Conselheiros Substitutos como Relatores de determinadas espécies de processos ou na votação de outras espécies;
d) leis orgânicas e regimentos internos que atribuíram aos Conselheiros Substitutos atribuições estranhas à judicatura, tais como emissão de pareceres ou coordenação de unidades técnicas;
e) leis orgânicas e regimentos internos que instituíram subordinação e/ ou vinculação de Conselheiros Substitutos a Conselheiros;
f) leis orgânicas e regimentos internos que atribuíram aos Conselheiros a competência para escolher discricionariamente os Substitutos de Conselheiro dentre os integrantes do corpo técnico sem a realização de concurso público de provas e títulos específico para o cargo de Conselheiro Substituto;
f) leis orgânicas e regimentos internos que asseguraram aos Conselheiros, sem nenhum critério objetivo, privilegiar ou discriminar este ou aquele Conselheiro Substituto por ocasião das convocações para substituição; e

---

aparelhamento político – uma camada social, comunitária embora nem sempre articulada, amorfa muitas vezes – impera, rege e governa, em nome próprio, num círculo impermeável de comando" (p. 871); "No âmbito especificamente político, interno à estrutura, o quadro de comando se centraliza, aspirando, senão à coesão monolítica, ao menos à homogeneidade de consciência, identificando-se às forças de sustentação do sistema" (p. 873-874).

g) normas que criaram requisitos adicionais, a exemplo de "estágios probatórios",[19] para postergar a escolha de Conselheiros oriundos de carreiras técnicas.

Quanto aos expedientes de natureza procedimental, estes consistem em ações e omissões tendentes a protelar a implantação do modelo constitucional ou a lhe mitigar os efeitos, descaracterizando-o. São exemplos, entre outros:

a) omissão na organização de concursos públicos para o cargo de Conselheiros Substitutos;[20]

b) omissão ou demora na convocação para posse de Conselheiros Substitutos aprovados em concursos;[21]

c) omissão na concessão de férias e licenças a Conselheiros de modo a evitar a convocação de Conselheiros Substitutos;[22]

d) omissão na convocação de Conselheiros Substitutos mesmo havendo ausência de Conselheiros nas sessões;

e) omissão na distribuição de processos aos Conselheiros Substitutos mesmo havendo previsão regimental;

f) omissão no aparelhamento e na infraestrutura dos gabinetes funcionais dos Conselheiros Substitutos; e

g) organização espacial do Plenário de forma a inviabilizar o assento permanente[23] dos Conselheiros Substitutos nas sessões do Tribunal Pleno e das Câmaras.

Como se observa, é diversificado o cardápio de obstáculos ao modelo previsto na Constituição, o que tem suscitado inúmeras ações

---

[19] Absolutamente inaplicável à espécie: primeiro, porque estágio probatório é requisito para aquisição de estabilidade, e magistrados não são estáveis, são vitalícios; segundo, porque, como anteriormente sublinhado, os Ministros e Conselheiros Substitutos são vitalícios desde a posse.

[20] Conforme registrado no levantamento da Atricon, mais de um quarto de século após a promulgação da Constituição, há Tribunais de Contas que ainda não realizaram o primeiro concurso para o cargo de Conselheiro Substituto.

[21] Houve casos em que a convocação foi feita mais de um ano após a homologação do certame.

[22] Nessa hipótese, os Conselheiros gozam de "férias informais", sendo substituídos pontualmente a cada sessão.

[23] Acerca do assento permanente, Caldas Furtado esclarece: "O Ministro Gilmar Mendes, nos autos da Suspensão de Segurança no 4.005-CE, asseverou que 'a Constituição Federal atribui função de judicatura aos Auditores quando não estejam a substituir o Conselheiro da Corte de Contas'. É por isso que o modelo exige assento permanente para o Auditor (Ministro Substituto) no Plenário e na Câmara onde atua; observe-se que o modelo de substituição de membros dos Tribunais de Contas tem peculiaridades que o distingue do que é praticado no âmbito do Poder Judiciário e do Ministério Público" (FURTADO, J. R. Caldas. *Direito Financeiro*. 4. ed. rev., atual. e ampl. Belo Horizonte: Fórum, 2013, p. 589-590).

judiciais nos Tribunais de Justiça Estaduais e do Distrito Federal, no Superior Tribunal de Justiça e no Supremo Tribunal Federal.

4 A jurisprudência do Supremo Tribunal Federal e dos Tribunais de Justiça

Ante todas as tentativas de fazer letra morta da norma constitucional atinente à composição e ao funcionamento das Cortes de Contas, o Supremo Tribunal Federal tem adotado decisões notáveis pela sua clareza e pela intransigência na guarda da Lei Maior. De se lamentar, apenas, a demora no exame de certas situações em que uma atuação mais célere inibiria a desenvoltura dos que tentam a todo custo fazer prevalecer interesses menores.[24] A seguir, sumariza-se, de forma não exaustiva, a sólida jurisprudência que prestigia os cargos de Ministros e Conselheiros Substitutos.

4.1 A regra da simetria

As normas previstas na Constituição da República relativas à organização, composição e fiscalização do Tribunal de Contas da União são de observância obrigatória pelas Cortes de Contas dos estados, dos municípios e do Distrito Federal, por força do princípio da simetria previsto no art. 75 da Constituição Federal. Nesse sentido, posiciona-se unânime a jurisprudência do Supremo Tribunal Federal.

> Tribunal de contas. Norma local que obriga o tribunal de contas estadual a examinar previamente a validade de contratos firmados pela administração. *Regra da simetria*. Inexistência de obrigação semelhante imposta ao TCU. Nos termos do art. 75 da Constituição, as normas relativas à organização e à fiscalização do TCU se aplicam aos demais tribunais de contas. O art. 71 da Constituição não insere na competência do TCU a aptidão para examinar, previamente, a validade de contratos administrativos celebrados pelo Poder Público. Atividade que se insere no acervo de competência da função executiva. É inconstitucional norma local que estabeleça a competência do tribunal de contas para realizar exame prévio de validade de contratos firmados com o Poder Público" (ADI 916, Rel. Min. Joaquim Barbosa, julgamento em 2.2.2009, Plenário, *DJe* de 6.3.2009) (grifos nossos).

---

[24] Por exemplo: a ADI 346-SP, relativa à composição do TCM-SP, que desde 1990 aguarda julgamento de mérito.

Constituição do Estado do Tocantins. EC 16/2006, que criou a possibilidade de recurso, dotado de efeito suspensivo, para o Plenário da Assembleia Legislativa, das decisões tomadas pelo Tribunal de Contas do Estado com base em sua competência de julgamento de contas (§5º do art. 33) e atribuiu à Assembleia Legislativa a competência para sustar não apenas os contratos, mas também as licitações e os eventuais casos de dispensa e inexigibilidade de licitação (art. 19, XXVIII, e art. 33, IX e §1º). *A CF é clara ao determinar, em seu art. 75, que as normas constitucionais que conformam o modelo federal de organização do TCU são de observância compulsória pelas constituições dos Estados-membros*. Precedentes. No âmbito das competências institucionais do Tribunal de Contas, o STF tem reconhecido a clara distinção entre: 1) a competência para apreciar e emitir parecer prévio sobre as contas prestadas anualmente pelo chefe do Poder Executivo, especificada no art. 71, I, CF/1988; 2) e a competência para julgar as contas dos demais administradores e responsáveis, definida no art. 71, II, CF/1988. Precedentes. Na segunda hipótese, o exercício da competência de julgamento pelo Tribunal de Contas não fica subordinado ao crivo posterior do Poder Legislativo. Precedentes" (ADI 3.715-MC, Rel. Min. Gilmar Mendes, julgamento em 24.5.2006, Plenário, *DJ* de 25.8.2006) (grifos nossos).

4.2 A regra da origem e da vinculação

Em reiteradas manifestações, o STF tem se posicionado no sentido de que, havendo uma vaga de Ministro do TCU ou de Conselheiro de TC Estadual, Distrital ou Municipal, esta deve ser preenchida conforme a sua origem, ou seja, se a vaga era ocupada por alguém escolhido pelo Legislativo, o novo membro deverá ser escolhido pelo mesmo processo; se era de alguém escolhido pelo chefe do Poder Executivo a partir da lista tríplice de membros do Ministério Público de Contas, o novo membro deverá ser escolhido pelo mesmo processo; e assim por diante.

Tribunal de Contas da União. Composição. Vinculação de vagas. Inteligência e aplicação do art. 73, §2º, incisos I e II, da Constituição Federal. Deferimento cautelar. O Tribunal de Contas da União é composto por nove Ministros, sendo dois terços escolhidos pelo Congresso Nacional e um terço pelo Presidente da República (CF, art. 73, §2º, incisos I e II). *O preenchimento de suas vagas obedece ao critério de origem de cada um dos Ministros, vinculando-se cada uma delas à respectiva categoria a que pertencem*. A Constituição Federal ao estabelecer indicação mista para a composição do Tribunal de Contas da União não autoriza adoção de regra distinta da que instituiu. Inteligência e aplicação do art. 73, §2º, incisos I e II, da Carta Federal. Composição e escolha: inexistência de diferença conceitual entre os vocábulos, que traduzem, no contexto, o mesmo significado jurídico. Suspensão da vigência do inciso III do art.

105 da Lei nº 8.443, de 16 de julho de 1992, e do inciso III do art. 280 do RITCU (ADI 2.117-MC, Rel. Min. Maurício Corrêa, *DJ* 7.11.2003) (grifos nossos).

Lei do Estado de Pernambuco que prevê que a escolha de membros indicados para o Tribunal de Contas do Estado será feita do seguinte modo: as três primeiras pela Assembleia Legislativa e as três seguintes pelo governador. A aplicação pura e simples do critério cronológico permite que vagas ocupadas originalmente por membros indicados pela Assembleia Legislativa sejam posteriormente ocupadas por membros indicados pelo governador, ferindo assim o entendimento desta Corte, exposto na Súmula 653, de que nos tribunais de contas estaduais que contêm sete membros, a seguinte proporção deverá ser respeitada: 4/7 indicados pela Assembleia Legislativa e 3/7 indicados pelo governador. *A determinação acerca de qual dos poderes tem competência para fazer a escolha dos membros dos tribunais de contas estaduais deve preceder à escolha da clientela sobre a qual recairá a nomeação.* A aplicação irrestrita do inciso II do art. 1º da lei atacada é anacrônica e posterga a transição do antigo regime de composição dos tribunais de contas para o novo regime estabelecido pela CF/1988. Ação direta julgada parcialmente procedente para: (1) emprestar interpretação conforme ao inciso II do art. 1º da Lei 11.192/1994, do Estado de Pernambuco, para entender que a expressão "as três últimas vagas" somente se refere às vagas pertencentes à cota do governador, ou seja, às vagas que originalmente foram preenchidas por indicação do governador; (2) declarar a inconstitucionalidade do art. 2º da mesma lei (ADI 3.688, Rel. Min. Joaquim Barbosa, julgamento em 11.06.2007, Plenário, *DJ* de 24.08.2007) (grifos nossos).

4.3 A regra da máxima efetividade e a reserva da vaga para as carreiras de Auditor (Conselheiro Substituto) e Procurador de Contas

Nos Tribunais que ainda não dispõem de Conselheiros oriundos das carreiras técnicas, a primeira vaga a ser preenchida pela lista tríplice quando a indicação for do chefe do Poder Executivo será a dos Conselheiros-Substitutos; a segunda, a dos membros do Ministério Público de Contas (ADI 2.209, Rel. Min. Maurício Corrêa). Em cada caso, a primeira lista tríplice será formada pelo critério de antiguidade, e a segunda, pelo critério de merecimento.

Constituição: *princípio da efetividade máxima e transição. Na solução dos problemas de transição de um para outro modelo constitucional, deve prevalecer, sempre que possível, a interpretação que viabilize a implementação mais rápida do novo ordenamento.* Tribunal de Contas dos Estados: implementação do modelo de composição heterogênea da Constituição de 1988. A Constituição de 1988 rompeu com a fórmula tradicional de exclusividade da livre indicação dos seus membros pelo Poder Executivo para, de um lado, impor a predominância do Legislativo e, de outro, vincular a clientela de duas das três vagas reservadas ao Chefe do Governo aos quadros técnicos dos Auditores e do Ministério Público especial. *Para implementar, tão rapidamente quanto possível, o novo modelo constitucional nas primeiras vagas ocorridas a partir de sua vigência, a serem providas pelo chefe do Poder Executivo, a preferência deve caber às categorias dos auditores e membros do Ministério Público especial* (ADI 2.596, Rel. Min. Sepúlveda Pertence, *DJ* de 2.05.2003) (grifos nossos).

Ação direta de inconstitucionalidade. Artigo 7º do ADCT da Constituição do Estado de São Paulo. Processo de escolha de Conselheiros do Tribunal de Contas estadual. Critério de precedência na ordem de preenchimento das vagas. Ausência de auditor e de membro do Ministério Público de Contas. Interpretação conforme à Constituição. Vinculação das vagas. 1. Ao tempo da promulgação da Constituição Federal de 1988 e da Constituição do Estado de São Paulo de 1989, o Tribunal de Contas desse Estado era formado exclusivamente por Conselheiros indicados pelo Governador. Entretanto, de acordo com o novo modelo constitucional, deveria passar a contar com quatro conselheiros escolhidos pela Assembleia Legislativa, sendo os três outros escolhidos pelo Governador (art. 73, §2º, e art. 75, CF/88). A forma mais eficaz de se garantir a composição paritária no caso do Tribunal de Contas do Estado de São Paulo era exatamente o estabelecimento de prioridade de indicação pela Assembleia Legislativa, nada obstando que a indicação para as vagas seguintes que não lhe fossem cativas coubesse ao Governador do Estado, na forma regrada pela Constituição Federal; ou seja, *primeiramente, um indicado dentre auditores, depois, outro indicado dentre membros do Ministério Público junto ao Tribunal de Contas e, por fim, um terceiro de sua livre escolha*. Precedentes. (...) 3. A aplicação que vem sendo dada no Estado de São Paulo às normas em questão tem retardado a nomeação, como Conselheiros, de auditores e membros do Ministério Público junto ao Tribunal de Contas, com a consequente hipertrofia do Poder Legislativo em relação ao Executivo, afetando, ainda, sobremaneira, a proporcionalidade, a heterogeneidade e a pluralidade na composição do Tribunal de Contas estadual. *Esta Suprema Corte, por sua vez, não pode deixar espaços para soluções normativas ou interpretativas que se prestem a um atraso ainda maior na implementação do modelo constitucional.* Faz-se necessário, portanto, ajustar a composição da Corte, de modo a fazer cumprir os comandos pertinentes da Carta da República (ADI 374, Rel. Min. Dias Toffoli, 22.03.2012) (grifos nossos).

Na hipótese de não terem sido criados os cargos de Conselheiro Substituto ou de Procurador do Ministério Público de Contas, ou não terem sido realizados os respectivos concursos, ou não terem tomado posse os aprovados, as vagas reservadas às carreiras técnicas devem permanecer em aberto.

Nos termos do Enunciado nº 653 da Súmula desta Corte, nos Tribunais de Contas estaduais, compostos por sete Conselheiros, três deles serão escolhidos pelo Governador do Estado, cabendo-lhe indicar um entre auditores e outro entre membros do Ministério Público Especial, o terceiro sendo da sua livre escolha. Os demais são escolhidos pela Assembleia Legislativa. *Quanto aos dois primeiros, apenas os auditores e membros do Ministério Público junto ao Tribunal de Contas podem figurar entre os possíveis Conselheiros.* (ADI 397, Rel. Min. Eros Grau, DJ de 9.12.2005) (grifos nossos).

A nomeação livre dos membros do tribunal de contas do Estado e do tribunal de contas dos Municípios pelo governador dar-se-á nos termos do art. 75 da CB, não devendo alongar-se de maneira a abranger também as vagas que a Constituição destinou aos membros do Ministério Público e aos auditores. Precedentes. O preceito veiculado pelo art. 73 da CB aplica-se, no que couber, à organização, à composição e à fiscalização dos tribunais de contas dos Estados e do Distrito Federal, bem como dos tribunais e conselhos de contas dos Municípios. Imposição do modelo federal nos termos do art. 75. *A inércia da Assembleia Legislativa cearense relativamente à criação de cargos e carreiras do Ministério Público especial e de auditores que devam atuar junto ao tribunal de contas estadual consubstancia omissão inconstitucional.* Ação direta de inconstitucionalidade por omissão julgada procedente (ADI 3.276, Rel. Min. Eros Grau, julgamento em 2.06.2005, Plenário, DJ de 1º.02.2008) (grifos nossos).

Dispositivo impugnado da Constituição Estadual do Pará:
Na falta de auditor ou de membros do Ministério Público Estadual junto ao Tribunal de Contas que preencham os requisitos dos artigos 119 e 120 da Constituição Estadual, o provimento das vagas de conselheiros do Tribunal de Contas dos Municípios e do Tribunal de Contas do Estado, previstas respectivamente no §2º e inciso II deste artigo, será de livre escolha do Governador, devendo os posteriores provimentos, recair necessariamente em auditor ou membro do Ministério Público Especial junto ao Tribunal de Contas, alternadamente, segundo os critérios de antiguidade e merecimento.

EMENTA: AÇÃO DIRETA DE INCONSTITUCIONALIDADE. ARTIGO 307, §3º, DA CONSTITUIÇÃO DO ESTADO DO PARÁ, ACRESCIDO PELA EMENDA CONSTITUCIONAL 40, DE 19/12/2007. INDICAÇÃO DE CONSELHEIROS DO TRIBUNAL DE CONTAS DO ESTADO E DOS MUNICÍPIOS. *DISPOSITIVO QUE AUTORIZA A LIVRE ESCOLHA PELO GOVERNADOR NA HIPÓTESE DE INEXISTÊNCIA DE*

AUDITORES OU MEMBROS DO MINISTÉRIO PÚBLICO ESPECIAL APTOS À NOMEAÇÃO. OFENSA AOS ARTIGOS 73, §2º, E 75, CAPUT, DA CONSTITUIÇÃO FEDERAL. LIMINAR DEFERIDA.

I – O modelo federal de organização, composição e fiscalização dos Tribunais de Contas, fixado pela Constituição, é de observância compulsória pelos Estados, nos termos do *caput* art. 75 da Carta da República. Precedentes.

II – Estabelecido no artigo 73, §2º, da Carta Maior o modelo federal de proporção na escolha dos indicados às vagas para o Tribunal de Contas da União, ao Governador do Estado, em harmonia com o disposto no artigo 75, compete indicar três Conselheiros e à Assembleia Legislativa os outros quatro, uma vez que o parágrafo único do mencionado artigo fixa em sete o número de Conselheiros das Cortes de Contas estaduais.

III – Em observância à simetria prescrita no *caput* do art. 75 da Carta Maior, entre os três indicados pelo Chefe do Poder Executivo estadual, dois, necessariamente e de forma alternada, devem integrar a carreira de Auditor do Tribunal de Contas ou ser membro do Ministério Público junto ao Tribunal. Súmula 653 do Supremo Tribunal Federal.

IV – Medida cautelar deferida. (ADI 4.416-MC, Rel. Min. Ricardo Lewandowski, julgamento em 6.10.2010, Plenário, *DJe* de 28.10.2010) (grifos nossos).

Ação direta de inconstitucionalidade: processo de escolha dos conselheiros dos Tribunais de Contas do Estado do Pará e dos Municípios – art. 307, I, II e III e §2º, das Disposições Constitucionais Gerais, da Constituição do Estado, conforme a redação dada pela EC 26, de 1662004. Controvérsia relativa ao critério de precedência (ou de prevalência) na ordem de preenchimento de vagas, com alternância entre o Legislativo e o Executivo. Não ofende a Constituição o estabelecimento, pela Constituição estadual, da precedência da indicação feita por um dos Poderes sobre a do outro (*v.g.*, ADI 419, Rezek, *DJ* de 24111995; ADI 1.068, Rezek, *DJ* de 24111995; ADI 585, Ilmar, *DJ* de 291994). Entretanto, no caso da composição dos tribunais de contas paraenses a situação atual, marcada com indicações feitas sob quadros normativos diferentes, necessita de ajuste para se aproximar do desenho institucional dado pela Constituição. "Na solução dos problemas de transição de um para outro modelo constitucional, deve prevalecer, sempre que possível, a interpretação que viabilize a implementação mais rápida do novo ordenamento" (ADI 2.596, Rel. Min. Sepúlveda Pertence, julgamento em 1932003, Plenário). Ação direta de inconstitucionalidade julgada procedente, em parte, para conferir ao texto impugnado e ao seu §1º, por arrastamento, interpretação conforme à Constituição, nestes termos: Quanto ao TCE: a) a cadeira atualmente não preenchida deverá ser de indicação da Assembleia Legislativa; b) após a formação completa (três de indicação do governador e quatro da Assembleia), quando se abra vaga da cota do governador, as duas primeiras serão escolhidas entre os auditores e membros do Ministério Público junto ao tribunal; *Quanto ao TCM: a) das duas vagas não preenchidas, a primeira delas deverá ser de indicação da Assembleia Legislativa e a segunda do governador, esta, entre auditores; b) após a formação completa, quando se abra a vaga das indicações do governador, o conselheiro será escolhido entre os membros do Ministério Público junto ao tribunal* (ADI 3.255, Rel. Min. Sepúlveda Pertence, julgamento em 22.06.2006, Plenário, *DJ* de 7.12.2007) (grifos nossos).

Dispositivo impugnado da Constituição Estadual do Piauí:
Os Conselheiros do Tribunal de Contas do Estado serão escolhidos:
I – três pelo Governador, com aprovação da Assembleia Legislativa, obedecidos os critérios e a ordem de precedência a seguir:
a) um de livre escolha do Governador;
b) um dentre os Auditores indicados em lista tríplice;
c) um dentre os Procuradores do Tribunal de Contas, indicados em lista tríplice.
II – quatro pela Assembleia Legislativa.

EMENTA AÇÃO DIRETA DE INCONSTITUCIONALIDADE. CRITÉRIO DE ESCOLHA DOS CONSELHEIROS DO TRIBUNAL DE CONTAS PIAUIENSE. (CONSTITUIÇÃO DO ESTADO DO PIAUÍ, ARTIGO 88, §2º, INCISO I, ALÍNEAS a, b e c). *OFENSA AOS ARTIGOS 73, §2º, E 75, DA CONSTITUIÇÃO FEDERAL*. EMENDA CONSTITUCIONAL ESTADUAL 11/00 EDITADA PARA ADEQUAR A CONSTITUIÇÃO ESTADUAL À CARTA DA REPÚBLICA. INTERPRETAÇÃO CONFORME. PRECEDENTES. 1. Confirmação da medida cautelar. Interpretação conforme a Constituição Federal, sem redução do texto, uma vez que o Tribunal de Contas local tem composição mista, contando com conselheiros nomeados segundo as ordens constitucionais anterior e atual. 2. *Aplicação do princípio da razoabilidade para que, no campo do direito intertemporal, a atual composição da Corte de Contas possa adequar-se gradativamente ao parâmetro federal*. 3. Havendo vaga no Tribunal de Contas do Estado, a escolha do primeiro conselheiro deverá recair, em relação à previsão contida nas alíneas b e c do inciso I do §2º do artigo 88 da Constituição do Estado do Piauí, *primeiramente sobre a vaga de auditor*. 4. Com fundamento no inciso I do parágrafo 2º do artigo 73 da Carta Federal, as listas tríplices devem obedecer, alternadamente, aos critérios de antiguidade e merecimento. Ação direta de inconstitucionalidade julgada procedente, em parte (ADI 2.209, Rel. Min. Maurício Corrêa, julgamento em 19.03.2003, Plenário, *DJ* de 25.04.2003) (grifos nossos).

Na inexistência de Conselheiros Substitutos ou Procuradores de Contas que preencham os requisitos constitucionais em número suficiente para compor uma lista tríplice, entendeu o STF que a lista deve ser composta mesmo assim, incluindo apenas aqueles habilitados.

Mandado de segurança. Elaboração de lista singular para preenchimento de cargo de ministro do TCU. Pedido de elaboração de nova lista tríplice. Limite objetivo de idade não admite exceções, CF, art. 73, §1º. *A lista deve ser tríplice quando houver candidatos aptos,* Regimento Interno do TCU, art. 281, §5º. Lista singular elaborada em conformidade com o Regimento Interno do TCU. Prejuízo do mandado de segurança em virtude do fato de o impetrante já ter completado setenta anos (MS 23.968, Rel. Min. Gilmar Mendes, julgamento em 14.04.2008, Plenário, *DJe* de 13.06.2008) (grifos nossos).

4.4 A absoluta necessidade de Auditores (Conselheiros Substitutos) selecionados por concurso público

A Constituição da República previu a existência do cargo de Auditor, provido por concurso público específico. Em alguns estados buscou-se fugir à norma constitucional criando outras fórmulas de substituição de Conselheiros, com nomes indicados pelo Legislativo ou pelo Executivo, ou de promover a "ascensão funcional" de servidores de carreiras de controle externo. Todas as decisões do Excelso Pretório repeliram tais iniciativas.

Dispositivo impugnado da Constituição Estadual do Espírito Santo:
"Art. 279 – A investidura do Substituto de Conselheiro do Tribunal de Contas é para mandato de dois anos, após a aprovação prévia do Plenário da Assembleia Legislativa, nomeado pela Mesa da Assembleia Legislativa, podendo ser reconduzido."
O Tribunal julgou procedente pedido formulado em ação direta ajuizada pela Associação dos Membros dos Tribunais de Contas do Brasil – Atricon – para declarar a inconstitucionalidade do §6º do art. 74 e do art. 279, ambos da Constituição do Estado do Espírito Santo, (...) que promoveu alterações na Lei Complementar nº 32/1993, ambas do referido Estado-membro, que extinguem o cargo de auditor junto ao Tribunal de Contas e criam o cargo de substituto de Conselheiro, dispondo sobre a forma de provimento deste e sua remuneração. *Entendeu-se que as normas da Constituição estadual impugnadas divergem do modelo definido na Constituição Federal, de observância obrigatória pelos Estados-membros, concernente à organização, à composição e à fiscalização dos Tribunais de Contas estaduais, e criam nova forma de provimento de cargo sem concurso público, em ofensa ao art. 37, II, da CF* (ADI 1.994, Rel. Min. Eros Grau, Informativo 428) (grifos nossos).

Dispositivo impugnado da Constituição Estadual do Piauí:
OS AUDITORES, EM NÚMERO DE CINCO, COM ATRIBUIÇÕES DEFINIDAS EM LEI, SERÃO NOMEADOS A TERMO, NÃO

EXCEDENTE DE QUATRO ANOS, PELO GOVERNADOR DO ESTADO, DENTRE BACHARÉIS EM CIÊNCIAS JURÍDICAS E SOCIAIS, EM CIÊNCIAS ECONÔMICAS, EM CIÊNCIAS CONTÁBEIS E EM ADMINISTRAÇÃO PÚBLICA, MEDIANTE PRÉVIA APROVAÇÃO DA MAIORIA ABSOLUTA DA ASSEMBLEIA LEGISLATIVA. Nomeação a termo, dos auditores do Tribunal de Contas. Disposição incompatível com a norma do art. 37, II, da CF. O provimento de cargos públicos tem sua disciplina traçada, com rigor vinculante, pelo constituinte originário, não havendo que se falar, nesse âmbito, em autonomia organizacional dos entes federados, para justificar eventual discrepância com o modelo federal. *Entre as garantias estendidas aos auditores pelo art. 73, §4º, da CF, não se inclui a forma de provimento prevista no §1º do mesmo dispositivo* (ADI 373, Rel. Min. Ilmar Galvão, julgamento em 25.3.1994, Plenário, DJ de 6.5.1994) (grifos nossos).

4.5 A impossibilidade de limitar a convocação simultânea de vários Conselheiros Substitutos

Em diversos estados, como Amapá (2011), Rio de Janeiro (2017) e Mato Grosso (2017), houve decisões judiciais afastando Conselheiros do exercício do cargo,[25] suscitando questionamentos quanto à convocação simultânea de vários Conselheiros Substitutos. No caso fluminense, o então Procurador-Geral da República ingressou no Supremo Tribunal Federal com uma representação por intervenção federal, alegando comprometimento do regular funcionamento do TCE-RJ e postulando a nomeação de conselheiros interventores. O tema foi enfrentado na ADI 5.698, ocasião em que foi concedida medida cautelar reconhecendo que não se pode limitar a convocação simultânea de mais de um Conselheiro Substituto para atuar em substituição a Conselheiros.

Cuida-se de Ação Direta de Inconstitucionalidade, com pedido de medida cautelar, ajuizada pela Associação Nacional dos Ministros e Conselheiros Substitutos dos Tribunais de Contas (Audicon) e pela Associação dos Membros dos Tribunais de Contas do Brasil (Atricon) em face do art. 76-A, §3º, da Lei Complementar do Estado do Rio de Janeiro nº 63/1990 (Lei Orgânica do Tribunal de Contas do Estado do Rio de Janeiro), assim redigido: "No órgão pleno do Tribunal, não poderá participar concomitantemente mais de um auditor substituto, exceto no caso do auditor substituto compor definitivamente o corpo deliberativo". Alegam as Requerentes que o dispositivo vergastado

---

[25] Há registros de afastamento de Conselheiros também nos estados de Alagoas, Amapá, Bahia, Ceará, Distrito Federal, Espírito Santo, Goiás, Paraná, Rondônia e São Paulo.

restringiu excessivamente a atribuição de substituir conselheiro no TCE/RJ, porquanto vedou a participação concomitante de mais de um auditor no órgão pleno daquele Tribunal sem respaldo na Constituição da República. Argumenta-se ofensa ao art. 73, §4º, da Carta Magna, que menciona as atribuições do auditor, bem como ao art. 75 do mesmo diploma, relativo às normas de reprodução obrigatória para Tribunais de Contas dos Estados e do Distrito Federal. (...) *Não se observa, a partir do texto constitucional, qualquer restrição à atribuição dos auditores de substituírem os membros titulares da Corte em caso de afastamento.* O art. 76-A, §3º, da Lei Complementar do Estado do Rio de Janeiro nº 63/1990, ao restringir o número de conselheiros substitutos em atuação concomitante no órgão pleno do Tribunal de Contas do Estado do Rio de Janeiro, afasta-se do regime constitucional, ofendendo o disposto nos artigos 73, §4º, e 75 da Carta Magna. (...) *A violação à simetria, in casu, é nociva não apenas ao exercício das funções dos conselheiros substitutos, mas também ao próprio funcionamento do Tribunal de Contas estadual,* mercê de restar paralisado quando houver afastamento de número substancial de membros titulares (ADI 5.698, Rel. Min. Luiz Fux, 03.05.2017) (grifos nossos).

4.6 A impossibilidade da exigência para as carreiras técnicas de requisitos diversos dos previstos na Constituição da República

Como forma de protelar a adoção do modelo constitucional de composição tentou-se estabelecer requisitos adicionais para que os Conselheiros Substitutos e Procuradores de Contas pudessem participar de listas tríplices com vistas à sua nomeação como Conselheiros. A manobra foi repelida pelo STF na ADI 4.812.

No presente caso, o primeiro dos dispositivos atacados, o art. 1º da EC estadual 61/2011, *impôs, sem prejuízo do atendimento das demais exigências, um novo e específico requisito para a nomeação de auditores e de membros do Ministério Público de Contas como conselheiros, consubstanciado no período mínimo de dez anos de efetiva atividade nas respectivas carreiras do Tribunal de Contas do Estado de Mato Grosso.*
Além de se tratar, ao que tudo indica, de requisito que viola a simetria imposta pelo art. 75 da Carta Magna, visto que o art. 73, §1º, do mesmo Diploma Maior impõe, sem distinção, os mesmos requisitos a todos os brasileiros pretendentes ao cargo de Ministro do Tribunal de Contas da União, *é possível observar a evidente e desproporcional intenção de dificultar ao máximo o acesso de auditores e membros do Ministério Público de Contas ao cargo de conselheiro do TCE/MT.*
Ora, como o quadro de auditores conselheiros substitutos do TCE/MT somente começou a ser formado, lamentavelmente, em 2009 e ainda não

há um único representante dessa categoria dentre os conselheiros, já se sabia, por ocasião da promulgação da EC 61/2011, ora atacada, que aquela Corte de Contas somente viria a ter um integrante oriundo da referida classe no mínimo oito anos depois, no ainda longínquo ano de 2019!

Não é possível que dispositivo expresso da Constituição de 1988 somente venha a ser observado, pela primeira vez, mais de três décadas após o início de sua vigência. (...)

Isso exposto, *defiro o pedido de medida cautelar, ad referendum* do Plenário, para suspender, com efeito *ex nunc*, a eficácia dos arts. 1º e 2º da Emenda Constitucional 61, de 13/7/2011, do Estado do Mato Grosso (ADI 4.812, Rel. Min. Ricardo Lewandowski, 23.12.2014) (grifos nossos).

4.6.1 Distrito Federal: Mandado de Segurança 2010.00.2.006070-1

Anteriormente à deliberação do STF na ADI 4.812, o Tribunal de Justiça do Distrito Federal e dos Territórios negara a ordem pleiteada para que fossem exigidos 10 anos de exercício da função por membro do Ministério Público de Contas para nomeação como Conselheiro do TCDF. A decisão esclareceu que para quaisquer nomeações de Conselheiros somente se aplicam os requisitos previstos na Carta Magna.

MANDADO DE SEGURANÇA. VAGA DE CONSELHEIRO DO TRIBUNAL DE CONTAS DO DISTRITO FEDERAL. PRELIMINAR DE CARÊNCIA DE AÇÃO – REJEIÇÃO. VAGA DESTINADA AO MINISTÉRIO PÚBLICO – DEZ ANOS DE EXERCÍCIO DA FUNÇÃO – DESNECESSIDADE. ORDEM DENEGADA.

A REGRA DE NOMEAÇÃO DE MEMBRO DO TCDF EMANA DA CONSTITUIÇÃO FEDERAL. A EXIGÊNCIA ESPECIFICADA NO ART. 94 DA CARTA MAGNA PARA O PROVIMENTO DE CARGOS NOS TRIBUNAIS DE JUSTIÇA POR MEMBROS DO MINISTÉRIO PÚBLICO NÃO DEVE SER ESTENDIDA AO ART. 73, INC. IV, DO MESMO DIPLOMA, QUE EXIGE DEZ ANOS DE QUALQUER ATIVIDADE PROFISSIONAL.

(...) Nem o Ministério Público, nem os auditores precisam ter dez anos na carreira porque, assim, a Constituição não proclama. Auditor e membro do Ministério Público precisam demonstrar atividade durante dez anos no maior somatório possível. *Onde a Constituição é ampla não pode o intérprete lançar mão de dispositivo restritivo da Carta para restringir direitos.*

(...) Ou seja, é a própria Constituição que estabelece que esses dez anos podem ser de função ou de efetiva atividade profissional, e não há a exigência de que isso ocorra em uma carreira, em uma só função, podem ser exercidas diversas atividades profissionais, desde que elas, reunidas, levem ao total de dez anos de exercício dessas funções entendidas como necessárias ao preenchimento do cargo, pelo inciso III do §1º do art. 73 da Constituição (TJDFT, Conselho Especial, Acórdão nº 468635, Proc. 20100020060701/MSG, Rel. Des. Romão C. Oliveira, j. em 19.10.2010, *DJe* de 10.12.2010, p. 45) (grifos nossos).

4.7 As garantias dos Conselheiros Substitutos e o exercício das funções de judicatura

Diversos Tribunais de Justiça enfrentaram demandas relacionadas às garantias e prerrogativas dos Conselheiros Substitutos e ao exercício das funções de judicatura, produzindo decisões cristalinas, a seguir sintetizadas.

4.7.1 Alagoas: vedação do preenchimento de vaga reservada a Conselheiro Substituto (Mandado de Segurança 2009.002185-0)[26]

Com a alteração no texto da constituição estadual, trazida pela emenda constitucional nº 35/2009, por estarem os auditores do TCE submetidos a estágio probatório, abriu-se a possibilidade de o chefe do poder executivo estadual nomear, através de sua livre escolha, a pessoa que irá ocupar a vaga de conselheiro do TCE que se encontra em aberto.

(...) No que se refere à restrição trazida pela Emenda Constitucional de nº 35/2009, referente à exigência de que os auditores não estejam submetidos a estágio probatório, para poderem compor a lista formada pelo TCE, tem-se que a estabilidade no serviço público não era prevista como requisito para exercício do cargo de conselheiro do TCE, não podendo tal exigência, trazida por essa emenda, ser aplicada para o preenchimento de uma vaga já em aberto quando da sua publicação.

(...) Do exposto, concedo a liminar requerida, na forma do art. 7, I e II da lei 1533/51, no sentido de determinar:

1) que o Governador do Estado de Alagoas se abstenha de nomear, para o cargo de conselheiro do Tribunal de Contas do Estado, pessoa estranha à categoria de Auditor do TCE;

2) que a Assembleia Legislativa do Estado de Alagoas se abstenha de aprovar a pessoa nomeada pelo Governador, caso seja estranha à categoria de Auditor do TCE;

3) que, caso seja nomeada e aprovada pela Assembleia Legislativa Estadual pessoa estranha à categoria de Auditor, que o presidente do Tribunal de Contas do Estado de Alagoas suste a posse do cidadão nomeado e aprovado para o cargo

---

[26] A decisão foi confirmada pelo TJ-AL e mantida pelo STF (Ag.Reg. no RE 634.891, Rel. Min. Cármen Lúcia, j. 21.06.2011).

de conselheiro do Tribunal de Contas do Estado de Alagoas (Maceió, 6.7.2009. Rel. Des. Eduardo José de Andrade) (grifos nossos).

4.7.2 Ceará: obrigatoriedade da distribuição originária de processos (Mandado de Segurança Cível nº 5918-31.2009.8.06.0000/1)

No Tribunal de Contas dos Municípios do Ceará pretendeu-se, por meio de Resoluções Normativas, negar aos Conselheiros Substitutos a distribuição originária de processos e atribuir-lhes a incumbência de emitir pareceres. O tema foi submetido ao TJ-CE, resultando em memorável voto do Des. Francisco Lincoln Araújo e Silva:[27]

(...) as atribuições dos membros da Corte e de seus órgãos assemelhados estão previstas na Lei e na Constituição, como, de resto, acontece, por exemplo, com os senhores desembargadores, *cujas atribuições estão, sabidamente, previstas na Constituição e nas Leis, e nunca no regimento interno do Tribunal a que pertencem.*

Os regimentos dos Tribunais de Justiça, como se sabe, podem, sim – e o fazem – estabelecer, por exemplo, as competências do Plenário, das Câmaras Cíveis Isoladas, das Câmaras Cíveis Reunidas, das Câmaras Criminais Isoladas e das Câmaras Criminais Reunidas, de sorte que os seus membros integram esses órgãos, mas com a competência jurisdicional ou institucional que já está definida na Constituição e nas Leis.

O mesmo ocorre, *mutatis mutandis*, com a figura do AUDITOR, que integra as Cortes de Contas, ocupando uma posição peculiar, mas nem por isso de menor relevo, porque também integra a estrutura das Cortes de Contas, onde desempenham misteres institucionais também previamente delineados pela Constituição e pelas Leis.

Como se vê, portanto, com muita clareza, aliás, *os auditores, assim como os magistrados, recebem, diretamente, da Constituição e das Leis, nunca dos Regimentos Internos, o seu acervo de competência institucional.* (...)

Demais disso, deve-se reconhecer que *o AUDITOR deverá atuar como magistrado, dentro dos limites constitucionalmente previstos, exercendo, portanto, o seu mister institucional, com total independência funcional, como o fazem, ordinariamente, os magistrados integrantes do Poder Judiciário* (grifos nossos).

---

[27] *Apud* DINIZ, Gilberto Pinto Monteiro. Auditor do Tribunal de Contas: cargo público de extração constitucional. *Revista do Tribunal de Contas do Estado de Minas Gerais*, v. 83, ano XXX, n. 2, abr./maio/jun. 2012, p. 43-52.

4.7.3 Sergipe: obrigatoriedade da distribuição originária de processos (Mandado de Segurança 2012.00107425)[28]

(...) Pois bem. É cediço que a Constituição Federal de 1988, define a natureza jurídica do cargo de Auditor, preconizando que esse agente, *estando ou não em substituição* a membro do colegiado, exerce as atribuições da *judicatura*, e para permitir o exercício de suas atribuições, confere-lhe as garantias e os impedimentos próprios do magistrado (...) Sendo assim, forçoso admitir que a atribuição do *Auditor*, cargo classificado como sendo de provimento *vitalício* e cuja investidura depende de habilitação em concurso público de provas ou de provas e títulos, *quando não está em substituição a Conselheiro, exerce a* **atribuição própria** *da judicatura de contas, qual seja, a de* **presidir** *a instrução processual dos feitos distribuídos,* **relatando-os** *perante os integrantes do Plenário ou da Câmara* para a qual estiver designado. (...) Significa isto dizer, portanto, que o *Auditor*, enquanto ocupe a função de *magistrado da Corte de Contas*, é cargo de *dupla função judicante* de contas: quando *em substituição a Conselheiro,* função extraordinária, goza de todas as prerrogativas e atribuições do titular, e *enquanto não substitui Conselheiro*, a interpretação que se abstrai da Constituição Federal (art. 73, §4º c/c art. 75), da Constituição de Sergipe (art. 71, §4º) e da Lei Orgânica do TCE-SE (art. 26, *caput*), é que o *Auditor exerce sua função ordinária, a judicatura própria e independente, razão pela qual tem direito líquido e certo à distribuição processual, devendo exercer o seu mister constitucional de magistrado presidente da instrução.* (...)

Diante do exposto, *concedo a medida liminar pleiteada*, a fim de *suspender* a *eficácia* dos artigos 29, parágrafo único, e artigo 31, inciso II, do *Regimento Interno*, aprovado pela Resolução nº 270/2011, ao tempo em que *deve se providenciar a imediata distribuição de processos de contas aos Auditores, com toda equidade, mediante critérios impessoais de sorteio aplicáveis a todos os magistrados da Corte de Contas, para que possam presidir a sua instrução dos processos, relatando-os perante os integrantes do Plenário ou da Câmara para a qual estiver designado* (Aracaju, 18.04.2012, Rel. Des. Marilza Maynard Salgado de Carvalho) (grifos nossos).

4.7.4 Amazonas: obrigatoriedade da convocação de Conselheiro Substituto mediante escala específica (Mandado de Segurança 4001911-74.2012.8.04.0000)

EMENTA: DIREITO ADMINISTRATIVO E DIREITO PROCESSUAL ADMINISTRATIVO. MANDADO DE SEGURANÇA. TRIBUNAL DE CONTAS DO ESTADO DO AMAZONAS. SUBSTITUIÇÃO DE

---

[28] A liminar ora citada foi anulada por maioria em sede de Agravos Regimentais em função de argumento meramente processual (ausência da prévia oitiva de representante judicial de pessoa jurídica de direito público), não afetando o mérito da decisão.

CONSELHEIROS POR AUDITORES. DEVIDO PROCESSO LEGAL. DESCUMPRIMENTO. As substituições dos Conselheiros do Tribunal de Contas do Estado do Amazonas (TCE/AM), nos casos regulamentados, deve se proceder por Auditores do mesmo órgão, observada a ordem de antiguidade dentro de uma escala específica a ser estabelecida para tanto e administrada pelo Presidente daquela Corte de Contas (art. 93, §3º, da Lei Estadual n. 2.423/96, Lei Orgânica do Tribunal de Contas do Estado do Amazonas). *Fere-se direito líquido e certo o desatendimento da referida escala ou a convocação desordenada de auditores em substituição.* Segurança concedida (Manaus, 10.4.2014. Rel. Des. Flávio Humberto Pascarelli Lopes).

4.7.5 Roraima: obrigatoriedade de realização de concurso para o cargo de Auditor (Conselheiro Substituto) (Ação Civil Pública 0817409-51.2016.8.23.0010)

Em análise perfunctória, vislumbro a ocorrência da plausabilidade do direito trazido pelo i. Parquet.

Isso porque, muito embora o ato de realização de concurso público consubstancia, em regra, legítimo poder discricionário da Administração Pública, a qual compete decidir, de acordo com sua conveniência e oportunidade, *o caso sob análise, tem amparo constitucional do qual não se pode olvidar.* (...)

Interessante notar que, *os Auditores devem, por coerência constitucional, cumprir os mesmos requisitos dos Ministros, com a observância que estes deverão ser aprovados em concurso público de provas e títulos, o que se mostra extremamente salutar ao estado democrático de direito, a medida em que, atuam como fiscais nos âmbitos contábil, financeiro e orçamentário da Administração Pública.* (...)

Logo, estando diante de descumprimento de uma norma da Constituição Estadual que necessita ser cumprida, bem como se verificando presentes os requisitos da tutela provisória de evidência, não há outra medida cabível neste momento, que não seja a concessão da liminar pretendida.

Diante de todo o exposto, *DEFIRO A LIMINAR,* para que no prazo de 30 (trinta) dias o ESTADO DE RORAIMA e o TRIBUNAL DE CONTAS ESTADUAL, *adotem medidas administrativas necessárias e tendentes para a realização de concurso público para o cargo de auditor da Corte de Contas,* nos termos do art. 87 da LCE nº. 006/1994, sob pena de multa diária no valor de R$ 1.000,00 (um mil reais), por dia de descumprimento da presente ordem. (Luiz Alberto de Morais Júnior, Juiz de Direito Respondendo pela 2ª Vara da Fazenda Pública, 07.04.2017) (grifos nossos).

5 Conclusão

As decisões selecionadas apresentadas edificam sólido entendimento jurisprudencial que pode assim ser sintetizado:

I) as regras fixadas na Constituição da República para a composição, a organização e o funcionamento do TCU devem ser observadas nos TCs estaduais, distritais e municipais;

II) na ocorrência de vaga de Conselheiro, seu preenchimento deve observar a origem da indicação (Poder Legislativo ou Executivo) e a vinculação (livre escolha ou lista tríplice);

III) em homenagem à regra da máxima efetividade, nos Tribunais que ainda não dispõem de Conselheiros oriundos das carreiras técnicas, a primeira vaga a ser preenchida pela lista tríplice quando a indicação for do chefe do Poder Executivo será a dos Conselheiros-Substitutos; a segunda, a dos membros do Ministério Público de Contas;

IV) na hipótese de não terem sido criados os cargos de Conselheiro Substituto ou de Procurador do Ministério Público de Contas, ou não terem sido realizados os respectivos concursos, ou não terem tomado posse os aprovados, as vagas de Conselheiros reservadas às carreiras técnicas devem permanecer em aberto;

V) são inconstitucionais quaisquer alternativas de provimento dos cargos de Conselheiros Substitutos que não a do concurso público específico;

VI) os requisitos para os Conselheiros Substitutos e Procuradores de Contas serem nomeados Conselheiros pela via da lista tríplice são exatamente os mesmos exigidos nas demais escolhas de Conselheiros;

VII) o Conselheiro Substituto atua como magistrado, dentro dos limites constitucionalmente previstos, exercendo, portanto, o seu mister institucional, com total independência funcional;

VIII) o Conselheiro Substituto tem direito líquido e certo à distribuição processual em equidade com os demais membros da Corte de Contas, cabendo-lhe a função de magistrado presidente da instrução; e

IX) as substituições dos Conselheiros nas hipóteses legais devem se proceder por Conselheiros Substitutos, observada a ordem de antiguidade dentro de uma escala específica a ser estabelecida para tanto.

É surpreendente que, mesmo com tantos robustos pronunciamentos da Corte Suprema e dos Tribunais de Justiça brasileiros, ainda subsistam bolsões de inconformismo e rebeldia contra a Carta Cidadã, que se traduzem em expedientes visando retardar ainda mais a implantação do modelo constitucional de composição e funcionamento dos Tribunais de Contas.

Há quem preconize como solução a edição de lei nacional dispondo sobre os processos de controle externo,[29] bem como iniciativas

---

[29] A lei nacional que regule os processos de controle externo é tese que endosso, por outros motivos, em artigo publicado na *Revista Técnica do TCE-MT* (LIMA, Luiz Henrique. A singularidade do processo de controle externo nos Tribunais de Contas: similaridades e

de elaboração de orientações normativas por parte da Atricon.[30] Embora tais propostas sejam meritórias e bem inspiradas, considero que o tema demanda mais do que a gestação de novas normas infraconstitucionais a povoar nosso universo jurídico. Se nem a Lei Maior é integralmente respeitada, não cremos que normativos adicionais tragam constrangimento aos "insurgentes do velho regime".

Tal constrangimento virá, em minha opinião, se houver um vigoroso repúdio da opinião pública ante as tentativas de perpetuação de situações que desafiam frontalmente a norma constitucional e retardam e frustram o necessário processo de modernização e aprimoramento do controle externo.

Os Tribunais de Contas são órgãos essenciais à democracia, e uma democracia madura não pode tolerar que a sua composição desobedeça à previsão constitucional ou que a atuação dos seus membros de origem técnica seja tolhida ou minimizada em desrespeito às garantias da magistratura. Assim, é fundamental que haja um acompanhamento próximo e permanente das atividades das Cortes de Contas, que lhes sejam cobrados resultados e transparência[31] e que todos os processos de indicação de Ministros e Conselheiros sejam objeto de amplo debate público.

Quando a corrupção é considerada um câncer que corrói as instituições nacionais,[32] comprometendo o desenvolvimento econômico e social, e quando se reclama maior responsabilidade e eficiência na gestão pública, é tempo de as lideranças políticas, acadêmicas, sindicais e sociais proclamarem que o fortalecimento dos órgãos de controle externo exige a imediata – e já bastante tardia – implantação do modelo constitucional de composição e funcionamento dos Tribunais de Contas.

---

distinções com o processo civil e penal. *Revista Técnica do Tribunal de Contas de Mato Grosso*, n. 12, p. 169-179, jul. 2017).

[30] A exemplo da Resolução Atricon nº 003/2014 (ATRICON. *Diretrizes para o aprimoramento dos Tribunais de Contas do Brasil*: resoluções da Atricon. Apresentação de Valdecir Pascoal e Valter Albano da Silva. Recife: Atricon, 2015).

[31] Nesse sentido, reputamos necessária a criação de um Conselho Nacional dos Tribunais de Contas, nos moldes do Conselho Nacional de Justiça e do Conselho Nacional do Ministério Público. O tema, contudo, demanda aprofundamento em estudo específico.

[32] Nas palavras de Ruy Barbosa, patrono dos TCs brasileiros: "A corrupção gravemente perniciosa é a que assume o carácter subagudo, crônico, impalpável, poupando cuidadosamente a legalidade, mas sentindo-se em toda a parte por uma espécie de impressão olfativa, e insinuando-se penetrantemente por ação fisiológica no organismo, onde vai determinar diáteses, irremediáveis" (BARBOSA, Ruy. *Obras completas de Rui Barbosa*. v. 16, t. 8, 1889, p. 145. Disponível em: <http://www.casaruibarbosa.gov.br/scripts/scripts/rui/mostrafrasesrui.idc?CodFrase=63>. Acesso em: 14 abr. 2014).

Referências

ASSOCIAÇÃO DOS MEMBROS DOS TRIBUNAIS DE CONTAS DO BRASIL (ATRICON). *Diagnóstico dos Tribunais de Contas do Brasil*: avaliação da qualidade e agilidade do controle externo. Brasília: Atricon, 2013.

_____. *Diretrizes para o aprimoramento dos Tribunais de Contas do Brasil*: resoluções da Atricon. Apresentação de Valdecir Pascoal e Valter Albano da Silva. Recife: Atricon, 2015.

BARBOSA, Ruy. *Obras completas de Rui Barbosa*. Disponível em: <http://www.casaruibarbosa.gov.br/rbonline/obrasCompletas.htm>. Acesso em: 14 abr. 2014.

BRASIL. *Constituição da República*, de 5 de outubro de 1988. Brasília: Senado Federal, 1988.

CANHA, Cláudio Augusto. A evolução (?) do papel dos auditores dos tribunais de contas do Brasil. *Jus Navigandi*, Teresina, ano 18, n. 3641, 20 jun. 2013. Disponível em: <http://jus.com.br/revista/texto/24751>. Acesso em: 14 abr. 2014.

DINIZ, Gilberto Pinto Monteiro. Auditor do Tribunal de Contas: cargo público de extração constitucional. *Revista do Tribunal de Contas do Estado de Minas Gerais*, v. 83, ano XXX, n. 2, abr./maio/jun. 2012, p. 43-52.

FAORO, Raymundo. *Os donos do poder*. 3. ed. rev. Porto Alegre: Globo, 2001.

FERNANDES, Jorge Ulisses Jacoby. *Tribunais de Contas do Brasil*: jurisdição e competência. 3. ed. rev., atual. e ampl. Belo Horizonte: Fórum, 2012.

FURTADO, J. R. Caldas. *Direito Financeiro*. 4. ed. rev., atual. e ampl. Belo Horizonte: Fórum, 2013.

FURTADO, Lucas Rocha. *Curso de Direito Administrativo*. Belo Horizonte: Fórum, 2007.

LIMA, Luiz Henrique. A singularidade do processo de controle externo nos Tribunais de Contas: similaridades e distinções com o processo civil e penal. *Revista Técnica do Tribunal de Contas de Mato Grosso*, n. 12, p. 169-179, jul. 2017.

LIMA, Luiz Henrique. *Controle externo*: teoria e jurisprudência para os Tribunais de Contas. 7. ed. rev. e atual. Rio de Janeiro: Forense; São Paulo: Método, 2018.

MACIEIRA, Leonardo dos Santos. Auditor constitucional dos Tribunais de Contas: natureza e atribuições. *Jus Navigandi*, Teresina, ano 14, n. 2.364, 21 dez. 2009. Disponível em: <http://jus.com.br/revista/texto/13986>. Acesso em: 14 abr. 2014.

TORRES, Ricardo Lobo. *O orçamento na Constituição*. 3. ed. rev. e atual. Rio de Janeiro: Renovar, 2008. (Tratado de Direito Constitucional Financeiro e Tributário, v. 5).

Informação bibliográfica deste texto, conforme a NBR 6023:2002 da Associação Brasileira de Normas Técnicas (ABNT):

LIMA, Luiz Henrique. Composição e funcionamento dos Tribunais de Contas: anotações à jurisprudência do Supremo Tribunal Federal. In: LIMA, Luiz Henrique (Coord.). *Tribunais de Contas*: temas polêmicos: na visão de Ministros e Conselheiros Substitutos. 2. ed. rev., ampl. e atual. Belo Horizonte: Fórum, 2018. p. 87-115. ISBN 978-85-450-0521-6.

A ATUAÇÃO CONSTITUCIONAL DOS TRIBUNAIS DE CONTAS E DE SEUS MAGISTRADOS (COMPOSIÇÃO, ATUAÇÃO E DELIBERAÇÕES)

DE EISENHOWER A ZÉ GERALDO

LICURGO MOURÃO
DIOGO RIBEIRO FERREIRA

"Os casos em que a liberdade do povo se restringe por meio do assédio gradual e secreto de quem está no poder são muito mais numerosos do que aqueles produzidos por violentas e repentinas usurpações."

(James Madison)

1 Introdução

A advertência de James Madison acima citada, considerado o pai da Constituição norte-americana, ainda nos idos do século XVIII, soa-nos assustadoramente atual, posto que é sub-reptícia a forma através da qual as instituições do Estado brasileiro, garantidoras, em última análise, da preservação dos fundamentos da República e do Federalismo, vão sendo minadas, entre elas os Tribunais de Contas, o que será discutido neste breve ensaio sob dois principais eixos: a função judicante dos Tribunais de Contas e quem neles se incumbe desse mister.

Como se sabe, Madison foi coautor, juntamente com John Jay e Alexander Hamilton, de *O Federalista*,[1] reunião de textos que, naquele

---
[1] HAMILTON; MADISON; JAY. *O Federalista*, p. 66.

momento histórico de consolidação do modelo federal de Estado, propugnava pela defesa dos pilares federativos, escrevendo os mais influentes comentários sobre a novel Constituição, descortinando os principais institutos e defendendo as vantagens da adoção do modelo federal de Estado.

Madison acreditava que eram necessários "freios" e "contrapesos" para limitar os poderes das então denominadas facções (hodiernamente compreendidas como grupos de interesses corporativos, políticos ou econômicos) cujo domínio punha em risco a própria existência da nova República, sendo partidário e ardoroso defensor da luta contra a corrupção e contra o domínio aristocrático da política e da economia, o que haveria de ser feito pelo estabelecimento de instituições e mecanismos garantidores do republicanismo e da pluralidade de posicionamentos na então novel nação norte-americana.

Nada mais atual.

No recente mês de junho do ano de 2013, algo represado no seio da sociedade brasileira explodiu. Talvez uma "pulsão de vida", há muito contida, no embate constante entre o Id, o Ego e o Superego de que nos fala Freud.[2] Vimos algo novo: uma massa não identificada com qualquer partido político tomando conta das ruas e bradando: "Chega de corrupção! Serviços públicos de qualidade! Passe livre aos estudantes!", entre outras reivindicações.

Desacostumada a lidar com legítimos anseios do povo, a classe política reagiu claudicante. Chegou-se até a falar, em uma única semana, em plebiscito, reforma constitucional limitada, entre outras "saídas" para tão aguda crise.

O governo federal, ao anunciar várias medidas há muito represadas nos escaninhos burocráticos, evidenciou sua dessintonia com o que se passa na rotina diária do cidadão comum que clamava, entre outros temas, pelo fim da corrupção e por sua tipificação como um crime hediondo, pela manutenção do poder investigatório do Ministério Público, pelo arquivamento da propalada PEC 37 e pelo fim do voto secreto em votações para cassar o mandato de parlamentares envoltos em crimes de responsabilidade que configurem violações ao decoro parlamentar.

Embora poucas, a mais emblemática medida adotada por um sem número de governos subnacionais de entes federativos brasileiros foi a revogação dos então recentes aumentos das tarifas nos transportes em

---

[2] FREUD. *O Ego e o Id e outros trabalhos (1923-1925)*, v. 19, p. 55.

várias cidades do país, estimado na casa dos centavos, retornando-se aos patamares anteriores à conflagração, ou seja, apaga-se o estopim, após a detonação.

A pergunta que fica no ar é: então, não há mais nada a se fazer ou o estopim continua, pronto para ser aceso novamente? Sendo que o gasto público e sua efetividade são alvos de análise pelos Tribunais de Contas, onde estavam eles?

É inegável que aquelas manifestações, em todo o país, com as mais diversas reivindicações e bandeiras, perpassando desde o preço das tarifas públicas, os direitos dos homossexuais, as melhorias na educação, na saúde e nos transportes públicos, até o combate à corrupção de nossos políticos e governantes, encerravam um sentimento de profundo mal-estar arraigado no âmago daqueles que se sentem excluídos e vilipendiados por um sistema que, em *ultima ratio*, não os representa.

Como afirmava Freud,[3] embora o propósito da vida seja o prazer, não raro a frustração advinda da sua contenção será a raiz de muitos mal-estares, *in verbis*:

> Como vemos, o que decide o propósito da vida é simplesmente o programa do princípio do prazer. Esse princípio domina o funcionamento do aparelho psíquico desde o início. Não pode haver dúvida sobre sua eficácia, ainda que o seu programa se encontre em desacordo com o mundo inteiro, tanto com o macrocosmo quanto com o microcosmo. Não há possibilidade alguma de ele ser executado; todas as normas do universo são-lhe contrárias. Ficamos inclinados a dizer que a intenção de que o homem seja 'feliz' não se acha incluída no plano da 'Criação'. *O que chamamos de felicidade no sentido mais restrito provém da satisfação (de preferência, repentina) de necessidades represadas em alto grau, sendo, por sua natureza, possível apenas como uma manifestação episódica*. Quando qualquer situação desejada pelo princípio do prazer se prolonga, ela produz tão--somente um sentimento de contentamento muito tênue. Somos feitos de modo a só podermos derivar prazer intenso de um contraste, e muito pouco de um determinado estado de coisas. (Grifos nossos)

Embora se verifique legítima tal convulsão social, há que se ter em mente que o governo não imputa o fator motivador das manifestações à sua própria inoperância e incapacidade de gerir os recursos públicos de forma proba, pelo contrário.

As escolhas governamentais de políticas públicas que priorizaram, nos últimos anos, investimentos em equipamentos esportivos,

---

[3] FREUD. *O mal-estar na civilização*, p. 9.

em detrimento da efetivação dos direitos sociais, é vista nas hostes estatais[4] como correta, sendo a sua efetiva equalização assunto para o futuro, quando da obtenção dos, ora vistos como panaceia, recursos dos *royalties*, senão vejamos:

BRASÍLIA – A presidente Dilma Rousseff levou à sessão de debates da 68ª Assembleia-Geral das Nações Unidas os cinco pactos propostos em resposta à onda de manifestações que ocupou as ruas do país por melhorias nos serviços públicos, classificando-as como indissociáveis do processo de construção da democracia.

"*As manifestações de junho, em meu país, são parte indissociável do nosso processo de construção da democracia e de mudança social. O meu governo não as reprimiu, pelo contrário, ouviu e compreendeu a voz das ruas. Ouvimos e compreendemos porque nós viemos das ruas*", disse a presidente em seu discurso na sessão geral.

[...]

A presidente também levou ao seu discurso a aprovação da lei que destina royalties de petróleo para investimentos em saúde e educação. "As crianças são prioridade para o Brasil. Isso se traduz no compromisso com a educação. Somos o país que mais aumentou o investimento público no setor educacional", disse. (Grifos nossos).

Verifica-se que a luta por mais investimentos na infraestrutura de serviços públicos, colocados à disposição do cidadão, não prescinde de uma eloquente participação da população, ao exercer o tão decantado, mas pouco praticado, controle social, que visa sobremaneira ao estabelecimento de um espaço público democrático de discussão na defesa de uma existência mais digna, calcada na efetivação dos direitos fundamentais. Segundo Ana Paula de Barcellos,[5] encontrando-se a população em estado letárgico, não há que se esperar mudanças, *in verbis*:

[...] *tornou-se corrente a afirmação de que o gozo minimamente adequado dos direitos fundamentais, ou de pelo menos alguns deles, é indispensável para o funcionamento regular da democracia e, especificamente, para a existência do próprio controle social das políticas públicas.*
[...] *Na ausência de controle social, a gestão das políticas públicas no ambiente das deliberações majoritárias tende a ser marcada pela corrupção, pela*

---

[4] PERES. Manifestações de junho são indissociáveis da democracia, afirma Dilma. *Valor Econômico*.
[5] BARCELLOS. Constitucionalização das políticas públicas em matéria de direitos fundamentais: o controle político-social e o controle jurídico no espaço democrático. *In*: SARLET. *Direitos fundamentais*: orçamento e reserva do possível, p. 121.

ineficiência e pelo clientelismo,[6] *este último em suas variadas manifestações: seja nas relações entre Executivo e Parlamentares – frequentemente norteados pela troca de favores – seja nas relações entre agentes públicos e a população. Nesse contexto, manipulado em suas necessidades básicas, o povo acaba por perder a autonomia crítica em face de seus representantes. É fácil perceber que a corrupção, ineficiência e o clientelismo minam a capacidade das políticas públicas de atingirem sua finalidade: garantir e promover os direitos fundamentais.* (Grifos nossos).

Ora, a regular e a efetiva aplicação dos recursos públicos é o "negócio", a *expertise*, que foi atribuída pelo constituinte aos Tribunais de Contas, detentor de inúmeras competências próprias e responsável ainda por municiar, tecnicamente, o Parlamento, titular de controle externo, nas análises próprias que lhe competem sem o esvaziamento da autonomia, atribuições e competências que lhes foram apropriadamente atribuídas.

A sociedade brasileira exige que os Tribunais de Contas sejam respeitados e efetivos. Entretanto, o direito não resolve tudo, como explica Freud.

O que hodiernamente se discute como "avanços e novidades" para os Tribunais de Contas, por vezes, ainda são resquícios dos Tribunais de Contas de 1864, em que a visão de órgão "aparatoso e inútil", como nos advertia Rui Barbosa, era subjacente à ideia de mais um órgão da República responsável pelo controle dos atos da Administração.

O que se quer dos Tribunais de Contas do futuro é voltá-los para a sociedade. A sociedade os desconhece e, do pouco que conhece, desconfia. A visão que ora se defende, sobrepujando as paixões humanas e o desejo ínsito do ser humano de dominação um dos outros, é aquela maior, em prol da sociedade, buscando-se a máxima efetividade do texto constitucional, buscando-se dele extrair a efetividade do sistema de controle de contas públicas brasileiro.

O Tribunal de Contas constitui instituição essencial ao Estado Democrático de Direito. Não obstante, como anteriormente destacado, essa instituição é frequentemente desconhecida de expressiva parcela da sociedade. Em decorrência disso, suas atuações são objeto de questionamento e, por vezes, até mesmo de interpretações que podem disseminar

---

[6] HOUAISS; VILLAR. *Dicionário Houaiss de língua portuguesa*, p. 740. "Clientelismo: prática eleitoreira de certos políticos que consiste em privilegiar uma clientela (conjunto de indivíduos independentes) em troca de votos: troca de favores entre quem detém o poder e quem vota" (BARCELLOS. Constitucionalização das políticas públicas em matéria de direitos fundamentais: o controle político-social e o controle jurídico no espaço democrático. *In*: SARLET. *Direitos fundamentais*: orçamento e reserva do possível, p. 121, nota de rodapé 35).

a debilidade do controle das contas públicas, esvaziando-se as competências e a atuação das Cortes de Contas, permitindo-se a perpetuação de eventuais fraudes e ruidosos casos de corrupção em nosso país.

Observa-se, ainda, um grande desconhecimento da natureza jurídica do cargo vitalício criado pelo constituinte de Auditor, também denominados, indistintamente, pela doutrina, jurisprudência e pela legislação infraconstitucional de Conselheiros Substitutos, Ministros Substitutos e Auditores Constitucionais dos Tribunais de Contas.

Da mesma forma, discute-se a forma de atuação desses "magistrados de contas" e a natureza de sua manifestação meritória, denominada ora de "Proposta de Decisão", ora de "Proposta de Voto", tema que, à luz dos princípios e normas processuais atinentes aos juízes, encerrados, em especial, nos artigos 125 a 138 do Código de Processo Civil brasileiro, não deveria ensejar dúvidas, ao menos naqueles que visam à máxima efetividade do texto constitucional e dos órgãos de controle do Estado. Esses órgãos estão tão passíveis de críticas que, hodiernamente, são carecedores de aprofundamento de seus institutos e normas de regência no Direito brasileiro contemporâneo.

2 Os Tribunais de Contas

O Tribunal de Contas, instituição concebida desde a transformação do Império em República Federativa e presente de modo marcante em nossa Carta Constitucional de 1988, é essencial ao Estado Democrático de Direito. Por esse motivo, conforme destacado por Celso de Mello,[7] Ministro do Supremo Tribunal Federal, a Constituição da República de 1988 ampliou sua esfera de competência e o investiu de poderes jurídicos mais amplos, fruto de uma consciente opção política. Para Mello,[8] "a atuação dos Tribunais de Contas assume, por isso mesmo, importância fundamental no campo do controle externo e constitui, como natural decorrência do fortalecimento de sua ação institucional, tema de irrecusável relevância".

Assim, visando a fortalecer o indispensável Sistema Constitucional de Controle de Contas Públicas é que o Poder Constituinte originário brasileiro determinou a simetria compulsória do modelo federal de organização, composição e fiscalização dos Tribunais de Contas, insculpido no art. 75 da Constituição de 1988, advindo disso

---

[7] BRASIL. Supremo Tribunal Federal. Ação Direta de Inconstitucionalidade nº 215-5/PB.
[8] BRASIL. Supremo Tribunal Federal. Ação Direta de Inconstitucionalidade nº 215-5/PB.

a inconstitucionalidade de qualquer tentativa de sua redução ou subtração, conforme já se pronunciou o Supremo Tribunal Federal,[9] ao analisar a Medida Cautelar na Ação Direta de Inconstitucionalidade (ADIn) nº 1964.[10]

Para Frederico Pardini:[11] "o Tribunal de Contas, como órgão híbrido, de fiscalização e controle externo e, simultaneamente, de jurisdição especializada de contas, tornou-se uma conquista instrumental do Estado Democrático de Direito", que goza de grande garantia de independência hierárquica, bem como elevada autonomia funcional e administrativa, além de qualificação profissional e científica de seus membros. Além disso, o Tribunal de Contas é órgão que recebe atribuições diretamente da Constituição da República, portanto, não se trata de preposto do Poder Legislativo,[12] possuindo, inclusive, função jurisdicional, como demonstra o autor, *in verbis*:

> As diversas tarefas e atividades do TCU podem ser identificadas em grupos principais conforme as características das funções exercidas: *a) função opinativa, consultiva e informativa*, pela qual o Tribunal aprecia sem julgar contas e atos, emite pareceres, responde a consultas e fornece dados e estudos realizados; *b) função fiscalizadora*, pela qual é exercida fiscalização contábil, financeira, orçamentária, operacional e patrimonial, verificando a legalidade, legitimidade e economicidade dos atos e contratos; *c) função corretiva*, visando corrigir ilegalidades e irregularidades mediante aplicação de penalidades, impugnação e sustação da execução de atos e contratos; **d)** *função jurisdicional, quando o Tribunal, com exclusividade, julga e liquida definitivamente as contas dos administradores e demais responsáveis por dinheiros, bens e valores públicos da administração direta e indireta, e as contas daqueles que deram causa a perda, extravio ou outra irregularidade de que resulte prejuízo financeiro, econômico ou material ao erário e ao patrimônio da União*.[13] (Grifos nossos)

Ainda hoje, pairam dúvidas acerca do seu regime jurídico, conforme já constatou o Ministro Carlos Augusto Ayres Britto,[14] do Supremo Tribunal Federal. Para ele, o próprio STF não conhece bem o regime dos Tribunais de Contas, na medida em que eles são confundidos

---

[9] BRASIL. Supremo Tribunal Federal. ADI nº 1.964/MC.
[10] BRASIL. Supremo Tribunal Federal. ADI nº 1.964/MC.
[11] PARDINI. *Tribunal de Contas da União*: órgão de destaque constitucional, f. 151.
[12] "O Tribunal não é preposto do Legislativo. A função que exerce, recebe-a diretamente da Constituição que lhe define as atribuições" (STF. Pleno, j. 29.06.89, *RDA*, 158/196).
[13] PARDINI. *Tribunal de Contas da União*: órgão de destaque constitucional, f. 196-197.
[14] BRITTO. Tribunal de Contas: instituição pública de berço constitucional. *Revista Técnica dos Tribunais de Contas – RTTC*.

como meros órgãos auxiliares do Poder Legislativo, como se não tivessem independência, tampouco fossem indispensáveis, como efetivamente são, para que o Poder Legislativo exerça o controle externo sobre o Poder Executivo. Senão, vejamos:

> Agora, a Constituição, ao aparelhar o Tribunal de Contas como órgão de controle, o fez por um modo surpreendente, deu aos Tribunais de Contas dignidade de Tribunais Judiciários. [...] *Os Tribunais de Contas dos Estados têm as atribuições, também no que couber, ou seja, **mutatis mutandis**, dos Tribunais de Justiça*. Os Auditores dos Tribunais de Contas são, pela Constituição, equiparados a juízes federais, exercem uma judicatura, está dito na Constituição. *Os Tribunais de Contas, os Ministros do TCU, têm prerrogativas, direitos, vantagens dos Ministros do STJ*. Os Conselheiros dos Tribunais de Contas dos Estados têm um regime jurídico funcional, no plano das prerrogativas dos direitos, igual aos Desembargadores do Estado. Os Tribunais de Contas foram dotados de um Ministério Público.
>
> O regime jurídico dos Tribunais de Contas não é conhecido em plenitude. O próprio Supremo Tribunal Federal não conhece bem o Tribunal de Contas, ou o regime normativo dos Tribunais de Contas, porque vez por outra alguém diz: "os Tribunais de Contas são órgãos meramente auxiliares do Poder Legislativo." [...] Essa expressão "com o auxílio dos Tribunais de Contas", é enganosa. "Com o auxílio" quer dizer: o Congresso Nacional não pode controlar o Poder Executivo senão com o auxílio dos Tribunais de Contas. A mesma coisa, não pode haver *jurisdição* senão com a participação dos advogados e do Ministério Público, mas não há hierarquia entre juízes, promotores ou procuradores e advogados. (Grifos nossos)

A amplitude das funções do Tribunal de Contas também foi reconhecida textualmente pelo Supremo Tribunal Federal pela lavra do Ministro Luiz Fux, em decisão proferida na medida cautelar referente à Reclamação nº 13.965,[15] na qual se distinguiu duas das mais relevantes atividades das Cortes de Contas, quais sejam, emitir pareceres prévios e julgar contas públicas, senão, vejamos:

> [...] *No âmbito das competências institucionais do Tribunal de Contas, o Supremo Tribunal Federal tem reconhecido a clara distinção entre: 1) a competência para apreciar e emitir parecer prévio sobre as contas prestadas anualmente pelo Chefe do Poder Executivo, especificada no art. 71, inciso I, CF/88; 2) a competência para julgar as contas dos demais administradores e responsáveis, definida no art. 71, inciso II, CF/88 (ADI nº 1.779-1/PE, Rel. Min. Ilmar Galvão, DJ 14.9.2001; ADI nº 1.140-5/RR, Rel. Min. Sydney Sanches, DJ*

---

[15] BRASIL. Supremo Tribunal Federal. Medida Cautelar na Reclamação nº 13.965.

26.9.2003; ADI nº 849-8/MT, Rel. Min. Sepúlveda Pertence, DJ 23.4.1999). *No primeiro caso*, cabe ao Tribunal de Contas apenas apreciar, mediante parecer prévio, as contas prestadas pelo Chefe do Poder Executivo. A competência para julgar essas contas fica a cargo do Congresso Nacional, por força do art. 49, inciso IX, da Constituição. *Na segunda hipótese*, a competência conferida constitucionalmente ao Tribunal de Contas é de julgamento das contas dos administradores e demais responsáveis por dinheiros, bens e valores públicos da administração direta e indireta, incluídas as fundações e sociedades instituídas e mantidas pelo poder público federal, e as contas daqueles que derem causa a perda, extravio, ou outra irregularidade de que resulte prejuízo ao erário (art. 71, II, CF/88). (Grifos nossos)

Em julgado semelhante,[16] qual seja, a Medida Cautelar na Reclamação nº 15.902, novamente o Ministro Luiz Fux reafirmou sua posição, merecendo destaque a referência a outros julgados do Pretório Excelso, *in verbis*:

Com outras linhas de fundamentação, mas com resultados semelhantes, registro as decisões dos eminentes Ministros Ayres Britto (Rcl 10.680, DJe de 18.05.2011), Ricardo Lewandowski (Rcl 11484, DJe de 14.04.2011), Cármen Lúcia (Rcl 11.479, DJe de 15.04.2001) e Joaquim Barbosa (Rcl 10557, DJ de 13.09.2010; Rcl 13898, DJe de 05.06.2012 e Rcl 13905, DJe de 05.06.2012).

Para bem compreender a atuação dos Tribunais de Contas faz-se necessário, portanto, distinguir Contas de Governo, baseadas nos denominados Atos de Governo, daquelas Contas de Gestão, originadas de Atos de Gestão, consubstanciados, em suma, na arrecadação das receitas públicas, na execução das despesas públicas, na gestão do orçamento e na criação do crédito público que, em conjunto, formam a atividade financeira do Estado, passível de prestação de contas.

Tal distinção reputa-se essencial para o alcance da expressão "julgar as contas", inserida entre as competências dos Tribunais de Contas pelo constituinte originário, a teor do art. 71, II, da CR/88, distinção que é explorada por Diogo Ribeiro Ferreira e Núbia de Bastos Morais Garcia,[17] *in verbis*:

---

[16] BRASIL. Supremo Tribunal Federal. Medida Cautelar na Reclamação nº 15.902.
[17] FERREIRA; GARCIA. A imprescindibilidade do parecer prévio no processo de prestação de contas mesmo em caso de falecimento do Chefe do Poder Executivo. *Revista Controle*.

[...] numa visão especificamente técnico-jurídica, *há que se diferenciar os atos de gestão dos atos de governo.* Nesse diapasão, enquanto os atos de governo referem-se à condução política global e a determinação de diretrizes gerais para a atuação da Administração Pública, sendo da competência dos agentes políticos, os atos de gestão *stricto sensu* se referem à adoção das medidas para a consecução e materialização dos atos de governo, devendo ser adotados por todos os agentes públicos subordinados ao agente político detentor das rédeas da Administração Pública. (Grifos nossos)

Desse modo, os Tribunais de Contas atuam tanto sobre Contas de Governo quanto sobre Contas de Gestão. Tais órgãos emitem pareceres prévios que se referem às Contas e aos Atos de Governo, nos termos do art. 71, I, da Constituição da República. Já sobre as Contas e Atos de Gestão, as referidas Cortes atuam mediante julgamento, consoante o art. 71, II, da CR/88. Em judicioso artigo, corroborando o que se afirma, nos brinda com sua lição Fernando Gonzaga Jayme,[18] *in verbis*:

> Ao afirmar-se que o Tribunal de Contas desempenha função jurisdicional especial, não se diz que ficam os seus julgados excluídos da apreciação do Poder Judiciário, por força do disposto art. 5º, inc. XXXV, da Constituição da República. Entretanto, restringe-se a apreciação judicial. Somente o processo de contas que estiver contaminado pelo abuso de poder, isto é, que violar o *due process of law* é que poderá ter sua nulidade decretada pelo Poder Judiciário, na vigente ordem constitucional, jamais sendo permitido a este Poder reexaminar o mérito das decisões emanadas da Corte de Contas.
> A existência, contudo, de posicionamentos doutrinários díspares explica-se historicamente. E o recurso ao método histórico sobre este tema apresenta-se adequado e esclarecedor, considerando-se há meio século a função jurisdicional do Tribunal de Contas, razões ainda maiores reforçam, atualmente, este entendimento. O regime republicano democrático hoje vigente decorre de uma experiência secular, cujo processo de desenvolvimento tem, na efetividade das atividades fiscalizadoras e de controle exercidas pelo Tribunal de Contas, caráter essencial [...]
> As atribuições que lhe foram cometidas pela Constituição da República constituem-se em funções administrativas de fiscalização, inclusive prestando auxílio ao Poder Legislativo, e função jurisdicional no julgamento das contas dos responsáveis por recursos públicos, expressas sempre em pronunciamentos definitivos.

---

[18] JAYME. A competência jurisdicional dos Tribunais de Contas no Brasil.

A divergência doutrinária até então existente não encontra razões para subsistir, uma vez que o entendimento do Supremo Tribunal Federal, reconhecendo a jurisdicionalidade do julgamento das contas feito pelo Tribunal de Contas é definitivo e incontrastável diante de qualquer outra autoridade do País, uma vez que, na qualidade de guardião da Constituição, nos termos do art. 102 da Constituição da República, é dele a última palavra a respeito da interpretação constitucional.

[...]

O julgamento das contas dos administradores e demais responsáveis [...] não fica afastado do controle do Poder Judiciário; contudo, o conhecimento da causa não pode ir além da averiguação da regularidade processual, isto é, se a decisão emanou de um processo justo, onde se tenham assegurado as garantias constitucionais do devido processo legal. (Grifos nossos).

Por fim, fazendo percuciente análise acerca das competências das Cortes de Contas quando da apreciação do Recurso Extraordinário nº 132.747,[19] o Ministro Relator Marco Aurélio consignou a função jurisdicional do Tribunal de Contas, *in verbis*:

Nota-se mediante leitura dos incisos I e II do artigo 71 em comento, a existência de tratamento diferenciado, consideradas as contas do Chefe do Poder Executivo da União e dos administradores em geral. *Dá-se, sob tal ângulo, nítida dualidade de competência, ante a atuação do Tribunal de Contas. Este aprecia as contas prestadas pelo Presidente da República e, em relação a elas, limita-se a exarar parecer, não chegando, portanto, a emitir julgamento.* Já em relação às contas dos administradores e demais responsáveis por dinheiros, bens e valores públicos da administração direta e indireta, incluídas as fundações e sociedades instituídas e mantidas pelo Poder Público Federal, e às contas daqueles que deram causa à perda, extravio ou outra irregularidade de que resulte prejuízo para o erário, a atuação do Tribunal de Contas *não se faz apenas no campo opinativo. Extravasa-o, para alcançar o do julgamento. Isto está evidenciado não só pelo emprego, nos dois incisos, de verbos distintos – a apreciar e julgar – como também pelo desdobramento da matéria,* explicitando-se, quanto às contas do Presidente da República, que o exame se faz 'mediante parecer prévio' a ser emitido como exsurge com clareza solar, pelo Tribunal de Contas. (Grifos nossos)

Como se vê, o Tribunal de Contas possui importância fundamental no campo do controle externo e é indispensável à democracia brasileira.

Não obstante, como já se salientou, essa instituição é frequentemente desconhecida dos operadores do Direito e da própria sociedade, quer em relação a suas funções institucionais, quer em relação à atuação

---

[19] BRASIL. Supremo Tribunal Federal. Recurso Extraordinário nº 132.747-2/DF.

dos seus membros, quais sejam, os Ministros, Conselheiros e Auditores (Ministros e Conselheiros Substitutos).

3 A magistratura de contas: os Ministros, os Conselheiros e os Auditores (Ministros e Conselheiros Substitutos)

Sendo os Tribunais de Contas instituições voltadas para a proteção da República, dos cidadãos e da sociedade, mister compreender as funções exercidas por seus principais agentes, já que são eles que permitem a realização dos objetivos institucionais. Os membros dos Tribunais de Contas são os Ministros e os Auditores, no caso do Tribunal de Contas da União (TCU), e os Conselheiros e os Auditores, nos demais Tribunais de Contas brasileiros.

Os Ministros e os Conselheiros, indicados nos termos do art. 73, §2º, da CR/88, podem vir a ocupar cargos de direção administrativa nos Tribunais de Contas, cabendo-lhes, ainda, participar das sessões de julgamento, no exercício das competências constitucionais incumbidas aos Tribunais de Contas.

Embora a CR/88 não haja determinando a extensão dos mesmos direitos dos Magistrados aos membros dos Tribunais de Contas, na dicção literal do artigo 73, §§3º e 4º, tanto os Ministros quanto os Conselheiros e Auditores são considerados pelo Supremo Tribunal Federal, intérprete maior da nossa Constituição, como "membros de tribunal", em tudo, pois, regidos pela Lei Orgânica da Magistratura Nacional (Lei Complementar nº 35, de 14 de março de 1979). Com efeito, devem eles possuir as mesmas garantias, prerrogativas, impedimentos, vencimentos e vantagens de membros do Poder Judiciário, de modo a assegurar o livre, independente e altivo exercício de suas funções, em prol do interesse público e em defesa do erário, livres de quaisquer influências e pressões de ordem política, econômica ou funcional.

Essa compreensão e interpretação, como adiante veremos, tem encontrado ampla guarida pelos próprios membros do Poder Judiciário, em lapidares e esclarecedoras decisões, tanto da Suprema Corte, quanto do Superior Tribunal de Justiça, quanto ainda de Tribunais de Justiça Estadual que, surpreendentemente, fazem uma leitura do texto constitucional mais consentânea com a *mens legis* do constituinte do que alguns estudiosos de Tribunais de Contas que, arraigados a posições excessivamente conservadoras e a argumentos de poder e submissão funcional, defendem que apenas Conselheiros indicados é que teriam o *status* de magistrados, cabendo apenas a eles, em alguns casos indicados por critérios exclusivamente políticos, decidirem e votar as matérias sujeitas aos Tribunais de Contas. Não é o que têm decidido os tribunais judiciais do país, como adiante veremos. Tais sodalícios compreendem que as Cortes de Contas são compostas por Magistrados especializados nas matérias contábil, financeira, orçamentária, operacional e patrimonial dos entes federados e das entidades da administração direta e indireta, sendo assim compreendidos os Ministros, Conselheiros e Auditores (Ministros Substitutos e Conselheiros Substitutos) dos Tribunais de Contas, doravante designados por Magistrados de Contas.

Qualquer interpretação visando a mitigar o alcance das "atribuições da judicatura" não possui supedâneo constitucional, tornando-se suscetível ao controle de constitucionalidade concentrado a ser realizado pelo Supremo Tribunal Federal, por visar tão somente ao estabelecimento de uma odiosa discriminação, calcada em preconceitos inconfessáveis contra os Auditores (Ministros e Conselheiros Substitutos) selecionados de forma impessoal, isonômica e meritória em dificílimos processos seletivos públicos acessíveis a qualquer cidadão que preencha os requisitos constitucionais preconizados pelo constituinte.

Tal mister encontra-se insculpido em norma constitucional proeminente (§4º do art. 73 da CR/88) e densificado, mesmo quando não estão em eventual substituição a Ministros e Conselheiros, nas atribuições da judicatura consistentes naquelas previstas, entre outras, nos artigos 125 a 133 do Código de Processo Civil brasileiro, aplicáveis, *mutatis mutandis*, aos Tribunais de Contas, os quais, pela necessidade de se fixar seu conteúdo e divulgar seu alcance, transcrevem-se *ipsis litteris*:

CAPÍTULO IV
DO JUIZ
Seção I
Dos Poderes, dos Deveres e da responsabilidade do Juiz
Art. 125. *O juiz dirigirá o processo* conforme as disposições deste Código, competindo-lhe:
I – assegurar às partes igualdade de tratamento;
II – velar pela rápida solução do litígio;
III – prevenir ou reprimir qualquer ato contrário à dignidade da Justiça;
IV – tentar, a qualquer tempo, conciliar as partes. (Incluído pela Lei nº 8.952, de 13.12.1994)
Art. 126. O juiz *não se exime de sentenciar ou despachar* alegando lacuna ou obscuridade da lei. *No julgamento da lide* caber-lhe-á aplicar as normas

legais; não as havendo, recorrerá à analogia, aos costumes e aos princípios gerais de direito. (Redação dada pela Lei nº 5.925, de 1º.10.1973)

Art. 127. *O juiz só decidirá* por eqüidade nos casos previstos em lei.

Art. 128. *O juiz decidirá* a lide nos limites em que foi proposta, sendo-lhe defeso conhecer de questões, não suscitadas, a cujo respeito a lei exige a iniciativa da parte.

Art. 129. Convencendo-se, pelas circunstâncias da causa, de que autor e réu se serviram do processo para praticar ato simulado ou conseguir fim proibido por lei, *o juiz proferirá sentença* que obste aos objetivos das partes.

Art. 130. Caberá ao juiz, de ofício ou a requerimento da parte, *determinar as provas necessárias à instrução do processo*, indeferindo as diligências inúteis ou meramente protelatórias.

Art. 131. O juiz *apreciará livremente a prova*, atendendo aos fatos e circunstâncias constantes dos autos, ainda que não alegados pelas partes; mas *deverá indicar, na sentença, os motivos que lhe formaram o convencimento.* (Redação dada pela Lei nº 5.925, de 1º.10.1973)

Art. 132. *O juiz, titular ou substituto, que concluir a audiência julgará a lide*, salvo se estiver convocado, licenciado, afastado por qualquer motivo, promovido ou aposentado, casos em que passará os autos ao seu sucessor. (Redação dada pela Lei nº 8.637, de 31.3.1993)

Parágrafo único. Em qualquer hipótese, *o juiz que proferir a sentença*, se entender necessário, poderá mandar repetir as provas já produzidas. (Incluído pela Lei nº 8.637, de 31.3.1993)

Art. 133. Responderá por perdas e danos o juiz, quando:

I – no exercício de suas funções, proceder com dolo ou fraude;

II – recusar, omitir ou retardar, sem justo motivo, *providência que deva ordenar* de ofício, ou a requerimento da parte.

Parágrafo único. Reputar-se-ão verificadas as hipóteses previstas no nº II só depois que a parte, por intermédio do escrivão, requerer ao juiz que determine a providência e este não lhe atender o pedido dentro de 10 (dez) dias. (Grifos nossos)

Sobreleva notar que a expressão Auditor dos Tribunais de Contas, presente no texto constitucional, é uma referência para salientar o fato de que, hodiernamente, existem várias categorias profissionais, não realçadas no texto constitucional, exercendo atividades nas mais variadas áreas do conhecimento, tais como vigilância sanitária, agropecuária, ambiental, veterinária, tributária, saúde, contábil, entre outras.

Quis o constituinte distinguir o Auditor magistrado, posto que a única vez que a Constituição de 1988 se referiu à palavra Auditor foi no tocante ao Tribunal de Contas. Eis o porquê da expressão Auditor, no texto constitucional relativo aos Tribunais de Contas, referindo-se, portanto, a um cargo vitalício de magistrado especializado nas matérias contábil, financeira, orçamentária, operacional e patrimonial e equiparado, constitucionalmente, aos membros do Poder Judiciário em garantias, impedimentos e atribuições, nos termos do art. 73, §4º, da Constituição da República, regidos pela Lei Orgânica da Magistratura, por analogia e em compatibilidade teleológica aos juízes de Tribunais. Tal construção foi alvo de intensos debates na Constituinte de 1988, como nos rememora, em seu magistral artigo, Cláudio Canha,[20] ao nos revelar a justificação da primeira emenda ao texto do Primeiro Substitutivo da Comissão de Sistematização da Constituinte de 1988 (volumes 236 a 239), *in verbis*:

> Justificação. Os auditores são juízes permanentes do Tribunal de Contas que têm por missão relatar os processos que são distribuídos entre eles e os Ministros titulares.
>
> Mesmo quando não estão substituindo os Ministros, estão ao lado deles relatando e fazendo propostas de decisões que constituem inequivocamente atos de judicatura.
>
> Por isso é necessário que mesmo nessa situação e, especialmente nelas, estejam protegidos pelas garantias tradicionais da magistratura. Se quando substituem são equiparados aos Ministros, quando executam as atribuições da sua judicatura, sem substituírem, devem, por hierarquia, ser equiparados aos juízes dos Tribunais regionais Federais.

Desse modo, funções diuturnas inerentes às suas atividades são participar efetivamente de julgamentos, presidindo a instrução de processos e proferindo decisões, inclusive interlocutórias, e despachos nos autos de todos os processos de competência dos Tribunais de Contas, de todas as naturezas, originariamente distribuídos a sua relatoria.

Portanto, exsurge do texto constitucional, sem extremes de dúvidas, a natureza judicante das atribuições dos Auditores (Ministros e Conselheiros Substitutos) no exercício da atividade-fim das Cortes de Contas perante as quais atuam, no exercício, inclusive, da competência prevista no art. 71, II, da Constituição da República.

Corrobora o que se afirma a lição de Ricardo Lobo Torres,[21] ao aduzir comentário acerca do Tribunal de Contas da União, a qual se irradia simetricamente para todos os Tribunais de Contas do país, nos termos do art. 75 da Constituição da República de 1988, de que ao

---

[20] CANHA. A evolução (?) do papel dos auditores dos Tribunais de Contas do Brasil. *Jus Navigandi*.
[21] TORRES. *Tratado de direito constitucional financeiro e tributário*: o orçamento na Constituição, p. 363.

Auditor compete, permanentemente, presidir a instrução dos processos e elaborar o relatório com a proposta de decisão.

Veja-se que o *nomen juris* "Proposta de Decisão" não define sua natureza jurídica, posto que a decisão proposta por Ministro, Conselheiro ou Auditor será sempre colegiada, cabendo-se, pois, discutir o que faremos em tópico adiante, qual a natureza jurídica da referida "proposta": parecer, decisão monocrática, decisão de mérito ou outra. Pode um magistrado ser impedido de exercer o seu mais consectário mister, qual seja, o de decidir?

Parece-nos absurda essa hipótese, notadamente ao se explorar os fundamentos do magistério jurisprudencial de Ayres Britto, em voto na ADIn nº 1.994/ES,[22] ao referendar a aprovação do voto do Ministro Relator Eros Grau, que declarou a inconstitucionalidade de norma da Constituição do Estado do Espírito Santo que suprimira o cargo de Auditor dos Tribunais de Contas, *in verbis*:

> Senhora presidente, louvando muito o voto bem-elaborado, inclusive agudamente percebeu que entre as inconstitucionalidades das normas impugnadas está a usurpação de iniciativa de lei privativa dos tribunais de contas, pela remissão que a Constituição faz ao art. 96, prevendo que aos tribunais cabem poderes, *mutatis mutandis*, que são próprios dos tribunais judiciários. E, *realmente, a Constituição Federal faz do cargo de auditor um cargo de existência necessária, porque, quando ela se refere formalmente a um cargo, está dizendo que faz parte, necessariamente, da ossatura do Estado, e só por efeito de emenda à Constituição – e olhe lá – é que essa matéria poderia ser modificada.* De outra parte, *auditor ainda tem uma particularidade: é regrado pela Constituição como um elemento de composição do próprio Tribunal*; [...] O fato é que o art. 75 deixa claro que o modelo de composição, exercício e fiscalização que adota a Constituição Federal é impositivo para os demais entes federativos. (Grifos nossos)

No mesmo sentido é a lição de Jorge Ulisses Jacoby Fernandes,[23] ao elencar a forma de atuação dos Auditores (Ministros e Conselheiros Substitutos) dividindo-a no que denomina ordinárias e extraordinárias. É forçoso ressaltar, porém, que a função denominada por Jacoby de extraordinária é, não obstante, compulsória e corriqueira, fazendo parte da normalidade institucional das Cortes de Contas, sendo exemplo disso o fato de que os Auditores do Egrégio Tribunal de Contas da União,

---

[22] BRASIL. Supremo Tribunal Federal. ADI nº 1.994/ES.
[23] JACOBY FERNANDES. *Tribunais de Contas do Brasil*: jurisdição e competência, p. 692-694.

e em vários Estados da Federação, além das Câmaras, têm assento permanente no Tribunal Pleno dos referidos órgãos.

Ressalta Jacoby Fernandes[24] que a própria Constituição da República dispõe, em seu art. 73, §4º, que "o auditor, quando em substituição a Ministro, terá as mesmas garantias e impedimentos do titular e, quando no exercício das demais atribuições da judicatura, as de Juiz de Tribunal Regional Federal". Para Jacoby, "o constituinte foi muito criterioso ao definir as atribuições ordinárias do auditor, qualificando-as, não sem motivo, de 'judicatura', dada a feição judicialiforme do julgamento das contas".

Adiante, enfatiza Jacoby[25] que "esse argumento reforça o fato dos ministros e conselheiros, e do próprio Tribunal de Contas, exercerem funções jurisdicionais e outras funções. Já os auditores, voltados precipuamente para as funções de contas, *têm atribuições ordinárias de judicatura, isto é, próprias de juiz, do exercício da magistratura*", sendo isso necessário para que, conforme já destacara Rui Barbosa,[26] fosse cessada a dilapidação do erário que ocorria: "[...] enquanto não erguemos a sentinela dessa magistratura especial, envolta nas maiores garantias de honorabilidade, ao pé de cada abuso, de cada gérmen ou possibilidade eventual dele".

Jacoby[27] ainda traz a observação de que o cargo de Auditor, conforme já definiu o Supremo Tribunal Federal,[28] é provido, necessariamente, por concurso público, sendo que a substituição exercida pelos Auditores em relação aos Conselheiros dos Tribunais de Contas é norma cogente, constituindo atividade privativa dos Auditores, conforme acórdão do Tribunal de Justiça do Distrito Federal e Territórios.[29]

Visando às próprias e intrínsecas peculiaridades da função por eles exercida, a própria palavra Auditor, utilizada para designar o cargo,

---

[24] JACOBY FERNANDES. *Tribunais de Contas do Brasil*: jurisdição e competência.
[25] JACOBY FERNANDES. *Tribunais de Contas do Brasil*: jurisdição e competência.
[26] BARBOSA. Exposição de Motivos: Brasil. Decreto nº 966-A, de 07 de novembro de 1890.
[27] JACOBY FERNANDES. *Tribunais de Contas do Brasil*: jurisdição e competência.
[28] a) BRASIL. Supremo Tribunal Federal. Medida Cautelar na Ação Direta de Inconstitucionalidade nº 1.966-0/ES; bem como BRASIL. Supremo Tribunal Federal. ADIn nº 1.193-6/AM.
b) O STJ, no *ROMS nº 10241/PB*, julgou válido o requisito de formação em Direito, Contabilidade, Economia ou Administração, fixado em edital, sem disposição legal equivalente, para o Concurso de Auditor do Tribunal de Contas do Estado da Paraíba, considerando-o harmônico com o requisito legal de notórios conhecimentos nessas áreas. A ementa menciona, equivocadamente, concurso para Auditor Fiscal do Estado da Paraíba. Somente com a leitura do inteiro teor do acórdão verifica-se que o concurso era para Auditor do TCE/PB (BRASIL. Superior Tribunal de Justiça. Recurso Ordinário em Mandado de Segurança nº 10.241/PB).
[29] DISTRITO FEDERAL. Tribunal de Justiça do Distrito Federal e Territórios. Mandado de Segurança nº 404.195/DF.

foi objeto de Lei ordinária federal que equiparou o referido vocábulo a Ministro Substituto. Veja-se o conteúdo do art. 3º da Lei nº 12.811, 16 de maio de 2013, o qual transcrevemos *ipsis litteris*:

> Art. 3º Os titulares do cargo de Auditor de que trata o §4º do art. 73 da Constituição Federal, os quais, nos termos do texto constitucional, substituem os Ministros e exercem as demais atribuições da judicatura, presidindo processos e relatando-os com proposta de decisão, segundo o que dispõe o parágrafo único do art. 78 da Lei nº 8.443, de 16 de julho de 1992, também serão denominados Ministros-Substitutos.

Tal mudança iniciou-se por deliberação do Senado Federal[30] sobre o Projeto de Lei da Câmara dos Deputados (PLC) nº 168/10, tendo-se em vista que a acepção do vocábulo auditar, pelo senso comum, é diferente da função precipuamente desempenhada pelos Ministros Substitutos e Conselheiros Substitutos, que é a de exercer as atribuições da judicatura. O vocábulo judicatura, ressalte-se, está em consonância com a atividade de julgamento, nos termos do art. 71, II, da Constituição da República.

Veja-se resumo da deliberação do Senado Federal que expôs as razões para as mudanças introduzidas pela Lei nº 12.811/2013, anteriormente destacada, *in verbis*:

> COMISSÕES / CONSTITUIÇÃO E JUSTIÇA – 09/11/2011 – 14h21
> Aprovada criação de dois cargos para TCU
> A Comissão de Constituição, Justiça e Cidadania aprovou em decisão terminativa, nesta quarta-feira (9), projeto de lei da Câmara (PLC 168/10) que cria dois cargos em comissão para o gabinete do quarto Auditor do Tribunal de Contas da União (TCU): um de oficial de gabinete e outro de assistente.
> A medida se justificaria – conforme argumentou o relator, senador Vital do Rêgo (PMDB-PB), no parecer favorável ao projeto [...].
> Se a criação dessas duas funções não gerou dúvidas, o mesmo não se deu com a *emenda do relator alterando a denominação do cargo de Auditor do TCU para Ministro-Substituto*. Segundo explicou Vital do Rêgo no parecer, o Auditor do TCU tem a missão constitucional de substituir os ministros da Corte, presidindo processos e relatando-os com proposta de decisão.
> *Os Auditores (Ministros-Substitutos) exercem a judicatura com autonomia e independência, presidem a instrução de processos, relatam processos de controle externo perante as Câmaras e o Plenário do TCU e decidem monocraticamente, são nomeados pelo Presidente da República, devem preencher os mesmos requisitos dos Ministros para a assunção dos cargos, são regidos pela Lei Orgânica*

---

[30] SENADO FEDERAL. Aprovada criação de dois cargos para TCU. *Portal de Notícias*.

da Magistratura, substituem os Ministros e; quando não estão em substituição, exercem a judicatura com as mesmas prerrogativas dos desembargadores federais", detalhou ainda o relator.

Questionamento em relação à emenda foi apresentado pelo senador Aloysio Nunes (PSDB-SP), em dúvida sobre o impacto da mudança de denominação sobre as funções do TCU e o interesse público. *Ao ser informado que o objetivo da alteração era distinguir o magistrado responsável pela relatoria dos processos (Auditor/Ministro Substituto) dos demais servidores do TCU responsáveis pela execução de auditorias, não levando a aumento de despesas, Aloysio Nunes decidiu votar favorável ao PLC 168/10.*

Também se manifestaram a favor da proposta os senadores pelo PMDB Romero Jucá (RR) e Renan Calheiros (AL); Humberto Costa (PT-PE); Gim Argello (PTB-DF) e Pedro Taques (PDT-MT).

Se não houver recurso para votação em Plenário, a matéria voltará a ser examinada pela Câmara dos Deputados, já que sofreu alteração no Senado. (Grifos nossos).

Igualmente, no âmbito do Tribunal de Contas do Estado de Minas Gerais, a recente Lei Complementar Estadual nº 133/2014 trouxe, simetricamente, sem qualquer aumento de despesa pública, a consentânea e nova designação dos cargos de Auditores do Tribunal de Contas.

Outro aspecto digno de nota é a distinção entre o cargo de Auditor (Ministros e Conselheiros Substitutos) dos cargos dos servidores públicos, também denominados Auditores, responsáveis por executar procedimentos de auditoria nas diversas áreas do conhecimento humano.

Nesse sentido, os termos constitucionais distintivos dos Auditores (Ministros e Conselheiros Substitutos) dos Tribunais de Contas de outros agentes públicos são, com maestria, explorados por Leonardo dos Santos Macieira,[31] cuja riqueza da exposição justifica a transcrição de sua minuciosa abordagem doutrinária, *in verbis*:

> Com extrema didática, o Exmo. Sr. Ministro do STF, o Dr. Octavio Gallotti, já em meados da década de 80 tinha perfeita clareza das atribuições do cargo de Auditor constitucional do Tribunal de Contas, assim se manifestando a respeito:
>
> "O status dos Auditores dos Tribunais de Contas tem dado margem a muitas perplexidades, que começam com a *impropriedade da denominação do cargo, ligada a uma tradição respeitável, mas totalmente divorciada do atual conceito de atividades de auditoria. Imprópria, por isso mesmo, para designar o servidor que tem normalmente assento no Plenário do Tribunal de Contas, com*

---

[31] MACIEIRA. Auditor constitucional dos Tribunais de Contas: natureza e atribuições. *Jus Navigandi*.

atribuições de relatar processos, formalizar propostas conclusivas e exercer plena jurisdição quando convocado para substituir Conselheiro ou Ministro [...]"
Com isso, nota-se que importa menos o *nomem juris* ou denominação do cargo e mais a sua natureza jurídica.

O raciocínio contrário também pode ser feito, à medida que cargos com *nomem juris* diferentes podem ter natureza jurídica semelhante, como é o caso do cargo de Ministro do TCU e o de Conselheiro dos TCE e TCM que, apesar de nomes diversos, tem a mesma natureza, mesmo pressuposto de fundamento e atribuições e competências análogas.

Ressalte-se que a plena atuação dos Ministros e Conselheiros Substitutos agrega sobremaneira legitimidade às decisões e fortalece a atuação das Egrégias Cortes de Contas, visto que a função de fiscalização *in loco*, tradicionalmente realizada por Analistas e Inspetores de Controle Externo, virá a ser sopesada e avaliada por aqueles que detêm conhecimento técnico comprovado, de forma impessoal e com independência funcional, respondendo a todos os anseios sociais por um Tribunal de Contas mais técnico, ético, transparente e efetivo.

Tal distinção, mais que um simples "rótulo" ou "perfumaria semântica", como alguns detratores da boa técnica jurídica asseveram, serve ao esclarecimento da sociedade, que, não raro, não reconhece os Tribunais de Contas como instituição idônea e confiável para ser depositária dos inúmeros reclamos da sociedade por qualidade nos serviços públicos.

Isso porque o cargo de Analista de Controle Externo, no Tribunal de Contas da União, é denominado de Auditor Federal de Controle Externo por força da Lei Federal nº 11.950, de 17 de junho de 2009, art. 4º, sendo essa denominação seguida, com variações, por alguns Tribunais de Contas brasileiros como Pernambuco e Rondônia. Entende-se que a denominação de Auditor Federal de Controle Externo é, com efeito, muito mais adequada, pois os referidos servidores públicos realizam auditorias e inspeções em contas públicas.

Já a nomenclatura mais adequada para os Auditores (Ministros e Conselheiros Substitutos) é aquela que traduza suas elevadas funções da judicatura conferidas pelo Constituinte originário, nos termos do art. 73, §4º, da Constituição da República e previsto na Lei Federal nº 12.811/2013, anteriormente citada. Sem que a nomenclatura corresponda às atribuições do cargo, há perda da identidade entre a atividade e seu conhecimento pela sociedade, o que viola, por si só, o interesse público. A correspondência do cargo com a sua nomenclatura adequada constitui, assim, uma exigência democrática.

Mas uma mudança de nomenclatura é muito pouco. É preciso mais! É preciso dar máxima efetividade à Constituição para tornar os Tribunais de Contas efetivos e dignos da confiança que o constituinte e seu inspirador maior, Rui Barbosa, a eles confiaram.

Nesse sentido, quanto às atribuições dos referidos cargos, leciona Leonardo dos Santos Macieira[32] que existe uma clara dicção constitucional insculpida na Constituição da República e refletida nas Constituições Estaduais, sem margem para a competência legislativa em nível infraconstitucional, tampouco no nível infralegal (por exemplo, através de Regimento Interno), de maneira que apenas o Poder Constituinte originário ou reformador e a Lei Complementar nacional poderiam definir atribuições para o cargo de Auditor (Ministro e Conselheiro Substituto) dos Tribunais de Contas, *in verbis*:

> *Assim, é juridicamente impossível a criação de novas atribuições para os Auditores ou a prática de atos administrativos que interfiram na independência, imparcialidade e autonomia exclusivamente por força de ato de nível apenas regimental, em face de a atribuição do referido cargo ser de matéria constitucional, regulada por lei complementar em obediência ao princípio da estrita reserva legal.*

Conforme bem recorda Macieira,[33] somente a lei em sentido estrito pode estabelecer atribuições de cargos públicos, mesmo assim com adstrição aos limites impostos pela Constituição, de maneira que as próprias legislações infraconstitucional e infralegal do Tribunal de Contas da União detalharam a Lei Maior, estabelecendo que as atribuições da judicatura seriam presidir a instrução processual e atuar como relator mediante proposta de decisão a ser votada pelo Plenário e pelas Câmaras.

Macieira[34] ressalta, ainda, outro ponto merecedor de destaque, qual seja, de que não há subordinação ou vinculação entre o Auditor (Ministro e Conselheiro Substituto) e os demais membros dos Tribunais de Contas, *in verbis*:

---

[32] MACIEIRA. Auditor constitucional dos Tribunais de Contas: natureza e atribuições. *Jus Navigandi*.
[33] MACIEIRA. Auditor constitucional dos Tribunais de Contas: natureza e atribuições. *Jus Navigandi*.
[34] MACIEIRA. Auditor constitucional dos Tribunais de Contas: natureza e atribuições. *Jus Navigandi*.

Judicatura significa o mesmo que poder de julgar, função ou cargo de magistratura. Em decorrência do exercício de judicatura, sobrevêm as garantias constitucionais que asseguram a independência, autonomia e imparcialidade.

A respeito da imparcialidade e garantias do magistrado, o doutrinador Alexandre Freitas Câmara destaca o seguinte:

"Para se assegurar a imparcialidade do Estado, *é preciso que haja imparcialidade do agente estatal que irá, no caso concreto, exercer a função jurisdicional*. Assim, em primeiro lugar, *cuida o ordenamento jurídico, através de norma jurídica hierarquicamente superior às demais, de estabelecer garantias para os magistrados, ou seja, a Constituição da República arrola uma série de garantias dos juízes, destinadas a assegurar que a atuação do magistrado se dê, no processo, de forma imparcial.*"

Isso quer dizer que, nos termos da Constituição Federal, no exercício das atribuições de judicatura, *cada Auditor atua "sem subordinação jurídica, vinculando-se exclusivamente ao ordenamento jurídico"*, com o objetivo de *"colocar-se acima dos poderes políticos e das massas que pretendem exercer pressão sobre suas decisões"*.

Conforme leciona o professor Humberto Theodoro Júnior, *a atividade do juiz é "subordinada exclusivamente à lei, a cujo império se submete com penhor de imparcialidade"*.

Corroborando o lapidar entendimento, verifica-se a plena guarida da exegese constitucional, da simples leitura das razões trazidas em medida liminar concedida pela Desembargadora Marilza Maynard Salgado de Carvalho, do Tribunal de Justiça de Sergipe, nos autos do Mandado de Segurança nº 2012107425,[35] julgado em 30.10.2012, as quais se transcrevem *ipsis litteris*:

Trata-se de mandado de segurança impetrado pela *Associação Nacional dos Auditores dos Tribunais de Contas do Brasil* contra ato do *Presidente do Tribunal de Contas do Estado de Sergipe*, com objetivo de, liminarmente, suspender a eficácia dos artigos 29, parágrafo único, e artigo 31, inciso II, do Regimento Interno, aprovado pela Resolução nº 270/2011, que impingem ao Auditor atribuições não previstas na Carta Magna, na Constituição deste Estado e na Lei Orgânica do Tribunal de Contas do Estado de Sergipe (LOTCE).

Com efeito, aduz o impetrante que, ao excluir os Auditores de sua relatoria de contas, em detrimento das Constituições Federal e Estadual, e da Lei Orgânica, o TCE-SE desrespeitou o Princípio do Devido Processo

---

[35] TRIBUNAL DE JUSTIÇA DO ESTADO DE SERGIPE. Medida Liminar no Mandado de Segurança nº 2012107425.

Legal, e os que dele são corolários, como o do Juiz Natural, situação esta que reclama a atuação do Poder Judiciário.

[...] Sendo assim, forçoso admitir que a atribuição do Auditor, cargo classificado como sendo de provimento vitalício e cuja investidura depende de habilitação em concurso público de provas ou de provas e títulos, quando não está em substituição a Conselheiro, exerce a atribuição própria da judicatura de contas, qual seja, a de presidir a instrução processual dos feitos distribuídos, relatando-os perante os integrantes do Plenário ou da Câmara para a qual estiver designado.

[...] Significa isto dizer, portanto, que o Auditor, enquanto ocupe a função de magistrado da Corte de Contas, é cargo de dupla função judicante de contas: quando em substituição a Conselheiro, função extraordinária, goza de todas as prerrogativas e atribuições do titular, e enquanto não substitui Conselheiro, a interpretação que se abstrai da Constituição Federal (art. 73, §4º c/c art. 75), da Constituição de Sergipe (art. 71, §4º) e da Lei Orgânica do TCE-SE (art. 26, *caput*), é que o Auditor exerce sua função ordinária, a judicatura própria e independente, razão pela qual tem direito líquido e certo à distribuição processual, devendo exercer o seu mister constitucional de magistrado presidente da instrução.

*[...] Assim, conclui-se que as atribuições do Auditor do TCE-SE, prescritas na nova redação dada aos artigos 29, parágrafo único e 31, inciso II, do Regimento Interno, pela Resolução nº 270/2011 – em especial, preparar "proposta de decisão" para avaliação pelo Conselheiro, que se concordar, a levará à apreciação da Câmara ou Pleno – não encontram respaldo na Constituição Federal (art. 73, §4º c/c art. 75), na Constituição de Sergipe (art. 71, §4º), e na Lei Complementar Estadual nº 205/2011 – Lei Orgânica do TCE-SE, a qual prevê este último diploma em seu art. 26, **caput**, como atribuição do Auditor não substituindo Conselheiro, o direito de presidir a instrução de processos que lhe sejam distribuídos pelo Tribunal, relatando-os diretamente perante os integrantes do Plenário ou da Câmara para a qual estiver designado, mister este exercido como função judicante.*

[...]

Diante do exposto, concedo a medida liminar pleiteada, a fim de suspender a eficácia dos artigos 29, parágrafo único, e artigo 31, inciso II, do Regimento Interno, aprovado pela Resolução nº 270/2011, *ao tempo em que deve se providenciar a imediata distribuição de processos de contas aos Auditores, com toda equidade, mediante critérios impessoais de sorteio aplicáveis a todos os magistrados da Corte de Contas, para que possam presidir a sua instrução dos processos, relatando-os perante os integrantes do Plenário ou da Câmara para a qual estiver designado.* [...] (Grifos nossos)

O próprio Supremo Tribunal Federal, em juízo mínimo de delibação, já examinou o tema no processo de Suspensão de Segurança nº 4.005, tendo-a indeferido e, assim, assegurada a medida judicial que determinava a distribuição de processos aos Auditores (Conselheiros Substitutos) do Tribunal de Contas do Estado do Ceará, *in verbis*:

Trata-se de pedido de suspensão de segurança ajuizado pelo Estado do Ceará contra decisão formalizada pelo relator do Mandado de Segurança nº 2009.0007.1576-4, em tramitação no Tribunal de Justiça do Estado do Ceará.

Na origem, Fernando Antônio Costa Lima Uchoa Junior, Auditor do Tribunal de Contas dos Municípios do Estado do Ceará (TCM/CE), impetrou mandado de segurança contra dois atos do TCM, sendo um omissivo, por ausência de distribuição de processos ao impetrante, e outro comissivo, ante a formalização da Resolução n.º 6/2008, que alega ter criado novas atribuições aos auditores. Assevera que os atos atacados violam os arts. 73, §4ª, e 75 da CF/88; os arts. 71, 73 e 79, §4º, da Constituição estadual; bem como o art. 74, §1º, da Lei Orgânica do TCM/CE (n.º 12.160/1993).

[...] A Constituição Federal e a Constituição Estadual atribuem função de judicatura aos auditores quando não estejam a substituir o Conselheiro da Corte de Contas. A Lei Orgânica do TCM/CE, por sua vez, estabelece atribuição expressa e específica para o cargo de auditor, ou seja, há estabelecimento por lei de atribuição de determinado cargo público.

Além disso, antes da alteração regimental discutida, o RI-TCM/CE reiterava a determinação legal. Após a entrada em vigor da Resolução n.º 6/2008, foi revogada a repetição da determinação legal, com o estabelecimento de novas atribuições. [...] (Grifos nossos)

Também é imperioso aduzir que, ao proferir voto do Desembargador Francisco Lincoln Araújo e Silva, do Tribunal de Justiça do Ceará, em mandado de segurança,[36] impetrado em face do Tribunal de Contas dos Municípios do Ceará, assim consignou, *in verbis*:

[...] 10º – de outra parte, o ministro Gilmar Mendes, quando apreciou o pedido de suspensão da segurança, formulado pelo Estado do Ceará, para indeferir o pedido, em juízo mínimo de delibação, entendeu que restou evidenciado plausibilidade jurídica para a concessão da medida liminar, a fim de assegurar a pretensão jurídica individual reclamada em juízo (fl. 272).

E mais, na sua decisão, o douto ministro, textualmente, ainda asseverou: *"A Constituição Federal e a Constituição Estadual atribuem função de judicatura aos auditores quando não estejam a substituir o Conselheiro da Corte de Contas.* A Lei Orgânica do TCM/CE, por sua vez, estabelece atribuição expressa e específica para o cargo de auditor, ou seja, há estabelecimento por lei de atribuição de determinado cargo público. Além disso, antes da alteração regimental discutida, o RI-TCM/CE reiterava a determinação

---

[36] TRIBUNAL DE JUSTIÇA DO ESTADO DO CEARÁ. Agravo Regimental no Mandado de Segurança Cível nº 5918-31.2009.8.06.0000/1.

legal. Após a entrada em vigor da Resolução nº 6/2008, foi revogada a repetição da determinação legal, com o estabelecimento de novas atribuições. Ao considerar todos os elementos no presente pedido, entendo não existir grave lesão à ordem pública". (cf. fl. 271).

[...] 13º – por tal razão, continuo não entendendo o motivo pelo qual o Tribunal de Contas dos Municípios, na contramão de comezinhos princípios, aqui e ali, de vez em quando, resolve se atribuir função típica de órgão legislativo, disciplinando, algumas vezes, por via de simples resolução, matéria reservada ao domínio estritamente legislativo, usurpando, dessa forma, competência que a Constituição adjudica, privativamente, ao Poder Legislativo;

14º – isso porque, importa reiterar: em se tratando de Auditor, em face de suas peculiaridades funcionais e da relevância do cargo, entendo que a sua disciplina, em caráter exaustivo, só pode ser estabelecida, precipuamente, em nível constitucional, principalmente, no que concerne à definição de suas específicas atribuições institucionais; isso porque, como, textualmente, já nos ensinou o eminente constitucionalista e magistrado Carlos Ayres Britto (STF)," [...] a Constituição Federal faz do cargo de auditor um cargo de existência necessária, porque, quando ela se refere nominalmente a um cargo, está dizendo que faz parte, necessariamente, da ossatura do Estado, e só por efeito de emenda à Constituição e olhe lá é que a matéria poderia ser modificada. De outra parte, auditor ainda tem uma particularidade: é regrado pela Constituição como um elemento de composição do próprio Tribunal; (...)". (cf. voto proferido na ADI nº 1.994-5/ES);

14.1º – como se vê, o Auditor, diferentemente, portanto, do que sustenta o Agravante, com base em uma interpretação literal e puramente lexicográfica, é, sim, um elemento de composição do próprio Tribunal de Contas, porque, nas lições do autorizado jurisconsulto e magistrado da Suprema Corte, aqui citado – Min. Ayres Britto – a Constituição Federal faz do cargo de Auditor um cargo de existência necessária, porque, quando se refere nominalmente a um cargo a Constituição está dizendo que esse cargo faz parte da ossatura do próprio Estado. E acrescenta, ainda, que o cargo de auditor tem uma particularidade, qual seja, é regrado pela Constituição como elemento de composição do próprio Tribunal de Contas! Sem comentários! [...]

17º – em síntese, a atribuição de emitir parecer, no âmbito do Tribunal de Contas dos Municípios, segundo se pode depreender do disposto no Anexo II, a que se refere o Parágrafo Único, do Artigo 9º, da Lei nº 14.255/2008, constitui incumbência legalmente cometida aos ocupantes dos cargos de ANALISTA DE CONTROLE EXTERNO (cf. fl. 132) e não aos titulares do cargo de Auditor, porque este, o Auditor, **ex vi legis***, quando não estiver substituindo os Conselheiros, exercerá, ordinariamente, funções equivalentes às de juiz de entrância especial, segundo a clara dicção do §4º, do Artigo 79, da Constituição Estadual, com a redação dada pela EC nº 9, de 16 de dezembro 1992, competindo-lhe, pois, no exercício de tal mister institucional, coordenar a instrução dos processos que lhe forem equitativamente distribuídos, mediante sorteio, conforme previsto no artigo 33, inciso IV, do Regimento*

Interno do Tribunal (TCM – cf. fl. 77); *mas não se deve, ainda, perder de vista que a instrução processual, típica atividade judicante, não pode ser confundida com a daquele que emite parecer, incumbência esta com a qual, sabidamente, se ocupam outras especialidades profissionais;*

18º – noutro giro verbal: a Resolução impugnada, da lavra do próprio Tribunal de Contas, assumiu todas as características de um ato regulamentar ilegal – mais que isso, inconstitucional – uma vez que, laborando em espaço já disciplinado por Lei e, sobretudo, pela Constituição, o faz, flagrantemente, na contramão de regras e princípios constitucionais e legais, inovando na ordem jurídica, *para incluir, ampliativamente, atribuições funcionais incompatíveis com a Constituição e com a respectiva Lei Orgânica.* (Grifos nossos)

Destaque-se ainda breve trecho do conteúdo de julgamento realizado pelo Tribunal de Justiça do Ceará, no próprio Mandado de Segurança Cível nº 5918-31.2009.8.06.0000/1, Relator Desembargador Francisco Lincoln Araújo e Silva, *in verbis*:

Como se vê, portanto, com muita clareza, aliás, *os auditores, assim como os magistrados, recebem, diretamente, da Constituição e das Leis, nunca dos Regimentos Internos, o seu acervo de competência institucional.* [...] Demais disso, deve-se reconhecer que o Auditor deverá atuar como magistrado, dentro dos limites constitucionalmente previstos, exercendo, portanto, o seu mister institucional, com total independência funcional, como o fazem, ordinariamente, os magistrados integrantes do Poder Judiciário.

Por fim, a paradigmática decisão do Tribunal de Justiça do Estado do Amazonas[37] aduz a exegese que ora se expõe, no sentido do exercício da magistratura por parte do Auditor (Ministro ou Conselheiro Substituto) dos Tribunais de Contas, cabendo, pois, na interpretação a ser feita, considerar a totalidade do ordenamento, *in verbis*:

[...] as substituições dos Conselheiros do Tribunal de Contas do Estado do Amazonas (TCE/AM), nos casos regulamentados, *deve se proceder por Auditores do mesmo órgão, observada a ordem de antiguidade dentro de uma escala específica a ser estabelecida para tanto (§3.º)* e administrada pelo Presidente daquela Corte de Contas.
Esta identificada sistemática cria não apenas um rodízio entre os ocupantes do cargo de Auditor, mas um imprescindível direito funcional agregado à carreira de auditores que remete a sua aplicação ao princípio

---

[37] TRIBUNAL DE JUSTIÇA DO ESTADO DO AMAZONAS. Mandado de Segurança nº 4001911-74.2012.8.04.0000.

constitucional do devido processo legal. A pretendida concessão da ordem mandamental faz precisa referência a isso.

[...]
Ressalta-se, então, que o argumento utilizado pela Autoridade Coatora de que para o estabelecimento da regularidade das convocações bastava a aplicação do caput do art. 93, não atende ao preceito mínimo de uma interpretação razoável ao caso.

A interpretação é uma tarefa de conjunto: pano de fundo da interpretação é sempre o ordenamento em globo. O sentido de cada fonte está sempre em necessária conexão com o de todas as outras, pelo que será adulterado se o pretendermos tomar isoladamente. De fato, apesar da mera impressão visual, o artigo de qualquer lei só completa sua missão hermenêutica quando absorvido na integridade de seus eventuais incisos, alíneas e parágrafos.

É exatamente a esta orientação que foge a interpretação dada pela Autoridade Coatora ao art. 93 da Lei Estadual n. 2.423/96, de onde, então, se denota razão ao Impetrante. (Grifos nossos)

A razão dessa já caudalosa jurisprudência encontra-se fincada, entre outras, em motivações que remontam à origem histórica e, nos países centrais, à elevada missão de controle das contas públicas, em regra, entregue às mãos de juízes concursados, especializados e independentes, como se observa na judiciosa pesquisa realizada por Cláudio Augusto Canha,[38] o qual, de modo magistral, em minuciosa revisão da literatura, perscruta a reminiscência histórica da palavra Auditor.

Assim, é imperioso concluir que os Auditores previstos na Constituição da República de 1988, que atuam como Ministros Substitutos no Tribunal de Contas da União e como Conselheiros Substitutos nos demais Tribunais de Contas brasileiros, são Magistrados das Cortes de Contas.

Como elementos de composição institucional dos Tribunais de Contas, eles são essenciais ao funcionamento do Sistema Constitucional de Controle Externo das Contas Públicas brasileiras criado pelo próprio Poder Constituinte, sendo-lhes assegurado relatar e decidir, originariamente, todos os processos de competência dos Tribunais de Contas, posto que indissociável tal mister do exercício das atribuições da magistratura de que trata o art. 73, §4º, da CR/88. Esse dispositivo lhes alçou à condição equiparada à de Desembargador Federal, no caso dos Ministros Substitutos do TCU, e de Juiz da entrância mais elevada, no caso dos Conselheiros Substitutos dos demais Tribunais de Contas.

---

[38] CANHA. A evolução (?) do papel dos auditores dos Tribunais de Contas do Brasil. *Jus Navigandi*.

4 Natureza jurídica da proposta de decisão: de Eisenhower a Zé Geraldo

É muito comum verificarmos, na recente doutrina e nas práticas administrativas brasileiras, o desvirtuamento de institutos alienígenas quando de sua introdução no sistema jurídico brasileiro. Os exemplos são muitos: o conceito de agências reguladoras, de contratos de gestão, de reputação ilibada, de preço módico, entre tantos.

Como visto alhures, a origem histórica e a natureza jurídica dos Auditores remontam à sua criação pelos legisladores francês e italiano das magistraturas especializadas de contas compostas por cidadãos dotados de altíssima competência técnica e escolhidos por meio de concursos públicos.

Entretanto, no Brasil, tal inspiração veio a ser desvirtuada, seja pela interpretação amesquinhada do texto constitucional, a lhe mitigar seu sentido historicamente produzido, seja pela perpetração de práticas administrativas e a promulgação de legislações infraconstitucionais de duvidosa constitucionalidade a esvaziar o conteúdo de que trata o artigo 73, §4º, da CR/88, de modo a garantir o domínio e a submissão dos órgãos controladores, consubstanciando a atualidade da advertência que inspirara Montesquieu, originária de Aristóteles, ao teorizar acerca da tripartição dos poderes, autor de frase que ficou famosa: *"É uma experiência eterna que todo aquele que detém o Poder tende a abusar dele"*.

Para abusar do poder, o gestor arbitrário precisa enfraquecer as instituições naquilo que lhes é mais caro: sua efetividade, por meio do esvaziamento de sua força, de sua missão e de sua efetividade. Isso pode ser feito de maneira mais violenta ou de maneira mais eufemista, extraindo-se do alcance das prescrições normativas sua "mínima efetividade".

Hodiernamente, isso se faz em alguns Tribunais de Contas por meio da criação de distinções, entraves e teorias discriminatórias, de modo que as Cortes de Contas não funcionem adequadamente, menosprezando-se, inconstitucionalmente, seu corpo técnico.

Uma das mais emblemáticas é o sofisma de que "Proposta de Decisão" possui natureza jurídica de parecer. É de se perguntar exordialmente: um Juiz emite parecer? Suas decisões, oriundas de um processo intelectivo e técnico de conhecimento, não são vinculantes e podem ser por outrem não aceitas, a lhe subjugar o livre convencimento motivado?

Essas indagações, aparentemente estapafúrdias, à luz das decisões judiciais, já trazidas a lume, revelam algumas idiossincrasias mais de ordem pessoal do que da equilibrada exegese da organicidade dos Tribunais de Contas, tal qual o desenho institucional imposto pelo constituinte.

Isto porque a denominada "Proposta de Decisão" não se constitui em uma criação do poder constituinte, que não a menciona no texto da atual Constituição da República, porém, acabou se tornando realidade por uma interpretação inadequada da função dos Auditores (Ministros e Conselheiros Substitutos) dos Tribunais de Contas.

Tal fato traz à lembrança a história de domínio popular[39] de um cidadão assim batizado com o prenome de Eisenhower, uma vez que seu genitor, Geraldo, era um ardoroso admirador do 34º Presidente dos Estados Unidos *Dwight David "Ike" Eisenhower*, herói da Segunda Guerra Mundial, que serviu ao exército norte-americano como Comandante Supremo das Forças Aliadas na Europa, inclusive no famoso desembarque aliado na Normandia-França, no inesquecível dia "D", em 06 de junho de 1944.

Entretanto, a homenagem de família a uma das figuras mais emblemáticas do século XX acabou por ser corrompida, em face de uma prosaica dificuldade presente naquela comunidade: "Como se escreve Eisenhower? E pior, como se pronuncia? Como é que aquele magnífico nome poderia vir a ser compreendido?"

Quando na tenra infância, aquele cidadão tinha até vergonha de pronunciar seu próprio nome e foi assim que, apresentando-se aos novos amigos e colegas, começou a balbuciá-lo.

Com enorme dificuldade de entender o que ele dizia, os recém-apresentados amigos e colegas foram tentando compreender seu nome, porém, adaptando aquele nome livremente às suas realidades.

O tempo foi passando e cada um a seu jeito tentava chamar o menino: "É o Zerrauer, de Geraldo", diziam alguns. Outros abreviavam: "É o Zé, de Geraldo". Até que, finalmente, naquele longínquo rincão do país, para facilitar, o então menino, agora com quase trinta anos, entrou na Justiça buscando alterar o seu nome para "Zé Geraldo", uma vez que assim era conhecido e reconhecido em toda região e em seus negócios que iam de vento em popa no ramo dos "secos e molhados", tão comum nas pequenas localidades.

Desse modo, assim procedem alguns "intérpretes" da nossa Constituição, tentando transformar, seja por preconceito, seja por odiosa discriminação, seja por dificuldades pessoais de interpretar o

---

[39] Aqui reproduzida com fundamento na liberdade de cátedra, apenas para fins didáticos, prevista no art. 206, inciso II, da Constituição da República, bem como art. 5º, incisos IV e IX, que preveem os direitos e garantias fundamentais à liberdade de pensamento e de expressão.

sistema constitucional de controle, numa instituição de "Zés", quando o Constituinte a elas reservou o mister de atuarem como "Eisenhowers".

4.1 Proposta de decisão e o princípio do livre convencimento motivado

Antes de adentrarmos especificamente na análise crítica das hipóteses para a fixação da natureza jurídica da "Proposta de Decisão", sobreleva notar, preambularmente, que historicamente vivenciava-se o sistema da íntima convicção, segundo o qual o Estado-juiz decidia livremente as causas que lhe eram submetidas, o que fazia de acordo com sua apreciação casuística dos fatos e do Direito.

Também já foi superado o período em que esteve vigente o sistema das provas tarifadas, que eram valoradas aprioristicamente pelo próprio legislador e segundo o qual cada tipo de prova tinha um valor predeterminado na formação do convencimento do juiz.

Contemporaneamente, o Brasil se encontra sob a égide do sistema do livre convencimento motivado, também conhecido como sistema da persuasão racional, insculpido no art. 93, IX, da Constituição da República, *in verbis*:

> Art. 93. Lei complementar, de iniciativa do Supremo Tribunal Federal, disporá sobre o Estatuto da Magistratura, observados os seguintes princípios:
> [...]
> IX – *todos os julgamentos dos órgãos do Poder Judiciário serão públicos, e fundamentadas todas as decisões, sob pena de nulidade,* podendo a lei limitar a presença, em determinados atos, às próprias partes e a seus advogados, ou somente a estes, em casos nos quais a preservação do direito à intimidade do interessado no sigilo não prejudique o interesse público à informação. (Grifos nossos)

Como se sabe, é norma vetusta de hermenêutica que na interpretação deve-se sempre preferir a inteligência que faz sentido à que não faz, como nos afirma Alberto Marques dos Santos,[40] Juiz de Direito no Paraná, *in verbis:*

> Na interpretação de uma norma frequentemente o operador deve optar entre mais de um possível sentido para o texto. Dentre os entendimentos que se pode extrair de uma norma, deve ser descartado aquele que conduz ao absurdo. Por absurda, aqui, se entende a interpretação que:

---
[40] SANTOS. Breve Introdução às regras científicas da hermenêutica.

a) leva a ineficácia ou inaplicabilidade da norma, tornando-a supérflua ou sem efeito (como será visto, no item nº 0, infra, a lei não tem palavras nem disposições inúteis);

b) conduz a uma iniquidade: o preâmbulo constitucional diz que a justiça é um valor supremo da sociedade brasileira, e o art. 3º, I, da Constituição diz que é objetivo permanente da República (e de suas leis, por extensão) construir uma sociedade justa;

c) infringe a finalidade da norma ou do sistema;

d) conduz a um resultado irrealizável, impossível, ou contrário à lógica;

e) conduz a uma colisão com princípios constitucionais ou regentes do sub-sistema a que se refere a norma: os princípios são vetores de interpretação, e constituem super-normas que indicam os fins e a lógica específica de um determinado sistema ou sub-sistema;

f) conduz a uma antinomia com normas de hierarquia superior, ou com normas do mesmo texto legal, situações onde não pode haver antinomia [...]

g) conduz a uma fórmula incompreensível, de inviável aplicação prática.

A lei não contém frase ou palavra inútil, supérflua ou sem efeito.

Um dos expedientes de que se pode valer o mau intérprete para alterar, na interpretação, o sentido da norma, é o de "fechar os olhos" para uma palavra ou um trecho do texto. Nas questões onde a redação da norma é deficiente, em especial, acode a tentação de "esquecer" a palavra ou expressão que cria uma dificuldade interpretativa (ou conduz a um resultado indesejado pelo intérprete). Por isso é que a experiência jurídica multicentenária consagrou a regra em exame. Todas as palavras contidas na lei são lei, e todas têm força obrigatória. Nenhum conteúdo da norma legal pode ser esquecido, ignorado ou tido como sem efeito, sem importância ou supérfluo. A lei não contém palavras inúteis. Só é adequada a interpretação que encontrar um significado útil e efetivo para cada expressão contida na norma.

Se é correto afirmar, então, que a lei não contém palavras inúteis, qualquer relator, munido dos poderes da judicatura, nos exatos termos do art. 73, §4º, da CR/88, ao terminar a instrução dos autos, deve lançar no processo as razões do seu convencimento, de forma coerente e de maneira fundamentada, em consonância com seu futuro efeito decisório. É como explica Dinamarco,[41] in verbis:

> A exigência da inteireza da motivação (Michele Taruffo) não chega ao ponto de mandar que o juiz se manifeste especificamente sobre todos os pontos, mais relevantes ou menos, ou mesmo sem relevância alguma ou quase sem relevância, que as partes hajam suscitado no processo. O essencial é motivar no tocante aos pontos relevantes e essenciais, de modo que

---

[41] DINAMARCO. Instituições de direito processual civil, p. 243-244.

a motivação lançada em sentença mostre que o juiz tomou determinada decisão porque assumiu determinados fundamentos com que esta guarda coerência. A regra de equilíbrio é esta: motiva-se no essencial e relevante, dispensando-se a motivação no periférico e circunstancial.

No mesmo sentido, ensina Nelson Jorge,[42] *in verbis*:

> O princípio do livre convencimento motivado obriga ao magistrado explicitar as razões da conclusão adotada, com adequada motivação da decisão proferida, porque se assim não for ela estará com nulidade, por isso a motivação representa os elementos de convicção valorados pelo juiz. E essa motivação deve ser de tal maneira explicitada que tenha coerência e conclusão lógica apontando o dispositivo decisório de cada pretensão. Isso não representa, no entanto, estar o magistrado obrigado a se referir especificamente sobre todas as questões postas, porque deverá ele tomar conhecimento tão-somente daquelas consideradas relevantes e especiais. (Grifos nossos)

Assim, uma vez proferido juízo meritório, com o rótulo que se queira dar (proposta de deliberação, proposta de decisão ou proposta de voto), nada justifica alterar seu conteúdo ou motivação, posto que se estaria contrariando o princípio do livre convencimento motivado, na esteira do aresto ora colacionado do Supremo Tribunal Federal, o qual transcrevemos *ipsis litteris*:

> O artigo 93 da CF não resta violado porquanto o juiz não está obrigado a julgar a questão posta a seu exame conforme o pleiteado pelas partes, podendo fazê-lo conforme o seu livre convencimento, utilizando-se dos fatos, provas, jurisprudência, aspectos pertinentes ao tema e da legislação que entender aplicável ao caso. (*iura novit cúria*). (Supremo Tribunal Federal. AI nº 794759 AgR/SC – Santa Catarina Ag.Reg. em Agravo de Instrumento. Relator(a): Min. Luiz Fux. Julgamento: 13/04/2011. Órgão Julgador: Primeira Turma. DJe-088. Divulg 11/05/2011. Public 12/05/2011) (Grifos nossos)

No mesmo sentido, encontra-se a jurisprudência dominante do Superior Tribunal de Justiça, *in verbis*:

> Não-ocorrência de irregularidades no acórdão quando a matéria que serviu de base à oposição do recurso foi devidamente apreciada, com fundamentos claros e nítidos, enfrentando as questões suscitadas ao

---

[42] JORGE JÚNIOR. O princípio da motivação das decisões. *Revista Eletrônica da Faculdade de Direito da PUC-SP*.

longo da instrução, tudo em perfeita consonância com os ditames da legislação e jurisprudência consolidada. O não-acatamento das teses deduzidas no recurso não implica cerceamento de defesa. *Ao julgador cumpre apreciar o tema de acordo com o que reputar atinente à lide. Não está obrigado a julgar a questão de acordo com o pleiteado pelas partes, mas sim com o seu livre convencimento (art. 131 do CPC), utilizando-se dos fatos, provas, jurisprudência, aspectos pertinentes ao tema e da legislação que entender aplicável ao caso.* (Superior Tribunal de Justiça. EDCL no AgRg no REsp nº 977922/MG Embargos de Declaração no Agravo Regimental no Recurso Especial 2007/0204342-0 Rel. Min. José Delgado (1105) 1ª Turma. Julg. 06.03.2008 *DJe*, 07 abr. 2008, grifos nossos)

Resta ressaltar que o próprio Conselho Nacional de Justiça (CNJ), no exercício de sua função fiscalizatória, também defende o livre convencimento dos magistrados, juízo esse que, em analogia, aplica-se a todo aquele que exerça, nos termos da Constituição da República, as atribuições da judicatura, em especial aos Auditores (Ministros e Conselheiros Substitutos) dos Tribunais de Contas, nos termos do art. 73, §4º, da CR/88, *in verbis*:

Procedimento de Controle Administrativo. Ato Normativo nº 018/2009 do TJ/RJ. Improvimento do pedido. 1) Frente à faculdade conferida pelo ato impugnado, de que se extinga o processo sem apreciação do mérito, com fundamento na ausência de interesse processual, encontra-se o Princípio do Livre Convencimento, de acordo com o qual o Juiz está livre, no exercício da função jurisdicional, para analisar os fatos e as provas e decidir de acordo com sua convicção, devidamente motivada. 2) Não pode admitir-se a interferência deste CNJ perante os Tribunais, em ordem a os proibir de editar normas que visem ao cumprimento das metas traçadas por este Órgão no sentido de facultarem aos Magistrados a extinção de processos arquivados provisoriamente, em razão da ausência de realização de ato ou diligência pelas partes. 3) Pedido que se julga improcedente. (CNJ – PCA 200910000057196, Rel. Cons. Leomar Barros Amorim de Sousa, 114ª Sessão, j. 05.10.2010, *DJ*, p. 17, n. 185, 07 out. 2010, grifos nossos)

Em outro paradigmático excerto, a posição do CNJ transparece o entendimento uníssono segundo o qual é inerente à judicatura a independência, *in verbis*:

Procedimento de Controle Administrativo. Alegações por parte de Juiz Titular de que, durante seu afastamento em razão de férias, a juíza substituta negou-se a cumprir seus deveres funcionais de instrução e julgamento de processos. Requerente sustenta que foi notificado pelo Corregedor-Geral de Justiça para que se abstivesse de constar nos autos tal comportamento. – "A independência dos Juízes na formação de suas convicções é direito essencial, garantia do cidadão e do próprio Estado Democrático de Direito, como defendido pelo Conselho Nacional de Justiça desde o seu nascimento. A atuação funcional do Magistrado – independente nas suas convicções – deve estar voltada para a edificação de uma sociedade livre, justa e solidária, objetivo fundamental da República e para o fortalecimento cada vez maior do Judiciário. [...]. (CNJ – PCA nº 227, Rel. Cons. Ruth Carvalho, 28ª Sessão, j. 24.10.2006, *DJU*, 20 nov. 2006, grifos nossos)

Assim, como visto, *ao Relator, seja ele Ministro, Conselheiro ou Auditor dos Tribunais de Contas, incumbe conduzir o processo e presidir a instrução probatória*, além de conduzir a votação no colegiado do qual participe, inclusive apresentando o primeiro voto, caso seja relator.

Isso é corolário dos poderes investidos pelo Estado aos membros das Cortes de Contas para enfrentar, em seu relatório e fundamentação, o que julgue necessário para o deslinde da causa.

Compete ao relator, portanto, indicar, na plenitude da competência conferida pelo Estado Democrático de Direito e pela própria Constituição, entre outros, no art. 93, IX, quais os fatos e questões jurídicas que serão examinados no seu relatório e fundamentação, antes que ele, de acordo com sua consciência e com as normas jurídicas, possa enfrentar o mérito do processo.

O relator deverá determinar as questões principais que precisará enfrentar para o deslinde da causa que lhe é submetida, incluindo todas aquelas que sua consciência, em consonância com o Direito, determine como necessárias, incluindo condições da ação, pressupostos processuais e prejudiciais de mérito, até que ele chegue ao mérito do processo.

Tal técnica se aplica tanto ao juiz singular ou ao Desembargador do Judiciário, que deve expor as razões de fato e de direito de sua decisão, quanto ao relator (Ministro, Conselheiro ou Auditor) no Tribunal de Contas, pois estes devem trazer para o colegiado, de maneira fundamentada, a apreciação das questões que considerem preliminares ou prejudiciais ao julgamento.

Em vista disso, o relator pode, inclusive, trazer de ofício argumentos jurídicos sobre as condições da ação, pressupostos processuais e até prejudiciais de mérito, rechaçando-as, ele mesmo, num desdobramento lógico com vistas a formar e robustecer o seu convencimento, bem como o entendimento dos demais membros do colegiado de que faz parte. Isso é inerente à formação da persuasão racional, consoante o art. 93, IX, CR/88 c/c o art. 131 do CPC.

Por meio de seu livre convencimento, somado à fundamentação em consonância com o Direito, atinge-se o livre convencimento motivado.

Por tudo isso, demonstra-se que o princípio da persuasão racional também se aplica aos Auditores (Ministros e Conselheiros Substitutos), e o motivo da existência de quaisquer garantias asseguradas a tais membros das Cortes de Contas é justamente o escorreito exercício de suas funções previstas constitucionalmente, em atenção à própria força normativa da Constituição.

4.2 Proposta de decisão: etimologia e hipóteses

Como se sabe, qualquer perquirição da natureza de um objeto de estudo deve começar pela sua própria etimologia.

Sobre o vocábulo natureza ensinam Antônio Houaiss e Mauro de Salles Villar[43] que ele tem, entre outras acepções, a de "caráter, tipo ou espécie", bem como "o que compõe a substância do ser, essência".

Natureza. Na terminologia jurídica, assinala, notadamente, a essência, a *substância* ou a *compleição* das coisas. Assim, a natureza se revela pelos requisitos ou atributos essenciais e que *devem vir* com a própria coisa. *Eles se mostram, por isso, a razão de ser, seja do ato, do contrato ou do negócio. A natureza da coisa, pois, põe em evidência sua própria essência ou substância, que dela não se separa, sem que a modificação ou a mostre diferente ou sem os atributos que são do seu caráter.* É, portanto, a *matéria* de que se compõe a própria coisa, ou que lhe é inerente ou congênere. (Grifos nossos)

No que tange à *natureza jurídica*, também leciona Othon Sidou: "Natureza jurídica. Filosofia do Direito. Diz-se da pesquisa em torno de um instituto jurídico, no sentido de enquadrá-lo pela comparação, numa grande categoria jurídica".[44]

Portanto, ao se indagar sobre a natureza jurídica de um instituto, questiona-se o significado daquele objeto especificamente para a ciência jurídica. *Sem a compreensão da natureza jurídica de algo é impossível sua aplicação pelo Direito com cientificidade e precisão. Portanto, sem saber o que é natureza jurídica não se pode estar em sintonia com a finalidade do próprio Direito enquanto ciência social aplicada.*

Atualmente, nos Tribunais de Contas brasileiros, existe a figura jurídica da proposta de deliberação ou decisão, conforme nomenclatura

---

[43] HOUAISS; VILLAR. *Dicionário Houaiss da língua portuguesa*, p. 1344.
[44] SIDOU. *Dicionário jurídico*, p. 373.

do Tribunal de Contas da União, equivalente às propostas de voto em diversos Estados da Federação, sendo incompreendido por alguns o real alcance dessas manifestações meritórias, dando azo para diversas linhas interpretativas, algumas com supedâneo constitucional, outras nem tanto, a demandar o enfrentamento da seguinte questão: qual seria a natureza jurídica da "proposta de decisão"?

Insta salientar que para que se compreenda a proposta de deliberação (ou proposta de voto) faz-se mister perpassar pela análise das atribuições constitucionais dos Auditores (Ministros e Conselheiros Substitutos) dos Tribunais de Contas, bem como perquirir acerca da natureza das elevadas funções que exercem, conforme visto em tópico precedente.

André Luís de Carvalho,[45] ao tratar do julgamento pelos Tribunais de Contas da União, contextualiza e tangencia o assunto, embora sem tratar diretamente das propostas de voto ou propostas de decisão:

[...] c) o julgamento, por sua vez, compreende as etapas de: discussão; votação e proclamação do resultado. Apresentado o processo pelo Relator, o presidente do Colegiado abre a fase de discussão, *permitindo que ministros, auditores e o MPTCU promovam debates*, se necessário, sobre a matéria contida no processo apresentado. Em seguida, *estando os julgadores devidamente esclarecidos, o presidente do Colegiado abre a fase de votação, colhendo os votos dos auditores convocados para substituir ministro e, logo depois, dos ministros presentes à sessão*. E, assim, após apurada a votação, o presidente deve proclamar o resultado, *declarando a forma como a proposta sagrou-se vencedora* (por unanimidade, por maioria, por voto de desempate etc.); [...]. (Grifos nossos)

Veja-se pois que a análise meritória no Tribunal de Contas da União apresentada indistintamente por Ministro ou Auditor recebe a designação de proposta, apenas sendo denominada de "decisão" após a apuração de votos, posto que, como órgão colegiado que é, todas as suas decisões plenárias necessitam ser coletivamente formadas.

Após a realização de expressiva revisão bibliográfica,[46] além de consulta aos demais referidos nesse texto, em busca da natureza

---

[45] CARVALHO. O controle financeiro exercido pelo TCU. In: MOTTA. *Curso prático de direito administrativo*, p. 1236.

[46] Consultaram-se as seguintes obras: 1) JACOBY FERNANDES. *Tribunais de Contas do Brasil*: jurisdição e competência; 2) JACOBY FERNANDES. *Tomada de contas especial*: processo e procedimento na Administração Pública e nos Tribunais de Contas; 3) CARVALHO. O controle financeiro exercido pelo TCU. In: MOTTA. *Curso prático de direito administrativo*; 4) DECOMAIN. *Tribunais de Contas no Brasil*; 5) PARDINI. *Tribunal de Contas da União*: órgão de destaque constitucional; 6) TORRES. *Tratado de direito constitucional financeiro e tributário*: o

jurídica da proposta de decisão, constatamos uma relevante lacuna que, de resto, deve ser enfrentada, sob pena de menoscabar as importantes "atribuições da judicatura" já citadas.

De fato, não se encontrou, na referida pesquisa, referência expressa à natureza jurídica perquirida, a despeito de serem referências para o estudo do controle externo brasileiro, especialmente no que tange à temática buscada.

Isso ilustra, portanto, a necessidade de buscar nas palavras voto[47] e proposta[48] alguma linha indutora de inferência, conforme o magistério de Plácido e Silva, *in verbis*:

> *Proposta*. Forma feminina de *proposto*, do latim *propositus* (exposto aos olhos, posto adiante), significa a ação de propor ou *de oferecer a outrem alguma coisa*, indicando, também, o conteúdo, ou objeto do que se propõe.
>
> *Voto*. Do latim *votum*, de *votare* (prometer, fazer promessa, eleger ou escolher pelo voto), na linguagem jurídica, em amplo conceito, é a *manifestação da vontade, ou opinião manifestada, pelo membro de uma corporação ou de uma assembleia*, acerca de certos fatos e mediante sistema ou forma pré-estabelecida. *Pelo voto, assim, dá a pessoa o seu parecer,* **manifesta sua opinião,** *delibera acerca de certo fato, sujeito a seu veredicto, ou sua decisão.* [...] O voto, porém, é igualmente tido como a opinião manifestada, ou a ser manifestada, a respeito de outros fatos, indicando-se uma *decisão*, um *parecer*, ou uma *deliberação. Neste caso, o voto é deliberativo, ou decisivo, e consultivo.* É deliberativo se vem ou é emitido para servir de decisão de um negócio, ou de aprovação, ou deliberação acerca de um fato. É consultivo quando, não tendo feição de decisão ou deliberação, vem em caráter de consulta, de parecer, ou de orientação a decisão que, posteriormente, se deva tomar. (Grifos nossos)

Verificando-se a prática que atualmente tem sido levada a efeito, *observa-se que a proposta de decisão não é considerada como voto nos julgamentos, possuindo, na práxis das Cortes de Contas, um caráter meramente opinativo.* Esse é, ontologicamente, ou seja, no plano fático, o tratamento que vem sendo dispensado, *embora outro seja, certamente, o fim para o qual foi criado o instituto.*

Dependendo da fixação da natureza jurídica a ser realizada, haverá inúmeros efeitos, inclusive a questão do impedimento (ou não) para a atuação do Auditor nos autos. Tal tema, não se pode olvidar,

---

orçamento na Constituição, v. 5; 7) OLIVEIRA. *Curso de direito financeiro*; 8) SILVA. *Vocabulário jurídico*; 9) SIDOU. *Dicionário jurídico*.

47 SILVA. *Vocabulário jurídico*, p. 1486.
48 SILVA. *Vocabulário jurídico*, p. 1110.

é de extrema relevância para o correto exercício da atividade-fim dos Tribunais de Contas, já que a inobservância das causas de impedimento enseja nulidade do ato, nos termos dos arts. 134 a 138 do Código de Processo Civil.

Assim, haveria que se indagar qual seria a natureza jurídica da proposta de decisão, cabendo-nos perscrutar criticamente as que têm se levantado com mais frequência, quais sejam: 1) natureza jurídica de parecer, ou seja, opinativa, não vinculante, mas obrigatória; 2) natureza jurídica de decisão interlocutória, definitiva ou terminativa;[49] ou 3) natureza jurídica semelhante ao voto.

4.2.1 Hipótese de natureza jurídica de parecer ou opinativa

Inicialmente, insta salientar que neste item não se cogita acerca da emissão do parecer prévio pelos Tribunais de Contas com espeque no art. 71, inciso I, da Constituição da República Federativa do Brasil. Esse item trata, isso sim, da natureza jurídica da atuação dos Auditores (Ministros e Conselheiros Substitutos) dos Tribunais de Contas do Brasil no exercício ínsito ao que prescreve o inciso II do art. 71 da CR/88: "julgar as contas dos administradores e demais responsáveis [...]".

Com efeito, especificamente quanto ao exercício da atribuição prevista no art. 71, inciso I, da CR/88, não resta nenhuma dúvida da natureza jurídica da manifestação final dos Tribunais de Contas, através de seus órgãos colegiados, qual seja, natureza jurídica de parecer prévio, conforme já decidiu o Supremo Tribunal Federal na Medida Cautelar na Ação Direta de Constitucionalidade nº 1.964,[50] *in verbis*:

> Tribunal de Contas dos Estados – competência – observância compulsória do modelo federal – inconstitucionalidade de subtração ao Tribunal de Contas da competência do *julgamento das contas das Mesas das Câmaras Municipais – compreendidas na previsão do art. 71, II, da Constituição Federal*, para submetê-las ao regime do art. 71, c/c art. 49, IX, que é exclusivo da prestação de contas do Chefe do Poder Executivo local (CF, art. 31, §2º – precedente (ADIn 849, 11.2.99, Pertence) – suspensão cautelar parcial dos arts. 29, §2º e 71, I e II, da Constituição do Estado do Espírito Santo. (Grifos nossos)

---

[49] De plano, constata-se haver diversas atuações judicialiformes no curso de processos perante os Tribunais de Contas que são proferidas por Auditores (Ministros e Conselheiros Substitutos), seja no exercício das funções de da judicatura, proferindo decisões interlocutórias e despachos, seja em substituição aos Ministros ou Conselheiros.

[50] BRASIL. Supremo Tribunal Federal. ADI nº 1.964/MC.

Assim, feita a distinção entre a manifestação sob a forma de parecer prévio, nos termos do art. 71, inciso I, da CR/88, e o que se procura aclarar, passa-se a verificar o conceito de parecer para alguns doutrinadores renomados no Direito brasileiro, em busca de se perquirir acerca da natureza jurídica da forma pela qual, em regra, se manifestam, no exercício das demais atribuições da judicatura, meritoriamente, os Auditores (Ministros e Conselheiros Substitutos).

De maneira sintética, afirma Celso Antônio Bandeira de Mello[51] que parecer "é a manifestação opinativa de um órgão consultivo expendendo sua apreciação técnica sobre o que lhe é submetido."

Já para Maria Sylvia Zanella Di Pietro,[52] ao tratar da função do consultor e parecerista jurídico, "o parecer contém a motivação do ato a ser praticado pela autoridade que o solicitou" e, justamente em razão disso, "se acolhido, passa a fazer parte integrante da decisão". Porém, para Di Pietro,[53] a responsabilização dos referidos profissionais "não pode ocorrer a não ser nos casos em que haja erro grosseiro, culpa grave, má-fé", não se justificando se o parecer estiver devidamente fundamentado, já que "a simples diferença de opinião – muito comum na área jurídica – não pode justificar a responsabilização do consultor".

A seu turno, Hely Lopes Meirelles[54] examina profundamente o aspecto técnico da questão, o qual transcrevemos *ipsis litteris*:

Pareceres administrativos são manifestações de órgãos técnicos sobre assuntos submetidos à sua consideração. O parecer tem caráter meramente opinativo, não vinculando a Administração ou os particulares à sua motivação ou conclusões, salvo se aprovado por ato subsequente. Já então, o que subsiste como ato administrativo, não é o parecer, mas sim o ato de sua aprovação, que poderá revestir a modalidade normativa, ordinária, negocial, ou punitiva. [...]
Parecer normativo: é aquele que, ao ser aprovado pela autoridade competente, é convertido em norma de procedimento interno, tornando-se impositivo e vinculante para todos os órgãos hierarquizados à autoridade que o aprovou. Tal parecer, para o caso que o propiciou, é ato individual e concreto; para os casos futuros, é ato geral e normativo.
Parecer técnico: é o que provém de órgão ou agente especializado na matéria, não podendo ser contrariado por leigo ou, mesmo, superior hierárquico. Nessa modalidade de parecer ou julgamento não prevalece a hierarquia administrativa, pois não há subordinação no campo da técnica.[55] (Grifos nossos)

---
[51] BANDEIRA DE MELLO. *Curso de direito administrativo*, p. 390-391, 403.
[52] DI PIETRO. *Direito administrativo*, p. 232-233.
[53] DI PIETRO. *Direito administrativo*, p. 232-233.
[54] MEIRELLES. *Direito administrativo brasileiro*, p. 193-194.
[55] STF. *RDA*, 80/136.

A seu turno, ensina José dos Santos Carvalho Filho[56] que "os pareceres consubstanciam opiniões, pontos de vista de alguns agentes administrativos sobre matéria submetida à sua apreciação", assim refletindo, *in verbis:*[57]

> Em alguns casos, a Administração não está obrigada a formalizá-los para a prática de determinado ato; diz-se, então, que o parecer é *facultativo*. Quando é emitido *"por solicitação de órgão ativo ou de controle, em virtude de preceito normativo que prescreva a sua solicitação, como preliminar à emanação do ato que lhe é próprio"*, dir-se-á *obrigatório*. Nesta hipótese, o parecer integra o processo de formação do ato, de modo que sua ausência ofende o elemento formal, inquinando-o, assim, de vício de legalidade.
>
> *Refletindo um juízo de valor, uma opinião pessoal do parecerista, o parecer não vincula a autoridade que tem competência decisória, ou seja, aquela a quem cabe praticar o ato administrativo final.* Trata-se de atos diversos – o parecer e o ato que o aprova ou rejeita. Como tais atos têm conteúdos antagônicos, o agente que opina nunca poderá ser o que decide. (Grifos nossos)

Tratando-se da natureza jurídica opinativa, embora haja certa proximidade com o que se observa na prática, *ela é absolutamente incompatível com as demais atribuições da judicatura nos termos do art. 74, §3º, da Constituição da República*. É como afirma Leonardo dos Santos Macieira,[58] ao citar decisão do Tribunal de Justiça do Ceará, *in verbis*:

> Reconhecendo que as atribuições de judicatura do Auditor-Magistrado não se coadunam com a emissão de parecer, visto que essa atividade é de caráter meramente opinativo, o ilustre Desembargador concedeu medida liminar suspendendo a eficácia da resolução daquele Tribunal por reconhecer a manifesta ilegalidade e inconstitucionalidade:
> "Não posso, por isso, entender, data vênia, o motivo pelo qual o Tribunal de Contas dos Municípios, na contramão de comezinhos princípios, aqui e ali, de vez em quando, resolve se atribuir função típica de órgão legislativo, disciplinando, algumas vezes, por via simples resolução, matéria reservada ao domínio estritamente legislativo, usurpando dessa forma, a competência que a constituição adjudica, privativamente, ao Poder Legislativo.
> *O parecer de auditoria é emitido pelo profissional da iniciativa privada da área contábil, denominado de auditor independente e regido por norma infralegal, no caso, a Norma Brasileira de Contabilidade T11.* [...]. (Grifamos)

---

[56] CARVALHO FILHO. *Manual de direito administrativo*, p. 126-127.
[57] CARVALHO FILHO. *Manual de direito administrativo*, p. 126-127.
[58] MACIEIRA. Auditor constitucional dos Tribunais de Contas: natureza e atribuições. *Jus Navigandi*.

Assim, não se pode confundir o exercício da função de emissão de parecer prévio, prevista no próprio art. 71, inciso I, da Constituição da República de 1988, na qual não somente os Auditores (Ministros e Conselheiros Substitutos) mas também os Ministros e Conselheiros emitem uma manifestação colegiada que, ao seu final, tem natureza jurídica de parecer, com aquelas demais atribuições dos Tribunais de Contas, em especial a do art. 71, inciso II, nas quais a atuação dos Auditores não se coaduna com a atividade de parecerista, pois, no exercício das demais atribuições da judicatura, realizam funções de juízes, nos termos do art. 73, §4º, da Constituição da República de 05/10/1988.

Dessa maneira, conclui-se, a partir dos caracteres e distintivos trazidos pela doutrina, que *as propostas de decisão relatadas pelos Auditores (Ministros e Conselheiros Substitutos), manifestações meritórias hauridas do livre convencimento motivado, não podem ser consideradas opinativas pois são atos integrantes de um julgamento, frutos de um processo intelectivo de conhecimento calcado nas atribuições da judicatura (art. 73, §4º, da CR/88) consistentes naquelas previstas, entre outras, nos artigos 125 a 133 do Código de Processo Civil brasileiro, aplicável, mutatis mutandis, aos Tribunais de Contas.*

4.2.2 Hipótese de natureza jurídica de decisão

Sob a ótica do Direito Processual, são classicamente trabalhadas as manifestações emanadas de membros do Poder Judiciário da forma como, magistralmente, nos apresenta Humberto Theodoro Júnior,[59] *in verbis*:

> "*Decisão, em sentido lato, é todo e qualquer pronunciamento do juiz, resolvendo uma controvérsia, com o que abrange, em significado, as próprias sentenças.*"[60]
> A *decisão interlocutória*, porém, tem um conteúdo específico, diante do conceito que o Código lhe emprestou de maneira expressa. Corresponde, assim, ao "ato pelo qual o juiz, no curso do processo, resolve questão incidente.
> [...] "***Despachos*** *são as ordens judiciais dispondo sobre o andamento do processo', também denominadas 'despachos* **ordinários** *ou* ***de expediente***".[61]
> Com eles não se decide incidente algum: tão-somente se impulsiona o processo. [...]"

---
[59] THEODORO JÚNIOR. *Curso de direito processual civil*, p. 69.
[60] MARQUES. *Manual de direito processual civil*, v. 3, p. 41, n. 537.
[61] REZENDE FILHO. *Curso de direito processual civil*, v. 3, p. 15, n. 804.

O titular do interesse em conflito (sujeito da lide) tem o direito subjetivo (direito de ação) à prestação jurisdicional, a que corresponde um dever do Estado-juiz (a declaração da vontade concreta da lei, para pôr fim à lide). *É através da sentença que o Estado satisfaz esse direito e cumpre o dever contraído em razão do monopólio oficial da justiça.*

A sentença, portanto, "é emitida como *prestação* do Estado, em virtude da obrigação assumida na relação jurídica processual (processo), quando a parte ou as partes vierem a juízo, isto é, exercerem a pretensão à tutela jurídica".[62] (Grifos nossos)

Não fosse isso bastante, em estrita consonância com as lições de Humberto Theodoro Júnior estão as lições de Ovídio A. Baptista da Silva,[63] consagrado processualista brasileiro, *in verbis*:

Sentença é o ato jurisdicional por excelência e consiste no provimento por meio do qual o juiz põe termo ao processo decidindo ou não o mérito da causa. Tendo em vista esta circunstância, subdividem-se as sentenças em *terminativas* – quando extinguem a relação processual sem decidir a respeito do mérito da causa – e *definitivas* – quando encerram a relação processual decidindo o mérito da causa.

Finalmente, Ovídio A. Baptista da Silva[64] traz o que seria, no seu entender, a diferença entre decisão interlocutória e despacho, bem como o seu conceito de sentença, *in verbis*:

[...] se houver controvérsia entre as partes a respeito da legitimidade da prática de tal ato processual, o provimento já não será um simples despacho, mas uma verdadeira decisão interlocutória, e, como tal, recorrível.

Não se deve esquecer que no conceito de sentença, que é o provimento jurisdicional emanado do juiz de primeiro grau de jurisdição, incluem-se também os acórdãos, que são atos similares originados das decisões colegiadas tomadas pelos tribunais superiores. (Grifos nossos)

Desse modo, revela-se induvidoso, que as decisões tomadas ao longo da instrução processual pelos Ministros, Conselheiros ou Auditores, nos processos que lhes são distribuídos, possuem naturezas jurídicas, conforme o caso, de decisões interlocutórias e despachos.

Com efeito, as atividades desempenhadas pelos Ministros, Conselheiros e Auditores rotineiramente (proferir despachos, proferir

---

[62] MIRANDA. *Comentários ao Código de Processo Civil*, v. 5, p. 395.
[63] SILVA. *Curso de processo civil*: processo de conhecimento, v. 1, p. 200-202.
[64] SILVA. *Curso de processo civil*: processo de conhecimento, v. 1.

decisões interlocutórias e instruir o processo e o relatar para julgamento) são atividades da judicatura de contas, sob pena de afronta ao ordenamento jurídico vigente com fulcro no art. 73, §§3º e 4º da Constituição de 1988.

Assim, partindo-se das lições acima trazidas, verifica-se também que as opiniões meritórias dos Ministros, Conselheiros e Auditores em sessões de julgamento assemelham-se às sentenças de 1º grau de jurisdição e aos votos que compõem os acórdãos em 2º grau, conforme previsto nos arts. 267 e 269 do Código de Processo Civil, em que se cuida das decisões com e sem resolução de mérito. Porém, não obstante o conteúdo semelhante a sentenças, elas não são proferidas no colegiado de forma isolada pelos Ministros, Conselheiros e Auditores dos Tribunais de Contas, mas sim de forma coletiva, nos órgãos colegiados instituídos para tal, o que remete aos votos do Poder Judiciário em suas sessões de julgamento.

Nada obsta, portanto, coerentemente com a natureza jurídica de decisão, que a manifestação final dos Ministros, Conselheiros e Auditores, ao menos nos órgão fracionários, deva ser computada como voto nas sessões de julgamento dos Tribunais de Contas.

Assim, as decisões tomadas pelos Auditores (Ministros e Conselheiros Substitutos) ao longo da instrução processual possuem naturezas jurídicas, conforme o caso, de decisões interlocutórias ou despachos, porém sua manifestação final não tem recebido o delineamento de voto na práxis dos Tribunais de Contas, como seria de se esperar de uma correta compreensão do tema. É o que se passa a estudar a seguir.

4.2.3 Hipótese de natureza jurídica de voto

Como visto alhures, é possível constatar que o Juiz que instrui o processo tem direito a exprimir, fundamentada e livremente, o seu juízo meritório acerca da matéria controversa de que tomou conhecimento, fazendo-o de modo racional e sopesando as razões fáticas e de Direito.

Verifica-se que os Tribunais de Contas são compostos por Ministros, Conselheiros e Auditores (Ministros e Conselheiros Substitutos), nos termos do art. 73, *caput*, e parágrafo 4º, da Constituição da República de 1988. Tal intelecção decorre de um raciocínio simples: estaria conforme o modelo constitucional preconizado no artigo 75 um Tribunal de Contas que se organizasse, se compusesse e exercesse sua fiscalização sem a presença de Auditores? A resposta é óbvia: não!

As decisões judiciais já colacionadas esclarecem que os Auditores, como não poderia deixar de ser, são membros, detentores de todas as garantias, impedimentos (previstos expressamente no art. 95 da CR/88 e densificados nos artigos 25 a 35 da Lei Orgânica da Magistratura Nacional) e atribuições da judicatura, inclusive de votar nos processos em que presidiram a instrução, em conformidade com os poderes, os deveres e a responsabilidade do Juiz, estabelecidos quando da direção dos processos que lhes são incumbidos, insculpidos, notadamente, nos artigos 125 a 138 do Código de Processo Civil brasileiro.

Em nenhum dispositivo constitucional atinente aos Tribunais de Contas está determinado que *"apenas pelos votos de seus Ministros (ou Conselheiros) deliberarão os Tribunais de Contas"*. Mesmo o artigo 73, em seu *caput*, e o parágrafo único do artigo 75, ao estabelecerem o número de integrantes dos Tribunais de Contas, assim não estipularam de modo absoluto. Com efeito, isso seria violador da própria estrutura de funcionamento das Cortes de Contas, cujos plenários são compostos indistintamente por Ministros, Conselheiros e Auditores. Nesse sentido, é esclarecedora a lição de Cláudio Canha,[65] *in verbis*:

> Conforme já visto anteriormente no item nº 06, apenas em 1977 (com a adoção de um novo Regimento Interno – Resolução Administrativa nº 14, de 12 de dezembro de 1977) ficou estabelecido um aparente avanço no papel dos auditores, os quais, além de relatar os processos, passavam a apresentar "proposta de decisão" (art. 73, inciso IV), que poderia ser acatada como solução para a questão em apreciação.
> [...]
> Entretanto, a partir da promulgação da Constituição Federal, em 05/10/1988, o que poderia ser considerado avançado passou a ser retrógrado, *já que os Auditores foram inseridos no seio da magistratura, não sendo possível, à luz do bom direito, usurpar-lhes a prerrogativa de votar nos processos em que foram relatores.*
> Esse preceito é rigorosamente observado nas cortes judiciárias brasileiras. *O magistrado relator sempre vota, sem que haja previsão de quaisquer exceções.*
> Na verdade, o instituto da "proposta de decisão" é uma espécie de voto consultivo, *instituto que não existe no ordenamento jurídico brasileiro e já não existia à época em que foi adotado no TCU*. Vale lembrar, entretanto, que o art. 7º do Decreto nº 966-A, de 07/11/1890, estabelecia que o regulamento do TCU determinaria quais funcionários do corpo administrativo teriam voto consultivo nas deliberações do Tribunal.
> Assim, é possível inferir que a "proposta de decisão" era compatível quando os Auditores eram servidores públicos, mas perde a compatibilidade quando se tornam magistrados.

---

[65] CANHA. A evolução (?) do papel dos auditores dos Tribunais de Contas do Brasil. *Jus Navigandi*.

Nas Cortes de Contas europeias, fontes de inspiração para a criação do Tribunal de Contas federal brasileiro, as garantias da magistratura são sempre atribuídas a seus membros, sem exceções. No que tange à Corte dei Conti, por exemplo, assim consta de sua Lei Orgânica: "5. (art. 9, legge 14 agosto 1862, n. 800; art. 1, legge 3 aprile 1933, n. 255.)

– I primi referendari e i referendari hanno voto deliberativo oltre che nel caso in cui siano chiamati dal presidente ad integrare il collegio giusta il terzo comma del precedente articolo, anche negli affari dei quali sono relatori.

Possono essere chiamati dal presidente a supplire i consiglieri assenti od impediti, compreso quello avente l'incarico di segretario generale, ed anche in questo caso hanno voto deliberativo."[66] (Grifos nossos)

Cláudio Canha[67] cita ainda as razões de ordem lógico-processual levantadas por lições lapidares dos mais autorizados processualistas brasileiros, entre eles Pontes de Miranda, *in verbis:*[68] "*É de grande relevância que o relator seja claro e preciso, porque a má exposição pode levar a erros no julgamento. Ainda não se trata do seu voto, porém os fundamentos que apresentaram as partes têm de ser mencionados com exatidão e igual tratamento*" (Grifamos).

José Carlos Barbosa Moreira,[69] também citado por Cláudio Canha,[70] ressalta ser consectário lógico da marcha processual que antes de proferir o seu voto deva o relator enfrentar os pontos obscuros, mediante o relatório e fundamentação expostos, *in verbis:*

353. Exposição do relator – O relator terá, naturalmente, feito nos autos, consoante o disposto no art. 549, parágrafo único, a "exposição dos pontos controvertidos sobre que versar o recurso" – ou a causa, entende-se.
Semelhante exposição deve ser reproduzida oralmente na sessão de julgamento, a fim de que se inteirem do que se vai discutir e decidir todos os componentes do órgão colegiado, inclusive aqueles que porventura não hajam lido a cópia

---

[66] Em tradução livre feita pelo autor Cláudio Augusto Canha: "5º. (Redação dada pelo art. 9 da Lei nº 800, de 14 de agosto de 1862, e pelo art. 1º da Lei nº 255, de 03 de abril de 1933) – Os *primi referendari* e os *referendari* têm voto deliberativo além da hipótese em que são convocados pelo presidente para integrarem o colegiado conforme o parágrafo terceiro do artigo precedente, e nos processos nos quais são relatores. Podem ser convocados pelo presidente para substituir os conselheiros ausentes ou impedidos, incluindo aquele que tem o cargo de secretário-geral, em que, também nessas hipóteses, têm voto deliberativo".
[67] CANHA. A evolução (?) do papel dos auditores dos Tribunais de Contas do Brasil. *Jus Navigandi*.
[68] MIRANDA. *Comentários ao Código de Processo Civil*, v. 8, p. 212, 213.
[69] MOREIRA. *Comentários ao Código de Processo Civil*: Lei n. 5.869, de 11 de janeiro de 1973: volume 5, arts. 476 a 565, p. 639, 640.
[70] CANHA. A evolução (?) do papel dos auditores dos Tribunais de Contas do Brasil. *Jus Navigandi*.

do relatório escrito (art. 553), ou não tenham retido na memória, com a desejável nitidez, os vários aspectos da matéria. Aliás, o relator não fica adstrito, na exposição oral, à pura repetição do que consta do relatório escrito: pode acrescentar pormenores esclarecedores e deve, se for o caso, proceder a retificações ou suprir omissões relevantes.

A clareza e a precisão da exposição do relator são condições essenciais para que se possa julgar bem. Avultam aqui a delicadeza e a importância da função cometida ao relator. Uma exposição incompleta ou pouco fiel pode levar o colegiado a perpetrar graves injustiças. É necessário que ela contenha todos os dados relevantes, dispostos em ordem que lhes facilite a apreensão e a memorização, sem contudo perder-se em minúcias fatigantes que desviem a atenção do essencial. (Grifamos)

Ao final, conclui Cláudio Canha,[71] de modo esclarecedor na crítica que faz à práxis de algumas Cortes de Contas brasileiras, *in verbis*:

[...] Portanto, à luz dos ensinamentos desses eminentes doutrinadores, é inconcebível que o relator, pela relevância desse papel, não tenha direto a voto deliberativo nos processos a seu encargo. E como não há previsão de revisor nos Tribunais de Contas, o papel do relator se torna ainda mais relevante, ao lado do princípio da verdade material e da peculiaridade da instrução processual, que é mais ampla que no Poder Judiciário.

O caso paranaense do "novo relator" (quando a proposta de decisão de auditor não é acatada pelo Colegiado) e o caso sergipano de atribuir critério subjetivo a conselheiro em relação à proposta de decisão de auditor, [...] são demonstrações de desvalorizações dos auditores, porquanto tais disposições diminuem a relevância de seu papel nas decisões que submetem aos órgãos colegiados.

Assim sendo, a proposta de decisão ontologicamente possui o mesmo conteúdo jurídico e, portanto, a mesma natureza jurídica do voto, exceto quanto ao efeito do seu cômputo para a declaração do resultado do julgamento da sessão colegiada, na *sui generis* práxis adotada pelos Tribunais de Contas no Brasil de desprezar todo o livre convencimento motivado expressado tecnicamente por um de seus membros, a quem o constituinte, *expressamente*, frise-se, reconheceu o "exercício das atribuições da judicatura".

Tal prática, sem supedâneo constitucional, violadora, em *ultima ratio*, dos princípios da eficiência e da celeridade processual, desconsidera, por fim, que a proposta de decisão possui os mesmos requisitos

---

[71] CANHA. A evolução (?) do papel dos auditores dos Tribunais de Contas do Brasil. *Jus Navigandi*.

de validade e existência do voto, quais sejam, o relatório, a fundamentação e a conclusão, nos termos dos arts. 163, 165 e 458 do Código de Processo Civil.

Portanto, salvo quanto à proposta de decisão, as atuais atribuições conferidas aos Auditores (Ministros e Conselheiros Substitutos), notadamente no Tribunal de Contas da União e na grande maioria dos Tribunais de Contas Estaduais e de Municípios, guardam observância ao exercício das demais atribuições da judicatura, o que constitui um verdadeiro paradoxo.

A Constituição da República de 1988 não expressou, nem quis expressar que aos Auditores, enquanto magistrados das Cortes de Contas, estaria relegada outra função, qual seja, a de meros instrutores sem função de judicatura. O que a Constituição dispôs foi, expressamente, o contrário.

Dessa maneira, como corolário do princípio da força normativa da Constituição, não se pode retirar de membros da Magistratura de Contas o exercício das funções de judicatura, transformando os Ministros e Conselheiros Substitutos dos Tribunais de Contas em meros juízes instrutivos, pois isso seria diminuir a sua missão e sua efetividade constitucional. Não foi isso que o constituinte quis e não é isso que a sociedade deseja!

Assim, urge repensar o atual modelo de participação nas sessões de julgamento dos Tribunais de Contas pelos membros da Magistratura de Contas, conferindo-se a necessária eficiência na implementação do modelo insculpido pelo Poder Constituinte da República, até para que isso deságue numa mais efetiva atuação dos Tribunais de Contas, que precisa devolver à sociedade, em atendimento aos princípios mais caros atinentes à administração pública (insculpidos no art. 37, *caput*, da CR/88), a satisfação de seus interesses.

5 Considerações finais

Atualmente, na práxis adotada, os Auditores (Ministros e Conselheiros Substitutos) dos Tribunais de Contas atuam como relatores e podem instruir e conduzir os processos, bem como podem proferir decisões interlocutórias e despachos. Porém, segundo o costume *contra legem* estabelecido, a teor das disposições do Código de Processo Civil brasileiro, não se computa suas manifestações meritórias como votos, mesmo nos órgãos fracionários, o que mitiga o princípio da máxima efetividade constitucional e esvazia as atribuições da judicatura que o constituinte lhes atribuiu.

Assim, tal qual um "Eisenhower" transformado pela práxis em "Zé Geraldo", conspurca-se os atributos dos Ministros e Conselheiros Substitutos, contrariando-se o modelo preconizado e destacado pelo Ministro Ayres Britto no julgamento da Ação Direta de Constitucionalidade nº 1.994/ES pelo Supremo Tribunal Federal,[72] qual seja, a existência necessária, como parte da "ossatura" do Estado e elemento de composição do próprio tribunal, por parte dos Auditores, como modelo da Constituição da República e de observância obrigatória por parte dos Estados Federados nos termos de seu art. 75, a trazer a seguinte indagação: se o próprio cargo de Auditor dos Tribunais de Contas não pode ser extinto, como poderia ser subtraída dele a possibilidade de atuar como julgador, o que se exerce através do voto efetivo nas sessões de julgamento?

O que se percebe é a perpetração, "silenciosamente ruidosa", de uma *capitis diminutio* das possibilidades de decisões que devem proferir os Ministros e Conselheiros Substitutos. Os votos que proferem nessa qualidade não são considerados votos, mas "propostas de decisão, voto ou deliberação", como queira o intérprete, *o que se apresenta como flagrante atecnia, ao se considerar o estrito e legal conceito técnico do que é processo, porém que se tem feito forte através de recalcitrantes costumes.* Essa atecnia existe, repita-se, em razão do fato de um Magistrado das Cortes de Contas não poder atuar como julgador nos processos em que ele próprio é o relator.

Vale lembrar que o princípio da colegialidade nos julgamentos das Cortes pátrias não é meramente formal. A colegialidade pressupõe participação efetiva de todos os órgãos julgadores, motivo pelo qual, a todos os Magistrados das Cortes de Contas deve ser assegurada a possibilidade de votar ao menos nos órgãos fracionários, caso tenhamos excessivo apego à métrica do número de integrantes de que tratam os artigos 73, *caput,* e parágrafo único do art. 75 da CR/88, locais em que o Auditor possui assento permanente, ou seja, nas Câmaras de julgamento que existem paralelamente ao Tribunal Pleno em algumas Cortes de Contas do país.

Como corolário, a permanecer como está a prática quanto à consideração das propostas de decisão, há uma inconstitucional desvalorização dos trabalhos dos Auditores (Ministros e Conselheiros Substitutos), além de um retrabalho para os Ministros e Conselheiros, já que decidem em cima do que não instruíram, desprezando-se todo

---

[72] BRASIL. Supremo Tribunal Federal. ADI nº 1.994/ES.

o processo de conhecimento de contas levado a efeito pelos Auditores, gerando-se ainda um decréscimo de produtividade e uma gritante, repita-se, atecnia e morosidade face aos princípios da eficiência e celeridade.

A atual situação existente quanto à proposta de decisão revela-se, portanto, paradoxal face à busca dos princípios da eficiência, previsto no art. 37, caput, da Constituição da República, e da celeridade processual, previsto no art. 5º, LXXVIII, da Lei Maior.

No âmbito do próprio Tribunal de Contas da União, 5 (cinco) Ministros devem compor o *quorum* das sessões plenárias e 3 (três) Ministros devem compor o *quorum* das sessões das Câmaras, nos termos do art. 67, §2º, da Lei Orgânica do Tribunal de Contas de União,[73] c/c arts. 93 e 134 do respectivo Regimento Interno,[74] independentemente da presença dos Ministros Substitutos.

Com efeito, em regra, a apuração dos votos exige a presença de apenas três Magistrados de Contas nas Câmaras dos Tribunais de Contas, enquanto o sistema de apreciação da "proposta de decisão" exige presença de quatro Magistrados, aqui incluído o Auditor (Ministro ou Conselheiro Substituto), o que gera um recorrente retrabalho e exige um maior *quorum* para a apreciação dos processos, *revelando-se numa situação sem paradigma no âmbito do sistema processual brasileiro*.

Ao considerarmos que a própria Constituição da República, no seu art. 73, §4º, previu a atuação dos Auditores (Ministros e Conselheiros Substitutos) em duas hipóteses, quais sejam, ora substituindo, ora atuando em funções da judicatura, ocasião em que, examinando o mérito, relatam processos em sessões de julgamento, proferindo verdadeiras "sentenças", devem, portanto, ser computadas como votos, não podendo tal mister ser menoscabado, *para mero e, no caso, teratológico parecer*.

Sendo as funções da judicatura claramente incompatíveis com pareceres, deve ser reconhecida a força normativa da Constituição. E o *que a Constituição, numa interpretação sistemática, prescreve é que as Cortes de Contas sejam céleres e efetivas, o que perpassa a necessidade de que, ao*

---

[73] BRASIL. Tribunal de Contas da União. Lei Orgânica do Tribunal de Contas da União, Lei Ordinária Federal nº 8.443/1992: "Art. 67. [...] §2º A competência, o número, a composição, a presidência e o funcionamento das Câmaras serão regulados no Regimento Interno".
[74] BRASIL. Tribunal de Contas da União. Regimento Interno: "Art. 93. As sessões do Plenário serão ordinárias e extraordinárias e, ressalvadas as hipóteses previstas nos incisos III e VII do art. 96 e observado o disposto no §3º do art. 24 e no §1º do art. 36, somente poderão ser abertas com o quórum de cinco ministros ou auditores convocados, exclusive o Presidente. [...] Art. 134. As sessões das câmaras serão ordinárias e extraordinárias, e somente poderão ser abertas com o quórum de três ministros ou auditores convocados, incluindo o Presidente".

menos nas Câmaras a que pertençam, os Auditores (Ministros e Conselheiros Substitutos) dos Tribunais de Contas profiram votos, ainda que não estejam em substituição.

A Constituição não deve ser interpretada no sentido da permanência da sistemática da "proposta de decisão", que é sinônimo de retrabalho e de rejulgamento. Não deve o Auditor, enquanto relator, apresentar um "mero parecer", sem eficácia jurídica, ou seja, apenas uma proposição sujeita a posterior "acolhimento". Isso é, repita-se, incompatível com as prerrogativas e deveres assegurados constitucionalmente aos referidos Ministros e Conselheiros Substitutos, magistrados que são.

Se assim não o fosse, porque a Constituição atribuiria tantas prerrogativas, enquanto Magistrados de Contas, aos Auditores? Somente para depois deles retirar o principal, que é proferir efetivamente o seu voto?

Nesse sentido, é importantíssimo recordar que a proposta de decisão não possui supedâneo constitucional, mas o exercício das funções da judicatura, sim, expressamente.

É em decorrência disso que se constata que a proposta de deliberação é mantida por força de um costume sem supedâneo constitucional que veio a ganhar, posteriormente, em alguns casos, *status* normativo. Verifica-se, portanto, que foi levantada uma infrutífera polêmica que redunda em uma diminuição em relação ao alcance do texto constitucional, ao retirar do Auditor o exercício "das atribuições da judicatura", e em morosidade no âmbito das Cortes de Contas.

Mais uma vez ocorre falta de eficiência, violando-se o art. 37, *caput*, da Constituição da República, quando se constata que Magistrados de Contas concursados – e, portanto, presume-se, preparados tecnicamente – deixam de participar da votação efetiva dos julgamentos.

O que se defende, portanto, é que os Auditores dos Tribunais de Contas, pouco importando o rótulo de Ministros ou Conselheiros Substitutos, efetivamente exerçam o *mister* que o Constituinte lhes conferiu, qual seja, o pleno exercício da função de judicatura, nos termos do art. 73, §4º, da Constituição da República. Nesse sentido, a emissão de mera "proposta de decisão" está na contramão da Carta Constitucional proclamada em 5 de outubro de 1988.

Referências

BANDEIRA DE MELLO, Celso Antônio. *Curso de direito administrativo.* 15. ed. São Paulo: Malheiros, 2003.

BARBOSA, Rui. Exposição de Motivos: Brasil. Decreto nº 966-A, de 07 de novembro de 1890. Crêa um Tribunal de Contas para o exame, revisão e julgamento dos actos concernentes á receita e despeza da Republica. Disponível em: <www.senado.gov.br>. Acesso em: 10 fev. 2014.

BARCELLOS, Ana Paula de. Constitucionalização das políticas públicas em matéria de direitos fundamentais: o controle político-social e o controle jurídico no espaço democrático. In: SARLET, Ingo Wolfgang. Direitos fundamentais: orçamento e reserva do possível. Porto Alegre: Livraria do Advogado, 2008.

BOITEMPO. Cidades rebeldes: Passe Livre e as manifestações que tomaram as ruas do Brasil. Disponível em: <http://www.boitempoeditorial.com.br/livro_completo. php?isbn=978-85-7559-341-7>. Acesso em: 30 nov. 2013.

BRASIL. Superior Tribunal de Justiça. Recurso Ordinário em Mandado de Segurança nº 10.241/PB.

BRASIL. Supremo Tribunal Federal. Ação Direta de Inconstitucionalidade nº 215-5/PB. Medida Liminar. Rel. Min. Celso de Mello. DJU, seção 1, p. 7234, 03 ago. 1990.

BRASIL. Supremo Tribunal Federal. ADI nº 1.964/MC. Rel. Min. Sepúlveda Pertence. Tribunal Pleno, julg. 25.03.1999, DJ, 07 maio 1999.

BRASIL. Supremo Tribunal Federal. ADI nº 1.994/ES. Rel. Min. Eros Grau. Tribunal Pleno, julg. 24.05.2006, DJ, 08 set. 2006.

BRASIL. Supremo Tribunal Federal. ADIn nº 1.193-6/AM. Rel. Min. Maurício Corrêa. Brasília, 09 de fevereiro de 2000. Disponível em: <http://www.stf.gov.br>. Acesso em: 25 out. 2002.

BRASIL. Supremo Tribunal Federal. Medida Cautelar na Ação Direta de Inconstitucionalidade nº 1.966-0/ES. Rel. Min. Octávio Galloti. Brasília, 17 de março de 1999. Ementa: Auditor de Tribunal de Contas. Nomeação sujeita à prestação de concurso público (art. 37, II da Constituição Federal). Diário da Justiça, p. 2, 07 maio 1999. Disponível em: <http://www.stf.gov.br>. Acesso em: 25 out. 2002.

BRASIL. Supremo Tribunal Federal. Medida Cautelar na Reclamação nº 13.965. Rel. Min. Luiz Fux, julg. 04.10.2012, DJe-200, 10 out. 2012.

BRASIL. Supremo Tribunal Federal. Medida Cautelar na Reclamação nº 15.902. Rel. Min. Luiz Fux, julg. 21.06.13, DJe-121, 25 jun. 2013.

BRASIL. Supremo Tribunal Federal. Recurso em Mandado de Segurança nº. 4.041. Rel. Min. Ribeiro da Costa. Brasília, 05 de dezembro de 1956. Diário da Justiça, DF, 21 jun. 1995.

BRASIL. Supremo Tribunal Federal. Recurso Extraordinário nº 132.747-2/DF. Recorrente: Jackson Barreto de Lima. Recorrida: Procuradoria Regional Eleitoral. Rel. Min. Marco Aurélio. Brasília, 17 de junho de 1992. Disponível em: <http://redir.stf.jus.br/paginador/paginador.jsp?docTP=AC&docID=207690>. Acesso em: 10 jul. 2010.

BRASIL. Tribunal de Contas da União. Lei Orgânica do Tribunal de Contas da União, Lei Ordinária Federal nº 8.443/1992.

BRITTO, Carlos Augusto Ayres. Tribunal de Contas: instituição pública de berço constitucional. Revista Técnica dos Tribunais de Contas – RTTC, Belo Horizonte, ano 2, n. 1, p. 13-25, set. 2011.

CANHA, Cláudio Augusto. A evolução (?) do papel dos auditores dos Tribunais de Contas do Brasil. *Jus Navigandi*, Teresina, ano 18, n. 3641, 20 jun. 2013. Disponível em: <http://jus.com.br/revista/texto/24751>. Acesso em: 19 jul. 2013.

CARVALHO FILHO, José dos Santos. *Manual de direito administrativo*. 19. ed. Rio de Janeiro: Lumen juris, 2008.

CARVALHO, André Luís. O controle financeiro exercido pelo TCU. In: MOTTA, Carlos Pinto Coelho. *Curso prático de direito administrativo*. 3. ed. rev. atual. e ampl. Belo Horizonte: Del Rey, 2011.

DANTAS, San Tiago. *Programa de direito civil*. Rio de Janeiro: Ed. Rio, 1979, v. 1.

DECOMAIN, Pedro Roberto. *Tribunais de Contas no Brasil*. São Paulo: Dialética, 2006.

DI PIETRO, Maria Sylvia Zanella. *Direito administrativo*. 24. ed. São Paulo: Atlas, 2011.

DINAMARCO, Cândido Rangel. *Instituições de direito processual civil*. São Paulo: Malheiros, 2004. v. 1.

DISTRITO FEDERAL. Tribunal de Justiça do Distrito Federal e Territórios. Mandado de Segurança nº 404.195/DF. Registro do Acórdão nº 77297. Rel. Des. Luiz Cláudio Abreu. Brasília, 23 de maio de 1995. *Diário da Justiça*, seção 3, p. 10382, 02 ago. 1995.

FERREIRA, Diogo Ribeiro; GARCIA, Núbia de Bastos Morais. A imprescindibilidade do parecer prévio no processo de prestação de contas mesmo em caso de falecimento do Chefe do Poder Executivo. *Revista Controle*, v. 8, n. 1, p. 189-208, set. 2010.

FREUD, Sigmund. *O Ego e o Id e outros trabalhos (1923-1925)*. São Paulo: Imago, 2006. v. 19 – Coleção Obras Psicológicas Completas de Sigmund Freud.

FREUD, Sigmund. *O mal-estar na civilização*. Lisboa: Almedina, 2008.

HAMILTON, Alexander; MADISON, James; JAY, John. *O Federalista*. Belo Horizonte: Líder, 2003.

HOUAISS, Antônio; VILLAR, Mauro de Salles. *Dicionário Houaiss da língua portuguesa*. Rio de janeiro: Objetiva, 2009.

JACOBY FERNANDES, Jorge Ulisses. *Tomada de contas especial*: processo e procedimento na Administração Pública e nos Tribunais de Contas. 4. ed. Belo Horizonte: Fórum, 2009.

JACOBY FERNANDES, Jorge Ulisses. *Tribunais de Contas do Brasil*: jurisdição e competência. 2. ed. Belo Horizonte: Fórum, 2005.

JAYME, Fernando G. A competência jurisdicional dos Tribunais de Contas no Brasil. Disponível em: <http://www.ufmg.br/pfufmg/index.php?option=com_docman&task=doc_download&gid=43&Itemid=24>. Acesso em: 10 de jul. 2010.

JORGE JÚNIOR, Nelson. O princípio da motivação das decisões. *Revista Eletrônica da Faculdade de Direito da PUC-SP*. Disponível em: <www.revistas.pucsp.br/index.php/red/article/dowload/735/518>. Acesso em: 21 out. 2011.

MACIEIRA, Leonardo dos Santos. Auditor constitucional dos Tribunais de Contas: natureza e atribuições. *Jus Navigandi*, Teresina, ano 14, n. 2364, 21 dez. 2009. Disponível em: <http://jus.com.br/revista/texto/13986>. Acesso em: 30 nov. 2011.

MARQUES, José Frederico. *Manual de direito processual civil*. Campinas: Bookseller, 1997. v. 3.

MEIRELLES, Hely Lopes. *Direito administrativo brasileiro*. 32. ed. São Paulo: Malheiros, 2006.

MINAS GERAIS (Estado). Tribunal de Contas do Estado. Resolução nº 12, de 19 de dezembro de 2008.

MIRANDA, Pontes de. *Comentários ao Código de Processo Civil*. 2. ed. Rio de Janeiro: Forense, 2000. v. 8 – Arts. 539-565.

MIRANDA, Pontes de. *Comentários ao Código de Processo Civil*. Rio de Janeiro: Forense, 1974. v. 5 – Arts. 444-475.

MOREIRA, José Carlos Barbosa. *Comentários ao Código de Processo Civil*: Lei n. 5.869, de 11 de janeiro de 1973: volume 5, arts. 476 a 565. 10. ed. Rio de Janeiro: Forense, 2002.

MOTTA, Carlos Pinto Coelho. *Curso prático de direito administrativo*. 3. ed. rev. atual. e ampl. Belo Horizonte: Del Rey, 2011.

OLIVEIRA, Régis Fernandes de. *Curso de direito financeiro*. 3. ed. São Paulo: Revista dos Tribunais, 2010.

PARDINI, Frederico. *Tribunal de Contas da União*: órgão de destaque constitucional. 1997. Tese (Doutorado em Direito)–Faculdade de Direito, Universidade Federal de Minas Gerais, Belo Horizonte, 1997.

PERES, Bruno. Manifestações de junho são indissociáveis da democracia, afirma Dilma. *Valor Econômico*. Disponível em: <http://www.valor.com.br/politica/3281298/manifestacoes-de-junho-sao-indissociaveis-da-democracia-afirma-dilma>. Acesso em: 02 nov. 2013.

REZENDE FILHO, Gabriel. *Curso de direito processual civil*. 5. ed. São Paulo: Saraiva, 1957. 3. v.

SANTOS, Alberto Marques dos. Breve Introdução às regras científicas da hermenêutica. Disponível em: <www.fagundescunha.org.br/.../alberto_breve.doc>. Acesso em: 25 mar. 2013.

SENADO FEDERAL. Aprovada criação de dois cargos para TCU. *Portal de Notícias*, 09 nov. 2011. Disponível em: <http://www.senado.gov.br/noticias/aprovada-criacao-de-dois-cargos-para-tcu.aspx>. Acesso em: 09 nov. 2011.

SIDOU, José Maria Othon. *Dicionário jurídico*. 2. ed. Rio de Janeiro: Forense Universitária, 1991.

SILVA, De Plácido e. *Vocabulário jurídico*. 28. ed. Rio de Janeiro: Forense, 2010.

SILVA, Ovídio Araújo Baptista da. *Curso de processo civil*: processo de conhecimento. 5. ed. 2. tiragem. São Paulo: Revista dos Tribunais, 2001. v. 1.

THEODORO JÚNIOR, Humberto. *Curso de direito processual civil*. Rio de Janeiro: Forense. v. 1.

TORRES, Ricardo Lobo. *Tratado de direito constitucional financeiro e tributário*: o orçamento na Constituição. 2. ed. Rio de Janeiro: Renovar, 2000. v. 5.

TRIBUNAL DE JUSTIÇA DO ESTADO DE SERGIPE. Medida Liminar no Mandado de Segurança nº 2012107285. Rel. Des. Marilza Maynard Salgado de Carvalho. Julg. 30.10.2012.

TRIBUNAL DE JUSTIÇA DO ESTADO DO AMAZONAS. Mandado de Segurança nº 4001911-74.2012.8.04.0000. Impetrante: Alípio Reis Firmo Filho. Impetrado: Excelentíssimo

Sr. Presidente do Tribunal de Contas do Estado do Amazonas Conselheiro Érico Desterro. Rel. Des. Flávio Humberto Pascarelli Lopes. Voto proferido em 10.04.2014.

TRIBUNAL DE JUSTIÇA DO ESTADO DO CEARÁ. Agravo Regimental no Mandado de Segurança Cível nº 5918-31.2009.8.06.0000/1. Rel. Des. Francisco Lincoln Araújo e Silva. Voto proferido em 08.11.2012.

Informação bibliográfica deste texto, conforme a NBR 6023:2002 da Associação Brasileira de Normas Técnicas (ABNT):

MOURÃO, Licurgo; FERREIRA, Diogo Ribeiro. A atuação constitucional dos Tribunais de Contas e de seus magistrados (composição, atuação e deliberações): de Eisenhower a Zé Geraldo. In: LIMA, Luiz Henrique (Coord.). *Tribunais de Contas*: temas polêmicos: na visão de Ministros e Conselheiros Substitutos. 2. ed. rev., ampl. e atual. Belo Horizonte: Fórum, 2018. p. 117-170. ISBN 978-85-450-0521-6.

A COMPOSIÇÃO DOS TRIBUNAIS DE CONTAS MUNICIPAIS DE SÃO PAULO E DO RIO DE JANEIRO

ALEXANDRE MANIR FIGUEIREDO SARQUIS
RAFAEL NEUBERN DEMARCHI COSTA

1 Introdução

O que vem a ser Tribunal de Contas? Às vezes, mais importante que analisar a nomenclatura de uma instituição é analisar suas atribuições, ou, na perspectiva que propomos, seus atores.

A figura do Tribunal de Contas, instituição tão antiga quanto a República,[1] experimentou diversas atribuições e composições em sua adolescência, singrando um acentuado caminho que cobriu desde o arquivo-geral de empenhos da administração federal – quando seus dirigentes eram escolhidos *ad nutum* pelo presidente – até a atual arquitetura, em que as Cortes de Contas inclusive tomam parte na decretação da inelegibilidade do administrador que não geriu bem a coisa pública.

Esse formato que assumem hoje os Tribunais de Contas amadureceu após grandes debates na Assembleia Constituinte. Duas comissões temáticas diferentes se dedicaram ao assunto, com a proposta sendo alterada ainda na comissão de redação e, por fim, também em plenário, mostrando o volúvel conjunto de atribuições e composições que ventilavam os constituintes.[2]

---

[1] O Tribunal de Contas da União foi introduzido no ordenamento jurídico brasileiro pelo Decreto nº 966-A, de 7 de novembro de 1890, cerca de um ano após a proclamação da República, em 15 de novembro de 1889.
[2] Para uma revisão dos debates, veja: CANHA. A evolução (?) do papel dos auditores dos tribunais de contas do Brasil. *Jus Navigandi*.

De certa forma a identidade atual dos Tribunais de Contas é como que a imagem em corte abrupto de uma acalorada discussão que ainda não assentou.

Dizemos isso porque, após promulgada a Carta Federal, diversas foram as proposições tendentes a rever atribuições, sua composição ou mesmo sua existência.[3] Nada obstante, nossa matéria não é exatamente a história dessa instituição. Considerando o amplo referendo de que goza no seio da sociedade brasileira toda e qualquer forma de vigilância das ações do administrador, e considerando a sensível majoração de atribuições promovida pela Constituição de 1988, também não temos em mente a análise de atribuições. O nódulo de nosso trabalho é a presença federada atual, especialmente nos municípios que contam com Tribunal de Contas próprio – mais especificamente no que tange aos atores dessas Cortes de Contas Municipais e à composição de seus plenários.

Preocupamo-nos com o que diz a Carta Federal acerca dos Tribunais de Contas Municipais de São Paulo e do Rio de Janeiro[4] e acerca da extensão das disposições sobre as chamadas carreiras especializadas – Auditor (Conselheiro Substituto) e membro do Ministério Público de Contas – desses Tribunais.

Concluímos que não pode haver Tribunal de Contas dissociado dessas duas carreiras, uma vez que a instituição, como criada pela Constituição, tem ambas visceralmente nela entranhadas. Mas, principalmente, entendemos que é oportuno que o Supremo Tribunal Federal esclareça, de uma vez, as discussões existentes sobre o tema.

2 As carreiras especializadas

O modelo federal para Tribunais de Contas inovou ao dispor expressamente sobre um Ministério Público Especial funcionando

---

[3] Como exemplo, as seguintes Propostas de Emendas Constitucionais em trâmite na Câmara dos Deputados: PEC 193/2000 (extingue os Tribunais de Contas e cria a Auditoria Geral); PEC 329/2001 (extingue os Tribunais de Contas); PEC 397/2001 (altera a composição dos Tribunais de Contas); PEC 28/2007 (cria o Conselho Nacional dos Tribunais de Contas); PEC 75/2007 (altera a composição dos Tribunais de Contas); PEC 146/2007 (cria o Conselho Nacional dos Tribunais de Contas) e PEC 329/2013 (altera a composição dos Tribunais de Contas).
No Senado Federal, podem ser citadas: PEC 40/2016 (estabelece padrão nacional do processo de controle externo dos Tribunais de Contas) e PEC 22/2017 (altera a composição dos Tribunais de Contas e cria o Conselho Nacional dos Tribunais de Contas).

[4] Utilizaremos a nomenclatura Tribunais de Contas Municipais para tribunais de contas criados pelos próprios municípios, em oposição a Tribunais de Contas dos Municípios, tribunais criados pelo Estado para fiscalizar os municípios.

junto à Corte de Contas e sobre uma classe profissional de julgadores intitulada Auditores, sendo os ocupantes dessas duas categorias selecionados por concurso público.[5] [6] Essas categorias detêm ainda dois dos assentos permanentes com direito a voto no Plenário.[7] As suas atribuições ordinárias são o *custos legis* nos processos de contas, no caso do Ministério Público, e a judicatura e a exclusividade da substituição dos titulares em seus diversos afastamentos, no caso dos Auditores. A participação desses dois atores na instrução que leva às decisões do Tribunal é integral e, portanto, decisiva: a Constituição fez transferir o balanço de poder do eixo político para o eixo técnico.

Nada obstante, apesar de ser novidade a obrigatoriedade das carreiras a todos os Tribunais, elas não são novas. As primeiras referências históricas que se tem de um Ministério Público atuando especificamente nas Cortes de Contas e de um corpo intermediário entre instrução e julgamento composto por auditores é do Decreto nº 392, de 08.10.1896,[8] que reorganizava a estrutura do Tribunal de Contas da União – então Tribunal de Contas da República –, criado pelo Decreto nº 966-A, de 07.11.1890.

Haja vista a confusão que pode ensejar a denominação do cargo constitucional de "auditor" – agente com poder de judicatura e componente do Tribunal de Contas,[9] equiparado em garantias e impedimentos

---

[5] Da necessidade de concurso público para Auditores: "TRIBUNAL DE CONTAS ESTADUAL – CONSELHEIROS-SUBSTITUTOS – CRIAÇÃO – CARTA ESTADUAL. Padecem dos vícios de forma e de fundo normas da Constituição do Estado que revelem a criação de cargos de Conselheiro Substituto a serem preenchidos sem concurso público, atribuindo-se aos ocupantes atividade própria dos auditores" (STF, ADI 184/MT, Rel. Min. Marco Aurélio). No mesmo sentido: ADI 116/PR e ADI 2.208 MC/DF.

[6] Da necessidade de concurso público para os Membros do Ministério Público junto ao Tribunal de Contas: "4. Por outro lado, ao exigir do Procurador-Geral Adjunto e dos cinco Procuradores apenas que sejam portadores de diploma de Bacharel em Ciências Jurídicas, emitido por estabelecimento de ensino oficial ou reconhecido, deixa de cumprir a exigência relativa ao ingresso no Ministério Público, mediante o respectivo e específico concurso público de provas ou de provas e títulos, como determinam o parágrafo 2 do art. 127 e o art. 129 da C.F." (STF, ADI 1.791/CE, Rel. Min. Sydney Sanches).

[7] Nos termos do art. 73, §2º, I, CF e Súmula nº 653 do STF.

[8] Decreto nº 392/1896, art. 1º, §2º:
"5. O Ministerio Publico será representado perante o Tribunal de Contas por um bacharel ou doutor em direito nomeado pelo Presidente da Republica, demissível ad nutum;
6. O representante do Ministerio Publico assistirá ás reuniões do Tribunal e tomará parte nas discussões: não terá, porém, direito de voto;
7. Exercitará as attribuições conferidas nesta lei e no regulamento que o Poder Executivo expedir para sua execução" (redação original).

[9] "(...) De outra parte, auditor ainda tem uma particularidade: é regrado pela Constituição como *elemento de composição do próprio Tribunal*" (STF, ADI 1.994/ES, Rel. Min. Ayres Britto, grifo nosso).

aos membros da magistratura[10] e único a substituir conselheiros em seus impedimentos e afastamentos – com a denominação dos cargos que realizam as auditorias e fiscalizações nos Tribunais de Contas (em alguns tribunais conhecidos como "agente de fiscalização", "agente de controle externo", entre outras variações), os auditores vêm ativamente perseguindo a utilização da expressão "Conselheiro Substituto",[11] a exemplo dos "Desembargadores Federais" e "Desembargadores do Trabalho".[12]

Já os Membros do Ministério Público junto aos Tribunais de Contas vêm ativamente perseguindo uma maior identificação com as seções do Ministério Público dos Estados,[13] claramente apartando-se, com isso, do corpo funcional de servidores de suas secretarias.

3 Tribunais de Contas Municipais no federalismo brasileiro

Essa guinada técnica dos Tribunais de Contas, entretanto, encenou tenaz resistência nas diversas unidades federadas. A evidência é o copioso repertório de impugnações intentadas, mesmo com pouco espaço para provimento no mérito.[14] [15] As ações alcançaram vitória em

---

[10] CF/88, art. 73, §4º. O auditor, quando em substituição a Ministro, terá as mesmas garantias e impedimentos do titular e, quando no exercício das demais atribuições da judicatura, as de juiz de Tribunal Regional Federal.
No caso dos Tribunais de Contas Estaduais, quando em substituição, tem as mesmas garantias que desembargador estadual; nos demais momentos, as garantias de juiz de última instância.

[11] No TCU, a Lei nº 12.811/2013, no TCE/MG, a Lei Complementar MG nº 133/2014, no TCE/MT, a Lei Complementar MT nº 526/2014, e no TCE/RS, a Lei RS nº 14.413/2014 ofereceram as designações "Conselheiro Substituto" e "Ministro Substituto" como alternativa à designação "Auditor".

[12] Que vêm colocando regimentalmente essas designações como alternativas à escolha do texto Constitucional e da legislação ordinária, que usa o termo "juiz de Tribunal Regional Federal" e "juiz de Tribunal Regional do Trabalho". No mesmo sentido a PEC 358/2005 (Câmara). Em sentido oposto, PCA 532 CNJ Rel. Min. Ives Gandra.

[13] Decisão nos autos do Processo CNMP nº 0.00.000.000843/2013-39, Rel. Min Taís Ferraz (13ª sessão do plenário de 2013), reconheceu o MPC como parte integrante do Ministério Público Brasileiro e sob o controle administrativo, financeiro e disciplinar do CNMP.

[14] Entre outras, as seguintes ações no STF: ADI 116/PR, ADI 169 MC/AM, ADI 184/MT, ADI 219/PB, ADI 374/DF, ADI 397/SP, ADI 419/ES, ADI 585/AM, ADI 892/RS, ADI 897/PA, ADI 1.043/MS, ADI 1.054/GO, ADI 1.068/ES, ADI 1.190/PR, ADI 1.389/AP, ADI 1.566/SC, ADI 1.632/DF, ADI 1.791/PE, ADI 1.957/AP, ADI 1.994/ES, ADI 2.013/PI, ADI 2.117/DF, ADI 2.161/MA, ADI 2.208/DF, ADI 2.209/PI, ADI 2.409/ES, ADI 2.483/PR, ADI 2.502/DF, ADI 2.596/PA, ADI 2.828/RO, ADI 2.830/RO, ADI 2.884/RJ, ADI 2.959/MG, ADI 3.160/CE, ADI 3.192/ES, ADI 3.255/PA, ADI 3.276/CE, ADI 3.361/MG, ADI 3.688/PE, ADI 4.416/PA, MS 21.263/DF, MS 21.466/DF, MS 23.968 QO/DF, Rcl 3.177 MC-AgR/MG, RE 164.817/RJ e RE 634.891 AgR/AL.

[15] A reiteração das decisões ensejou a edição do verbete sumular de número 653, divulgado em 09.10.2003: "No Tribunal de Contas Estadual, composto por sete conselheiros, quatro

outra seara, no entanto: o estado de litispendência assegurou a uma geração de Conselheiros estendida convivência com parte da ordem constitucional de 67, sem Ministério Público Especial oficiante e sem julgadores concursados.

Analisando as teses vencidas percebe-se, entretanto, o bom senso jurídico e a plausibilidade de argumentação. A interpretação somente é necessária na obscuridade da disposição em que se busca a correta aplicação, e isso ocorre quando a matéria é Tribunal de Contas, haja vista a transversalidade que a Constituição emprestou a ele em relação às demais instituições.

Explicamos.

Vocacionado pelo Poder Legislativo,[16] que ocorre nos três estratos da Federação, ao criar o Tribunal de Contas, a Constituição recrutou também institutos do Judiciário, ao equiparar Ministros, Conselheiros e Auditores à judicatura e ao conceder a auto-organização típica dos tribunais judiciários a ele,[17] e do Ministério Público, ao determinar um *Parquet* Especializado nele oficiante.[18] Todavia, só existem tribunais judiciários e Ministério Público entre os órgãos dos estados, do Distrito Federal e da União, não dos municípios.

De fato, o sistema de Tribunais de Contas brasileiro é composto por um Tribunal de Contas da União (que auxilia o Congresso Nacional), vinte e seis Tribunais de Contas Estaduais (que auxiliam suas respectivas Assembleias Legislativas) e um Tribunal de Contas do Distrito Federal (que auxilia sua Câmara Legislativa). Até aqui, os paralelos com os sistemas judiciários federal e estadual insinuam-se com verossimilhança.

Além desses, existem ainda três Tribunais de Contas dos Municípios e dois Tribunais de Contas Municipais, que refletem diferentes modelos possíveis de auxílio ao Controle Externo a cargo

---

devem ser escolhidos pela Assembleia Legislativa e três pelo Chefe do Poder Executivo Estadual, cabendo a este indicar um dentre auditores e outro dentre membros do Ministério Público, e um terceiro a sua livre escolha".

[16] Atesta essa vocação o fato de o Tribunal de Contas estar disposto na seção IX do Capítulo I – Do Poder Legislativo, dentro do Título IV – Da Organização dos Poderes, ademais, o art. 71 coloca expressamente o Tribunal de Contas como auxiliar do Congresso Legislativo: "O controle externo, a cargo do Congresso Nacional, será exercido com o auxílio do Tribunal de Contas da União, ao qual compete". Nada obstante, não é de se dizer que o Tribunal integra o Poder Legislativo, dada a literalidade do *caput* do art. 44: "Art. 44. O Poder Legislativo é exercido pelo Congresso Nacional, que se compõe da Câmara dos Deputados e do Senado Federal".

[17] Nos termos do art. 73, *caput* e §§3º e 4º.

[18] Na seção que trata do Ministério Público na CF/88 há a seguinte disposição: "Art. 130. Aos membros do Ministério Público junto aos Tribunais de Contas aplicam-se as disposições desta seção pertinentes a direitos, vedações e forma de investidura".

dos municípios. Esse último modelo, de corte municipal, faz surgir uma tensão interpretativa: enquanto há Magistratura e Ministério Público de níveis federal, estadual e distrital, não existe judiciário municipal. Como se sabe, municípios utilizam os serviços judiciários fornecidos pelos estados ou, a depender da matéria e das pessoas envolvidas no litígio, do judiciário federal.

A saber, as soluções para o auxílio do controle externo a cargo dos municípios podem ser as seguintes:[19]

a) os territórios federais que venham a se dividir em municípios poderiam ter como órgão fiscalizador um conselho *federal* criado especificamente para auxiliar as suas Câmaras de Vereadores;[20]

b) os estados da Bahia, de Goiás e do Pará possuem instituições *estaduais* cuja atribuição precípua é auxiliar as Câmaras de Vereadores dos municípios daquelas unidades federadas.[21] São os chamados Tribunais de Contas *dos Municípios*. Estas instituições de Contas são mantidas com verbas estaduais e, por essa razão, prestam contas para o Tribunal de Contas *estadual* da sua unidade federativa;[22]

c) todos os demais municípios brasileiros têm o auxílio do Controle Externo prestado pelo Tribunal de Contas *estadual* de sua unidade federada, em paralelo com as justiças estaduais que solucionam as contendas em que o município ocupa polo da ação;

d) São Paulo e Rio de Janeiro, os dois maiores municípios brasileiros, possuem instituições *municipais* próprias para auxiliar exclusivamente as suas Câmaras de Vereadores. São os chamados Tribunais de Contas *Municipais*. Essas instituições de Contas são mantidas com verbas municipais e prestam contas somente para a respectiva Câmara Municipal.

A última possibilidade prospera na aparente obturação que existe no texto Constitucional, pois enquanto o §4º do art. 31 da CF/88 estipula

---

[19] O Distrito Federal, nos termos do art. 32 da CF/88, não se divide em municípios, valendo-se somente da sua instituição distrital (TCDF) para o exercício do Controle Externo.

[20] Para uma discussão, ver: CARVALHO. Municípios em território federal, e o auxílio ao controle externo? *Jus Navigandi*.

[21] Todos eles já existentes na ordem constitucional anterior a 1988, conforme mencionado na ADI 154/RJ: "Instituídos por Estados, para a fiscalização das finanças municipais, existiam, à época da promulgação da Carta de 1988, os seguintes: Tribunais de Contas dos Municípios dos Estados do Amazonas, do Pará, do Maranhão, da Bahia, de Goiás e o Conselho de Contas dos Municípios do Ceará (o mais antigo de todos)".
Note-se que, na primeira versão deste trabalho, o Ceará ainda possuía um Tribunal de Contas dos Municípios em atuação. No entanto, tal tribunal foi extinto em 2017.

[22] "A prestação de contas desses Tribunais de Contas dos Municípios, que são órgãos estaduais (CF, art. 31, §1º), há de se fazer, por isso mesmo, perante o Tribunal de Contas do próprio Estado, e não perante a Assembleia Legislativa do Estado (...)" (STF, ADI 687/PA, Rel. Min. Celso de Mello).

que "é vedada a criação de tribunais de contas municipais", o §1º do mesmo artigo reza que o "O controle externo da Câmara Municipal será exercido com o auxílio dos Tribunais de Contas dos Estados ou do Município", município no singular. O silogismo leva a crer que os Tribunais Municipais que já existiam em 1988 permanecem: uma curiosa recepção não de Lei anterior, mas de disposição Constitucional propriamente dita.[23][24]

A recepção dos Tribunais de Contas Municipais se dá por interpretação e não por norma expressa que, por exemplo, estipulasse: "ficam mantidos os Tribunais de Contas Municipais já existentes, do modo como estruturados". Via de regra, a exceção deve ser interpretada restritivamente.

4 O controle externo municipal na história da República

O estudo da história dos Tribunais de Contas Municipais nas Constituições demonstra como essa forma peculiar de auxílio do Controle Externo municipal sofreu variações ao longo do tempo, com muitas idas e vindas, indicando a dubiedade com que tem sido entendida ao longo do tempo.

4.1 Período 1946-1967

A primeira Constituição Federal a permitir, ainda que implicitamente, a criação de Tribunais de Contas Municipais foi a Constituição de 18.09.1946. Assim dispunha seu art. 22:

---

[23] Na doutrina é aparentemente pacífico o entendimento pela recepção; excertamos o Conselheiro Hélio Saul Mileski (*O controle da gestão pública*. São Paulo: Revista dos Tribunais, 2003, p. 1201): "(...) a norma constitucional que manteve o Tribunal de Contas do Município já existente – na época somente nas capitais de São Paulo e Rio de Janeiro (...)", e o Prof. José Afonso da Silva (*Comentário contextual à Constituição*. São Paulo: Malheiros, 2005, p. 315): "(...) o controle externo das Câmaras Municipais pode ser exercido com o auxílio de (...) órgãos municipais (Tribunal de Contas do Município, só nos municípios de São Paulo e do Rio de Janeiro, sem possibilidade de criação de outros)". A Lei de Responsabilidade Fiscal também celebrou a recepção ao estabelecer o comprometimento máximo da RCL com o Legislativo Municipal, "incluindo o Tribunal de Contas do Município, quando houver" (LC nº 101/00, art. 20, III, "a").

[24] Também entende recebidos os Tribunais de Contas Municipais o Prof. Ives Gandra Martins, que afirma que "é de se concluir (...) que houve a recepção pelo constituinte do regime jurídico dos dois Tribunais de Contas Municipais então (1988) existentes", em carta dirigida aos Exmos. Conselheiros Edson Simões e Eurípedes Salles, em 26 de outubro de 2011, gentilmente cedida aos autores pelo próprio.

CF/1946, art. 22. A administração financeira, especialmente a execução do orçamento, será fiscalizada na União pelo Congresso Nacional, com o auxílio do Tribunal de Contas, *e nos Estados e Municípios pela forma que for estabelecida nas Constituições estaduais* (grifos nossos).

É possível defender, todavia, a preferência pelo modelo de Tribunais de Contas dos Municípios, vez que, logo em seguida, o art. 24 permitia ao Estado a "criação de órgão de assistência técnica aos Municípios". Mesmo porque a autonomia municipal ainda era restrita, lembrando que prefeitos de locais estratégicos, como capitais, e bases e portos militares, podiam ser nomeados pelos governadores.[25]

Nesse sentido, a Constituição Paulista de 09.07.1947 previu um Tribunal de Contas Estadual, composto de sete membros,[26] tribunal este que já fora restituído[27] com o Decreto-Lei Estadual nº 16.690, de 07.01.1947, com cinco julgadores,[28] posteriormente elevado para sete com a reestruturação feita pela Lei Estadual 1.666, de 31.07.1952.[29]

A Constituição Federal de 1946 previu também a mudança da Capital da União para o Planalto Central, e estipulou que o Distrito Federal de então (a cidade do Rio de Janeiro) passaria a constituir o Estado da Guanabara,[30] medida que só se efetivou com a Lei Federal nº 3.752, de 14.04.1960.

---

[25] CF/1946, art. 28, §1º: "Poderão ser nomeados pelos Governadores dos Estados ou dos Territórios os Prefeitos das Capitais, bem como os dos Municípios onde houver estâncias hidrominerais naturais, quando beneficiadas pelo Estado ou pela União" (redação depois alterada pela Emenda Constitucional nº 12, de 1965).
"§2º Serão nomeados pelos Governadores dos Estados ou dos Territórios os Prefeitos dos Municípios que a lei federal, mediante parecer do Conselho de Segurança Nacional, declarar bases ou portos militares de excepcional importância para a defesa externa do País".

[26] CESP/1947, art. 69: "O Tribunal de Contas, composto de sete membros, tem sua sede na Capital e jurisdição em todo o território do Estado".

[27] O Tribunal de Contas do Estado de São Paulo foi criado inicialmente pela Lei Estadual nº 1.961, de 29.12.1923, mas, posteriormente, no Estado Novo, foi extinto pelo Decreto nº 4.793, de 12.12.1930.

[28] Decreto-Lei Estadual nº 16.690/1947, art. 2º, §1º: "O corpo deliberativo compreende o Tribunal propriamente dito, com função de decidir e julgar e compõe-se de 5 (cinco) juízes, que terão o tratamento de ministros".

[29] Lei Estadual nº 1.666/1952, art. 2º: "O Tribunal compõe-se de sete Ministros".

[30] ADCT da CF/1946, art. 4º: "A Capital da União será transferida para o planalto central do Pais.
(...)
§4º. Efetuada a transferência, o atual Distrito Federal passará a constituir o Estado da Guanabara".

Esse Estado teve vida curta, sendo incorporado pelo Estado do Rio de Janeiro em 15.03.1975, de acordo com as disposições da Lei Complementar Federal nº 20, de 01.07.1974.[31]

4.2 Período 1967-1988

A Constituição Federal de 24.01.1967 regulamentou expressamente apenas a existência e as competências do Tribunal de Contas da União (arts. 71-73), mas mencionou, em outros dispositivos, a existência de tribunais de contas locais:

> Compete ao Supremo Tribunal Federal:
> I – processar e julgar originariamente:
> (...)
> b) nos crimes comuns e de responsabilidade, os Ministros de Estado, ressalvado, o disposto no final do art. 88, os Juízes Federais, os Juízes do Trabalho e os membros dos Tribunais Superiores da União, dos Tribunais Regionais do Trabalho, dos Tribunais de Justiça dos Estados, do Distrito Federal e dos Territórios, os Ministros dos *Tribunais de Contas, da União, dos Estados e do Distrito Federal*, e os Chefes de Missão Diplomática de caráter permanente (CF/1967, art. 114, grifos nossos).
> O disposto no art. 73, §3º, *in fine*, combinado com o art. 109, III, não se aplica aos Ministros dos *Tribunais de Contas da União, dos Estados e dos Municípios* que estejam no exercício de funções legislativas ou que hajam sido eleitos titulares ou suplentes no pleito realizado a 15 de novembro de 1966 (CF/1967, art. 179, grifos nossos).

Nessa Constituição, a autonomia municipal também era limitada, e apesar de ser assegurada a administração própria no que concernia "à decretação e arrecadação dos tributos de sua competência e à aplicação de suas rendas", isso se daria "sem prejuízo da obrigatoriedade, de *prestar contas* e publicar balancetes *nos prazos fixados em lei estadual*" (CF/1967, art. 16, II, "a", grifos nossos).[32] Essa obrigatoriedade, aliás, não era prevista na Constituição de 1946.[33]

---

[31] Lei Complementar nº 20/1974, art. 8º: "Os Estados do Rio de Janeiro e da Guanabara passarão a constituir um único Estado, sob a denominação de Estado do Rio de Janeiro, a partir de 15 de março de 1975".

[32] CF/1967, art. 16: "A autonomia municipal será assegurada:
II – pela administração própria, no que concerne ao seu peculiar interesse, especialmente quanto:
a) à decretação e arrecadação dos tributos de sua competência e à aplicação de suas rendas, sem prejuízo da obrigatoriedade, de prestar contas e publicar balancetes nos prazos fixados em lei estadual (...)".

[33] CF/1946, art. 28: "A autonomia dos Municípios será assegurada:
(...)

Se o Município não prestasse contas na forma dessa lei estadual, poderia vir a sofrer intervenção do Estado (CF/1967, art. 16, §3º, "c"),[34] previsão também inexistente na Constituição de 1946.[35]

A Constituição Paulista de 13.05.1967 elevou para onze o número de julgadores do Tribunal de Contas Estadual,[36] e definiu, dentre suas competências, a de "dar parecer prévio sobre a prestação anual de contas da administração financeira dos Municípios, *exceto a dos que tiverem Tribunal próprio*" (CESP/1967, art. 90, II, "b", grifos nossos).[37]

Não bastasse essa disposição, ela expressamente permitiu a criação de Tribunais de Contas Municipais, no município de São Paulo e em outros que atingissem determinado patamar de renda, limitando sua composição a cinco julgadores:

CESP/1967, art. 106. O Município de São Paulo e os que tiverem renda superior a cinco por cento da arrecadação deste, poderão ter regime administrativo especial e Tribunal de Contas próprio, na forma que a Lei Orgânica dos Municípios estabelecer.

Parágrafo único. O Tribunal de Contas compor-se-á de cinco membros, nomeados pelo Prefeito, com a aprovação prévia da Câmara Municipal, dentre brasileiros com mais de trinta e cinco anos de idade e comprovada idoneidade, diplomados em curso superior de ciências jurídicas, econômicas ou administrativas.

Ademais, essa constituição estadual previu a possibilidade de criação de "Tribunais de Contas Regionais":

II – pela administração própria, no que concerne ao seu peculiar interesse e, especialmente, a) à decretação e arrecadação dos tributos de sua competência e à aplicação das suas rendas (...)".

[34] CF/1967, art. 16, §3º: "A intervenção nos Municípios será regulada na Constituição do Estado, só podendo ocorrer:
(...)
c) quando a Administração municipal não prestar contas a que esteja obrigada na forma da lei estadual".

[35] CF/1946, art. 23: "Os Estados não intervirão nos Municípios, senão para lhes regularizar as finanças, quando:
I – se verificar impontualidade no serviço de empréstimo garantido pelo Estado;
II – deixarem de pagar, por dois anos consecutivos, a sua dívida fundada".

[36] CESP/1967, art. 89: "O Tribunal de Contas, com sede na Capital e jurisdição em todo o Estado, compor-se-á de onze ministros, terá quadro próprio para o seu pessoal, e exercerá, no que couber, as atribuições previstas no artigo 110 da Constituição do Brasil e outras que a lei fixar, no âmbito de sua competência".

[37] CESP/1967, art. 90: "Compete ao Tribunal de Contas:
(...)
II – por sua Seção Municipal:
b) dar parecer prévio sobre a prestação anual de contas da administração financeira dos Municípios, exceto a dos que tiverem Tribunal próprio (...)".

CESP/1967, art. 107. Os municípios da mesma região, que, em conjunto, atingirem o limite de renda estabelecido no artigo anterior, poderão ter Tribunal de Contas próprio, na forma que a Lei Orgânica dos Municípios estabelecer.

A Lei Orgânica dos Municípios de São Paulo (Lei Estadual nº 9.842, de 19.09.1967) fixou o prazo de um ano para a criação dos Tribunais de Contas Municipais (do próprio município ou os regionais); caso não fossem criados, o Tribunal de Contas Estadual exerceria essa atribuição.[38] Já passado esse prazo, o Município de São Paulo editou a Lei Municipal nº 7.213, de 20.11.1968, criando seu próprio Tribunal de Contas, que efetivamente só foi constituído em 16.01.1969, com cinco julgadores.[39]

Logo após, em 29.01.1969, foi editado o Ato Complementar nº 44 à Constituição Federal de 1967, com as seguintes disposições:

Art. 1º. Só poderão instituir Tribunais de Contas os Municípios com população superior a quinhentos mil (500.000) habitantes, renda tributária acima de NCr$ 100.000.000.00 (cem milhões de cruzeiros novos), e cuja despesa com pessoal não exceda o limite previsto no artigo 66, §4º, da Constituição.
Parágrafo único. Na fixação do limite da receita de que trata êste artigo, não se incluem as contribuições devidas aos Municípios nos têrmos do §7º do art. 24, e dos artigos 26, 27 e 28 da Constituição, modificada pelo Ato Complementar nº 40, de 30 de dezembro de 1968.
Art. 2º. Os membros dos tribunais de Contas dos Municípios terão a denominação de juízes, vedada qualquer outra, e não poderão perceber, sob nenhum pretexto, retribuição superior a dois terços da que recebem os membros do Tribunal de Contas do respectivo Estado. Parágrafo único. Os membros dos Tribunais de Contas dos Municípios, cuja retribuição seja superior à estabelecida neste artigo, deverão ajustá-la a êsse limite, dentro do prazo de trinta (30) dias, sob penas de perda do cargo.
Art. 3º. São considerados extintos os Tribunais de Contas criados nos Municípios que não satisfizerem os requisitos especificados no artigo 1º.
Parágrafo único. Os membros e o pessoal dos Tribunais de Contas extintos terão assegurado o direito de retornarem aos cargos de que eram

---

[38] Lei Estadual nº 9.842/1967, art. 114 (retificação): "Se dentro de 1 (um) ano, a partir da promulgação desta lei, não forem instalados os Tribunais de Contas Municipais ou Regionais, as suas funções serão exercidas pela Seção Municipal do Tribunal de Contas do Estado".
[39] Lei Municipal nº 7.213/1968, art. 1º: "Fica criado o Tribunal de Contas do Município de São Paulo.
Art. 2º. O Tribunal Compreende:
a) Corpo Julgador, composto de 5 (cinco) Ministros".

titulares, antes de sua investidura como membros ou funcionários do Tribunal, e, se os não tiverem, serão postos em disponibilidade, com os vencimentos proporcionais ao tempo de serviço.
Art. 4º. Êste Ato Complementar entrará em vigor na data de sua publicação, revogadas as disposições em contrário.

A "Constituição" Federal de 1969 (em verdade, Emenda nº 1, de 17.10.1969, à Constituição de 1967), na mesma linha do Ato Complementar nº 44, expressamente permitiu a criação de Tribunais de Contas Municipais, mas fixando patamares de população e renda ainda mais elevados:

CF/1969, art. 16, §3º. Somente poderão instituir Tribunais de Contas os municípios com população superior a dois milhões de habitantes e renda tributária acima de quinhentos milhões de cruzeiros novos.

Foram extintos os Tribunais de Contas Municipais que não atingissem aqueles novos requisitos, mantendo única e expressamente o Tribunal de Contas do Município de São Paulo:

CF/1969, art. 191. Continuará em funcionamento apenas o Tribunal de Contas do Município de São Paulo, salvo deliberação em contrário da respectiva Câmara, sendo declarados extintos todos os outros tribunais de contas municipais.

A "Constituição" Paulista de 1969 (em verdade, Emenda nº 2, de 30.10.1969, à Constituição Paulista de 1967) reduziu a sete o número de membros do Tribunal de Contas Estadual, adequando-o à Constituição Federal.[40] Da mesma forma, manteve sua competência para "dar parecer prévio sobre a prestação anual de contas da administração financeira dos municípios, *exceto a dos que tiverem Tribunal próprio*" (CESP/1969, art. 90, VI, grifo nosso).

Foi mantida a expressa possibilidade de criação de Tribunais de Contas Municipais, não apenas no município de São Paulo, mas em

---

[40] CESP/1969, *caput* do art. 89: "O Tribunal de Contas, com sede na Capital e jurisdição em todo o Estado, compor-se-á de sete Conselheiros, terá quadro próprio para o seu pessoal e exercerá, no que couber, as atribuições previstas no artigo 115 da Constituição da República e outras que a lei estabelecer, no âmbito de sua competência".
ADCT da CESP/1969, art. 2º: "Ficam extintos quatro dos onze cargos de Ministro do Tribunal de Contas do Estado, cuja denominação foi alterada para Conselheiro, ajustando-se, assim, ao número fixado no inciso IX do artigo 13 da Constituição da República.
Parágrafo único. A extinção determinada neste artigo recairá em quatro cargos atualmente vagos".

todos aqueles que atingissem determinado patamar de renda e, agora, também de população:

> CESP/1969, art. 107. O município de São Paulo, e os que tiverem população superior a dois milhões de habitantes e renda tributária acima de quinhentos milhões de cruzeiros, poderão ter regime administrativo especial e tribunal de contas próprio, na forma que a Lei Orgânica estabelecer.
>
> Parágrafo único. O Tribunal de Contas compor-se-á de, no máximo, cinco Conselheiros Municipais de Contas, nomeados pelo prefeito, com aprovação prévia da Câmara Municipal, dentre brasileiros com mais de trinta e cinco anos de idade e comprovada idoneidade, diplomados em curso superior de ciências jurídicas, econômicas ou administrativas.

Todavia, excluiu-se a possibilidade de serem criados "Tribunais de Contas Regionais" pelos municípios.

Enquanto a Emenda nº 1/69 de regra tenha vedado a criação de tribunais municipais, deixou-se, entretanto, a possibilidade de criação do Tribunal de Contas do Município do Rio de Janeiro, uma vez que o teor do §3º de seu art. 16 permitia Tribunal de Contas somente nos "municípios com população superior a dois milhões de habitantes e renda tributária acima de quinhentos milhões de cruzeiros novos". À época, apenas São Paulo e Rio de Janeiro atendiam esses requisitos.[41]

A criação do Tribunal de Contas do Município do Rio de Janeiro, possibilitada pela Emenda nº 1/69, foi estatuída pela Lei Orgânica de 1976, pouco após a fusão do Estado do Rio de Janeiro com o da Guanabara e a consequente organização do Município do Rio de Janeiro.[42]

Interessante notar que também houve um Conselho de Contas dos municípios fluminenses,[43] que já previa as carreiras especializadas, Auditores e Membros do Ministério Público Especial.

---

[41] Dados do IBGE do senso de 1991 (fonte: http://www.ipeadata.gov.br) apontam a população de Belo Horizonte como 2.020.161 habitantes e de Salvador como 2.075.273 habitantes, momento em que, nas regras da Constituição anterior, possivelmente teríamos novos Tribunais municipais.

[42] O TCM-RJ foi oficialmente criado pela Lei nº 183, de 23 de outubro de 1980.

[43] Lei Complementar nº 1/1975, art. 1º: "O Conselho de Contas dos Municípios, com sede na Cidade de Niterói, tem jurisdição em todo o território do Estado, ressalvada a hipótese prevista no parágrafo 3º do artigo 16 da Constituição da República.
Art. 2º. Compõe-se o Conselho de 7 (sete) membros denominados Conselheiros".
Esse conselho já previa os Auditores como uma carreira:
"Art. 12. Os Conselheiros, em suas faltas e impedimentos, serão substituídos pelos Auditores, observadas a ordem de sua antiguidade no cargo, ou maior idade no caso de idêntica antiguidade.

4.3 Período atual

A Constituição Federal de 05.10.1988, como já dito, foi a primeira a fazer menção expressa à carreira dos Conselheiros Substitutos e a um Ministério Público Especial atuante nos Tribunais de Contas.[44]

Também fixou expressamente o número de julgadores do Tribunal de Contas da União, chamados Ministros, e dos demais Tribunais de Contas, chamados Conselheiros.

Art. 73. O Tribunal de Contas da União, integrado por nove Ministros, tem sede no Distrito Federal, quadro próprio de pessoal e jurisdição

---

Art. 16. Os Auditores, em número de 4 (quatro), inicialmente em número de 6 (seis), até a extinção, por vacância, de 2 (dois) cargos, serão nomeados pelo Governador do Estado, mediante concurso de provas e títulos, dentre brasileiros maiores de 35 (trinta e cinco) anos de nível universitário, de reconhecida idoneidade moral, de notório saber jurídico, econômico, financeiro e de administração pública.
Art. 17. Compete aos Auditores:
I) Rever a instrução e opinar nos processos de tomadas de contas;
II) Emitir parecer em processos quando solicitados e exercer outras funções estipuladas no Regimento Interno desde que compatíveis com o cargo.
Parágrafo único. Os Auditores não poderão exercer funções ou comissões na Secretária Geral".
Este Conselho também já previa a atuação de um Ministério Público Especial:
"Art. 21. Funciona perante o Conselho de Contas dos Municípios e Ministérios Públicos Especial criado pelo Decreto lei n.º 52, de 3 de abril de 1975, ao qual além das atribuições previstas em lei, compete:
I – Representar ao Conselho contra os que, em tempo, não hajam apresentado as suas contas, para as providências cabíveis;
II – opinar, quanto ao seu aspecto legal, sobre as prestações de contas dos administradores municipais e dos dirigentes de entidades particulares subvencionadas pelo Município:
III – Opinar sobre a legalidade das concessões iniciais de aposentadorias dos servidores municipais e das pensões concedidas pelos Municípios;
IV – enviar ao Procurador-Geral da Justiça peças autenticadas necessárias ao procedimento judicial, quando houver ocorrido crimes contra a administração pública, verificando em matéria submetida ao Conselho".
Esse Ministério Público Especial, criado pelo Decreto-Lei nº 52, de 03.04.1975, e que atuava no Tribunal de Contas Estadual e neste Conselho de Contas dos Municípios, era regulado pela Lei Estadual nº 58, de 18.06.1976. Atualmente, o Ministério Público atuante no TCE-RJ é regulado pela Lei nº 382, de 01.12.1990.

[44] Art. 73, §2º: "Os Ministros do Tribunal de Contas da União serão escolhidos:
I – um terço pelo Presidente da República, com aprovação do Senado Federal, sendo dois alternadamente dentre auditores e membros do Ministério Público junto ao Tribunal, indicados em lista tríplice pelo Tribunal, segundo os critérios de antiguidade e merecimento;
(...)
§4º. O auditor, quando em substituição a Ministro, terá as mesmas garantias e impedimentos do titular e, quando no exercício das demais atribuições da judicatura, as de juiz de Tribunal Regional Federal.
(...)
Art. 130. Aos membros do Ministério Público junto aos Tribunais de Contas aplicam-se as disposições desta seção pertinentes a direitos, vedações e forma de investidura".

em todo o território nacional, exercendo, no que couber, as atribuições previstas no art. 96.

Art. 75. As normas estabelecidas nesta seção aplicam-se, no que couber, à organização, composição e fiscalização dos Tribunais de Contas dos Estados e do Distrito Federal, bem como dos Tribunais e Conselhos de Contas dos Municípios.

Parágrafo único. As Constituições estaduais disporão sobre os Tribunais de Contas respectivos, que serão integrados por sete Conselheiros.

Importante inovação desta Carta Constitucional, refletindo a melhor divisão de competências entre os Poderes, foi a divisão da escolha dos julgadores das Cortes de Contas entre o Legislativo (com predominância) e o Executivo (com a imposição de quota técnica, reduzindo o livre arbítrio).

Art. 73, §2º. Os Ministros do Tribunal de Contas da União serão escolhidos:

I – um terço pelo Presidente da República, com aprovação do Senado Federal, sendo dois alternadamente dentre auditores e membros do Ministério Público junto ao Tribunal, indicados em lista tríplice pelo Tribunal, segundo os critérios de antiguidade e merecimento;

II – dois terços pelo Congresso Nacional.

(...)

§4º. O auditor, quando em substituição a Ministro, terá as mesmas garantias e impedimentos do titular e, quando no exercício das demais atribuições da judicatura, as de juiz de Tribunal Regional Federal.

Ademais, como já dito, proibiu a criação de novos Tribunais de Contas Municipais:

CF/1988, art. 31, §1º. O controle externo da Câmara Municipal será exercido com o auxílio dos Tribunais de Contas dos Estados ou do Município ou dos Conselhos ou Tribunais de Contas dos Municípios, onde houver.

(...)

§4º. É vedada a criação de Tribunais, Conselhos ou órgãos de Contas Municipais.

A Constituição Paulista, de 05.10.1989, manteve em sete o número de julgadores do Tribunal de Contas Estadual, mas previa, em sua redação original, a seguinte forma de escolha:[45]

---

[45] Essa intrincada forma de escolha era ainda complementada pelo art. 7º do Ato das Disposições Constitucionais Transitórias:

CESP/1989, art. 31, §2º (redação originária). Os Conselheiros do Tribunal serão escolhidos:

1 – dois, pelo Governador do Estado com aprovação da Assembleia Legislativa, alternadamente entre os substitutos de Conselheiros e membros da Procuradoria da Fazenda do Estado junto ao Tribunal, indicados por este, em lista tríplice, segundo critérios de antiguidade e merecimento;

2 – quatro pela Assembleia Legislativa;

3 – o último, uma vez pelo Governador do Estado, e duas vezes pela Assembleia Legislativa, alternada e sucessivamente.

Essa disposição, todavia, foi declarada inconstitucional pelo Supremo Tribunal Federal na ADI 397/SP. Assim, a Emenda nº 33, de 01.11.2011, dotou-a da seguinte redação:

CESP/1989, art. 31, §2º (redação dada pela EC 33/2011). Os Conselheiros do Tribunal serão escolhidos na seguinte ordem, sucessivamente:

1 – dois terços pela Assembleia Legislativa;

2 – um terço pelo Governador do Estado, com aprovação pela Assembleia Legislativa, observadas as regras contidas no inciso I do §2º do artigo 73 da Constituição Federal.

§4º. Os Conselheiros, nas suas faltas e impedimentos, serão substituídos na forma determinada em lei, depois de aprovados os substitutos, pela Assembleia Legislativa.

É de se arguir duas inconstitucionalidades ainda possivelmente existentes:

a) a manutenção das expressões "dois terços" e "um terço", quando a melhor técnica legislativa sugere a utilização da redação preconizada pela Súmula nº 653 do STF, ou seja, "quatro" e "três";

b) a previsão de que os substitutos são aprovados pela Assembleia Legislativa, pois, como visto, a forma de provimento é a de Concurso Público de provas e títulos.

Manteve-se na Constituição Estadual também a competência do Tribunal de Contas Estadual para "emitir parecer sobre a prestação

---

"ADCT da CESP/1989, art. 7º. As quatro primeiras vagas de Conselheiros do Tribunal de Contas do Estado, ocorridas a partir da data da publicação desta Constituição, serão preenchidas na conformidade do disposto no artigo 31, §2º, item 2, desta Constituição.
Parágrafo único. Após o preenchimento das vagas, na forma prevista neste artigo, serão obedecidos o critério e a ordem fixados pelo artigo 31, §§1º e 2º, desta Constituição.
Este artigo encontra-se com eficácia suspensa por meio de liminar concedida pelo Supremo Tribunal Federal nos autos da Ação Direta de Inconstitucionalidade nº 374-7".

anual de contas da administração financeira dos Municípios, *exceto a dos que tiverem Tribunal próprio*" (CESP/1989, art. 33, XIII, grifos nossos). Fez-se então referência expressa ao Tribunal de Contas do Município de São Paulo no artigo 151:

> CESP/1989, art. 151. O Tribunal de Contas do Município de São Paulo será composto por cinco Conselheiros e obedecerá, no que couber, aos princípios da Constituição Federal e desta Constituição.
> Parágrafo único. Aplicam-se aos Conselheiros do Tribunal de Contas do Município de São Paulo as normas pertinentes aos Conselheiros do Tribunal de Contas do Estado.

Esse dispositivo, por estabelecer em cinco o número de julgadores, em vez dos sete usuais, é objeto das ADIs 346 (de 02.08.1990) e 4.776 (de 18.05.2012), que ainda pendem de julgamento no Supremo Tribunal Federal, como trataremos adiante.

A Constituição Fluminense estabeleceu em sete o número de julgadores do Tribunal de Contas Estadual, mas também trazia específico sistema de escolha desses membros:[46]

> CERJ/1989, art. 124, §2º (redação originária). Os Conselheiros do Tribunal de Contas do Estado serão escolhidos:
> I – dois pelo Governador do Estado, com aprovação da Assembleia Legislativa, sendo um dentre os membros do Ministério Público junto ao Tribunal, indicado em lista tríplice pelo Tribunal, segundo os critérios de antiguidade e merecimento;
> II – cinco pela Assembleia Legislativa.

Todavia, o mecanismo de escolha determinado pela Constituição Federal foi trazido ao Rio de Janeiro pela Emenda nº 13, de 18.04.2000:

---

[46] Novamente havia complementação, desta vez pelo art. 18 do Ato das Disposições Constitucionais Transitórias:
"ADCT da CERJ/1989, art. 18 (redação originária) – As vagas existentes e as primeiras que se verificarem no Tribunal de Contas do Estado, até o número reservado ao preenchimento pela Assembléia Legislativa, serão providas por indicação desta, retomando-se, para a nomeação nas subseqüentes, o critério determinado pela origem da vaga, fixada no artigo 128, §2º, desta Constituição.
Esta disposição foi revogada pela Emenda 13, de 18.04.2000. Atualmente, o dispositivo tem a seguinte redação, determinada pela Emenda 25.
ADCT da CERJ/1989, art. 18 (redação dada pela EC 25/2005) – A partir da data de publicação desta Emenda Constitucional, a primeira vaga de Conselheiro do Tribunal de Contas, dentre os escolhidos pela Assembléia Legislativa, será provida após escolha pelo Governador, aprovada pela Assembléia Legislativa, de acordo com lista tríplice formulada pelo Tribunal de Contas entre membros do Ministério Público, respeitando-se, a partir de então, para o provimento das vagas seguintes, a forma de escolha do Conselheiro que será sucedido.

CERJ/1989, art.124, §2º (redação dada pela EC 13/2000). Os Conselheiros do Tribunal de Contas do Estado do Rio de Janeiro serão escolhidos: I – quatro pela Assembleia Legislativa; II – três pelo Governador do Estado, com aprovação da Assembleia Legislativa, sendo um dentre os membros do Ministério Público, o qual será indicado em lista tríplice pelo Tribunal de Contas, segundo os critérios de antiguidade e merecimento.

O Conselho de Contas dos Municípios foi retirado do ordenamento fluminense pela Emenda Constitucional nº 4/1991, e o Tribunal Estadual restante, o Tribunal de Contas do Estado do Rio de Janeiro, ficou sem a categoria profissional de Auditores, que existiam na Corte dos Municípios desde 1975. Esse foi um claro retrocesso corrigido recentemente com a Emenda Constitucional nº 53/2012 e a Lei Complementar nº 156/2013, que instituíram a carreira.

Inicialmente, a Constituição Fluminense de 1989 tratava do Tribunal de Contas do Município do Rio de Janeiro em seu art. 358, §§3º e 4º:

CERJ/1989, art. 358, §3º (redação originária). No Município do Rio de Janeiro, o controle externo é exercido pela Câmara Municipal, com o auxílio do Tribunal de Contas do Município, aplicando-se, no que couber as normas estabelecidas nesta seção, inclusive as relativas ao provimento de cargos de Conselheiro e os termos dos §§3º e 4º do artigo 125 desta Constituição.

Art. 358, §4º (redação originária). As contas do Tribunal de Contas do Município do Rio de Janeiro serão submetidas, anualmente, à apreciação da Câmara Municipal do Rio de Janeiro.

Esses dispositivos, todavia, foram revogados pela Emenda nº 4, de 20.08.91, e o art. 124 passou a tratar do tema:

CERJ/1989, art. 124, §3º (artigo acrescentado pela EC 04/91). No Município do Rio de Janeiro, o controle externo é exercido pela Câmara Municipal, com o auxílio do Tribunal de Contas do Município, aplicando-se, no que couber as normas estabelecidas nesta seção, inclusive as relativas ao provimento de cargos de Conselheiro e os termos dos §§3º e 4º do artigo 131 desta Constituição.

Art. 124, §4º (artigo acrescentado pela EC 04/91). As contas do Tribunal de Contas do Município do Rio de Janeiro serão submetidas, anualmente, à apreciação da Câmara Municipal do Rio de Janeiro.

Veja-se que, desde o primeiro momento, a composição do TCM-RJ deveria refletir, no número de membros e na forma de escolha, os critérios fixados para o TCE-RJ.

A Constituição Fluminense de 1989 inicialmente também dispunha sobre a existência de um Conselho Estadual de Contas dos Municípios (vale dizer, um Tribunal de Contas dos Municípios), cuja composição era de sete membros que, curiosamente, já seriam escolhidos na divisão estabelecida pela Constituição Federal (quatro pela Assembleia e três pelo Executivo, embora não houvesse determinação para que este último, em suas escolhas, respeitasse a quota técnica):

CERJ/1989, art. 359 (redação originária). O Conselho Estadual de Contas dos Municípios com sede na capital, quadro próprio de pessoal, criado na forma da lei, e jurisdição em todo o território do Estado, compõe-se de 7 (sete) membros, denominados Conselheiros, que serão nomeados dentre brasileiros que satisfaçam os requisitos previstos no §1º do art. 125 desta Constituição.
§1º – Os Conselheiros do Conselho Estadual de Contas dos Municípios serão escolhidos:
I – três pelo Governador do Estado, com aprovação da Assembleia Legislativa;
II – quatro pela Assembleia Legislativa.
§2º. Aos Conselheiros do Conselho Estadual de Contas dos Municípios aplica-se o disposto no art. 125, §§3º e 4º desta Constituição.

Este dispositivo foi objeto da ADI 154/RJ, pelo entendimento de que a Constituição Federal de 1988 impediria não apenas a criação de novos Tribunais de Contas Municipais, mas também de novos Tribunais de Contas dos Municípios.

Todavia, o Supremo Tribunal Federal, apesar de ter determinado em 07.12.1989 a suspensão cautelar dos efeitos dessas normas, em 18.04.1990 julgou a ADI improcedente e declarou constitucional a criação de tal Conselho de Contas. Eis a elucidativa ementa do julgado:

A vedação contida no §4º do art. 31 da Constituição Federal só impede a criação de órgão, Tribunal ou Conselho de Contas, pelos Municípios, inserido na estrutura destes. Não proíbe a instituição de órgão, Tribunal ou Conselho, pelos Estados, com jurisdição sobre as contas municipais. Constitucionalidade dos parágrafos do art. 358 da Carta fluminense de 1989 (STF, ADI 154/RJ, Rel. Min. Octavio Gallotti, j. 18.04.1990).

Apesar disso, logo após, em 20.08.91, a Emenda nº 4 revogou esse dispositivo da Constituição Fluminense, e a referida Corte de Contas não chegou a ser retomada,[47] apesar da edição da sua Lei Orgânica (Lei Complementar Estadual nº 65, de 12.10.1990).

---

[47] Curiosa era a determinação do parágrafo único do art. 18 do Ato das Disposições Constitucionais Transitórias, revogado pela EC nº 4/91, de aproveitar o pessoal do Conselho

5 As carreiras especializadas nos Tribunais de Contas Municipais

Simples a pergunta que vem a seguir. Havendo judiciário federal e estadual, mas não municipal, como seriam as carreiras típicas de justiça, juiz e promotor, em um Tribunal de Contas Municipal? As alternativas parecendo, também, bastante simples: a) não existem, pois impossíveis; b) existem, pois obrigatórias, e de funcionamento de todo análogo às suas contrapartes nos outros níveis da federação.

Nada obstante a simplicidade da pergunta, a esperança de que a interpretação seja verdade sabida, seja de fácil cognição ou ainda seja incontroversa esvaziou-se recentemente.

5.1 Interpretação do Judiciário Fluminense

Em 2012, o Ministério Público do Estado do Rio de Janeiro representou por inconstitucionalidade o formato de escolha dos conselheiros do TCM-RJ insculpido na Emenda nº 24/2001 à Lei Orgânica do Município do Rio de Janeiro.[48] A arguição principal foi o vício de forma, mas o núcleo da discussão gravitou para o vício material por inadimplemento da simetria compulsória do art. 75 da Constituição Federal.

O Tribunal de Justiça do Rio de Janeiro entendeu não apenas que era inconstitucional a emenda promovida para alterar a composição, como também, no que se tem intitulado de ativismo judiciário, o Exmo. Relator Desembargador Ademir Paulo Pimentel decidiu que nem era constitucional a disposição anterior, denegando os óbvios efeitos repristinatórios que o provimento da impugnação abstrata asseguraria.

A opção é pela verticalização do modelo federal.

5.2 Interpretação do Judiciário Paulista

O Ministério Público do Estado de São Paulo intentou Ação Direta de Inconstitucionalidade por Omissão por mora na criação das carreiras

---

de Contas que fora extinto quase dez anos antes: "ADCT da CERJ/1989, art. 18, Parágrafo único (redação originária) – No provimento dos cargos do quadro da Secretaria do Conselho Estadual de Contas dos Municípios, serão aproveitados os antigos servidores do Conselho extinto pela Emenda Constitucional nº 12/80, que o requererem no prazo de trinta dias, contado da vigência da lei que o instituir, atendida a conveniência da administração". O Conselho de Contas dos Municípios, regulado pela Lei Complementar nº 01, de 13.11.1975 (pouco depois da incorporação do Estado da Guanabara pelo Estado do Rio de Janeiro), era composto de sete membros e tinha sede em Niterói.

[48] Proc. 009000-05.2012.8.19.0000. Houve protocolo de Recurso Extraordinário, que, no entanto, não foi admitido por aplicação da Súmula nº 284 do STF (Rel. Des. Nilza Bitar).

de Auditor e de Membro do Ministério Público junto ao TCM-SP.[49] Argumentou-se a falta de simetria para impor a criação das carreiras. Houve pedido de cautelar para que não houvesse provimento de cargo de Conselheiro enquanto não solucionada a mora.

O Tribunal de Justiça de São Paulo, na mão contrária ao TJ-RJ, entendeu que não cabem carreiras técnicas, por sua exata natureza estadual, no âmbito municipal. Ainda que a prestação jurisdicional da Ação Direta de Inconstitucionalidade por Omissão seja declarar ou não a mora legislativa, o voto revisor deitado pelo Exmo. Desembargador Renato Nalini ingressou abertamente no mérito e deu pouca margem para interpretação.

Rechaçou-se a verticalização do modelo federal.

6 Argumentos contra e a favor das carreiras especializadas nas Cortes municipais

As posições de TJ-SP e TJ-RJ sobre as carreiras são capazes de causar perplexidade por suas próprias consequências: trata-se de uma curiosa tensão cravada entre os maiores tribunais brasileiros, dois dos maiores Tribunais de Justiça do mundo. A tensão criada pela Lei Maior deve ser solucionada pelo Tribunal Maior.

Em apertada síntese resgatamos os argumentos.

6.1 Contra

A argumentação contrária à criação das carreiras costuma alicerçar-se na *redação* adotada pela CF/88 em seu art. 75, em contraposição ao art. 31, §1º, cujos textos relembramos:

> CF/88, art. 75. As normas estabelecidas nesta seção [Seção IX] aplicam-se, no que couber, à organização, composição e fiscalização dos Tribunais de Contas dos Estados e do Distrito Federal, bem como dos Tribunais e Conselhos de Contas dos Municípios.
> Parágrafo único. As Constituições estaduais disporão sobre os Tribunais de Contas respectivos, que serão integrados por sete Conselheiros.
> CF/88, art. 31, §1º. O controle externo da Câmara Municipal será exercido com o auxílio dos Tribunais de Contas dos Estados ou do Município ou dos Conselhos ou Tribunais de Contas dos Municípios, onde houver.

---

[49] Proc. 0110416-21.2012.8.26.0000, com Recurso Extraordinário no STF nº 766.583, sobrestado em 27.11.2015 para aguardar julgamento das ADIs 346 e 4.776.

Segundo se aduz, o art. 75, ao mencionar apenas os "Tribunais e Conselhos de Contas dos Municípios" (no plural, destacamos) – e não os "Tribunais de Contas do Município" (no singular), como fez o art. 31, §1º –, não obrigou os Tribunais de Contas Municipais a seguirem os parâmetros gerais definidos na Seção IX (Da Fiscalização Contábil, Financeira e Orçamentária) do Capítulo I (Do Poder Legislativo) do Título IV da Constituição (Da Organização dos Poderes).

Dessa forma, os dois únicos Tribunais de Contas Municipais existentes, não submetidos às normas gerais definidas na Seção IX que estão, poderiam estruturar-se de acordo com as normas que lhes aprouvessem, dentro da autonomia legislativa municipal.

A esse argumento soma-se a própria ideia de uma recepção assimétrica desses Tribunais de Contas Municipais pela CF/88, vale dizer, a permissão dada pela nova ordem constitucional de manter em funcionamento esses órgãos foi feita de forma excepcional, admitindo, desse modo, suas peculiaridades nos moldes em que já estruturados. Ou seja, a recepção, do modo como feita, permitiria a absorção de figuras anômalas dentre os demais Tribunais de Contas.

Outro argumento contrário seria a impossibilidade de ser criado um Ministério Público "municipal" a atuar nesses Tribunais de Contas Municipais.

Nesse sentido, confira-se trecho do voto do Desembargador Renato Nalini no julgamento da ADI 0110416-21.2012.8.26.0000 no TJ-SP:

> O Município não tem Ministério Público. Nem possui Poder Judiciário. Não precisa criar uma carreira para satisfazer um ideal de simetria que não pode ser invocado em relação a um órgão que só foi absorvido por conveniência e oportunidade na fase pré-constituinte.

A esses argumentos contrários, um outro foi acrescido no julgamento da mencionada ADI no TJ-SP: o custo da criação das novas carreiras no município de São Paulo. Repita-se, igualmente, trecho do voto do Desembargador Renato Nalini:

> Permito-me consignar a inconveniência manifesta de imposição ao Município de São Paulo, do elevado ônus de criação de mais carreiras públicas. A capital enfrenta grave comprometimento orçamentário e dependerá de renegociação da dívida para atender às suas mais básicas atribuições. Os municípios brasileiros vivem da participação num Fundo que é regido pela União, a detentora da mais generosa parcela do montante tributário arrecadado. As vinculações constitucionais e o serviço da dívida consomem seus carcomidos orçamentos.

Extrai-se da mídia que a "Dívida de São Paulo pode crescer o dobro do previsto". A calamitosa situação ordenara "corte de despesas de ao menos 20% em São Paulo". O munícipe está a necessitar de saneamento básico, saúde, educação, transporte, infraestrutura e moradia. Não está a clamar por mais cargos e mais estruturas em Tribunal de Contas sem o qual sobrevivem outras vinte e cinco capitais do Estado Federativo do Brasil. Por tudo, não parece recomendável criar novo encargo às já contingenciadas contas municipais.

Não é demasia invocar o princípio da eficiência, enunciado de forma expressa no caput do art. 37 da Constituição Federal, a vincular toda ação concreta da Administração Pública e preencher o núcleo semântico do "interesse público". Vale dizer: não condiz com o melhor interesse público a dilatação do corpo de servidores, sobretudo em área na qual não há comprovada carência de recursos humanos que impusesse o recrutamento de novos efetivos.

Eis então, em síntese, os argumentos contrários à criação das carreiras de Conselheiros Substitutos e *Parquet* de Contas nos Tribunais de Contas Municipais, que podem ser assim resumidos:

- a *redação* do art. 75 da CF/88;
- a recepção assimétrica dos Tribunais de Contas Municipais pela CF/88;
- a inexistência de um Ministério Público "municipal";
- o custo da criação das carreiras.

6.2 A favor

Em contraposição à argumentação antes exposta, tem-se a própria *interpretação* do art. 75 da CF/88, somada à leitura do art. 31, §1º.

A diferença de construção ortográfica de singular (Tribunal de Contas do Município) e plural (Tribunal de Contas dos Municípios) existente não pode ser entendida de forma alheia ao restante do texto constitucional.

Exemplo disso é a interpretação dada pelo Supremo Tribunal Federal à expressão "no que couber" do art. 75: verificando a impossibilidade aritmética de adotar o modelo federal de incumbir ao Chefe do Executivo um terço da escolha dos membros dos Tribunais de Contas Estaduais, preservou o modelo de federal de impor cota técnica à sua escolha, com a indicação de Conselheiros Substitutos e membros do *Parquet* de Contas. Essa interpretação resultou, inclusive, na sua Súmula nº 653.

Não há como dar interpretação ampliativa à exceção: sua manutenção pela nova ordem constitucional não franqueia que existam sob regime de permanente exceção, sem que fosse necessária a obediência a nenhuma outra regra da Constituição.

A exceção há de ser coerente com o restante da constituição: a manutenção de Tribunais de Contas Municipais, com sua Magistratura de Contas municipal, exige a atuação de um corpo de Ministério Público de Contas municipal, e com um corpo concursado de substitutos legais. Ademais, no tocante ao *Parquet* de Contas, o art. 130 da CF/88[50] não abriu exceção a nenhum Tribunal de Contas para que pudesse funcionar sem esse corpo especial. É dizer, a CF/88 não previu autorização para nenhum Tribunal de Contas isentar seus processos de controle externo da atuação de *custos legis* exercida por esse Ministério Público especial.

A excepcionalidade da recepção jamais pode ser feita para perpetuar uma conjuntura que não resiste a uma sistemática análise comparativa. Não há como defender que apenas os gestores dos Municípios de São Paulo e Rio de Janeiro tenham suas contas tomadas em Tribunais no qual não oficie um Ministério Público, ao contrário dos gestores de todos os demais municípios do país, em cujas contas, tomadas em Tribunais de Contas Estaduais ou em Tribunais de Contas dos Municípios, sempre atua esse *Parquet* especializado.

Quanto ao custo de criação destas carreiras nos Tribunais de Contas Municipais, é pouco crível que esses municípios não consigam arcar com essa despesa, vez que possuem orçamento superior a diversos Estados da federação, inclusive de Estados que possuem Tribunal de Contas Estadual e Tribunal de Contas dos Municípios.

Confira a Receita Corrente Líquida (RCL) dos Estados do Pará, Goiás e Bahia, extraídos dos respectivos Relatórios de Gestão Fiscal (RGF) do 2º quadrimestre de 2017:[51]

PA: R$18.326.917.000,00
GO: R$19.706.207.253,52
BA: R$29.790.596.403,65

---

[50] "Aos membros do Ministério Público junto aos Tribunais de Contas aplicam-se as disposições desta seção pertinentes a direitos, vedações e forma de investidura".
[51] Conforme dados disponíveis no Sistema de Informações Contábeis e Fiscais (SICONFI) do Setor Público Nacional (https://siconfi.tesouro.gov.br/siconfi/pages/public/declaracao/declaracao_list.jsf).
A título de comparação, a RCL do Estado do Rio de Janeiro no mesmo período era R$46.854.486.687,00; do Estado de São Paulo, R$146.251.271.437,18.

Os municípios do Rio de Janeiro e de São Paulo, na mesma época, apresentavam as seguintes RCLs:

RJ: R$19.427.798.562,14
SP: R$44.046.903.764,54

Manter um Tribunal de Contas próprio envolve, necessariamente, o custo de manutenção das carreiras especializadas. É de se argumentar também que a CF/88 impõe custos de toda sorte sem subordiná-los ao desejo de administradores de gastar nisto ou naquilo.

Se os municípios do Rio de Janeiro e de São Paulo desejam mitigar despesas com o Controle Externo, é possível às suas Câmaras de Vereadores optar por extinguir suas Cortes de Contas, passando esse ônus aos Estados, conforme trataremos adiante.

Eis então, em síntese, os principais argumentos favoráveis à criação das carreiras de Conselheiros Substitutos e *Parquet* de Contas nos Tribunais de Contas Municipais que podem ser assim resumidos, em contra-argumentação aos dantes expostos:

- a *interpretação* do art. 75 da CF/88;
- a recepção dos Tribunais de Contas Municipais exige sua adequação aos princípios da CF/88;
- a própria existência de Tribunal de Contas municipal faz nascer a exigência de um Ministério Público que nele atue.

7 Possibilidade de extinção dos Tribunais de Contas Municipais

É de se notar que o Pretório Excelso ainda não declarou recebidos os Tribunais de Contas Municipais. Uma pálida sugestão de recepção foi delineada no voto que denegou a cautelar da ADI 346, que tinha como objeto a impugnação da remuneração recebida a maior pelos Conselheiros do TCM-SP, e cuja liminar pedia a limitação de vencimentos. Na negativa, o Rel. Min. Aldir Passarinho ponderou que, por reduzido que era o quadro de Conselheiros, haveria como aguardar a solução de mérito – decisão já com mais de 25 anos de idade.

Ainda que recebidos, no ordenamento atual, seria possível extinguir os Tribunais de Contas Municipais?

Como visto, a Constituição de 1969, ao extinguir os Tribunais de Contas Municipais que não atingissem os requisitos populacionais e de renda por ela estabelecidos, manteve expressamente o Tribunal de

Contas do Município de São Paulo. Mas também fez expressa previsão da possibilidade de a Câmara Municipal extingui-lo:

> CF/1969, art. 191. Continuará em funcionamento apenas o Tribunal de Contas do Município de São Paulo, salvo deliberação em contrário da respectiva Câmara, sendo declarados extintos todos os outros tribunais de contas municipais.

Já houve Proposta de Emenda Constitucional (PEC nº 36/1999 do Senado Federal) para eliminar os Tribunais de Contas dos Municípios (sendo suas atribuições incorporadas aos Tribunais de Contas Estaduais), com a justificativa de "remover essa superposição de órgãos que têm semelhante finalidade" e de aperfeiçoar "a Carta de 1988, expungindo-a de excessos casuísticos na organização do controle externo", mas que curiosamente mantinha os Tribunais de Contas Municipais existentes. Apesar de a proposta já ter sido rejeitada, é interessante trazer à discussão o parecer da Comissão de Constituição de Justiça (desfavorável à proposta), pois alicerçava a argumentação negativa à emenda no enfoque da autonomia constitucional dos entes federativos. Segundo o parecer da CCJ, "em decorrência dessa autonomia, a competência para extinguir ou criar Tribunal de Contas dos Municípios é do respectivo Estado, conforme estabelece o art. 25, *caput*".

Como visto, na ADI 154/RJ, o STF assentou que a vedação contida no art. 31, §4º da CF/88 não proíbe a instituição de Tribunal ou Conselho de Contas dos Municípios pelos Estados, com jurisdição sobre as contas municipais: cabe à Assembleia Legislativa respectiva, dentro da autonomia federativa do Estado, em juízo de oportunidade e conveniência, deliberar sobre a necessidade de criar um órgão próprio (também estadual, frise-se) para a análise das contas dos gestores municipais ou se elas devem ser analisadas pelo respectivo Tribunal de Contas Estadual. Essa análise, inclusive, pode levar em conta critérios financeiros, eis que a Lei de Responsabilidade Fiscal admite um acréscimo de 0,4% no limite de gastos com pessoal do Poder Legislativo que contar com Tribunal de Contas dos Municípios.[52]

Se sua criação passa por esse juízo, não há como não dizer que sua manutenção deve obedecer aos mesmos critérios: caso a Assembleia Legislativa delibere ser desnecessária a manutenção da estrutura de

---

[52] LRF, art. 20, §4º: "Nos Estados em que houver Tribunal de Contas dos Municípios, os percentuais definidos nas alíneas *a* e *c* do inciso II do *caput* serão, respectivamente, acrescidos e reduzidos em 0,4% (quatro décimos por cento)".

um órgão próprio para a análise das contas dos gestores municipais, é possível extingui-la, retomando o Tribunal de Contas Estadual suas competências plenas.

Assim, diferentemente do Tribunal de Contas da União e dos Tribunais de Contas Estaduais, que devem ser entendidos como instituições permanentes, os Tribunais de Contas dos Municípios são frutos de juízos de conveniência e oportunidade da Assembleia Legislativa local. Como exemplo, em 2017, o Estado do Ceará, alterando sua Constituição Estadual,[53] extinguiu seu Tribunal de Contas dos Municípios, existente desde 1954. Provocado, o STF considerou que a Constituição Federal não proíbe a extinção de Tribunais de Contas dos Municípios.[54]

Cremos que o mesmo raciocínio possa ser aplicado aos Tribunais de Contas Municipais: não sendo instituições permanentes, é possível às respectivas Câmaras de Vereadores, julgando inoportuna sua manutenção, deliberar sobre sua extinção.[55]

É preciso, todavia, resguardar que apenas essas Câmaras de Vereadores poderiam deliberar sobre a extinção de seus respectivos Tribunais de Contas Municipais, jamais as Assembleias Legislativas, sob pena de indevido conflito federativo. O Prof. Ives Gandra Martins, no entanto, vê óbice, pois o TCM-SP é assegurado no texto Constitucional, cuja reforma é privativa da Assembleia Legislativa, o que encontra eco na doutrina anterior a 1988.[56]

8 Início do julgamento das ADIs 346 e 4.776

Após a primeira versão deste trabalho, o RE 766.583 teve o seu andamento sobrestado pelo relator, Ministro Marco Aurélio, em virtude da conexão com o conteúdo das ADIs 346 e 4.776. Já essas duas ações diretas foram postas em julgamento na sessão plenária do dia 2 de agosto de 2017.

---

[53] Emenda Constitucional nº 92, de 16 de agosto de 2017.
[54] ADI 5.763/CE, Rel. Min. Marco Aurélio, j. 26.10.2017.
[55] O fato de serem órgãos excepcionais, sem paralelos, reforça a possibilidade de sua extinção, caso em que as contas dos gestores municipais atualmente por eles analisados passariam a ser fiscalizadas pelo respectivo Tribunal de Contas Estadual (ou Tribunal de Contas dos Municípios, se existente), dando plenitude ao modelo constitucional idealizado.
[56] FIGUEIREDO, Lucia Valle. Tribunais de Contas Municipais. *Revista de Direito Público –RDP*, v. 62, n. 101, abr.-jun. 1982.

Na oportunidade, de início Luís Maximiliano Leal Telesca Mota, representando o *amicus curiae* Associação Nacional do Ministério Público de Contas (AMPCON), mencionou trecho da obra de Carlos Maximiliano:

> Não se encontra um princípio isolado, em ciência alguma; acha-se cada um em conexão íntima com outros. O Direito objetivo não é um conglomerado caótico de preceitos; constitui vasta unidade, organismo regular, sistema, conjunto harmônico de normas coordenadas, em interdependência metódica, embora fixada cada uma no seu lugar próprio. De princípios jurídicos mais ou menos gerais deduzem corolários; uns e outros se condicionam e restringem reciprocamente, embora se desenvolvam de modo que constituam elementos autônomos operando em campos diversos. Cada preceito, portanto, é membro de um grande todo; por isso do exame em conjunto resulta bastante luz para o caso em apreço (*Hermenêutica e aplicação do direito*. 8ª ed. Rio de Janeiro: Freitas Bastos, 1965, p. 140).

Anunciou que haveria "nuances da recepção". Levantou a pergunta que se propôs a responder: "a simetria e a Súmula 653 se aplicam"? A seu favor mencionou diversos precedentes de Tribunais de Contas dos Municípios, entretanto nenhum de Tribunais de Contas Municipais. Por fim, sugeriu que não haveria razoabilidade em manter apenas um Tribunal diferente do sistema nacional, solicitando novamente pela procedência da ação intentada.

Em favor do *amicus curiae* Tribunal de Contas do Município de São Paulo (TCM/SP), Ricardo Epaminondas Leite Oliveira Panato solicitou o indeferimento de ambas as pretensões. Mencionou parecer do Professor Manoel Gonçalves Ferreira Filho acerca da proteção conferida pelo art. 31, §1º ao livre exercício do Controle Externo.

Alegou que o TCM-SP foi recepcionado na forma como criado, sem alteração de estrutura, pois onde o constituinte pretendeu reforma, foi expresso. Recuperou debate ocorrido em sessão de 25.08.1988 da Assembleia Nacional Constituinte, em que o Deputado Bernardo Cabral concluiu que se desejava evitar a criação de um Ministério Público municipal.

Recuperou argumentos do parecer da Advocacia Geral da União que pugna pelo indeferimento da Arguição de Descumprimento de Preceito Fundamental nº 272 (ainda não julgada), em que se pleiteia a organização e o regulamento do Ministério Público de Contas no Município de São Paulo.

O voto do relator, Ministro Gilmar Mendes, assinalou que a autonomia municipal foi reforçada pela Constituição de 1988, concedendo poder de auto-organização e elevando-o a princípio sensível. A Lei Orgânica deve, portanto, regular a matéria. Busca esteio na manifestação do Professor Manoel Gonçalves Ferreira Filho.

Ponderou que, se nove são os Ministros do Tribunal de Contas da União e sete são os Conselheiros dos Tribunais de Contas Estaduais, então cinco seria um bom número para o quadro de Conselheiros dos Tribunais de Contas Municipais, novamente esclarecendo que entende que a Lei Orgânica deve regular o assunto. Conclui que o art. 151 da Constituição do Estado de São Paulo não contém inconstitucionalidade material, mas formula *obiter dictum*, sugerindo ao legislador municipal que considere a introdução de carreiras técnicas.

O Ministro Alexandre de Moraes, por sua vez, concluiu da mesma forma que o relator, ressalvando o *obiter dictum*, pois entendeu que não caberia qualquer sorte de mudança à estrutura do Tribunal de Contas do Município de São Paulo, uma vez que recebido como estava com a Constituição de 1988.

Recuperou as discussões de 09.03.1988 e de 25.08.1988 da Assembleia Nacional Constituinte, para argumentar que houve de fato um congelamento do que era o Tribunal de Contas Municipal. Constitucionalizara-se o que era Lei Ordinária Municipal, tacitamente. Houve tão somente a consagração de uma situação estabelecida. Por fim, mencionou a doutrina de Edson Simões, que é Conselheiro do próprio TCM-SP.

O Ministro Gilmar Mendes retomou a palavra para sublinhar a influência política existente nos Tribunais de Contas.

Seguiram-se os votos dos Ministros Edson Fachin e Roberto Barroso, que acompanharam o relator, sem mencionar o *obiter dictum*. A Ministra Rosa Weber acompanhou o relator e mencionou o *obiter dictum*. O Ministro Luiz Fux esclareceu que a expressão "no que couber" do art. 75 da Constituição Federal daria guarida à forma prevalecente no Município de São Paulo, e acompanhou o relator sem mencionar o *obiter dictum*, mesma posição do Ministro Dias Toffoli.

Ricardo Lewandowski mencionou o teto municipal, o subsídio do Prefeito, manifestando sua convicção de que os subsídios dos Conselheiros deveriam acompanhar tal paradigma, e acompanhou o relator, sem mencionar o *obiter dictum*.

Finalmente, o Ministro Marco Aurélio pôs em dúvida a possibilidade de um órgão municipal ser constituído pela Carta Política do Estado e, por esse motivo, pediu vista. A decisão ficou da seguinte maneira ementada.

Decisão: Após o voto do Ministro Gilmar Mendes (Relator), julgando improcedente o pedido, no que foi acompanhado pelos Ministros Alexandre de Moraes, Edson Fachin, Roberto Barroso, Rosa Weber, Luiz Fux, Dias Toffoli e Ricardo Lewandowski, pediu vista dos autos o Ministro Marco Aurélio. Ausente, justificadamente, o Ministro Celso de Mello. Falaram: pelo *amicus curiae* Associação Nacional do Ministério Público de Contas – AMPCON, o Dr. Luís Maximiliano Leal Telesca Mota, e, pelo *amicus curiae* Tribunal de Contas do Município De São Paulo – TCM/SP, o Dr. Ricardo Epaminondas Leite Oliveira Panato. Presidência da Ministra Cármen Lúcia. Plenário, 2.8.2017.

9 Conclusão

Em resposta à provocação inicial, concluímos que o Tribunal de Contas é a instituição auxiliar do Legislativo na missão do Controle Externo, mas com atribuições e competências descritas no art. 71 da CF/88, com a composição dada pela Súmula nº 653 do STF. Eis suas atribuições e atores.

Nosso entendimento é de que se há município com instituição de formato diverso, sem Auditores e sem Ministério Público, é forçoso reconhecer o estado de exceção, por terem Tribunal de Contas de versão diversa, que foi ab-rogada.

Essa posição, no entanto, não está prevalecendo frente ao julgamento parcial das ADIs 346 e 4.776, da relatoria do Ministro Gilmar Mendes, julgamentos que determinarão a sorte dos julgamentos conexos, RE 766.583 e ADPF 272.

Há, no entanto, ponto relevante a solucionar, seja no julgamento que ainda não se encerrou, seja por meio de embargos de declaração: pode o legislativo municipal alterar como melhor lhe aprouver o seu Tribunal de Contas Municipal, ou ele fica com a sua composição integralmente política congelada como existia em 5 de outubro de 1988? Ambas as posições parecem ruins a seu próprio modo.

Referências

BRASIL. *Constituição dos Estados Unidos do Brasil de 1946*. Brasília, 1946.

BRASIL. *Constituição da República Federativa do Brasil de 1967*. Brasília, 1967.

BRASIL. *Constituição da República Federativa do Brasil de 1988*. Brasília, 1988.

BRASIL. Emenda Constitucional nº 1, de 1969. Brasília, 1969.

BRASIL. Lei Complementar nº 101, de 2000. Brasília, 2000.

CANHA, Cláudio Augusto. A evolução (?) do papel dos auditores dos tribunais de contas do Brasil. *Jus Navigandi*, Teresina, ano 18, n. 3.641, 20 jun. 2013. Disponível em: <http://jus.com.br/artigos/24751>. Acesso em: 14 nov. 2017.

CARVALHO, André Luís. Municípios em território federal, e o auxílio ao controle externo? *Jus Navigandi*, Teresina, ano 12, n. 1.444, 15 jun. 2007. Disponível em: <http://jus.com.br/artigos/10015>. Acesso em: 14 nov. 2017.

FIGUEIREDO, Lucia Valle. Tribunais de Contas Municipais. *Revista de Direito Público – RDP*, v. 62, n. 101, abr.-jun. 1982.

MILESKI, Hélio Saul. *O controle da gestão pública*. São Paulo: Revista dos Tribunais, 2003.

RIO DE JANEIRO (Estado). *Constituição Estadual de 1989*. Rio de Janeiro, 1989.

SÃO PAULO (Estado). *Constituição Estadual de 1989*. São Paulo, 1989.

SILVA, José Afonso da. *Comentário contextual à Constituição*. São Paulo: Malheiros, 2005.

Sistema de Informações Contábeis e Fiscais do Setor Público Brasileiro (SICONFI). Disponível em: <https://siconfi.tesouro.gov.br/siconfi/pages/public/declaracao/declaracao_list.jsf>. Acesso em: mar. 2018.

Informação bibliográfica deste texto, conforme a NBR 6023:2002 da Associação Brasileira de Normas Técnicas (ABNT):

SARQUIS, Alexandre Manir Figueiredo; COSTA, Rafael Neubern Demarchi. A composição dos Tribunais de Contas municipais de São Paulo e do Rio de Janeiro. In: LIMA, Luiz Henrique (Coord.). *Tribunais de Contas*: temas polêmicos: na visão de Ministros e Conselheiros Substitutos. 2. ed. rev., ampl. e atual. Belo Horizonte: Fórum, 2018. p. 171-201. ISBN 978-85-450-0521-6.

EM BUSCA DA LEGITIMIDADE DA JUDICATURA DE CONTAS

O MODELO CONSTITUCIONAL

SABRINA NUNES IOCKEN

"Supõe-se que todos ajam justamente e cumpram sua parte na sustentação das instituições justas."

(John Rawls)

1 Introdução

Mais de duas décadas após a promulgação da Constituição brasileira, a aposta inovadora do constituinte nas competências e instrumentos conferidos aos Tribunais de Contas foi mitigada por uma atuação diminuta no desempenho da função de controle, contribuindo para o déficit de legitimidade institucional que vem provocando profundas reflexões sobre o modelo de juízo dos Tribunais de Contas. Nesse cenário, torna-se incipiente pôr em foco as deficiências relacionadas ao exercício da judicatura de contas. Quem são esses julgadores e qual o arcabouço jurídico-constitucional no qual estão inseridos?

Mesmo diante da realidade distinta que compreende cada um dos 34 Tribunais de Contas existentes no país, não há espaço para construções arbitrárias, incompatíveis com o arcabouço jurídico-constitucional. Existe um núcleo intangível que deve ser observado pelos órgãos julgadores, sob pena de comprometer a própria legitimidade da jurisdição de contas.

Por certo que o Estado Constitucional de Direito em funcionamento[1] revela-se como um instrumento propício para a concretização do

---
[1] CARBONELL. El Constitucionalismo en su labirinto. *In*: CARBONEL (Ed.). *Teoría del neoconstitucionalismo*. Madrid: Trotta; 2003. p. 12.

texto constitucional, não só pelo atendimento de sua diretriz material, como também pelos mecanismos que o asseguram. O modelo do Estado Constitucional é, sem dúvida, a mola propulsora do redesenho das funções de Estado, que devem moldar-se às novas exigências sociais.[2]

Novas dinâmicas construtivas legitimadas por novos sujeitos participativos e modelos renovadores de arranjos político-constitucionais põem em discussão as medidas que violam o núcleo constitucional intangível de garantia da judicatura de contas.

É sob o viés do constitucionalismo[3] democrático que Ferrajoli[4] identifica duas esferas centrais na divisão das funções do Estado. Na primeira esfera estariam as decisões legitimadas pelo consenso popular, através da representação política. Enquanto a segunda esfera corresponde ao espaço da jurisdição e da administração vinculada, que não pode ser decidida e nem obstruída por nenhuma maioria.

Nesse contexto, o que se pretende é verificar quais premissas de justificação alicerçam a judicatura de contas e, por conseguinte, a posição que ocupa na geometria do poder, considerando, principalmente, que o avanço conferido pelo constituinte de 1988 posiciona as Cortes de Controle como instituições democraticamente legitimadas por atribuições próprias que lhes conferem funções de Estado.[5]

Ocorre que a concretização da legitimidade da jurisdição de contas passa necessariamente pelo modelo de juízo concebido, o qual compreende a forma de escolha dos seus julgadores, a posição constitucional em que se encontra e o núcleo de garantias orgânicas e procedimentais para o desempenho da atividade de controle.

Um olhar atento e direcionado para o julgador de contas tem por objetivo permitir a estruturação sistemática dessas garantias delimitadas pelo próprio texto constitucional que permeiam o exercício das

---

[2] Sobre o neoconstitucionalismo "[...] aquí se desprende que el neoconstitucionalismo requiere una nueva teoría de las fuentes alejada del legalismo, una nueva teoría de la norma que dé entrada al problema de los principios, y una reforzada teoría de la interpretación, ni puramente mecanicista ni puramente discrecional, donde los riesgos que comporta la interpretación constitucional puedan ser conjurados por un esquema plausible de argumentación jurídica" (SANCHÍS. Neoconstitucionalismo y ponderación judicial. In: CARBONELL (Ed.). Neoconstitucionalismo(s), p. 158).

[3] Ferrajoli se contrapõe ao neoconstitucionalismo propondo a teoria do constitucionalismo garantista. Cf. FERRAJOLI. Constitucionalismo garantista e neoconstitucionalismo.

[4] FERRAJOLI. Jurisdição e consenso. Revista Brasileira de Estudos Constitucionais – RBEC, p. 151-164.

[5] O surgimento do Estado Democrático contribuiu para a superação da divisão de poderes, nos moldes concebidos por Montesquieu. Na lição de De Esteban, o advento da democracia superou os três poderes clássicos, podendo-se falar em vários poderes (DE ESTEBAN. Tratado de derecho constitucional I).

atribuições do seu corpo deliberativo. Tal desiderato tangencia uma reflexão teórica mais profunda sobre a própria legitimidade das Cortes de Contas e sobre os instrumentos que lhes assegurem uma atuação mais efetiva.

2 Judicatura de contas: o modelo constitucional

A concepção garantista proposta por Ferrajoli concebe o constitucionalismo rígido não como uma superação, mas sim como um reforço do positivismo jurídico, por ele alargado em razão de suas próprias escolhas, a dos direitos fundamentais estipulados nas normas constitucionais, que devem orientar a produção do direito positivo.[6]

O recorte teórico na doutrina de Ferrajoli aqui proposto não adentra na tensão mais ampla que se verifica entre neoconstitucionalismo e garantismo, mas busca extrair de seu pensamento as premissas para a análise da jurisdição, resgatando os elementos essenciais mínimos de sua funcionalidade.

O modelo concebido por Ferrajoli evidencia a jurisdição[7] ao mesmo tempo que a distancia das funções políticas de governo, em cujo alicerce democrático se edifica o consenso. A jurisdição, ao contrário, está emoldurada pelo conteúdo normativo, pela aplicação do direito instrumentalizada pela atividade cognitiva da busca pela verdade, ainda que fruto do dissenso da maioria.

O conteúdo constitucional estabelece dois eixos centrais, os quais Ferrajoli denomina de "esfera do indecidível" e "esfera do decidível". O indecidível assume duas facetas, a primeira, de feição positiva, compreende o "indecidível que", ou seja, a lesão ou restrição dos direitos de liberdade que nenhuma maioria pode legitimamente decidir; a segunda, de feição negativa, compreende o "indecidível que não", ou seja, a satisfação dos direitos sociais que nenhuma maioria pode não decidir. O que fica fora dessa esfera é contemplado na "esfera

---

[6] FERRAJOLI. Constitucionalismo garantista e neoconstitucionalismo.
[7] Cf. García-Pelayo, que trata sob o ponto de vista da ciência política, de dois modelos atinentes às possibilidades de divisão de poder: 1º) modelo dualista, que reconhece como divisão capital aquela entre os poderes de decisão política e aquele fiscalizador da juridicidade dessas mesmas decisões; e 2º) modelo pluralista, que reconhece vários outros prismas de observação dessa mesma divisão, a saber, poder constituinte x poder constituído, poder do estado x esfera autônoma de poder da sociedade, divisão horizontal de poderes, divisão vertical ou federativa de poderes, divisão temporal do poder etc. (GARCIA-PELAYO. *Las transformaciones del Estado contemporáneo*).

do decidível", isto é, das decisões legitimadas pelo consenso popular, através da representação política.[8] Na percepção de Ferrajoli,[9] a jurisdição situa-se na esfera do "indecidível". Para o autor, a esfera do "decidível" está reservada às funções de governo, entre as quais se incluem a função legislativa e o desempenho de funções administrativas que não importem garantias primárias dos direitos de liberdade e dos direitos sociais. O consenso não constitui elemento legitimador para qualquer decisão, nem mesmo dos poderes políticos de governo, cujo exercício somente está subordinado aos limites e vínculos expressos na própria Constituição.

Nesse sentido, Ferrajoli assevera que:

> As funções de governo desenham o espaço da política, cujos parâmetros de avaliação são a eficiência e a utilidade dos resultados obtidos, do ponto de vista dos interesses gerais, e cujas fontes de legitimação são, por isso, a representação política e o consenso. As funções de garantia correspondem, ao contrário, ao espaço da jurisdição e da administração vinculada, cujos critérios de avaliação e cujas fontes de legitimação são a retidão e o fundamento das aferições dos pressupostos legais de seu exercício.[10]

Há de se perquirir, nesse cenário, em qual esfera as decisões dos Tribunais de Contas estão inseridas. O rol de competências elencado no art. 71[11] da Constituição Federal evidencia que suas decisões estão compreendidas na esfera do "indecidível", atreladas à função julgadora e, portanto, dissociadas do requisito do consenso enquanto alicerce de legitimidade.

Tanto é assim que na apreciação dos atos de governo, contemplada no artigo 71, inciso I, da Constituição, a emissão do parecer anual, pela Corte de Contas, abrange os atos de caráter financeiro e orçamentário do governo. Trata-se de uma função de índole técnico-jurídica, pois o julgamento propriamente dito, cuja competência não é do Tribunal de Contas, mas sim do Poder Legislativo, está vinculado à avaliação política da utilidade dos resultados obtidos.

---

[8] FERRAJOLI. Jurisdição e consenso. *Revista Brasileira de Estudos Constitucionais – RBEC*, p. 151.
[9] FERRAJOLI. Jurisdição e consenso. *Revista Brasileira de Estudos Constitucionais – RBEC*, p. 151.
[10] FERRAJOLI. Jurisdição e consenso. *Revista Brasileira de Estudos Constitucionais – RBEC*, p. 151.
[11] É preciso ter em conta que o art. 71 da Constituição elenca um rol que contempla competências relacionadas não só ao *que se pode fazer*, como também as relacionadas a *como se pode fazer*, cujo conteúdo destas últimas teria natureza propriamente instrumental, em relação às primeiras.

Assim, cabe ao Tribunal, na sua esfera do "indecidível", evidenciar pela análise cognitiva o cumprimento das normas orçamentárias e financeiras, sob o prisma da legalidade, em sua concepção mais ampla. Mas cabe ao Legislativo a possibilidade de, após o parecer técnico do Tribunal de Contas, promover o ato de julgamento político das contas de governo.

Dessa forma, são os representantes do povo e detentores da legitimidade democrática[12] que irão decidir se o chefe do Executivo logrou êxito na promoção dos desejos sociais. De fato, há uma preocupação do constituinte em manter a correlação de legitimidade entre a função desempenhada pelo detentor do mandato eletivo e a responsabilidade pelo julgamento das contas de governo, que mesmo de caráter político é subsidiada por parecer técnico do Tribunal de Contas. Sublinhe-se, ainda, que, no julgamento do Presidente da República e dos governadores, basta a maioria simples do Parlamento para se afastar a conclusão do parecer prévio emitido pelo Tribunal de Contas, enquanto no âmbito municipal, é necessária a maioria qualificada de dois terços, nos termos do art. 31, §2º, da Constituição.

Situação diversa ocorre quando do julgamento dos gestores responsáveis pela aplicação de recursos públicos, nos termos do art. 71, inciso II, da Constituição Federal. A natureza desse julgamento difere da análise dos atos de governo, uma vez que constitui competência dos Tribunais de Contas promover a função julgadora na apreciação da legalidade, legitimidade e economicidade de todos os atos de gestão que envolvam a aplicação de recursos públicos.

Nessa hipótese há propriamente o exercício de competências de natureza judicante, que permitem a imposição de sanções aos administradores públicos e demais responsáveis por dinheiros, bens e valores públicos. Não há qualquer margem para arbitrariedades, mas tão somente a aferição imparcial do cumprimento da lei. Adentra-se, novamente, na esfera do "indecidível", em que a validade da decisão de aplicação da lei para uma hipótese legal, sob o comando do caráter cognitivo do julgador, está condicionada à verdade de sua motivação.

A jurisdição de contas, portanto, pressupõe um conjunto de espaços de decisões que envolvem interpretação de leis, indução probatória e juízo de valor próprio da esfera de contas públicas, cuja competência é reservada aos Tribunais de Contas.

---

[12] Sobre o tema representatividade e democracia, a partir de uma perspectiva crítica, cf. FREITAS. Direito constitucional à democracia. *In*: FREITAS; TEIXEIRA (Org.). *Direito à democracia*: ensaios transdisciplinares, p. 11-39.

As interferências orgânicas entre os poderes têm um limite intrínseco: nenhum poder pode invadir validamente o âmbito nuclear dos demais. Desse modo, deve ser preservado o âmbito funcional próprio, a operatividade básica, com foco nas suas decisões vitais e típicas.[13] O objetivo desse limite é evitar a concentração de funções em um único poder pelo esvaziamento das competências de outros órgãos ou instituições estatais.

Muito se tem discutido sobre o déficit de legitimidade dos Tribunais de Contas, principalmente no que tange à efetividade de suas decisões. Esse questionamento decorre da própria democracia substantiva, cujo interesse social aponta para a necessidade do real controle das contas públicas, conjugando não só a eficiência na aplicação dos recursos, mas, sobretudo, a efetividade dos controles estabelecidos, de modo a tornar perceptíveis os benefícios deles advindos.

As premissas de justificação da legitimidade do exercício da jurisdição apontadas por Ferrajoli são de duas ordens, a primeira, de natureza cognitiva face ao princípio da legalidade, sob o qual está vinculado o exercício da jurisdição; e, a segunda, ligada à garantia dos direitos dos cidadãos, e por consequência, ao papel de contrapoder em relação aos poderes políticos majoritários.[14]

Assim, a atuação dos Tribunais de Contas deve não só resguardar a validade de suas decisões, como, e sobretudo, assumir esse encargo de contrapoder, através de uma postura atuante e efetiva do seu corpo de julgadores, a quem compete proferir decisões sob a orientação intransponível do comando constitucional, em prol da verdade, da ordem jurídica e da democracia.

Assim, a interpretação do texto constitucional, quanto à função de controle enquanto ramificação dos Poderes do Estado, deve conduzir a um sistema próprio da judicatura de contas, sob pena de esvaziamento das competências conferidas pelo constituinte originário aos Tribunais de Contas.

2.1 Composição dos Tribunais de Contas: um modelo em descompasso com o seu alicerce de legitimidade

A designação de Tribunal conferida aos órgãos de controle já remete ao modelo de jurisdição, sendo esta diretriz preconizada pelo

---
[13] SOLOZÁBAL. Separación de Poderes. *In*: TEMAS básicos de derecho constitucional I.
[14] FERRAJOLI. Jurisdição e consenso. *Revista Brasileira de Estudos Constitucionais – RBEC*, p.151.

constituinte, que além de trazer expressamente o conceito de judicatura para dentro da disciplina dos Tribunais de Contas e de aparelhar a instituição com membros de um Ministério Público especializado, enquanto fiscais da lei, deixa assente a aplicação das garantias e impedimentos da magistratura a seus membros, Ministros/Conselheiros e Auditores substitutos de Ministros/Conselheiros.

O modelo constitucional prevê a forma de composição dos Tribunais de Contas, estabelecendo um quantitativo fixo de nove ministros no âmbito federal e de sete conselheiros no âmbito estadual ou, quando houver, municipal. No entanto, restou silente com relação ao quantitativo de Auditores[15] substitutos de Ministros/Conselheiros, assim como de membros do Ministério Público de Contas, em que pese ter inovado com relação à exigência do concurso público para tais cargos.

O critério de escolha dos Ministros obedece à indicação do Congresso Nacional de dois terços dos membros e do Presidente da República de um terço. O preenchimento das vagas adota o critério de origem de cada um dos Ministros, vinculando-se cada uma delas à respectiva categoria a que pertencem. Da mesma forma, os Tribunais de Contas Estaduais e Municipais obedecem a esta proporcionalidade. Apenas dois cargos estão reservados a membros concursados, um proveniente da carreira dos auditores substitutos de conselheiros e outro dos membros do Ministério Público junto ao Tribunal de Contas.

O modelo adotado para a escolha dos membros dos Tribunais expõe um ponto de fragilidade na composição dos Tribunais de Contas, objeto de constantes e justificadas críticas.

Conforme aponta Canha, ao longo da elaboração do texto constitucional, as vagas destinadas aos auditores substitutos de Ministros/Conselheiros sofreram significativa redução, passando de um terço das vagas – três, portanto – para apenas uma única vaga reservada aos membros da carreira. Nas palavras do autor, "na realidade criou-se nos Tribunais de Contas um 'quinto constitucional' às avessas, pois, no Poder Judiciário, as vagas reservadas a membros oriundos de

---

[15] Sobre a nomenclatura do cargo de Auditor, Canha traz uma distinção entre a acepção contábil do termo e a acepção jurídica. "Na acepção contábil, auditor é aquele que realiza auditoria, técnica contábil que verifica ou revisa registros, demonstrações e procedimentos da escrituração contábil. [...] A acepção jurídica do termo 'auditor' existe e é presentemente utilizada, conquanto seja atualmente desconhecida. O eminente jurista De Plácido e Silva assim registra o vocábulo (p. 170), tanto na acepção jurídica como na contábil: 'AUDITOR: É título por que se designam juízes ou magistrados encarregados da aplicação de justiça em certo ramo ou espécie de jurisdição, em regra, de ordem criminal'" (CANHA. A evolução (?) do papel dos auditores dos tribunais de contas do Brasil. Jus Navigandi).

carreiras estranhas à magistratura são minoria (20%, sendo metade – 10% – destinada aos membros do Ministério Público e a outra metade a advogados)".[16] A distorção verificada pode comprometer um dos elementos estruturantes do direito fundamental ao processo, que é a imparcialidade do juiz, de quem se espera pronunciamentos previsíveis, confiáveis e motivados.[17] O ingresso majoritário e, consequentemente, desproporcional de pessoas desvinculadas da carreira da magistratura de contas compromete o requisito da confiabilidade quanto ao julgamento imparcial.

Além disso, a situação é agravada pelas frequentes anomalias observadas nos processos de preenchimento das vagas não vinculadas às carreiras técnicas, os quais nem sempre observam com rigor os requisitos constitucionais para o cargo.

Não se trata de uma análise individualizada do colegiado, mas da compreensão do contexto institucional e da movimentação na composição dos membros oriundos das indicações livres, seja do Parlamento, seja do Chefe do Executivo, em desequilíbrio quantitativo com os membros provenientes das carreiras providas por concurso público.[18]

Ressalta-se, portanto, duas facetas dessa problemática, a primeira que diz respeito à escolha daqueles que darão voz aos Tribunais de Contas através de suas decisões; e a segunda, que diz respeito propriamente à decisão dos "escolhidos", as quais devem ser pautadas por parâmetros técnicos para a aplicação da lei.

É por meio de critérios de racionalidade lógica e discursiva, aliados aos critérios de correção material[19] (razoabilidade da decisão), levados

---

[16] CANHA. A evolução (?) do papel dos auditores dos Tribunais de Contas do Brasil. *Jus Navigandi*.

[17] SARLET; MARINONI; MITIDIERO. *Curso de direito constitucional*, p. 619.

[18] A pesquisa elaborada pelo Instituto Ethos sobre os sistemas de integridade nos Estados brasileiros, coordenada por Bruno Wilhelm Speck e Valeriano Mendes Ferreira, apontou um indicador de independência dos Conselheiros dos Tribunais de Contas. "De forma geral, o indicador de independência diz respeito ao estreito vínculo entre o colegiado e o mundo político, apontando problemas estruturais e institucionais dos TCs no Brasil. A avaliação não se refere à eficiência, à integridade, ao profissionalismo e à independência dos conselheiros específicos (que, por essa razão, não são identificados individualmente na tabela). Os números indicam como os diferentes TCs se movimentam dentro do contexto institucional e mostram uma variação significativa entre os Estados" (INSTITUTO ETHOS DE EMPRESAS E RESPONSABILIDADE SOCIAL. O controle externo das contas públicas pelos Tribunais de Contas estaduais: a questão da independência do colegiado do mundo político. *In*: SISTEMAS de integridade nos Estados brasileiros, p.34).

[19] Aarnio, ao tratar da legitimidade das decisões, diz que, para ser legítima, esta deve estar baseada na descrição racional, desdobrada em racionalidade lógica, racionalidade discursiva e na correção material, ou seja, o resultado da decisão deve ser razoável (AARNIO. Sobre

a efeito por esses escolhidos, que será possível o estabelecimento da relação de confiança da sociedade quanto ao acerto de suas decisões.

Nesses termos, as decisões dos Tribunais de Contas devem estar vinculadas a raciocínios hermenêuticos dissociados da aspiração volitiva de consensos ou dissensos, de modo a primar pela isenção e imparcialidade, conforme aponta Ferrajoli:

> *Exatamente por residir na garantia da aferição imparcial da verdade, a legitimidade do juízo não pode depender do consenso da maioria.* Nenhuma maioria, nem mesmo a unanimidade dos consensos ou dos dissensos, pode tornar verdadeiro o que é falso ou falso o que é verdadeiro. Consensos ou dissensos nada acrescentam à falsidade ou à verdade de uma motivação. Por isso, o caráter eletivo dos magistrados – presente por exemplo na experiência constitucional americana – está em contradição com a fonte de legitimação da jurisdição, assim como a elegibilidade – ou pior ainda, a dependência do ministério público do executivo – está em contradição com a fonte de legitimação da jurisdição.[20] (grifos nossos)

A conquista de uma maior legitimidade estrutural e/ou institucional pressupõe a justificação dos juízos de valor, suscetíveis de argumentação e de controle a partir de princípios políticos consagrados na Constituição.

Na visão de Robert Alexy,[21] há uma correlação entre a legitimidade democrática intrínseca do Poder Legislativo e a legitimidade argumentativa, pressuposto a ser obedecido pelo aplicador do Direito, pois é mediante a exposição das razões que justificaram a tomada de determinada decisão que se permite a redução do subjetivismo decisionista, fator de constante perda de legitimidade.

Com acerto, pondera Valle que, em relação ao argumento de que só o voto pode ser visto como signo legitimador do agir do poder, o labor técnico e independente associado à motivação das decisões pode se revelar igualmente apto a conferir legitimidade a uma atuação que se exerça a título de controle desse mesmo atuar do poder político.[22]

Assim, é um equívoco considerar que o consenso, pressuposto da legitimidade democrática, tão presente no dia a dia do Poder Legislativo e mesmo do Executivo, deve ser valorizado na atuação dos Tribunais

---

la racionalidad de la racionalidad. Algunas observaciones sobre la justificación jurídica. *In*: ANALES DE LA CÁTEDRA FRANCISCO SOAREZ).
[20] FERRAJOLI. Jurisdição e consenso. *Revista Brasileira de Estudos Constitucionais – RBEC*, p. 154-155.
[21] ALEXY. *Teoria da argumentação*.
[22] VALLE. *Políticas públicas, direitos fundamentais e controle judicial*, p. 99.

de Contas. São a imparcialidade e a qualificação técnica os elementos centrais que devem ser elevados à condição de máxima efetividade.

Assim, a composição de seu colegiado não está condicionada a consensos políticos, mas à *expertise* de seus julgadores, que devem preencher o núcleo dos requisitos de qualificação necessários para o desempenho das atribuições do cargo.[23]

O reconhecimento da esfera de legitimidade institucional, por se tratar de um processo dinâmico e em constante transformação, não é obtido de forma definitiva. É necessário, além da *expertise* de seus julgadores, a constante preocupação com as decisões, que devem ser motivadas, razoáveis e transparentes, revigorando o alicerce de legitimidade dos Tribunais de Contas.

O influxo das interferências políticas descaracteriza, não raro, a natureza do controle, configurando-o num instrumento de fluxo de interesses desvirtuantes do compromisso constitucional. Somente através do exercício imparcial e qualificado de competências legalmente predeterminadas, conferidas a seus membros, é que os Tribunais de Contas podem garantir seu vínculo intersubjetivo de legitimidade para com a sociedade.

3 Das garantias constitucionais dos membros dos Tribunais de Contas

Estabelecidos os fundamentos sob os quais se debruça a atividade judicante dos Tribunais de Contas, sobrepõe-se a importância dos seus membros, enquanto estrutura orgânica de justificação institucional, de modo que se torna premente extrair do texto constitucional o arcabouço jurídico que lhes assegura o núcleo intangível de sua naturalidade, independência e imparcialidade, de forma a lhes permitir o fiel cumprimento de sua missão constitucional.

Destaca-se de início, a seguinte indagação: quem está inserido nesse regime jurídico peculiar afeto ao desempenho da função de judicatura das contas públicas? Tal questionamento é respondido com clareza pela própria Constituição:

---

[23] Nota-se que o concurso público é apenas um mecanismo de seleção. A própria Constituição Federal adotou como forma de ingresso, por exemplo, para os Ministros do STF a escolha entre cidadãos com mais de trinta e cinco e menos de sessenta e cinco anos de idade, de notável saber jurídico e reputação ilibada.

§3° Os Ministros do Tribunal de Contas da União terão as mesmas garantias, prerrogativas, impedimentos, vencimentos e vantagens dos Ministros do Superior Tribunal de Justiça, aplicando-se-lhes, quanto à aposentadoria e pensão, as normas constantes do art. 40. (Redação dada pela Emenda Constitucional nº 20, de 1998)

§4º – O auditor, quando em substituição a Ministro, terá as mesmas garantias e impedimentos do titular e, quando no exercício das demais atribuições da judicatura, as de juiz de Tribunal Regional Federal.

Há uma equiparação constitucional que confere aos Ministros e Conselheiros, assim como aos auditores substitutos deles, a inserção ao regime jurídico próprio da magistratura, como ocorre com o Ministério Público de Contas, em relação ao *Parquet*.[24]

Cabe aos Auditores, em sua acepção jurídica de juízes, substituir, nas hipóteses legais, Ministros e Conselheiros, situação na qual a Constituição reforça a assunção da posição com todas as garantias e os impedimentos do titular. Mas quando não estiverem no exercício desse mister de substituição, suas funções são as da judicatura, com expressa equiparação constitucional ao juiz do Tribunal Regional Federal.

Isso decorre da própria natureza judicante das Cortes de Contas, cuja premissa de legitimidade é o controle do cumprimento da Constituição e da lei, na seara específica das contas públicas. Situa-se na esfera do "indecidível" e, portanto, dissociado do consenso, da arbitrariedade e de concessões. Este é o ponto central: somente o apego à técnica produzirá decisões legítimas dentro do Estado Constitucional.

Ora, ainda que evidente o descompasso na forma de escolha de parte dos seus membros a realização de concurso público de provas e títulos específico para o preenchimento dos cargos de Ministros/ Conselheiros Substitutos, a quem também incumbe o exercício da função julgadora, foi preconizada pelo constituinte como mecanismo que contribui para a legitimidade da judicatura de contas.[25]

---

[24] Cf. Art. 130 da Constituição: "aos membros do Ministério Público junto aos Tribunais de Contas aplicam-se as disposições desta seção pertinentes a direitos, vedações e forma de investidura".

[25] A título exemplificativo, o art. 19 da lei orgânica do Tribunal de Contas de Portugal exige como requisitos de provimento: "1 – Só podem apresentar-se ao concurso curricular os indivíduos com idade superior a 35 anos que, para além dos requisitos gerais estabelecidos na lei para a nomeação dos funcionários do Estado, sejam: *a)* Magistrados judiciais, dos tribunais administrativos e fiscais ou do Ministério Público, colocados em tribunais superiores, com pelo menos 10 anos na respectiva magistratura e classificação superior a *Bom*, bem como os juízes do Tribunal de Contas de Macau; *b)* Doutores em Direito, Economia, Finanças ou Organização e Gestão ou em outras áreas adequadas ao exercício das funções; *c)* Mestres ou licenciados em Direito, Economia, Finanças ou Organização e Gestão ou em outras áreas

Daí a importância da realização de concursos públicos para os cargos de Ministro ou Conselheiro Substituto, bem como o seus provimentos, no âmbito de todos os 34 Tribunais de Contas, pois a natureza técnica desses julgadores constitui elemento indispensável de legitimidade das Cortes de Contas. Esse, por certo, é um dos pilares de justificação do modelo da judicatura de contas, alinhado aos anseios de uma sociedade ávida por um controle de fato eficaz e eficiente.

3.1 Das garantias orgânicas: arcabouço jurídico-constitucional

A escolha do modelo de juízo e, portanto, da fonte de legitimação geral para o desempenho da função de controle, enquanto garantidora do cumprimento da Constituição e da lei no que se refere à aplicação dos recursos públicos, pressupõe o atendimento ao núcleo intangível das garantias orgânicas e procedimentais, exigido pelo princípio de submissão à jurisdição.

Essas *garantias orgânicas destinam-se a resguardar, na concepção de Ferrajoli,[26] os três pilares: o da naturalidade, o da imparcialidade e o da impessoalidade. Por certo que esses vetores apontam para um conjunto de normas, cujo comando finalístico impõe-se como premissa interpretativa de todo o sistema.*

A primeira garantia básica dos membros dos Tribunais de Contas, prevista pela Constituição, é o exercício da judicatura, o que pressupõe o atendimento ao princípio do "juiz natural". Tal princípio, de natureza cogente, pressupõe a distribuição criteriosa e imparcial da relatoria de processos e o desempenho da função julgadora. Tal comando se aplica tanto a Ministros/Conselheiros como aos seus substitutos. É a predeterminação exclusivamente constitucional de suas competências, as quais não podem sofrer limitações que comprometam a sua efetividade.

A garantia da naturalidade indica a existência de um rol de competências do juízo, predefinidas em lei, cuja indisponibilidade impede

---

adequadas ao exercício das funções com pelo menos 10 anos de serviço na Administração Pública e classificação de *Muito bom*, sendo 3 daqueles anos no exercício de funções dirigentes ao nível do cargo de Director-Geral ou equiparado ou de funções docentes no ensino superior universitário em disciplinas afins da matéria do Tribunal de Contas; *d)* Licenciados nas áreas referidas na alínea anterior que tenham exercido funções de Subdirector-Geral ou auditor-coordenador ou equiparado no Tribunal de Contas pelo menos durante 5 anos; *e)* Mestres ou licenciados em Direito, Economia, Finanças ou Organização e Gestão de Empresas de reconhecido mérito com pelo menos 10 anos de serviço em cargos de direcção de empresas e 3 como membro de conselhos de administração ou de gestão ou de conselhos fiscais ou de comissões de fiscalização".

[26] FERRAJOLI. *Direito e razão*: teoria do garantismo penal, p. 534.

qualquer ato tendente a sua derrogação. Não há qualquer possibilidade de alteração discricionária do feixe de atribuições definido pela própria Constituição. No mesmo sentido, a ausência de competências, ou melhor, o vácuo de atribuições judicantes, afronta diretamente a garantia da naturalidade, comprometendo a validade do próprio sistema.

A segunda garantia orgânica é a independência, seja ela externa ou interna. Assim, deve ser preservada tanto a independência do corpo comum deliberativo, no confronto com poderes externos, como a independência individual, em relação aos poderes hierárquicos internos. A interpretação que tenta conferir um *status* de inferioridade obstrui os vínculos de legalidade do exercício da judicatura, atentando contra a própria concepção de Estado de Direito.

Muitas deturpações, provenientes de carências e fraquezas dos filtros políticos do poder, dificultam a emancipação da judicatura de contas, contribuindo para o alargamento do déficit de legitimidade dessas Cortes.

Nesse contexto, verificam-se alguns entendimentos dissociados da real diretriz constitucional, que buscam relativizar as garantias inerentes ao cargo de Ministro/Conselheiro Substituto, pela ausência de referência expressa na Constituição aos termos vencimentos e vantagens, desconsiderando que a composição remuneratória do cargo decorre do próprio regime jurídico a que está submetido.[27]

O próprio Conselho Nacional de Justiça (CNJ) deixou assente, no voto do Conselheiro Felipe Locke Cavalcanti, ao tratar da revogação do artigo 65, §2º, da Loman, que face a essa revogação "tornaria necessário extrair do sistema o tratamento adequado para o tema, mediante aplicação direta dos princípios e regras constitucionais, devendo o intérprete levar em conta situações e carreiras simétricas".[28] Na ocasião, utilizou a simetria com a *carreira* do Ministério Público, porquanto a própria Constituição estabeleceu a *isonomia de prerrogativas e de regime jurídico* do Ministério Público em relação à Magistratura.

---

[27] Esse modelo é adotado por Tribunais de Contas de outros países, como o de Portugal, cuja lei orgânica prevê: "Artigo 24.º Prerrogativas Os juízes do Tribunal de Contas têm honras, direitos, categoria, tratamento, remunerações e demais prerrogativas iguais aos dos juízes do Supremo Tribunal de Justiça, aplicando-se-lhes, em tudo quanto não for incompatível com a natureza do Tribunal, o disposto no Estatuto dos Magistrados Judiciais".

[28] Pedido de Providências nº 0002043-22.2009.2.00.0000 Rel. José Adonis Callou de Araújo Sá Requerente: Associação dos Juízes Federais do Brasil. Ajufe Assunto: Conselho Nacional De Justiça Regime Remuneratório. Juiz Federal, Equiparação Constitucional. Membros Ministério Público. Artigo 65 Parágrafo 2º Lei Complementar 35/79. Loman (REVISTA DE DIREITO ADMINISTRATIVO – RDA).

Nessa hipótese também não há menção expressa a vencimentos e vantagens, pois esses são inerentes ao regime jurídico a que se está submetido. Trata-se do reconhecimento da força normativa do preceito constitucional. Portanto, cabe aos Ministros/Conselheiros Substitutos, a mesma assertiva utilizada pelo Ministro do STF Maurício Corrêa: não se pede qualquer favor, mas, sim, respeito à cláusula constitucional que impõe o tratamento simétrico com a carreira da Magistratura. Nada mais do que isso.[29]

O mesmo *vetor interpretativo* do sistema jurídico constitucional se aplica à categoria dos Ministros/Conselheiros Substitutos, eis que o *status* institucional e o regime funcional dos membros dos Tribunais de Contas devem assegurar a independência, elemento basilar da carreira de Estado.

A terceira garantia orgânica está atrelada à impessoalidade, ou seja, ao distanciamento subjetivo que permite o regular exercício cognitivo na busca pela verdade, com a peculiaridade que nos processos dos Tribunais de Contas tutela-se o interesse público.

No capítulo que trata especificamente dos auditores substitutos de Ministros/Conselheiros, o *Manual de boas práticas processuais dos Tribunais de Contas*[30] fez referência às hipóteses de impedimento e suspeição, questão fulcral para a preservação do liame de confiança do cidadão para com o julgador.

O conteúdo dos artigos 134 a 138 do Código de Processo Civil (CPC), que dizem respeito à imparcialidade do juiz no exercício de sua função, reforça a necessidade de condução do processo na busca pela verdade, sem interferências que possam pôr em dúvida o caráter cognitivo de sua atividade.

Infere-se, como elementos de distinção entre os institutos, que no impedimento há presunção absoluta (*juris et de jure*) de parcialidade do juiz em determinado processo por ele analisado, enquanto na suspeição há apenas presunção relativa (*juris tantum*). Enquanto o impedimento tem caráter objetivo, a suspeição tem relação com o subjetivismo do juiz. Em ambos, o propósito é resguardar a aceitação legítima do julgador.

Destaca-se, ainda, que a declaração de impedimento ou de suspeição não obstaculiza apenas a relatoria do processo, mas toda e

---

[29] Cabe aqui, assim como no Pedido de Providências nº 0002043-22.2009.2.00.0000, parafrasear o Ministro Maurício Corrêa, em sua manifestação ao acompanhar o voto do relator da matéria, Ministro Marco Aurélio, no julgamento do Recurso Ordinário em Mandado de Segurança nº 22307-7/DF.

[30] FREITAS; MILESKI. *Manual de boas práticas processuais dos Tribunais de Contas*.

qualquer manifestação do impedido ou suspeito nos autos, seja por escrito, seja de forma oral.

A função da judicatura não pode estar contaminada pelo jogo político, capaz de comprometer a busca pela verdade, pois o alicerce da legitimidade não é o consenso, mas a qualificação legal dos atos jurídicos com repercussões contábeis, orçamentárias e patrimoniais. A tentativa de redução das garantias e prerrogativas se traduz na resistência de cumprir a diretriz constitucional no que concerne à legitimidade da atividade julgadora, que deve ter por premissa a aplicação da lei e, portanto, estar imune a orientações políticas.

3.2 Das garantias procedimentais do julgamento de contas

As garantias procedimentais estão relacionadas à forma pela qual os julgadores devem proceder no desempenho da atividade de controle como função de Estado,[31] ou seja, como devem julgar.

O controle externo passa por um momento de reformulação, face à necessidade de adoção de um arcabouço processual e jurídico equânime, capaz de corporificar as premissas teóricas direcionadas à atividade de jurisdição de contas. A carência de uma sistematização teórica, aliada à ausência de um diploma normativo nacional, contribui para a dificuldade de uniformização das garantias procedimentais, abrindo um canal permissivo e propício a incertezas.

O caminho a trilhar deve ter como ponto de partida o direito fundamental ao processo justo preconizado pelo Estado Constitucional, extraindo-se de seus pressupostos jurídico-políticos os princípios estruturantes da jurisdição de contas. Ressalta-se, portanto, que tais diretrizes devem observar as especificidades do rito concernente ao Tribunal de Contas, sem se distanciar do arcabouço constitucional.

---

[31] O surgimento do Estado democrático contribuiu para a superação da divisão de poderes, nos moldes concebidos por Montesquieu. Na lição de De Esteban, o advento da democracia superou os três poderes clássicos, podendo-se falar em vários poderes (DE ESTEBAN. *Tratado de derecho constitucional I*). Cita-se, por exemplo, as inovações trazidas pela Constituição do Equador (2008) que supera a clássica divisão de poderes, na medida em que elege ao lado dos três poderes, Legislativo, Executivo e Judiciário, o poder eleitoral e o "quinto poder". O quinto poder é o da transparência e do controle social. Da mesma forma, a Bolívia (2009) refere-se textualmente à forma de estruturação do Estado, incluindo ao lado dos poderes Legislativo, Executivo e Judiciário, o poder eleitoral e o controle social, contemplando expressamente como função do Estado a de controle.

O direito ao processo justo conta com um conteúdo mínimo essencial que impõe deveres organizacionais ao Estado, cabendo à lei infraconstitucional densificar suas regras de concretização.

Nas lições de Marinoni e Mitidiero, a observância dos elementos que compõem o perfil mínimo do direito ao processo justo são os critérios a partir dos quais se pode aferir a sua adequada estruturação, a qual deve estar compatível com a finalidade do processo. Da mesma forma ocorre em outras ramificações, sendo perfeitamente possível, por exemplo, "conceber sob o ângulo da *finalidade* o processo civil de forma diversa do processo penal, nada obstante a exigência de justa estruturação a que ambos estão submetidos no Estado Constitucional".[32]

No âmbito dos Tribunais de Contas, o processo sofre o influxo do direito por ele tutelado, que condiciona sua finalidade e determina sua estruturação, devendo resguardar o direito ao processo justo e todos os outros direitos que compõem o seu perfil mínimo.

Assim, o exercício da judicatura de contas se desenvolve como garantia do devido processo legal (*due process of law*), cuja atividade cognitiva pela busca da verdade instaura-se mediante o exercício do contraditório, direcionado a resguardar uma tutela adequada e efetiva. Para tanto, ao raciocínio hermenêutico, baseado nas razões jurídicas e fáticas trazidas aos autos, deve-se acrescentar a publicidade, enquanto mecanismo de controle interno e externo de toda atividade processual; a legalidade dos procedimentos; a motivação das decisões; e a celeridade processual.

O que se pretende é lançar o desafio para um novo olhar sobre os princípios e regras procedimentais que servem de instrumento para o exercício da judicatura de contas públicas, a fim de assegurar-lhe concretude e efetividade.

4 Conclusão

A consolidação do constitucionalismo sob a vertente democrática, comprometida com uma pauta valorativa, aposta no controle do poder como mecanismo asseguratório de concretização das diretrizes constitucionais. As interferências orgânicas entre as funções de Estado têm como limite intrínseco o âmbito nuclear das competências dos demais órgãos e instituições.

---

[32] SARLET; MARINONI; MITIDIERO. *Curso de direito constitucional*, p. 620.

É nesse âmbito que se insere o rol de competências próprias conferidas pela Constituição Federal aos Tribunais de Contas para o exercício pleno de sua judicatura de contas. A atividade julgadora pressupõe um conjunto de espaços de decisões que envolvem interpretação e aplicação da lei, indução probatória e juízo de valor próprio da esfera de contas públicas.

Frise-se, assim, que o encargo de contrapoder, enquanto alicerce de legitimidade, deve ser assumido pelos Tribunais de Contas através de uma postura atuante e efetiva na aplicação da lei, cabendo aos seus membros primar, na busca pela verdade, por decisões isentas e justas.

É sob este alicerce que se impõe aos julgadores de contas o atendimento dos requisitos de qualificação técnica necessários para o desempenho das atribuições do cargo, de modo que o influxo das interferências indevidas não macule a confiabilidade de uma atuação independente e imparcial.

Acrescenta-se, ainda, que o desempenho da judicatura de contas confere aos Ministros e Conselheiros, assim como aos seus auditores substitutos, a inserção ao regime jurídico próprio da magistratura, como expressamente determina o texto constitucional. Assim como lhes assegura o atendimento ao núcleo intangível das garantias orgânicas e procedimentais, exigido pelo princípio de submissão à jurisdição.

Essas *garantias orgânicas destinam-se a resguardar os pilares da naturalidade, da imparcialidade e da impessoalidade, sob os quais se apoiam todo um conjunto de regras como, por exemplo,* a distribuição e relatoria de processos e o desempenho da função julgadora tanto dos Ministros/Conselheiros como dos seus substitutos.

Assim, tentativas interpretativas de esvaziamento do regime jurídico conferido aos Ministros/Conselheiros Substitutos obstruem os vínculos de legalidade do exercício da judicatura, atentando contra a própria concepção de Estado de Direito. Deve-se estar atento para as forças políticas que tentam arranhar a legitimidade institucional, enfraquecendo seu próprio corpo de julgadores e, por conseguinte, a confiança que a sociedade deveria depositar na instituição.

A função da judicatura envolve ainda garantias procedimentais próprias do interstício processual da busca pela verdade, na aplicação da lei no que concerne aos atos com repercussões contábeis, orçamentárias e patrimoniais. São diretrizes relacionadas à forma pela qual os julgadores devem operacionalizar o direito fundamental ao processo justo preconizado pelo Estado Constitucional.

Somente através da aplicação dos institutos orgânicos e procedimentais preconizados pelo arcabouço constitucional que a judicatura de contas ocupará seu espaço na geometria do poder, desempenhando como plenitude a função de controle.

Referências

AARNIO, Aulis. Sobre la racionalidad de la racionalidad. Algunas observaciones sobre la justificación jurídica. *In*: ANALES DE LA CÁTEDRA FRANCISCO SOAREZ, n. 23-24. Granada: Departamento de Filosofía del Derecho de la Universidad de Granada, 1983-1984.

ALEXY, Robert. *Teoria da argumentação*. São Paulo: Landy, 2001.

BANDEIRA DE MELLO, Celso Antonio. Funções dos Tribunais de Contas. São Paulo, *Revista de Direito Público*, out./dez. 1984.

BRASIL. Constituição (1988). *Constituição da República Federativa do Brasil*, 1988. Brasília. Disponível em: <http://www.senado.gov.br/sf/legislacao/const/>. Acesso em: 26 mar. 2014.

CADEMARTORI, Sérgio. *Estado de direito e legitimidade*: uma abordagem garantista. Campinas: Millenium, 2006.

CANHA, Cláudio Augusto. A evolução (?) do papel dos auditores dos Tribunais de Contas do Brasil. *Jus Navigandi*, Teresina, ano 18, n. 3641, jun. 2013. Disponível em: <http://jus.com.br/artigos/24751/a-evolucao-do-papel-dos-auditores-dos-tribunais-de-contas-do-brasil/5>. Acesso em: 25 mar. 2014.

CARBONELL. El constitucionalismo en su laberinto. *In*: CARBONEL (Ed.). *Teoría del neoconstitucionalismo*. Madrid: Trotta; 2003.

DE ESTEBAN, Jorge. *Tratado de derecho constitucional I*. Madrid: Universidad Complutense, 2001.

FERRAJOLI, Luigi. Constitucionalismo garantista e neoconstitucionalismo. Disponível em: <http://www.abdconst.com.br/revista3/luigiferrajoli.pdf>. Acesso em: 27 fev. 2014.

FERRAJOLI, Luigi. *Direito e razão*: teoria do garantismo penal. 2. ed. rev. e ampl. São Paulo: Revista dos Tribunais, 2006.

FERRAJOLI, Luigi. Jurisdição e consenso. *Revista Brasileira de Estudos Constitucionais – RBEC*, Belo Horizonte, ano 4, n. 16, p. 151-164, out./dez. 2010.

FREITAS, J.; MILESKI, H. S. *Manual de boas práticas processuais dos Tribunais de Contas*. Brasília: Atricon; Cuiabá: Instituto Rui Barbosa, 2013.

FREITAS, Juarez. Direito constitucional à democracia. *In*: FREITAS, Juarez; TEIXEIRA, Anderson V. (Org.). *Direito à democracia*: ensaios transdisciplinares. São Paulo: Conceito, 2011.

FREITAS, Juarez. *Discricionariedade administrativa e o direito fundamental à boa Administração Pública*. São Paulo: Malheiros, 2007.

FURTADO, José de Ribamar Caldas. Os regimes de contas públicas: contas de governo e contas de gestão. *Interesse Público –IP*, Belo Horizonte, ano 9, n. 42, mar./abr. 2007. Disponível em: <http://www.bidforum.com.br/bid/Default.aspx>. Acesso em: 23 jan. 2014.

GARCIA-PELAYO, Manuel. *Las transformaciones del Estado contemporáneo*. 11. ed. Madrid: Alianze, 2005.

INSTITUTO ETHOS DE EMPRESAS E RESPONSABILIDADE SOCIAL. O controle externo das contas públicas pelos Tribunais de Contas estaduais: a questão da independência do colegiado do mundo político. In: SISTEMAS de integridade nos Estados brasileiros. São Paulo. Disponível em: <http://www1.ethos.org.br/EthosWeb/arquivo/0-A-93eSIEB_versao13dez2011.pdf>. Acesso em: 22 abr. 2014.

REVISTA DE DIREITO ADMINISTRATIVO – RDA. Belo Horizonte, ano 2011, n. 256, jan./abr. 2011.

SANCHÍS, Luis Prieto. Neoconstitucionalismo y ponderación judicial. In: CARBONELL, Miguel (Ed.). Neoconstitucionalismo(s). Madrid: Trotta; 2003.

SARLET, Ingo Wolfgang; MARINONI, Luiz Guilherme; MITIDIERO, Daniel. Curso de direito constitucional. 2. ed. rev., atual. e ampl. São Paulo: Revista dos Tribunais, 2013.

SOLOZÁBAL, J. Separación de Poderes. In: TEMAS básicos de derecho constitucional I. Madri: Civitas, 2001.

VALLE, Vanice Regina Lírio do. Políticas públicas, direitos fundamentais e controle judicial. Belo Horizonte: Fórum, 2009.

Informação bibliográfica deste texto, conforme a NBR 6023:2002 da Associação Brasileira de Normas Técnicas (ABNT):

IOCKEN, Sabrina Nunes. Em busca da legitimidade da judicatura de contas: o modelo constitucional. In: LIMA, Luiz Henrique (Coord.). Tribunais de Contas: temas polêmicos: na visão de Ministros e Conselheiros Substitutos. 2. ed. rev., ampl. e atual. Belo Horizonte: Fórum, 2018. p. 203-221. ISBN 978-85-450-0521-6.

A LEI ANTICORRUPÇÃO E OS TRIBUNAIS DE CONTAS

CESAR SANTOLIM

Em ocasião anterior, já se destacou o uso do instrumental de *Law & Economics* como relevante para a compreensão do fenômeno da corrupção.[1] Daquele trabalho até este, a classificação do Brasil no *ranking* da Transparência Internacional sobre percepção de corrupção não se alterou substancialmente. Se em 2011 estava classificado na 73ª posição (entre 183 países), com um índice correspondendo a 3,8 (em uma escala de 0 – altamente corrupto – a 10 – altamente livre de corrupção), em 2013 ficou na 72ª posição (entre 177 países), com um índice de 4,2.[2]

Esses dados sugerem a importância de encontrar meios adequados ao enfrentamento dessa situação, em relação à qual, parece evidente, os órgãos de controle em geral (e os órgãos de controle externo de contas públicas em particular, que são os Tribunais de Contas, no modelo brasileiro) têm especial responsabilidade.

Reprisa-se aqui, pela pertinência, parte do que já fora antes assinalado:

> A abordagem do "Direito e Economia"[3] acerca da corrupção a vê mais como um problema de incentivos e organização do que como de moral

---

[1] Corrupção: o papel dos controles externos: transparência e controle social: uma análise de direito e economia. *Revista Cadernos do Programa de Pós-Graduação em Direito/UFRGS*, v. 7, n. 1, dez. 2012. Disponível em: <http://seer.ufrgs.br/index.php/ppgdir/issue/view/1958/showToc>.

[2] Dados obtidos no *site* Transparency International – The Global Coalition Against Corrupion. Disponível em: <http://cpi.transparency.org/cpi2013/results/>. Acesso em: 30 abr. 2014.

[3] A disciplina de "Law and Economics" ("Direito e Economia") é uma das mais importantes abordagens teóricas no pensamento norte-americano, desde a segunda metade do século passado. Hoje repercute também no pensamento europeu e latino-americano. Recentes trabalhos publicados no Brasil traduzem esta expansão (cite-se a tradução da obra de Robert

pública ou de normas.⁴ A corrupção é tratada como uma "atividade mútua": uma transação onde os negociantes são, ao mesmo tempo, vendedores e compradores, e as partes são conduzidas pelo seu próprio interesse (privado) ao invés do "interesse público". Isso não necessariamente implica em "indignidade moral", mas apenas significa que o desenho das organizações governamentais precisa compensar estes incentivos privados, se quiser estar protegido contra o oportunismo e a exploração. Sob a perspectiva dos seus custos sociais, o dano causado pela corrupção pode ser dividido em dois componentes: o "dano institucional" (que repercute na baixa reputação da Administração Pública) e o "dano efetivo" (por exemplo, o que decorre de não ser contratada uma obra pública pelo seu valor correto, diante de superfaturamento decorrente da existência de corrupção).

Um dado importante, nesta análise, é o de que a corrupção é, via de regra, um modelo de três partes: exige o acordo entre um elemento que integra a Administração Pública com outro, fora dela. Os benefícios deste acordo são partilhados entre estas duas partes as expensas do erário (terceira parte), e, mediatamente, da sociedade.

Como assinala Roger BOWLES, ao tratar dos "custos da corrupção", é possível identificar quatro situações: *rent-seeking costs*, custos para a vítima, custos na antecipação do crime e custos do sistema de justiça criminal. Os três últimos são facilmente constatáveis, muito embora, assinala este mesmo autor, em se tratando de corrupção os custos para a vítima (no caso, o erário) são substancialmente mais difusos do que quando se está diante de outra forma de ação criminosa (furto, roubo ou lesão pessoal). Se alguém corrompe um servidor público para antecipar-se a outros indivíduos na prestação de um serviço (concessão de um documento, por exemplo), o prejuízo é suportado, na realidade, por todos os demais indivíduos que foram preteridos por essa antecipação, muito embora o serviço, na realidade, devesse ser prestado, de outra maneira. Menos óbvios são os custos dos "agentes de corrupção" (*rent-seeking costs*), mas nem por isso menos importantes. Tanto o "corrupto" quanto o "corruptor" tem que dedicar parte dos seus "ganhos" com a corrupção para proteger os seus interesses. Como as transações feitas em situação de corrupção são ilegais, não é dado aos "negociadores" se valerem das formas de proteção que o sistema jurídico outorga ao cumprimento dos contratos, o que significa que estas garantias deverão ser obtidas de outras maneiras. Altos custos de transação, aqui, podem funcionar como mecanismo eficiente de desestímulo à corrupção.

Cooter e Thomas Ulen, *Direito & economia* (Porto Alegre: Bookman, 2010); e os trabalhos organizados por Bruno Meyerhof Salama, *Direito e economia: textos escolhidos* (São Paulo: Saraiva, 2010) e por Luciano Benetti Timm, *Direito e economia no Brasil* (São Paulo: Atlas, 2012)).

4   BOWLES, Roger. Corruption. *In*: GAROUPA, Nuno (Ed.). *Criminal Law and Economics*. 2ⁿᵈ ed. Northampton, MA: Edward Elgar, 2009. Encyclopedia of Law and Economics, v. 3.

Acrescenta-se, ainda com base no mesmo estudo, que as políticas anticorrupção são frequentemente ambíguas, porque o seu ponto "ótimo" (do ponto de vista econômico, o que quer dizer que é onde a maior eficiência é alcançada) depende de escolha de parâmetros, o que, nem sempre, é feito com acerto. Uma lição extraída da observação sobre essas políticas, afirma Bowles, é um excesso de ingenuidade que pode levar não apenas a criar práticas corruptas, mas até a sustentar as rendas que elas geram. A estrutura de incentivos dentro das organizações deve ser bem compreendida, antes que esforços para prevenir a corrupção sejam implementados. Como exemplo, cita que é lugar-comum que agentes públicos em países de baixa arrecadação são sub-remunerados, ocasionando, por parte destes agentes, diferentes respostas: baixa produtividade e busca por "meios alternativos de remuneração" (entre os quais os derivados de corrupção), entre outras. Daí a percepção (equivocada) de que simplesmente o aumento na remuneração desses agentes públicos, por si só, seria instrumento adequado à redução da corrupção, quando, no mais das vezes, há uma "enraizamento" de determinadas práticas, que não é afastado apenas com essa providência. E esse efeito não é acidental, porque é da essência do comportamento corrupto criar compromissos entre os envolvidos, de modo que rompê-los gera consequências não apenas na perda de "receitas alternativas", mas também em outras áreas sensíveis (relações corporativas, ambiente social e familiar...).

Por isso a sugestão de medidas mais diversificadas que, quando combinadas, podem produzir efeitos mais profundos: a "rotação" de pessoas dentro das estruturas organizacionais, por exemplo, como evidenciado em estudos realizados no final da década de 1990 e início deste século, demonstrou ser mais eficiente que o aumento de remuneração no combate à corrupção.

Sob a perspectiva dos potenciais corruptores, ademais, a atitude diante da corrupção é, via de regra, pragmática: se é necessário pagar "propina" para obter acesso a um serviço público, ou a um contrato com a Administração, é razoável supor que isso será feito. É (e aqui Bowles está invocando a "teoria dos jogos") uma solução "não cooperativa",[5] que pode ser inibida se os riscos ou os custos destas ações forem elevados.

---

[5] Seria mais conveniente para *todos* os que querem ter acesso ao serviço ou contrato que *nenhum deles* pagasse propina. Essa seria a solução "cooperativa". Para que isso ocorra, todavia, é necessária uma "ação de cooperação", que raras vezes pode ser executada, mormente em organizações de grande porte, como é o Estado, porque a quantidade e diversidade dos agentes envolvidos é enorme (os custos de transação – identificação, negociação e implementação – seriam demasiados). Diante dessa circunstância, os "potenciais corruptores" adotam uma

Polinsky e Shavell,[6] ao tratar de como a corrupção reduz dissuasão e distorce a participação em atividades criadoras de danos, e de quais políticas podem ser empregadas no seu combate, assinalam que uma forma de corrupção é a "propina" (*bribery*), na qual o agente público aceita uma vantagem pecuniária em troca de não relatar uma violação. Outra é a situação de falsificar evidências (*framing*), imputando ao particular inocente determinadas responsabilidades, para criar as condições necessárias à extorsão pelo agente público. Segundo esses autores, uma razão pela qual a "propina" é socialmente indesejável é porque dilui a dissuasão, quanto a violações do Direito. Isto porque a "propina" resulta em que o indivíduo se beneficia de um pagamento (custo) inferior ao que suportaria se fosse sancionado pela ofensa.

Considerando λ como a fração obtida pelo agente público do adicional decorrente de um "acordo de propina", e tendo como referência o valor que seria suportado pelo corruptor se não houvesse esse acordo (*f*), sempre que λ for menor do que 1 (um) estar-se-á diante de uma situação de "subdissuasão" (*underdeterrence*), determinando, outrossim, um índice mais elevado de práticas lesivas.

Na segunda prática, igualmente há mitigação na dissuasão decorrente de violações legais. A razão é que a imputação indevida e a extorsão conduzem uma pessoa inocente a se colocar diante de uma sanção esperada, e, portanto, não há (ou há, em um índice inferior) diferença, do ponto de vista individual, em agir ou não corretamente. Se, por exemplo, o indivíduo que descumprir uma norma tem a expectativa de ser sancionado com uma multa de R$1.500,00, mas um indivíduo inocente está sujeito a uma eventual extorsão de R$300,00, então, o custo adicional para o indivíduo inocente descumprir a norma é de R$1.200,00, em vez de R$1.500,00.

Por essas razões, a corrupção reduz o efeito dissuasório das sanções, e distorce decisões quanto a atividades lesivas ao interesse público, e é socialmente desejável o seu controle. Um caminho para reduzir a corrupção, dizem ainda Polinsky e Shavell, é impor penalidades (pecuniárias ou de restrição de direitos, inclusive o de liberdade) para indivíduos apanhados em situação de corrupção, nos moldes preconizados pela novel legislação nacional. Dados *fB* (sanções aos agentes envolvidos em corrupção) e *pB* (probabilidade de aplicação

---

política de *second best*: como eles não podem estar certos de que outros agentes praticarão atos de corrupção, em seu desfavor, optam por agir eles mesmos nesse sentido.

[6] POLINSKY, A. Mitchell; SHAVELL, Steven. *Handbook of Law and Economics*. Amsterdam: North-Holland, 2007. v. 1, p. 440-442.

destas sanções), haverá dissuasão das práticas de corrupção sempre que o adicional da "propina" ou da "extorsão" for eliminado, ou seja, se $pBfB \geq f$. Por outro lado, o pagamento de "propina" será

$$pBfB + \lambda\,(f - pBfB),$$

que supera λf, daí que a dissuasão do ato lesivo é maior devido ao "sancionamento" da corrupção.

A identificação de um uso ótimo de sanções não monetárias, nesses casos, comporta mesmo um modelo econômico específico.[7] Concluem esses autores que muito embora a literatura econômica em matéria de efetividade legal aponte para o fato de que sanções não monetárias deveriam ser usadas com restrições, porque são socialmente custosas, o modelo proposto sugere que essa forma de punição merece uma abordagem diferente. A corrupção, especificamente, torna as sanções não monetárias mais atrativas, como política de combate, porque os custos destas sanções são compensados, com vantagem, pela redução das perdas sociais decorrente do pagamento de "propinas". Na ausência de corrupção, uma política "ótima" de efetividade legal seria aquela onde os criminosos deveriam suportar sanções monetárias maximizadas e sanções não monetárias tendentes ao mínimo. Nos casos de corrupção, as sanções não monetárias devem ser usadas com maior amplitude, para tornar certo que as vantagens decorrentes dos pagamentos de "propina" ou "extorsão" se aproximem do valor da sanção monetária máxima.

Assim, vista a corrupção como dependente de um sistema eficiente de (des)incentivos, os Tribunais de Contas, no exercício de suas atribuições, podem ser importantes geradores de *rent-seeking costs*, contribuindo para coibi-la.

A recente entrada em vigor da Lei nº 12.846/2013 (apelidada "Lei Anticorrupção") contempla algumas situações que merecem a consideração dos Tribunais de Contas, nessa perspectiva de aperfeiçoamento de modelo que amplie os custos de transação dos agentes envolvidos em atos de corrupção, integrantes ou não da Administração Pública.

Como referido no art. 1º da lei, trata-se de dispor sobre a "responsabilização objetiva administrativa e civil de pessoas jurídicas" pela prática de atos contra a Administração Pública. O propósito é o de suprir as limitações do ordenamento jurídico na abordagem da corrupção,

---

[7] GAROUPA, Nuno; KLERMAN, Daniel. Corruption and the Optimal use of Nonmonetary Sanctions. *International Review of Law & Economics*, v. 24, n. 2, p. 219-225, 2004.

como ilícito, já que, quanto a pessoas naturais, a matéria tem regulação na esfera penal (entre outras normas, as que versam sobre os "crimes contra a Administração Pública", constantes no Título XI da Parte Especial do Código Penal).

Nas hipóteses de "responsabilização administrativa" (Capítulo III da lei), que são, sem qualquer dúvida, casos de "poder/dever" da Administração, caberá aos Tribunais de Contas fiscalizarem sobre a adequada e correta aplicação da lei, pelos gestores, naquilo que for das suas competências. O administrador público que não efetivar a responsabilização administrativa dos casos de "atos lesivos à administração", independentemente de não estar ele mesmo envolvido na prática desses atos, responderá perante os órgãos de controle externo, nos termos do *caput* do art. 70 da Constituição Federal.

Quando o art. 8º da Lei nº 12.846/13 diz que a instauração e o julgamento do processo administrativo para apuração de responsabilidade de pessoa jurídica cabem à *autoridade máxima de cada órgão ou entidade* dos Poderes Executivo, Legislativo e Judiciário, que agirá *de ofício* ou mediante provocação, fica evidente que eventual omissão, no desempenho dessa atividade, caracteriza-se como uma irregularidade a ser apontada e verificada pelos Tribunais de Contas, em atenção ao princípio da legalidade.

Cabe mencionar que não apenas a instauração e o julgamento desse procedimento, mas também a sua regularidade e a efetividade das sanções eventualmente aplicadas estão submetidas à mesma espécie de controle.

De modo similar, quanto ao denominado "acordo de leniência" (arts. 16 da lei), cujo alcance foi estendido aos casos de ilícitos previstos na "Lei de Licitações" (art. 17 da lei), é competente o órgão de controle externo para verificar sobre sua legalidade e eficiência, até pela presença de expressões normativas dotadas de vagueza semântica, como "cooperação plena e permanente", que só poderão ser aferidas diante de casos concretos.

É importante lembrar, outrossim, que a Lei nº 12.846/13 atribuiu, no âmbito do Poder Executivo federal, à Controladoria-Geral da União (CGU) "a apuração, o processo e o julgamento" dos atos lesivos ao patrimônio público, previstos no mesmo diploma, assim como a realização de "acordo de leniência" (§10 do art. 16 da lei), e que esse órgão centraliza a supervisão técnica do Sistema de Controle Interno da União. Como, por força do disposto no §1º do art. 74 da Constituição Federal, "os responsáveis pelo controle interno" deverão dar ciência acerca das irregularidades de que tomarem conhecimento ao Tribunal de Contas, é inevitável que estas Cortes venham a examinar a aplicação da lei, no estrito exercício de suas competências.

Na medida que os Tribunais de Contas forem, eles próprios, capazes de, pela efetividade da fiscalização, impor aos gestores uma atuação eficiente e eficaz na aplicação da "Lei Anticorrupção", a atividade de corrupção tende a tornar-se mais "custosa" (sob a perspectiva antes apontada), fazendo com que os agentes econômicos envolvidos, necessariamente, a partir de um comportamento racional,[8] tenham que computar a probabilidade de sofrerem sanções, assim como estimem a extensão desses possíveis efeitos, o que afetará a decisão sobre a realização ou não dos atos lesivos. Mesmo os desenvolvimentos mais recentes trazidos pela denominada *Behavioral Law and Economics*,[9] reconhecendo que o comportamento dos agentes econômicos obedece a uma "racionalidade limitada", não compromete o uso desse instrumental analítico para a melhor compreensão do fenômeno da corrupção.

Caberá às Cortes de Contas aparelharem-se dos conhecimentos necessários à implementação das melhores práticas de fiscalização e controle, capazes de induzir corruptos e corruptores a considerar de "alto custo" a atividade da corrupção, o que será a melhor forma de combatê-la.

Informação bibliográfica deste texto, conforme a NBR 6023:2002 da Associação Brasileira de Normas Técnicas (ABNT):

SANTOLIM, Cesar. A Lei Anticorrupção e os Tribunais de Contas. In: LIMA, Luiz Henrique (Coord.). *Tribunais de Contas*: temas polêmicos: na visão de Ministros e Conselheiros Substitutos. 2. ed. rev., ampl. e atual. Belo Horizonte: Fórum, 2018. p. 223-229. ISBN 978-85-450-0521-6.

---

[8] A partir da contribuição de Gary Becker, em 1968, "Crime and Punishment: an Economic Approach" (*Journal of Political Economy*, v. 76, n. 2, p. 169-217), agraciado com o "Nobel de Economia" (Prêmio de Ciências Econômicas em memória de Alfred Nobel), em 1992, foi desenvolvido o modelo segundo o qual os partícipes de uma atividade criminosa são "calculadores racionais" e, como tais, tomam as suas decisões baseados em uma comparação entre custos e benefícios. Isso permite concluir que um eventual incremento nos "custos" de se praticar um crime funciona como desincentivo à sua prática. Para mais detalhes sobre as aplicações (e limitações) da aplicação da teoria da escolha racional em Direito e Economia, veja-se Thomas Ulen (Rational Choice Theory in Law and Economics. *In*: BOUCKAERT, Boudewijn; DE GEEST, Gerrit (Ed.). *The History and Methodology of Law and Economics*. Northampton, MA: Edward Elgar Publishing, 2000. (Encyclopedia of Law and Economics, v. 1).

[9] KOROBKIN, Russel; ULEN, Thomas. Law and Behavioral Science: Removing the Rationality Assumption from Law and Economics. *California Law Review*, v. 88, n. 4, p. 1051-1144, July 2000.

A CONTABILIDADE FORENSE COMO INSTRUMENTO DE CONTROLE E DE INVESTIGAÇÕES DE CRIMES PERPETRADOS CONTRA O PATRIMÔNIO PÚBLICO

OMAR PIRES DIAS

1 Introdução

A contabilidade, como ciência social, constitui um dos instrumentos mais importantes do controle de qualquer entidade, quer seja privada quer seja pública, porquanto a ela incumbe o registro dos atos e fatos administrativos que tenham repercussão econômica, ao mesmo tempo em que os classifica, qualitativa e quantitativamente, nas demonstrações contábeis.

Especialmente, no ramo do setor público, a contabilidade desempenha muitos encargos, entre os quais, o de expedir informações para subsidiar a tomada de decisão dos gestores, o de munir de dados os órgãos de controle interno e externo e o de servir como instrumento de controle social, possibilitando a sociedade conhecer como estão sendo aplicados os recursos, produtos de suas arrecadações.

Destaca-se a novel função dos controles contábeis, que é permitir a utilização das informações na investigação de crimes perpetrados contra o patrimônio público, assim como desencadear controles preventivos inibidores de ações danosas à azienda pública.

Ao longo de quase quarenta anos, a contabilidade pública ficou restrita praticamente aos comandos da Lei nº 4.320/64,[1] que lhe atribui maior carga ao controle orçamentário/financeiro, em detrimento

---

[1] A Lei nº 4.320, de 17 de março de 1964, estatui normas gerais de direito financeiro para elaboração e controle dos orçamentos e balanços da União, dos Estados, dos Municípios e do Distrito Federal, de acordo com o disposto no art. 5º, inciso XV, letra "b", da Constituição Federal.

do controle patrimonial. Entretanto, evolveu com a vigência da Lei Complementar nº 101/2000[2] – Lei de Responsabilidade Fiscal. Essa lei a transformou em verdadeiro pano de fundo na geração de informações acerca da gestão fiscal, oferecendo aos gestores, aos órgãos de controle interno e externo e à sociedade melhores instrumentos para uma boa condução da gestão, controle e transparência, respectivamente.

Posteriormente à LRF, surgiram as Normas Brasileiras de Contabilidade Aplicadas ao Setor Público,[3] advindas da convergência da contabilidade brasileira aos padrões internacionais. Devido às exigências da nova legislação contábil, passa-se a priorizar o controle do patrimônio, que é o objeto da ciência contábil,[4] sem abandonar os controles orçamentários privilegiados pela Lei nº 4.320/64.

A mudança provocou, ainda, a adoção de novos procedimentos, antes não praticados na contabilidade do setor público, como a depreciação, amortização, exaustão e provisões. Culminou também com a feitura de um plano de contas único para o uso da União, Estados, Distrito Federal e Municípios, assim como a introdução de novos balanços e demonstrativos contábeis. Sabe-se de grandes esforços que foram e continuam sendo implementados para a total adaptação ao novo padrão, sendo resultado da atuação conjunta do Conselho Federal de Contabilidade (CFC), do Governo Federal, mediante a Secretaria do Tesouro Nacional (STN), dos Tribunais de Contas e demais órgãos e segmentos profissionais envolvidos.

Com o salto de qualidade das informações a serem expedidas pela nova contabilidade aplicada ao setor público, o ambiente se tornou ainda mais propício para a sua utilização como ferramenta de auditoria e de investigação financeira, procedimentos que, até então, não poderiam ser efetivados, face à fragilidade e à intempestividade das informações contábeis, que constituíam fatos habituais.

---

[2] A Lei Complementar nº 101, de 04 de maio de 2000, estabelece normas de finanças públicas voltadas para a responsabilidade na gestão fiscal, com amparo no Capítulo II do Título VI da Constituição.

[3] Foram publicadas pelo Conselho Federal de Contabilidade (CFC) em 21.11.2008 as dez primeiras Normas Brasileiras de Contabilidade Aplicadas ao Setor Público, aprovadas por resoluções, indo da NBC T SP 16.1 a 16.10. Posteriormente, em 25.11.2011, foi aprovada a NBC T SP 16.11, que estabelece as diretrizes básicas para implantação de Sistema de Informações de Custos do Setor Público.

[4] Segundo a NBC T 16.1, aprovada pela Resolução CFC nº 1.128/08, que dispõe sobre a conceituação, objeto e campo de aplicação da contabilidade aplicada ao setor público, o objeto de tal ramo da ciência contábil é o patrimônio público.

Segundo Iudícibus,[5] "a contabilidade tem por objetivo fornecer um arquivo básico de informação contábil, que possa ser utilizado, de forma flexível, por vários usuários, cada um com ênfases diferentes neste ou naquele tipo de informação, neste ou naquele princípio de avaliação". Na mesma esteira, Cardoso[6] complementa, entendendo que "é possível utilizá-la, inclusive, para coibir, detectar, investigar e mitigar atos lesivos praticados contra esse próprio patrimônio, cuja perpetração se utiliza de suas estruturas ou que podem ser captadas por meio delas". Para ser útil na forma pretendida, a contabilidade deve assumir uma postura totalmente neutra aos interesses particulares dos dirigentes da entidade, cujo patrimônio ela controla.

É notório que as informações advindas da contabilidade empresarial têm a sua utilização bem mais acentuada em auditorias e perícias[7] que a contabilidade do setor público. Isso acontece, na maioria das vezes, por conta dos interesses[8] de acionistas, do Fisco e até do Judiciário.

Entretanto, é perfeitamente possível a adaptação dos procedimentos investigativos e de auditoria da área privada para a pública, uma vez que elas adotam o mesmo rito de processamento das informações contábeis, a partir do registro do fato contábil até a elaboração dos balanços. Hoje há muita semelhança entre as demonstrações contábeis dos setores privado e público por adoções de padrões internacionais de contabilidade, facilitando a aplicação de técnicas investigativas congêneres, que podem ser usadas na área pública até mesmo no combate à corrupção.

A Constituição atribuiu aos controles externo e interno, no exercício dos seus misteres, a incumbência de realizar, entre outras espécies de fiscalizações,[9] as de naturezas contábil e financeira. Contudo,

---

[5] *Introdução à teoria da contabilidade*, p. 3.
[6] CARDOSO, Fernando Nazareth. *Contabilidade forense no Brasil*: incipiência ou insipiência?, f. 11.
[7] A perícia contábil é regulamentada pela Resolução do CFC nº 858, que aprovou a NBC T 13 – Da Perícia Contábil.
[8] O interesse principal dos acionistas pelas informações contábeis de uma empresa, sob a forma de sociedade anônima, geralmente, é conhecer qual o lucro do período, objeto de posterior rateio em forma de dividendos, proporcionais aos montantes investidos. O interesse do Fisco é a utilização das informações produzidas pela contabilidade na arrecadação de impostos. Utilizando-se das informações contábeis, o perito esclarece ao juiz determinado ponto controvertido da ação.
[9] Conforme o art. 70 da Constituição, a fiscalização contábil, financeira, orçamentária, operacional e patrimonial da União e das entidades da administração direta e indireta, quanto à legalidade, legitimidade, economicidade, aplicação das subvenções e renúncia de receitas, será exercida pelo Congresso Nacional, mediante controle externo, e pelo sistema de controle interno de cada Poder.

tal prerrogativa vê-se pouco exercida, sendo mais utilizada a fiscalização da legalidade da despesa pública. Entretanto, é lícito utilizar as técnicas de auditoria para a apuração não somente das inconsistências financeiras e contábeis, mas também para investigar e coletar provas de desvios de recursos e bens públicos, incluindo procedimentos da contabilidade forense ou investigativa.

Em um país onde o índice de corrupção é alarmante, correspondendo ao valor estimado de 2,3% do PIB,[10] equivalente a 100 bilhões por ano da economia brasileira, os órgãos de controle devem envidar maiores esforços em auditorias contábeis e financeiras, com o propósito de coibir práticas danosas e punir, dentro da sua alçada, os depredadores do patrimônio público, podendo, ainda, fornecer subsídios ao Ministério Público para propor as ações judiciais cabíveis.

Se no setor privado a utilização das informações contábeis em investigações de fraudes e desvios de recursos é uma técnica ainda pouco difundida e praticada, pode-se afirmar que no setor público ela ainda está em fase embrionária. Pretende-se neste trabalho discutir e mostrar que é perfeitamente possível a sua adoção.

2 A importância do controle contábil e a utilidade das suas informações

A contabilidade é considerada uma das ciências mais antigas e sempre foi utilizada como instrumento de aplicação prática. Ela surgiu da necessidade de o homem primitivo conhecer, controlar e mensurar a evolução do seu patrimônio, composto basicamente por animais, peles e instrumentos de caça e pesca, utilizando, para isso, métodos rudimentares de escrituração que atendessem suas necessidades, como desenhos e gravações em pedras. Não obstante a técnica precária utilizada, já se visualizava ali os objetivos principais da contabilidade, que é servir como instrumentos de registro, orientação e controle dos atos de gestão.

Com a evolução humana e a introdução da moeda nas negociações, os métodos rudimentares foram substituídos pela escrituração mercantil, passando-se a utilizar livros para tal finalidade, até se chegar aos atuais avanços tecnológicos implantados na contabilidade contemporânea, quando são usados os meios eletrônicos.

Sem embargo da adoção, por último, da tecnologia, a contabilidade sempre foi utilizada na realização de sua tarefa básica, que

---

[10] AMORIM. Mas afinal, quanto custa a corrupção?. *IstoÉ*.

é fazer o registro metódico e sistemático dos negócios realizados, apresentando no final de um período o resultado obtido e a situação econômico-financeira da entidade. No entanto, essa não é a sua única e exclusiva função, talvez porque nem sempre foi explorada no sentido de gerar outras informações úteis.

Tal função corriqueira é vista por muitos como uma atividade burocrática e legalística, e que serve apenas para demonstrar ao Fisco o cumprimento da legislação tributária. Premissa, em parte, verdadeira, já que existe o ramo da contabilidade tributária com essa serventia. Todavia, certamente não é a sua única finalidade.

Consoante Favero, "a informação contábil apresentada pela grande maioria das empresas brasileiras está direcionada unicamente para atendimento das exigências fiscais". Segundo ele, a maioria dos profissionais que exerce a contabilidade é aparentemente míope no que diz respeito à informação gerencial.

Todavia, não é o mesmo que se deduz para a contabilidade aplicada ao setor público, uma vez que esta tem o seu escopo definido pela Lei nº 4.320/64 no artigo 85, a qual "deve ser organizada de forma a permitir o acompanhamento da execução orçamentária, o conhecimento da composição patrimonial, a determinação dos custos dos serviços industriais, o levantamento dos balanços gerais, a análise e a interpretação dos resultados econômicos e financeiros".

Entrementes, é verídico afirmar que a contabilidade, tanto a aplicada nas empresas como a do setor público, possui um imenso repositório de informações porque ali se encontram todos os registros da vida de uma entidade, quanto às suas transações econômicas e financeiras, seja qual for a sua natureza jurídica.

Por certo, um amplo universo de usuários com necessidades específicas e individualizadas pode ser atendido, a partir de um conjunto básico e padronizado de informações contábeis, adaptadas de acordo com as suas exigências. Nesse caso, os principais usuários internos da entidade são seus administradores e funcionários, como usuários externos, os acionistas, credores, governo, peritos, auditores e, porque não incluir, a sociedade, no caso de contas públicas. É razoável pensar que alguns desses usuários possuem conhecimento suficiente para interpretar a nomenclatura contábil utilizada nos demonstrativos e relatórios, porém, outros não. Nesse caso, é necessário que a informação contábil seja inteligível, visando atendê-los.

Outras características da informação contábil que merecem ser destacadas dizem respeito à sua fidelidade, verificabilidade, confiabilidade e neutralidade que lhes são próprias. Hendriksen & Van Breda explicam essas características:

> Fidelidade de representação é a correspondência ou concordância entre uma medida ou descrição e o fenômeno que visa representar. A verificabilidade é a capacidade de assegurar, por meio do consenso entre mensuradores, que a informação representa o que se destina a representar, ou que o método de mensuração foi utilizado sem erro ou viés. Já a neutralidade quer dizer que não há viés na direção de um resultado predeterminado.

É salutar que o profissional de contabilidade que elabora as peças contábeis (o contador) tenha consciência de sua responsabilidade em emitir informações confiáveis, devendo primar pela ética. Ele constitui peça-chave do processo gerador de informações para suprir as necessidades dos usuários.

3 Contabilidade do setor público: ferramenta de controle e suas especificidades

A gestão administrativa de uma entidade pública ou privada é executada mediante ações coordenadas e planejadas, denominadas "funções administrativas". Tais funções, segundo Fayol, são: a previsão, a organização, a coordenação, a direção e o controle. O controle é a função administrativa que monitora e avalia as atividades e os resultados alcançados para assegurar que o planejamento, a organização e a direção tenham sucesso. Tem como principal atribuição verificar se a entidade controlada está ou não alcançando os objetivos ou resultados desejados. Chiavenato entende que "o controle é um processo que guia a atividade exercida para um fim previamente determinado".

Na administração privada não há qualquer exigência legal que imponha essas funções, ficando ao alvedrio do empresário a sua implantação. *Contrario sensu*, no âmbito da Administração Pública elas são exercidas, não somente por serem essenciais à gestão, mas também em decorrência da legislação. A Constituição de 1988 exige dos entes federados a elaboração de planos e orçamentos,[11] assim como a implantação de um sistema de controle interno[12] pelos Poderes da República.

Referido controle, conforme o artigo 74 da Carta Magna, deve ser exercido pelos Poderes de forma integrada, tendo por objetivos avaliar o cumprimento das metas previstas no plano plurianual, a execução dos programas de governo e dos orçamentos; comprovar a legalidade e avaliar os resultados quanto à eficácia e eficiência de gestão orçamentária, financeira e patrimonial nos órgãos e entidades da Administração Pública, bem como da aplicação de recursos públicos por entidades de direito privado; exercer o controle das operações de crédito, avais e garantias e demais direitos e haveres da entidade governamental; e apoiar o controle externo no exercício de sua missão institucional.

Observa-se que a função do controle está intimamente relacionada com a gestão, pois analisa e avalia os resultados obtidos quanto aos objetivos e metas, compara-os com o que foi planejado ou previsto, objetivando verificar os resultados e sanar possíveis falhas que possam ter ocorrido. Nessa etapa, a contabilidade aplicada ao setor público assume especial importância, dadas as condições de municiar a administração com informações necessárias a um acompanhamento sistemático das operações. E fará isso através de demonstrativos contábeis e relatórios gerenciais, devendo dispô-los tempestivamente para a tomada de decisão e outros fins, inclusive para a atuação do controle externo.

Há também, o que lhe é mais peculiar em obediência à Lei nº 4.320/64,[13] o controle do orçamento e da sua execução, mediante os registros contábeis da previsão da receita, fixação da despesa, arrecadação, empenho, liquidação e pagamento. Assim como há evidenciação de outros fatos que modificam o patrimônio, quantitativamente ou

---

[11] Conforme o artigo 165 da Constituição Federal, o Planejamento Governamental é materializado em três instrumentos básicos: o Plano Plurianual (PPA), a Lei de Diretrizes Orçamentárias (LDO) e o Orçamento Anual (LOA).

[12] Os artigos 70 usque 74 da Constituição Federal dispõem sobre os controles interno e externo.

[13] A partir do artigo 83 da Lei nº 4.320/64, há regras específicas para a contabilidade, que, em resumo, consiste na determinação de ela ser organizada, a fim de evidenciar: a situação de todos que, de qualquer modo, arrecadam receitas, efetivem despesas, administrem ou guardem bens e a ela pertencentes ou confiados; subsidiar a tomada de contas dos agentes responsáveis por bens e dinheiro públicos; acompanhamento da execução orçamentária; o conhecimento da composição patrimonial; a determinação dos custos dos serviços industriais; o levantamento dos balanços gerais; a análise e interpretação dos resultados econômicos e financeiros; o controle dos direitos e obrigações oriundos de ajustes ou contratos em que a Administração Pública for parte; evidenciar o montante dos créditos orçamentários vigentes, a despesa empenhada e a despesa realizada e as dotações disponíveis; e o controle de todos os fatos de natureza financeira ou não, independentes da execução orçamentária.

qualitativamente, como incorporação ou desincorporação de bens, direitos e obrigações, entre outros, decorrente ou não da execução orçamentária.

As atribuições de controle da contabilidade aplicada ao setor público aumentaram com a Lei de Responsabilidade Fiscal, uma vez que passou a mensurar: o equilíbrio entre a receita e a despesa; o alcance de metas fiscais, conforme planejadas; a observância aos limites legais de gastos; e proporcionar a devida transparência com a expedição dos relatórios fiscais. Tais controles correspondem basicamente às principais finalidades da referida lei complementar.[14]

Com a convergência aos padrões internacionais, a contabilidade aplicada ao setor público passou a expedir informações aos seus usuários com mais qualidade, haja vista terem sido adotados procedimentos de mensuração, registro e avaliação de ativos e passivos com a aplicação de técnicas que decorrem da evolução da ciência contábil.

Poder-se-ia questionar: qual o mecanismo de processamento das informações contábeis na área pública e a forma de elas serem apresentadas? Primeiramente, convém esclarecer que a Administração Pública, assim como qualquer entidade privada empresarial, transaciona normalmente no mercado, comprando, construindo, contratando serviços, assumindo e pagando obrigações, obviamente, obedecendo as normas de regência. Isso se realiza por meio da execução de suas tarefas, que são os programas de trabalho, devidamente previstos nas peças de planejamento (PPA), priorizados na Lei de Diretrizes Orçamentárias (LDO) e executados no orçamento anual (LOA).

Todos esses fatos necessitam de registros, para fins de controle, transparência e tomada de decisão, gerando as mais variadas operações contábeis típicas, envolvendo as áreas orçamentária, financeira e patrimonial. Como exemplo de algumas operações típicas, tem-se o recebimento de recursos financeiros próprios e de terceiros; pagamento de pessoal e fornecedores; compra de materiais de consumo e bens permanentes; gastos com obras e instalações; e outras operações diversas.

Os registros contábeis das transações são realizados a partir da ocorrência dos fatos que promovam alterações quantitativas e

---

[14] Conforme o §1º do art. 1º da LRF, "a responsabilidade na gestão fiscal pressupõe a ação planejada e transparente, em que se previnem riscos e corrigem desvios capazes de afetar o equilíbrio das contas públicas, mediante o cumprimento de metas de resultados entre receitas e despesas e a obediência a limites e condições no que tange a renúncia de receita, geração de despesas com pessoal, da seguridade social e outras, dívidas consolidada e mobiliária, operações de crédito, inclusive por antecipação de receita, concessão de garantia e inscrição em restos a pagar".

qualitativas no patrimônio da entidade governamental. O profissional da área contábil, mediante os documentos de comprovação, realiza os lançamentos em contas que serão posteriormente agrupadas e classificadas no balanço patrimonial e nos demais demonstrativos, ficando as informações disponíveis para todos os usuários interessados.

Devido ao avanço tecnológico, atualmente todo o processamento da contabilização das transações é feito através de sistemas eletrônicos de processamento de dados, tal como ocorre na administração pública federal, que utiliza o SIAFI[15] – Sistema Integrado de Administração Financeira. Sua finalidade é realizar todo o processamento, controle e execução financeira, patrimonial e contábil do governo federal brasileiro. De igual modo, é comum as administrações estaduais e municipais também possuírem sistemas informatizados de finalidade idêntica.

É certo que os avanços tecnológicos também têm sido fundamentais para um maior e melhor acompanhamento da gestão pública pelos Tribunais de Contas, possibilitando uma fiscalização mais eficiente. Atualmente, os dados contábeis, resultantes de eventos transacionais e prestações de contas, são enviados pelos seus jurisdicionados por canais da internet, através de sistemas eletrônicos criados para esse fim.

4 O uso das informações contábeis em auditorias e nas investigações de desvios de recursos

Dentre as atividades precípuas de controle da Administração Pública direta e indireta, a Constituição[16] divide a competência pela fiscalização contábil, financeira e orçamentária entre o controle externo e o controle interno. Do arcabouço, infere-se que a Carta Magna confere ênfase à contabilidade gerencial e financeira, visto que a fiscalização passa a ser feita a partir das informações contábeis. A materialização dessa fiscalização pelos órgãos de controle ocorre mediante inspeções e auditorias.[17] As auditorias são os instrumentos de fiscalização mais

---

[15] O SIAFI foi desenvolvido pelo Serviço Federal de Processamento de Dados (SERPRO). Foi implantado oficialmente no ano de 1987. Até o ano de 1986 o governo federal convivia com uma série de problemas de natureza administrativa, inviabilizando a correta aplicação dos recursos públicos. Uma das principais vantagens do SIAFI é a descentralização da entrada, consulta, execução orçamentária, financeira e patrimonial da União, isso com a supervisão da Secretaria do Tesouro Nacional.

[16] Segundo os regramentos contidos nos artigos 70 a 75.

[17] De acordo com o Regimento Interno do TCU, artigos 239 e 240, a auditoria é o instrumento de fiscalização utilizado pelo Tribunal para: I – examinar a legalidade e a legitimidade dos atos de gestão dos responsáveis sujeitos a sua jurisdição, quanto ao aspecto contábil,

utilizados. Sob o enfoque contábil, são aquelas voltadas a constatar a veracidade e fidedignidade dos registros e das demonstrações contábeis. Lopes de Sá conceitua a auditoria da seguinte forma:

> A auditoria é uma técnica contábil aplicada ao sistemático exame dos registros, demonstrações e de quaisquer informes ou elementos de consideração contábil, visando apresentar opiniões, conclusões, críticas e orientações sobre situações ou fenômenos patrimoniais da riqueza aziendal, pública ou privada, quer ocorridos, quer por ocorrer ou prospectados e diagnosticados.[18]

A auditoria interna é realizada pela própria entidade, sendo a sua atribuição principal assegurar a exatidão dos registros contábeis, constituindo importante instrumento de controle. O caráter preventivo da auditoria interna caracteriza-se pela identificação de falhas que poderão culminar em maiores danos, propondo, de imediato, medidas cabíveis.

O Conselho Federal de Contabilidade (CFC)[19] define a auditoria interna do seguinte modo:

> A auditoria interna compreende os exames, análises, avaliações, levantamentos e comprovações, metodologicamente estruturados para a avaliação da integridade, adequação, eficácia, eficiência e economicidade dos processos, dos sistemas de informações e de controles internos integrados ao ambiente e de gerenciamento de riscos, com vistas a assistir à administração da entidade no cumprimento de seus objetivos.

Existindo, por um lado, a auditoria interna, com laços na Administração, por outro, tem-se a auditoria independente ou externa, realizada por profissionais alheios à entidade. Enquanto aquela tem seu escopo voltado mais ao aspecto técnico-operacional, esta tem por principal objetivo[20] aumentar o grau de confiança nas demonstrações contábeis por parte dos usuários. Isso é alcançado mediante a expressão

---

financeiro, orçamentário e patrimonial; II – avaliar o desempenho dos órgãos e entidades jurisdicionados, assim como dos sistemas, programas, projetos e atividades governamentais, quanto aos aspectos de economicidade, eficiência e eficácia dos atos praticados; e III – subsidiar a apreciação dos atos sujeitos a registro. Já a inspeção é o instrumento de fiscalização utilizado pelo Tribunal para suprir omissões e lacunas de informações, esclarecer dúvidas ou apurar denúncias ou representações quanto à legalidade, à legitimidade e à economicidade de fatos da administração e de atos administrativos praticados por qualquer responsável sujeito à sua jurisdição.

[18] SÁ. Curso de auditoria, p. 2.
[19] Conforme a Resolução CFC nº 986/03 que aprovou a NBC T 12 – Da Auditoria Interna.
[20] Nos termos da Norma Brasileira de Contabilidade – NBC TA 200, aprovada pela Res. CFC nº 1.203/2009.

de uma opinião pelo Auditor acerca das demonstrações contábeis da entidade auditada em todos os aspectos relevantes, em conformidade com a estrutura do relatório financeiro.

Segundo Silva *apud* Holmes, "uma auditoria independente deve averiguar a exatidão, a integridade e a autenticidade de demonstrações, fatos e documentos". É realizada com o objetivo de validar as afirmações da gerência da entidade expressas por intermédio das demonstrações contábeis numa determinada data.

A terceira espécie é a auditoria realizada por um órgão constitucional de controle externo – Tribunal de Contas –, sobre as ações de seus jurisdicionados, conhecida como auditoria governamental. A Norma de Auditoria Governamental (NAG) nº 1.103[21] a conceitua como:

Exame objetivo, sistemático e independente, pautado em normas técnicas e profissionais, efetuado em entidades estatais e paraestatais, funções, subfunções, programas, projetos, atividades, operações especiais, ações, áreas, processos, ciclos operacionais, serviços, sistemas e na guarda e aplicação dos recursos, em relação aos aspectos contábeis, orçamentários, financeiros, econômicos, patrimoniais e operacionais, assim como acerca da confiabilidade do sistema de controle interno, realizada por servidores públicos integrantes do quadro permanente das entidades fiscalizadoras, denominados de profissionais de auditoria governamental.

Dentre as modalidades da auditoria governamental há a auditoria contábil, voltada ao exame das demonstrações contábeis. Segundo a NAG nº 1.102, "em uma auditoria contábil o auditor governamental deverá verificar se as demonstrações contábeis oficiais e outros informes representam uma visão fiel e justa do patrimônio, envolvendo questões orçamentárias, financeiras, econômicas e patrimoniais, além dos aspectos de legalidade".

O ponto em comum[22] que possuem a auditoria externa ou independente e a auditoria governamental consiste que os trabalhos de ambas não estão voltados especificamente à detecção de erros, fraudes e outras irregularidades, e sim emitir opinião e comentários sobre a adequação

---

[21] Compõe o conjunto das Normas de Auditoria Governamental (NAGs) aplicáveis ao controle externo brasileiro, aprovadas em 2010 pelas entidades representativas dos Tribunais de Contas (IRB e ATRICON). Devem servir de requisitos básicos a serem observados pelos profissionais de auditoria e por todos os Tribunais de Contas que compõem o Sistema de Controle Externo Brasileiro.

[22] Conforme a Norma Brasileira de Contabilidade TA 200 (item 3), que regulamenta a auditoria independente, e a Norma de Auditoria Governamental nº 3.216.

das demonstrações contábeis. Contudo, o auditor, ao efetuar seu exame, deve estar atento para essas ocorrências, que em alguns casos podem ser de tal grandeza que afetem a posição patrimonial, econômica e financeira, assim como as questões operacionais da entidade examinada. Somente em caso de fortes evidências dessas anomalias cabe ao auditor aprofundar o exame dos livros, registros e documentos até encontrar elementos de convicção para emitir sua opinião.

Quando se utiliza das informações contábeis com a finalidade de investigar fraudes, desfalques e demais ações danosas ao patrimônio, envolvendo, principalmente, valores financeiros e desvios de bens, estar-se-á diante de um novel ramo da contabilidade, conhecida por contabilidade forense ou contabilidade investigativa, como também é denominada.

Tal ramo da ciência contábil representa uma evolução do processo de controle do patrimônio, torna-se, portanto, uma espécie de auditoria especial no viés de investigação de fraudes. Segundo Silva,[23] "a contabilidade forense consiste na integração das habilidades contábeis, investigativas e de auditoria".

Os procedimentos investigativos podem ser aplicados tanto na administração privada como na pública. A sua aplicação exige conhecimentos específicos de quem os pratica, inclusive, de terminologias legais e noções dos diversos crimes, tais como aqueles praticados contra o patrimônio, público ou particular. Esse conhecimento específico possibilita o implemento de investigações sobre suspeitas de fraudes e irregularidades, além do rastreamento sobre a origem e o destino de grandes somas, seja em dinheiro ou em outros ativos desviados das entidades.

5 Contabilidade forense: instrumento de investigação e combate à corrupção

A contabilidade forense, segundo Cardoso apud Manning,[24] "é a ciência de coletar e apresentar informações financeiras como uma forma que seja aceita como prova por uma corte julgadora contra perpetradores de crimes de natureza econômica". Parte-se do princípio de que, a partir da estrutura de informações contábeis, é possível produzir e efetuar investigações e a coleta de provas hábeis admissíveis em juízo.

---

[23] SILVA. *Contabilidade forense*: princípios e fundamentos, p. 37.
[24] MANNING. George A. *Financial Investigation and Forensic Accounting*, p. 5.

É certo que procedimentos investigativos requerem a utilização de técnicas de auditoria para a apuração, não só das inconsistências financeiras e contábeis, mas também de delitos penais, tais como aqueles praticados contra o patrimônio público ou privado, incluindo nesse método os procedimentos de investigação forense. Porém, não segue regras específicas da auditoria interna ou externa, haja vista possuir escopo próprio com o foco em investigações financeiras.

O tema é extremamente relevante, ainda pouco difundido e praticado no Brasil. No âmbito internacional já é bastante conhecido, sobretudo nos EUA, ante a ocorrência nos últimos anos de grande incidência de fraudes contra o patrimônio de empresas, objeto de destaque na mídia mundial. Conforme estudo desenvolvido por Cardoso,[25] cada vez mais vem sendo noticiada a ocorrência de escândalos financeiros em grandes empresas espalhadas pelo mundo, sendo que algumas sucumbiram diante do prejuízo e encerraram suas atividades.

Devido a isso, o assunto provoca o desenvolvimento de estudos[26] que incentivam a utilização das informações contábeis, não apenas na sua forma mais tradicional, mas também aproveitando os outros serviços que elas possam prestar, tal como o seu uso como meio de provas de ações danosas ao patrimônio de uma entidade. De igual modo, espera-se que mais profissionais militem nesse ramo da contabilidade, haja vista a escassez de mão de obra especializada no mercado de trabalho.

Se no setor público a preocupação por parte dos órgãos de controle com a corrupção, desvios de recursos e dilapidação do patrimônio público é um assunto habitual, dada a fragilidade dos controles internos que facilitam a prática desses delitos, no setor privado, mesmo dispondo, em regra, de melhores controles em relação ao setor público, o tema vem ultimamente despertando a atenção das grandes empresas,

---

[25] CARDOSO. *Contabilidade forense no Brasil*: incipiência ou insipiência?. Nesse belo trabalho acadêmico, o autor menciona que, nos últimos anos, fraudes contábeis vêm ocupando cada vez mais espaço na mídia mundial, citando como exemplo o caso da empresa americana *Eron Creditors Recovery Corporation*, que pediu concordata em 2001, após denúncias de fraudes contábeis, assim como os casos das empresas *Tyco*, *WorldCom* e *Adhelfia*. Segundo o autor, todas elas foram associadas aos maiores escândalos financeiros ocorridos nos EUA, desde a grande depressão de 1929. Cita ainda que tal fenômeno também ocorre no Brasil, tendo sido noticiadas somente no jornal *O Globo* 9.446 matérias tratando de fraudes (no período de 1997 a 2007).

[26] Como é o caso dos estudos desenvolvidos por Lino Martins da Silva, em sua obra *Contabilidade forense: princípios e fundamentos*, e Fernando Nazareth Cardoso, no seu trabalho dissertativo já referenciado. Acrescentando-se, ainda, todo o referencial teórico apresentado por esses autores.

que cada vez mais se instrumentalizam para inibir suas fragilidades e com isso dificultar as ações danosas ao seu patrimônio.

A princípio, a contabilidade forense ou investigativa busca a identificação e eliminação de procedimentos fraudulentos ou inadequados que possam causar prejuízos para as empresas. Indaga-se: por que não estendê-la também para as entidades públicas? Certamente estão sujeitas, em grau de maior risco, a esses acontecimentos, não só pela fragilidade dos seus controles, mas também devido a sua grandeza patrimonial.

Pode-se afirmar ser perfeitamente possível a adaptação dos procedimentos investigativos da contabilidade empresarial para a contabilidade aplicada ao setor público, uma vez que adotam o mesmo rito de processamento das informações contábeis, a partir do registro dos atos e fatos administrativos que geram lançamentos até a elaboração dos balanços.

Dada a sua dimensão, a busca de práticas contábeis fraudulentas ou inadequadas é apenas um subproduto da contabilidade forense. Para Cardoso, "a contabilidade forense faz parte da ciência contábil e quando determinada aplicação da ciência contábil tiver por objetivo a investigação de fraude, será uma manifestação da contabilidade forense". Ainda segundo esse autor, dela provém a contabilidade investigativa, que se refere mais especificamente a fraudes do tipo "apropriação indébita de ativos", equivalente a desvios de recursos, posse indevida de bens e outros delitos perpetrados contra o patrimônio de uma entidade, a maioria das vezes para proveito dos seus próprios agentes.

A outra ramificação é a que denomina o Instituto Americano de Contadores Públicos[27] de "serviços de litigação", cuja ênfase é a solução de problemas que envolvam avaliação de ativos, também com conotação de investigação de cunho judicial. Fazem parte dessa ramificação a auditoria de fraudes, que consiste na suspeita de fraude nas demonstrações, relatórios e demais documentos contábeis, assim como a perícia contábil.[28]

Poder-se-ia questionar: seriam somente os profissionais da contabilidade as pessoas aptas a praticar a contabilidade forense? Poderiam ser profissionais de outros campos?

---

[27] Conforme expôs Fernando Nazareth Cardoso em seu trabalho dissertativo já mencionado.
[28] Segundo a NBC T 13, a perícia contábil, constitui o conjunto de procedimentos técnicos e científicos destinados a levar à instância decisória elementos de prova necessários a subsidiar a justa solução do litígio, mediante laudo ou parecer pericial contábil, em conformidade com as normas jurídicas e profissionais e a legislação específica.

É evidente que o seu manejo requer, a princípio, o domínio de conhecimentos contábeis. Quando da implementação da auditoria de investigação de fraudes e outras irregularidades constantes dos balanços, as normas contábeis determinam que sejam realizados apenas por contadores. Por outro lado, caso o trabalho esteja voltado somente à coleta de informações exaradas pela contabilidade, com o intuito de subsidiar investigações de crimes financeiros ou desvios de bens, tais como desfalques, lavagem de dinheiro ou apropriação indébita de ativos, nada impede que aqueles profissionais com formação acadêmica diversa da contábil possam também exercê-la.

Certamente as atividades investigativas exigem conhecimentos multidisciplinares daqueles que pretendem exercê-las, sendo salutar que esses profissionais tenham noções do direito, especialmente das esferas administrativa, civil e criminal, assim como conhecer dos ritos processuais adotados pelas cortes judiciais e de contas.

Satisfariam essas condições os servidores que atuam no controle interno de órgãos públicos, auditores de tribunais de contas, promotores de justiça, delegados de polícia, entre outros. Os servidores dos Tribunais de Contas em procedimentos de auditorias e promotores de justiça em investigações criminais têm amparo legal[29] para solicitarem documentos e demais informações contábeis.

Ainda a respeito de se questionar a possibilidade de profissionais de outras áreas, sem ser a contábil, serem competentes para o manejo da contabilidade forense, é também entendimento doutrinário[30] que a contabilidade investigativa é a única em que há possibilidade de atuar profissionais de outros campos. Todavia, a auditoria e a perícia contábil, por imposição legal,[31] só podem ser praticadas por profissionais da contabilidade.

---

[29] As leis orgânicas dos tribunais de contas lhes autorizam a solicitarem documentos ou informações quando dos trabalhos de inspeções ou auditorias junto aos seus jurisdicionados. É o caso do TCU, cuja Lei Complementar nº 8.443/92 estabelece tal prerrogativa no seu art. 42. Da mesma forma, o Ministério Público, no exercício de suas funções, tem amparo em sua Lei Orgânica (LC nº 8.625/93, art. 26) para requisitar informações, exames, perícias e documentos, assim como promover inspeções e diligências investigatórias junto às autoridades, órgãos e entidades públicas das três esferas. Pode, ainda, fazer as mesmas requisições e diligências junto a entidades privadas.

[30] Conforme entendimento de Joseph T. Wells (*Corporate Fraud Handbook*: Prevention and Detection, p. 4), citado por Cardoso.

[31] Segundo as NBC TP 01 e NBC P1, tanto a perícia contábil (judicial ou extrajudicial) e a auditoria independente, são de competência exclusiva de contador registrado em Conselho Regional de Contabilidade.

5.1 Etapas das investigações mediante o uso da contabilidade forense

Para maior eficiência, é possível adotar as mesmas fases da auditoria governamental de legalidade nas investigações financeiras, em razão de seus pontos incontroversos. Tais fases clássicas são o planejamento, a execução e o relatório. O planejamento é a etapa em que são definidas as estratégias de execução e a extensão dos trabalhos. Nessa oportunidade se define o objetivo da investigação, os procedimentos[32] que serão aplicados, o respectivo prazo de execução, as evidências que serão coletadas para serem usadas como meio de prova, entre outros pontos importantes. Na fase da execução se aplicam os procedimentos que foram antecipadamente selecionados e detalhados, com a coleta das provas e de evidências necessárias para suportarem as acusações contra os envolvidos.

A etapa derradeira é a confecção do relatório, que conterá constatações, análises, opiniões e conclusões. Deve ser apontada a descrição dos fatos irregulares, as provas que suportam a acusação, o responsável, sua conduta e o dispositivo legal infringido. Esse modelo se adapta mais ao relatório de uma auditoria ou de uma inspeção da maioria dos tribunais de contas do Brasil. Caso seja um trabalho investigativo do Ministério Público, poderá adquirir o formato de uma peça denunciatória destinada ao Judiciário.

Quando da implementação dos trabalhos de coleta dos dados, deve-se levar em consideração que as demonstrações contábeis do setor público[33] são os primeiros documentos que o investigador deve ter acesso para fazer as comparações necessárias, em especial o balanço

---

[32] Segundo a Norma de Auditoria Governamental nº 1.118, procedimentos de auditoria são ações, atos e técnicas sistematicamente ordenados, em sequência racional e lógica, a serem executados durante os trabalhos, indicando ao profissional de auditoria o que e como fazer para realizar seus exames, pesquisas e avaliações, e como obter as evidências comprobatórias necessárias para a consecução dos objetivos dos trabalhos e para suportar sua opinião. A NAG 4402.1 explica melhor, dispondo que os procedimentos de auditoria governamental são as tarefas que serão desempenhadas pelo profissional de auditoria para examinar registros e documentos, assim como avaliar processos e sistemas contábeis, administrativos e operacionais do ente auditado, reunir a evidência de auditoria para respaldar sua opinião e apresentar o resultado dos trabalhos à Administração Pública.

[33] De acordo com o art. 101 da Lei nº 4.320/64, compõem as demonstrações contábeis do setor público o Balanço Orçamentário, o Balanço Financeiro, o Balanço Patrimonial e a Demonstração das Variações Patrimoniais. Com o advento das Normas Brasileiras de Contabilidade Aplicadas ao Setor Público foram criadas a Demonstração do Fluxo de Caixa e a Demonstração do Resultado Econômico, sendo que essa última, por enquanto, não é obrigatória, conforme a 4ª Edição do MCASP da STN/MF.

patrimonial. Segundo Silva[34] "o balanço patrimonial representa o produto da contabilidade, apresentando o saldo das contas e a situação patrimonial da entidade em determinado momento".

Partindo a investigação do balanço patrimonial, aplicam-se todos os procedimentos que permitem atingir conclusões fidedignas, mediante a seleção de provas necessárias para respaldar o que será apontado no final do trabalho.

Com fulcro nos métodos ensinados por Silva,[35] pode-se considerar duas maneiras de realizar as investigações utilizando as demonstrações contábeis, quais sejam: o método descendente e o método ascendente. No método descendente, o investigador parte da descrição e dos saldos das contas registrados no balanço patrimonial, confrontando-os com os documentos originais e operações que deram suporte àqueles registros, a fim de obter confirmações. No método ascendente o investigador estabelece a coerência dos registros com os elementos justificativos das transações e saldos de contas, tomando por base os documentos originais e o fluxo das operações até ao levantamento e apresentação do balanço.

O método descendente é de melhor adequação em trabalhos investigativos que tenham por objetivo, por exemplo, confirmar a existência de bens, direitos ou obrigações. A utilização do método ascendente é mais compatível em auditorias com o foco em levantar inconsistência de registros e fraudes contábeis.

5.2 Condutas danosas ao patrimônio público, investigadas através das informações contábeis

As condutas danosas ao patrimônio público são representadas por uma ação ou omissão pela qual alguém procura obter vantagem direta ou indireta, tal como desvios de recursos financeiros ou de outras espécies de bens patrimoniais. Pode ser caracterizada também, por exemplo, quando consta registrada uma obrigação a pagar cuja prestação de serviços não aconteceu, ou mesmo quando um servidor do setor de almoxarifado ou patrimônio recebe propina de terceiros visando atestar a entrada de bens de baixa qualidade ou a menor que a quantidade adquirida.

Os agentes que praticam condutas danosas geralmente desempenham alguma função de destaque na entidade, possuindo domínio

---

[34] SILVA, Lino Martins da. *Contabilidade forense*: princípios e fundamentos, p. 8.
[35] Métodos de maior aplicação no setor empresarial, mas podem ser adaptados para a esfera pública (p. 117).

sobre determinada parcela da coisa pública. Utilizam de sua posição para seu enriquecimento pessoal por meio de uso indevido de recursos financeiros ou outros bens que compõem o acervo patrimonial da entidade. A ação pode ser ainda intentada por terceiros, agindo em conluio com servidores públicos.

Os crimes praticados contra a Administração Pública, listados nos artigos 312 a 359 do Código Penal, passíveis de investigações através das informações contábeis,[36] são o peculato, o emprego irregular de verbas ou rendas públicas, a corrupção passiva, a corrupção ativa e a apropriação indébita. Constam ainda do Código Penal, a partir do artigo 359-A, os crimes contra as finanças públicas,[37] sendo perfeitamente possíveis suas investigações e a coleta de provas com os dados contidos nos balanços e demais documentos contábeis. A prática da maioria desses delitos é ainda classificada como atos de improbidade administrativa[38] que causam enriquecimento ilícito e lesão ao erário.

Através do método descendente de análise, colhem-se as informações inerentes aos elementos patrimoniais e respectivos saldos, qualificados em valores depositados em bancos, créditos a receber, bens móveis e obrigações a pagar, demonstrados sinteticamente no balanço patrimonial. Conforme o objetivo da investigação, implementam-se os procedimentos, tais como verificação da existência dos componentes patrimoniais ou mesmo a confirmação de obrigações, partindo dos dados sintéticos para os analíticos,[39] podendo ainda serem realizadas diligências para verificar, por exemplo, a existência física de determinado bem, sob suspeita de apropriação indevida, ou mesmo a confirmação junto a terceiros de uma obrigação a pagar.

Atualmente todos os registros contábeis das entidades do setor público são feitos por meio de sistemas eletrônicos de processamento de dados, facilitando aplicação de procedimentos da coleta e cruzamento de dados nas investigações, e nem sempre será necessário manusear papéis, pois a informação que se busca poderá ser fornecida pelo próprio sistema.

---

[36] Esses crimes se tipificam pela atuação do sujeito ativo realizando uma ação ou uma omissão que causa prejuízo ao patrimônio público.

[37] Inseridos por intermédio da Lei nº 10.028/2000.

[38] A Lei nº 8.429/92 (Lei de Improbidade Administrativa) dispõe nos artigos 9º e 10 acerca dos atos de improbidade administrativa que importam enriquecimento ilícito e daqueles que causam prejuízo ao erário.

[39] As informações contábeis sintéticas são relativas às contas cujos saldos são divulgados no balanço de forma agrupada, enquanto as analíticas correspondem aos detalhamentos das contas.

6 Conclusão

As informações produzidas pela contabilidade do setor público, expressas nos demonstrativos e demais registros contábeis, são frutos das transações realizadas pelos gestores no cotidiano das entidades. Via de regra, são utilizadas no âmbito interno, como instrumento de controle e de tomada de decisão. É comum, ainda, seu manuseio pelo controle externo, com maior intensidade, quando das análises das prestações de contas periódica dos gestores. Entretanto, é reduzido seu manejo em auditorias contábeis e menos ainda em investigações de fraudes, desvios de recursos financeiros e outros delitos perpetrados contra o patrimônio público.

A contabilidade aplicada ao setor público, por imposição da legislação que a regulamenta – Lei nº 4.320/64, Lei de Responsabilidade Fiscal, Normas Brasileiras de Contabilidade e demais resoluções do CFC –, possui um repertório de informações relacionadas às transações levadas a efeito pelos gestores, envolvendo os aspectos orçamentário, financeiro, fiscal, econômico e patrimonial. Esse banco de dados pode ser usado em outros fins, e não somente nas atividades habituais dos controles interno e externo.

É possível a utilização das informações procedentes da contabilidade em investigações de fraudes, desfalques e demais ações danosas ao patrimônio, como também em medidas preventivas desses delitos, através de técnicas da contabilidade forense ou investigativa, como também é denominada.

Na busca das evidências, o investigador poderá partir das informações coletadas nos balanços públicos até atingir o exame dos documentos e operações na sua apresentação mais analítica. O uso de meio eletrônico nos registros contábeis facilita a aplicação de procedimentos de coleta e cruzamento de dados nas investigações.

No exercício da contabilidade forense, convém ao profissional possuir conhecimentos contábeis, jurídicos e de auditoria, sem necessariamente ter formação específica em contabilidade. Contudo, a legislação contábil exige essa formação na execução de auditoria ou perícia contábil.

Na área privada o assunto tem despertado a atenção das grandes empresas, induzindo o uso da contabilidade forense em ações preventivas, assim como em investigações de atos lesivo contra seus patrimônios, porém, no setor público ainda é incipiente.

Justifica-se a aplicação dos métodos investigativos da contabilidade forense na Administração Pública, devido ser ela mais vulnerável às práticas lesivas, levando em conta a sua grandeza patrimonial, a fragilidade dos seus controles internos e a incidência da corrupção.

Para tanto, os órgãos de controle devem envidar maiores esforços em auditorias contábeis e em investigações, adotando procedimentos da contabilidade forense, com o propósito de coibir práticas danosas e provocar a punição dos depredadores do patrimônio público.

Referências

AMORIM, Ricardo. Mas afinal, quanto custa a corrupção?. *IstoÉ*, ed. 08/2012.

BRASIL. Conselho Federal de Contabilidade. Normas Brasileiras de Contabilidade Aplicadas ao Setor Público. Disponível em: <http://www.cfc.org.br/legislação>. Acesso em: 20 fev. 2014.

BRASIL. Conselho Federal de Contabilidade. Resolução CFC nº 986/03. Aprova a NBC T 12 – Da Auditoria Interna. Disponível em: <http://www.cfc.org.br/legislação>. Acesso em: 20 fev. 2014.

BRASIL. Conselho Federal de Contabilidade. Resolução do CFC nº 858. Aprova a NBC T 13 – Da Perícia Contábil. Disponível em: <http://www.cfc.org.br/legislação>. Acesso em: 20 fev. 2014.

BRASIL. Constituição (1988). *Constituição da República Federativa do Brasil*, 1988. Brasília: Senado Federal, Centro Gráfico, 1988.

BRASIL. Decreto-Lei nº 2.848. Código Penal. Disponível em: <http://www.planalto.gov.br/ccivil_03/decreto-lei/del2848.htm>. Acesso em: 20 fev. 2014.

BRASIL. Lei Complementar nº 101/2000. Lei de Responsabilidade Fiscal. Disponível em: <http://www.planalto.gov.br/ccivil_03/LCP/Lcp101.htm>. Acesso em: 20 fev. 2014.

BRASIL. Lei Complementar nº 8.443/92. Lei Orgânica do Tribunal de Contas da União. Disponível em: <http://www.planalto.gov.br/ccivil_03/leis/L8443.htm>. Acesso em: 20 fev. 2014.

BRASIL. Lei nº 10.028/2000. Altera o Decreto-Lei nº 2.848/40. Código Penal, a Lei nº 1.079/50, e o Decreto-Lei nº 201/67. Disponível em: <http://www.planalto.gov.br/ccivil_03/leis/L10028.htm>. Acesso em: 20 fev. 2014.

BRASIL. Lei nº 4.320/64. Estatui Normas Gerais de Direito Financeiro para elaboração e controle dos orçamentos e balanços da União, dos Estados, dos Municípios e do Distrito Federal. Disponível em: <http://www.planalto.gov.br/ccivil_03/leis/L4320.htm>. Acesso em: 20 fev. 2014.

BRASIL. Lei nº 8.429/92. Lei de Improbidade Administrativa. Disponível em: <http://www.planalto.gov.br/ccivil_03/leis/L8429.htm>. Acesso em: 28 fev. 2014.

BRASIL. Lei nº 8.625/93. Lei Orgânica Nacional do Ministério Público. Disponível em: <http://www.planalto.gov.br/ccivil_03/leis/L8625.htm>. Acesso em: 28 fev. 2014.

BRASIL. Resolução TCU nº 246/2011. Regimento Interno do Tribunal de Contas da União.

CARDOSO, Fernando Nazareth. *Contabilidade forense no Brasil*: incipiência ou insipiência?. 2008. Dissertação (Mestrado em Ciências Contábeis)–Programa Multiinstitucional e Inter-Regional de Pós-Graduação em Ciências Contábeis, Universidade de Brasília, Brasília, 2008.

CHIAVENATO, Idalberto. *Introdução à teoria geral da administração*. 6. ed. Rio de Janeiro: Campus, 2000.

FAVERO, Hamilton Luiz et al. *Contabilidade*: teoria e prática. São Paulo: Atlas, 1995. v. 1.

FAYOL, H. *Administração industrial e geral*: previsão, organização, comando, coordenação, controle. 10. ed. São Paulo: Atlas, 1994.

HENDRIKSEN, E. S.; VAN BREDA, M. F. *Teoria da contabilidade*. 5. ed. São Paulo: Atlas, 1999.

HOLMES, Arthur W. *Auditoria*: princípios e procedimientos. Tradução de Francisco Contro Malo. 2. ed. México: Uteha, 1968.

IUDÍCIBUS, Sérgio de. *Introdução à teoria da contabilidade*. 9. ed. São Paulo: Atlas, 2009.

MANNING. George A. *Financial Investigation and Forensic Accounting*. Boca Raton: CRC Press, 2005.

NORMAS de Auditoria Governamental. Instituto Rui Barbosa (IRB). Tocantis, 2011.

SÁ, Antônio Lopes de. *Curso de auditoria*. 10. ed. São Paulo: Atlas, 2002.

SILVA, Lino Martins da. *Contabilidade forense*: princípios e fundamentos. São Paulo: Atlas, 2012.

WELLS, Joseph T. *Corporate Fraud Handbook*: Prevention and Detection. New Jersey: John Wiley & Sons, 2004.

Informação bibliográfica deste texto, conforme a NBR 6023:2002 da Associação Brasileira de Normas Técnicas (ABNT):

DIAS, Omar Pires. A contabilidade forense como instrumento de controle e de investigações de crimes perpetrados contra o patrimônio público. In: LIMA, Luiz Henrique (Coord.). *Tribunais de Contas*: temas polêmicos: na visão de Ministros e Conselheiros Substitutos. 2. ed. rev., ampl. e atual. Belo Horizonte: Fórum, 2018. p. 231-251. ISBN 978-85-450-0521-6.

O AUDITOR (MINISTRO/CONSELHEIRO SUBSTITUTO) DO TRIBUNAL DE CONTAS

UMA ANÁLISE DA IDENTIDADE INSTITUCIONAL E DA NATUREZA JURÍDICA DO CARGO[1]

MILENE CUNHA

A força do direito deve superar o direito da força.

(Rui Barbosa)

1 Introdução

O regular e eficiente trato do dinheiro público foi, e sempre será, uma preocupação social, mormente em tempos em que escândalos de seu desvio vêm à tona diariamente, razão pela qual o fortalecimento dos órgãos de controle é uma necessidade premente.

Nesse sentido, os Tribunais de Contas possuem um papel ímpar na aplicação dos recursos públicos, e, por isso, é de fundamental importância a plena atuação de todos os seus membros, dentre os quais os Auditores, também denominados Ministros e Conselheiros Substitutos a depender se sua atuação se dá na esfera federal ou nos demais entes, respectivamente.

Criado pela Lei nº 3.454, de 6 de janeiro de 1918, ao cargo de Auditor (Ministro Substituto) competia relatar as tomadas de contas e substituir os ministros em suas faltas eventuais. Em 1988, o cargo de Auditor alcança *status* constitucional, quando a Constituição Democrática faz menção expressa a ele, em seu artigo 73, reservando-lhe uma vaga no Colegiado e estabelecendo que o Auditor, quando em substituição

---

[1] Artigo publicado na *Revista do Tribunal de Contas do Estado de Minas Gerais*, Belo Horizonte: Tribunal de Contas do Estado de Minas Gerais, v. 34, n. 2, abr.-jun. 2016, p. 40-65. Atualizado e alterado para publicação neste livro.

a Ministro, terá as mesmas garantias e impedimentos do titular e, quando no exercício das demais atribuições da judicatura, as de juiz de Tribunal Regional Federal.

No art. 75, a Carta da República estabelece que as Constituições estaduais disporão sobre os Tribunais de Contas respectivos, que serão integrados por sete Conselheiros. Por força desse mesmo dispositivo, a organização, composição e fiscalização dos demais Tribunais de Contas do Brasil devem seguir o modelo federal. O que significa dizer que, por simetria, nos demais entes o Auditor (Conselheiro Substituto) também possui uma cadeira reservada no Colegiado, bem como, quando em substituição a Conselheiro, terá as mesmas garantias e impedimentos do titular e, quando no exercício das demais atribuições da judicatura, as de juiz de entrância mais elevada.

Nesse sentido, observa-se que são duas as atribuições constitucionais deferidas ao Ministro e Conselheiro Substituto, uma ordinária (exercício das demais atribuições da judicatura) e outra extraordinária (substituir Ministros ou Conselheiros).

Apesar de a atuação do Ministro Substituto estar consolidada no âmbito federal, ainda é bastante diversificada a estrutura acerca dos Conselheiros Substitutos nos Tribunais de Contas do país, no que diz respeito à sua identidade institucional e às suas atribuições, em que se observam restrições tanto na sua função extraordinária de substituir o titular quanto nas suas atividades ordinárias, que apresentam ora atribuições típicas da judicatura, ora atribuições sem esse conteúdo judicante.

Penetrando ainda mais na regulamentação do cargo e nas normas que definem sua atuação, nota-se também que mesmo quando a atribuição judicante é garantida, em alguns Tribunais de Contas destoam os critérios na distribuição dos processos submetidos aos Conselheiros Substitutos, alguns dos quais limitam sua atuação no exercício do seu desiderato constitucional.

Nesse contexto, aflora-se a presente problematização acerca do alcance da norma constitucional em relação à identidade institucional, às atribuições judicantes do cargo e às garantias de seu pleno exercício.

2 Da historicidade do cargo de Auditor e sua identidade nos Tribunais de Contas brasileiros

2.1 Auditores (Ministros e Conselheiros Substitutos): um breve histórico

A denominação *Auditor* consta da Constituição Federal, todavia, hodiernamente, o cargo vem recebendo outras denominações, tais como

Ministro Substituto e Conselheiro Substituto,[2] a depender da esfera de atuação, dado o equívoco que a nomenclatura costuma provocar em relação a sua natureza jurídica, como se verá adiante.

O cargo de Auditor foi criado pela Lei nº 3.454, de 6 de janeiro de 1918, que previa no seu art. 162, §2º, alínea "b", oito vagas. Por outra senda, a primeira legislação que trouxe sua normatização foi o Decreto nº 13.247, de 23 de outubro de 1918, que estruturou o então Tribunal de Contas (União) com quatro corpos: Deliberativo, composto de sete ministros; Especial, composto de oito auditores, a quem competia relatar as tomadas de contas e substituir os ministros em suas faltas eventuais; Instrutivo, composto pelos funcionários da secretaria do Tribunal, inclusive as delegações; e o Ministério Público, composto de um procurador e um adjunto.

Ao compor o chamado *Corpo Especial*, os Auditores, nomeados pelo Presidente da República, escolhidos entre bacharéis em direito, tornavam-se vitalícios desde a posse[3] e eram encarregados de relatar os processos de tomada de contas perante a câmara incumbida de julgar os processos daquela espécie.

Segundo o que se extrai da norma em comento, ao Auditor previa-se apenas e tão somente a competência para relatar os referidos processos, não lhe sendo atribuição proferir voto quanto a eles. Chega-se a essa conclusão ao se analisar a redação do art. 49, inciso I, do Decreto nº 13.247/1918, que, quando quis trazer tal atribuição, o fez expressamente aos Ministros, dispondo que lhes competia *relatar, discutir* e *votar*. Por outra senda, o art. 50, inciso I do decreto em análise atribuiu aos Auditores somente a competência para *relatar*.

Entrementes, inobstante a competência parcial em relação aos Ministros, quando o Auditor estivesse em substituição àquele, exercia todas as suas competências.

Já em 1949, após um longo período no qual o cargo de Auditor, assim como o próprio Tribunal de Contas, perdeu relevância, mormente na Presidência de Getúlio Vargas, editou-se a nova Lei Orgânica do Tribunal de Contas (Lei nº 830/1949), que reduziu para quatro o número de vagas e ampliou as atribuições para o cargo de Auditor, podendo agora atuar no Tribunal Pleno, em caso de recursos (art. 22, §2º).

A partir de então passou-se a exigir o concurso público para seu provimento e a proibir que eles exercessem funções e comissões da Secretaria, inclusive as de delegado e assistente das Delegações, conforme art. 25, §2º da lei em comento, garantindo, assim, que suas atribuições não se confundissem com as do corpo instrutivo.

---

[2] Veja-se Resolução nº 03/2014 da Atricon, publicada em 13.08.2014.
[3] Veja-se art. 14 do Decreto nº 13.247/1918.

Nessa seara evolutiva, em 1967 publica-se o Decreto nº 199, que instituiu a nova Lei Orgânica do Tribunal de Contas, entretanto, não trouxe qualquer modificação ao cargo de Auditor, tampouco às suas competências, vez que determinou em seu art. 12, §3º que suas atribuições seriam reguladas no Regimento Interno.

Percorridos 10 anos, desde a entrada em vigor da nova Lei Orgânica, em 1977, passa a vigorar o novo Regimento Interno do Tribunal de Contas, no qual, em seu art. 73, inciso IV, acrescenta que os Auditores, ordinariamente, atuariam, "em caráter permanente, junto à Câmara para qual fossem designados, presidindo a instrução de processos que lhe forem distribuídos e relatando-os com proposta de decisão a ser votada pelos membros da Câmara". Em reforma do Regimento em 1988,[4] os Auditores passaram a atuar em caráter permanente também no Plenário do Tribunal.

Interessante observar que, desde a criação do cargo, apesar da pouca especificação quanto às atribuições ordinárias, houve uma preocupação das normas infraconstitucionais em trazer uma diferenciação desse cargo em relação aos demais cargos Tribunal, colocando-o sempre em proximidade e similitude com as atribuições dos Ministros, prevendo, inclusive, que gozava de todas as garantias e prerrogativas destes. O que não poderia ser diferente, vez que, para que haja substituição, é necessário que as atribuições, a natureza jurídica, as garantias e as prerrogativas dos cargos possuam identidade e semelhança. Faz-se necessário, portanto, que os cargos estejam lado a lado na estrutura do órgão.

Por fim, na nova ordem política instituída em 1988, pela primeira vez, o cargo de Auditor (Ministro ou Conselheiro Substituto) assume estatura constitucional, conforme previsto no art. 73, que traz, agora, expressamente, suas garantias e seus impedimentos, tanto quando em substituição quanto no exercício de suas atribuições ordinárias, que passam a ser as próprias da jurisdição de contas.

2.2 Da identidade do cargo nos Tribunais de Contas brasileiros

2.2.1 Da inadequação da nomenclatura do cargo: dissonância com sua natureza jurídica

O nome do cargo referido na Constituição Federal é Auditor. No entanto, é de se reconhecer que a denominação atribuída serve de obstáculo para a consolidação da identidade do cargo e para a

---

[4] Veja-se Resolução Administrativa nº 90/1988 – TCU.

uniformidade das atribuições. Nas últimas décadas, com o predomínio das técnicas contábeis de origem anglo-saxã, que consagraram a auditoria como uma técnica de fiscalização contábil de ampla efetividade, a acepção contábil do termo *auditor* tem dominado o conceito, haja vista que o seu uso corrente normalmente remete a essa acepção.

Nas palavras de Canha,[5] na acepção contábil, auditor é aquele que realiza auditoria, técnica contábil que verifica ou revisa registros, demonstrações e procedimentos de escrituração contábil. Tal acepção é tão dominante que até mesmo a Associação Civil de Estudos e Pesquisas dos Tribunais de Contas do Brasil, denominada "Instituto Rui Barbosa", registrou em seu "Glossário: termos técnicos mais comuns utilizados por Tribunais de Contas" somente essa acepção:

> AUDITOR: pessoa encarregada de realizar uma auditoria e elaborar um relatório escrito sobre essa auditoria.[6]

O citado autor esclarece que, apesar de o glossário retrocitado mencionar tal sinônimo como de uso também no Tribunal de Contas de Portugal, tal termo não é usado pela Corte de Contas portuguesa, como se observa da Lei Portuguesa nº 98/1997, em que tais membros são denominados de juízes conselheiros.

Apesar de a acepção contábil ser a que mais se tornou corrente, não se pode olvidar que a acepção jurídica, apesar de desconhecida, também existe e é a acepção usada pelo constituinte de 1988. De Plácido e Silva[7] registra o vocábulo, tanto na acepção contábil como na jurídica:

> AUDITOR: é o título por que se designam juízes ou magistrados encarregados da aplicação de justiça em certo ramo ou espécie de jurisdição, em regra, de ordem criminal.
>
> No Direito Antigo, com o mesmo sentido de ouvidor, indicava o funcionário instruído em leis, que tinha a missão ou atribuição de informar o tribunal ou repartição pública sobre a legalidade de certos atos ou sobre a interpretação das leis nos casos concretos submetidos à sua apreciação. É o consultor jurídico da atualidade.

---

[5] CANHA, Cláudio Augusto. Evolução (?) do papel dos auditores nos Tribunais de Contas do Brasil. In: LIMA, Luiz Henrique (Coord.). *Tribunais de Contas*: temas polêmicos: na visão de Ministros e Conselheiros Substitutos. Belo Horizonte: Fórum, 2014, p. 20.
[6] *Boletim Interno do TCU*, n. 34, 23.07.1992 – "Glossário de termos comuns utilizados no âmbito do controle externo do TCU e do Tribunal de Contas de Portugal", p. 35 *apud* CANHA, Cláudio Augusto. Evolução (?) do papel dos auditores nos Tribunais de Contas do Brasil. In: LIMA, Luiz Henrique (Coord.). *Tribunais de Contas*: temas polêmicos: na visão de Ministros e Conselheiros Substitutos. Belo Horizonte: Fórum, 2014, p. 20.
[7] SILVA, De Plácido e. *Vocabulário Jurídico*. São Paulo: Forense, 2012, p. 170.

Segundo a aplicação atual, o vocábulo designa o juiz de direito agregado aos tribunais de jurisdição especial: auditor de guerra ou auditor de marinha.

Auditor. Na linguagem técnica da contabilidade, é a palavra empregada para distinguir o perito ou técnico de contabilidade, a quem comete o encargo de examinar e dar parecer sobre a escrituração mercantil de um estabelecimento comercial, atestando, igualmente, a sua exatidão, em confronto com os documentos, de que se originaram os lançamentos ou assentos constantes da escrita e a veracidade do balanço geral, que lhe foi mostrado para exame.

A acepção jurídica também é encontrada na definição de Bueno:[8]

AUDITOR s.m. Aquele que ouve; magistrado que tem a seu cargo informar uma repartição sobre a aplicação da lei a casos ocorrentes; magistrado do contencioso administrativo; magistrado judicial agregado a tribunais de guerra ou de marinha; Auditor da nunciatura: assessor do núncio; Auditor de guerra: juiz de direito agregado a um tribunal militar.

Dessa forma, constata-se que a acepção jurídica foi a empregada pelo constituinte de 1988, notadamente quando se constata a expressa menção à atribuição judicante do cargo de Auditor no §4º do art. 73 da Constituição Federal.

Nesse diapasão, é relevante trazer à tona a justificativa apresentada para a redação do §4º do art. 73 quando da elaboração da Constituição Federal de 1988, notadamente quanto à Emenda ES 22052-7:[9]

> Os auditores são os juízes permanentes do Tribunal de Contas que têm por missão relatar os processos que são distribuídos entre eles e os ministros titulares.
>
> Mesmos quando não estão substituindo os ministros, estão ao lado deles relatando e fazendo propostas de decisões que constituem inequivocadamente atos de judicatura.
>
> Por isso é necessário que mesmo nessa situação e, especialmente nelas, estejam protegidos pelas garantias tradicionais da magistratura. Se quando substituem são equiparados aos ministros, quando executam as atribuições da sua judicatura, sem substituírem, devem, por hierarquia, ser equiparados aos juízes dos Tribunais Regionais Federais.

---

[8] BUENO, Silveira. *Dicionário da Língua Portuguesa*. São Paulo: FTD, 2012, p. 30.
[9] CANHA, Cláudio Augusto. Evolução (?) do papel dos auditores nos Tribunais de Contas do Brasil. In: LIMA, Luiz Henrique (Coord.). *Tribunais de Contas*: temas polêmicos: na visão de Ministros e Conselheiros Substitutos. Belo Horizonte: Fórum, 2014, p. 34.

Como se percebe, a intenção do constituinte, ao consignar que os Auditores, em suas funções ordinárias, exerceriam as demais atribuições da judicatura, era, claramente, a de dar a esse cargo corpo de magistratura, como se observa da afirmação de que eles são os juízes permanentes dos Tribunais de Contas.

Interessante observar que o ex-Ministro do Supremo Tribunal Federal, Octavio Gallotti, também ressaltou a impropriedade na denominação do cargo, como abordado no artigo do Leonardo dos Santos Macieira:[10]

> O status dos Auditores dos Tribunais de Contas tem dado margem a muitas perplexidades, que começam com a impropriedade da denominação do cargo, ligada a uma tradição respeitável, mas totalmente divorciada do atual conceito de atividades de auditoria. Imprópria, por isso mesmo, para designar um servidor que tem normalmente assento no Plenário do Tribunal de Contas, com atribuições de relatar processos, formalizar propostas conclusivas e exercer plena jurisdição quando convocado para substituir Conselheiro ou Ministro (...).

No Tribunal de Contas da União (TCU), observa-se o emprego de ambas as acepções: a) jurídica: quando se refere aos Auditores, também denominados Ministros Substitutos, responsáveis por presidir os processos a eles distribuídos, relatando-os com proposta de decisão a ser submetida às câmaras e ao plenário, onde têm assento permanente; e b) contábil: quando trata dos Auditores Federais de Controle Externo, servidores públicos responsáveis por executar a fiscalização a cargo desse Tribunal, incluindo-se entre suas atribuições a realização de auditorias governamentais.

A competência do Auditor (Ministro ou Conselheiro Substituto), portanto, não se coaduna com aquelas funções reservadas aos Auditores de Controle Externo, que exercem atribuições próprias do corpo auxiliar do Tribunal de Contas, vez que os primeiros têm sua criação e disciplina resultantes diretamente do texto constitucional e, portanto, têm natureza jurídica especial.

Por tal razão, no intuito de dar maior clareza à natureza jurídica do cargo, a Associação dos Membros dos Tribunais de Contas (Atricon) editou a Resolução nº 03/2014, que decorreu, dentre outros motivos, de um compromisso firmado na Declaração de Campo Grande-MS,

---

[10] MACIEIRA, Leonardo dos Santos. Auditor constitucional dos Tribunais de Contas: natureza e atribuições. In: LIMA, Luiz Henrique (Coord.). *Tribunais de Contas*: temas polêmicos: na visão de Ministros e Conselheiros Substitutos. Belo Horizonte: Fórum, 2014, p. 72.

aprovada em novembro de 2012 durante o III Encontro Nacional dos Tribunais de Contas do Brasil. Essa resolução aprovou as Diretrizes de Controle Externo Atricon 3.301/2014 relacionadas à temática "Composição, organização e funcionamento dos Tribunais de Contas do Brasil" e previu, como uma das diretrizes dos Tribunais de Contas, "iniciar processo legislativo para que o cargo de Auditor, previsto no §4º do artigo 73 da Constituição Federal, seja denominado Ministro Substituto, no Tribunal de Contas da União, e Conselheiro Substituto, nos Tribunais de Contas dos Estados e dos Municípios".

Alinhado a esse entendimento, verifica-se que o Tribunal de Contas da União[11] e 19 Tribunais de Contas já adotaram tal denominação em seus respectivos normativos.[12] No estado do Pará, a alteração foi promovida na própria Constituição do Estado, por meio da EC nº 64/2015,[13] alcançando-se, assim, a uniformidade no Tribunal de Contas do Estado e no Tribunal de Contas dos Municípios.

Dessa forma, percebe-se que as alterações promovidas pelos estados acima têm como objetivo evitar o emprego da acepção contábil às atribuições do cargo de Auditor, adequando sua denominação de modo a alinhá-la à acepção jurídica do cargo, refletindo, assim, sua natureza judicante. Insta esclarecer que a modificação na nomenclatura não alterou em nada as atribuições do Auditor, somente conferindo nome condizente às atribuições já previstas na Constituição Federal de 1988.

2.2.2 Da condição de membro dos Tribunais de Contas

Da definição do *Dicionário Aurélio*,[14] extrai-se uma avaliação axiológica do termo *membro*, o qual significa "1 – indivíduo que faz parte de uma coletividade. 2 – Uma das partes de um todo (quando ela se destaca pela sua forma ou situação)".

---

[11] BRASIL. Lei nº 12.811/2013: "Art. 3º Os titulares do cargo de Auditor de que trata o §4º do art. 73 da Constituição Federal, os quais, nos termos do texto constitucional, substituem os Ministros e exercem as demais atribuições da judicatura, presidindo processos e relatando-os com proposta de decisão, segundo o que dispõe o parágrafo único do art. 78 da Lei nº 8.443, de 16 de julho de 1992, **também** serão denominados Ministros-Substitutos".

[12] TCE/PB, TCE/SE, TCE/RS, TCE/MG, TCE/RO, TCE/CE, TCE/MA, TCE/AC, TCE/PI, TCE/MT, TCE/RR, TCM/GO, TCE/BA, TCE/PE, TCE/RJ, TCE/TO, TCE/PA, TCM/PA, TCE/ES.

[13] PARÁ. *Constituição do Estado do Pará*, Art. 120, parágrafo único. "Os Auditores *serão* **também** *denominados Conselheiros Substitutos*".

[14] DICIONÁRIO AURÉLIO DE PORTUGUÊS ONLINE. Disponível em: <https://dicionariodoaurelio.com/membro>. Acesso em: 20 set. 2017.

Ressalte-se que na estrutura dos Tribunais de Contas existem duas categorias de agentes públicos: membros e servidores. Os primeiros regem-se por regime jurídico similar ao dos membros do judiciário, já os segundos são regidos pelo regime jurídico único dos servidores civis. Os membros possuem seu arcabouço jurídico retirado da própria Constituição, não podendo ter as competências dos seus cargos alteradas por lei. Já os cargos dos servidores civis são criados e definidos por lei, podendo sofrer alterações para se adequar à evolução estrutural do órgão.

Sendo assim, convém avaliar a posição do cargo de Auditor (Ministro Substituto) no Tribunal de Contas da União. O referido cargo está previsto no art. 73, §2º, I e §4º da Constituição Federal de 1988 (CF/88), conforme se observa:

> Art. 73. O Tribunal de Contas da União, integrado por nove Ministros, tem sede no Distrito Federal, quadro próprio de pessoal e jurisdição em todo o território nacional, exercendo, no que couber, as atribuições previstas no art. 96.
>
> (...)
>
> §2º Os Ministros do Tribunal de Contas da União serão escolhidos:
> I – um terço pelo Presidente da República, com aprovação do Senado Federal, sendo dois alternadamente *dentre auditores* e membros do Ministério Público junto ao Tribunal, indicados em lista tríplice pelo Tribunal, *segundo os critérios de antigüidade e merecimento.*
>
> §4º – O auditor, quando em substituição a Ministro, *terá as mesmas garantias e impedimentos do titular e, quando no exercício das demais atribuições da judicatura, as de juiz de Tribunal Regional Federal* (grifo nosso).

Os dispositivos acima expressam com muita clareza a composição do Tribunal de Contas da União, estabelecendo que o Colegiado (*caput* do art. 73) é integrado por nove Ministros, titulares do órgão, bem como definem quem são os responsáveis por substituí-los em suas ausências: Auditor (Ministro Substituto), conforme o §4º do art. 73.

Nessa linha, extraímos o axioma de que o Auditor (Ministro Substituto) integra a estrutura espinhal do Tribunal de Contas da União: a) seja pela menção expressa do cargo na Constituição – o que o torna próprio da estrutura do Estado; b) seja por possuir uma cadeira reservada no Colegiado; c) seja por possuir atribuições da judicatura, tanto em substituição a Ministro quanto fora dela, com garantias próprias da magistratura judiciária.

E, por tal razão, ao lado dos Ministros, são membros do Tribunal de Contas da União, muito embora não integrem o Colegiado, atuando neste apenas em substituição. Ora, se membros do órgão não fossem, restaria inviabilizado o próprio exercício da substituição, vez que esta pressupõe a identidade da natureza jurídica entre ambos os cargos, e se chegaria à teratologia de ter um membro substituído por um não membro.

Ponto relevante para tal conclusão está no fato de que todos, Conselheiros e Substitutos, podem ser chamados a desempenhar as atribuições da fisionomia do órgão ou entidade, e isso é o que os qualifica como membros.

Importa anotar, ainda, os contornos meritórios do provimento do cargo de Conselheiro Substituto, que tem nas Constituições Estaduais e/ou nas Leis Orgânicas dos Tribunais de Contas a definição da identidade de requisitos exigidos para o cargo de Conselheiro (titular). Se, para ingressar no cargo de Substituto, o candidato deve satisfazer os mesmos requisitos para o desempenho do cargo de Conselheiro, substancialmente essa exigência representa mais um motivo para imbuir tratamento semelhante entre um e outro – membros do Tribunal de Contas, substituto e titular, respectivamente.[15]

O voto do Ministro do Supremo Tribunal Federal (STF), Carlos Ayres Britto, na ADI nº 1.994-5/ES traz idêntico raciocínio:

> E, realmente, a Constituição Federal faz do cargo de auditor um cargo de existência necessária, porque, quando ela se refere nominalmente a um cargo, está dizendo que faz parte, necessariamente, da ossatura do Estado, e só por efeito de emenda à Constituição – e olhe lá – é que essa matéria poderia ser modificada. De outra parte, auditor ainda tem uma particularidade: *é regrado pela Constituição como um elemento de composição do Próprio Tribunal*; (...)
>
> E o fato é que o art. 75 deixa claro que o modelo da composição, exercício e fiscalização que adota a Constituição Federal é impositivo para os demais entes federativos (grifo nosso).[16]

Ademais, por ostentar todas as garantias de independência dos juízes de direito da mais alta entrância – vitaliciedade, inamovibilidade e irredutibilidade de subsídios –, o STF se manifestou definindo a natureza jurídica do cargo de Ministro ou Conselheiro Substituto como agente

---

[15] Veja Acórdão APL-TC 00622/13 – TCE/PB, sessão de 25.09.2013, em que o TCE/PB, ao apreciar preliminar que argumentava que o Conselheiro Substituto não era membro do Tribunal, rejeitou a liminar para reconhecê-lo como membro do Tribunal.

[16] BRASIL. Supremo Tribunal Federal. ADI 1.994. Relator Min. Eros Grau. Julgado em 24 maio 2006. Plenário. *Diário de Justiça Eletrônico*, 8 set. 2006.

político, conforme se observa no trecho do voto do Ministro Octavio Gallotti, na ADI nº 507-3/DF, que asseverou: "(...) em cargos de auditor, que são agentes políticos, com assento nos Tribunais de Contas".[17]

Nessa esteira, ao analisar a legitimidade e a pertinência temática das ações de inconstitucionalidade propostas pela Atricon, o STF já explanou entendimento de que o Auditor (Ministro e Conselheiro Substituto) também é membro do Tribunal, ao julgar procedentes as ações propostas em face do cargo.

Apenas para elucidar a questão, o art. 103 da CF/88 define quem são os legitimados a propor ação direta de inconstitucionalidade e ação declaratória de constitucionalidade, dentre os quais consta, no inciso IX do referido dispositivo, a entidade de classe de âmbito nacional, ao qual o STF confere a seguinte interpretação, proferida no âmbito da ADI 4.190/RJ:[18]

> Cabe relembrar, no ponto, que a jurisprudência do Supremo Tribunal Federal, ao interpretar o alcance da cláusula inscrita no art. 103, inciso IX, da Carta Política – *e após definir o vínculo de pertinência temática como requisito caracterizador da própria legitimidade ativa "ad causam" das entidades de classe e das confederações sindicais para o processo de controle abstrato de constitucionalidade* (ADI 138-MC/RJ, Rel. Min. Sidney Sanches – ADI 396-MC/DF, Rel. Min. Paulo Brossard – ADI 1.037-MC/SC, Rel. Min. Moreira Alves – ADI 1.096-MC/RS, Rel. Min. Celso de Mello – ADI 1.159-MC/AP, Rel. Min. Ilmar Galvão – ADI 1.414-MC/RS, Rel. Min. Sidney Sanches) –, *firmou orientação no sentido de atribuir à ATRICON, qualidade para agir em sede jurisdicional concentrada, sempre que o conteúdo normativo da regra estatal impugnada suscitar, como na espécie, discussão sobre questões concernentes às prerrogativas institucionais direitos e interesses* **dos membros dos Tribunais e dos Conselhos de Contas**.
>
> (...)
>
> Com efeito, como referido, existe, no caso o nexo de causalidade temática, eis que o conteúdo da emenda constitucional ora questionada – *que versa a tipificação de infrações político-administrativas cometidas por membros do Tribunal de Contas do Rio de Janeiro* e disciplina a ordem ritual de seu processo perante a própria Assembléia Legislativa local – relaciona-se, de modo direto, com a finalidade institucional da entidade de classe autora, como *resulta claro do art. 2º, I, do seu estatuto social, que prevê, dentre os objetivos da ATRICON, "o de representar e defender, em juízo ou fora dele,*

---

[17] BRASIL. Supremo Tribunal Federal. ADI 507-3/DF. Relator Min. Celso de Mello. Julgado em 14 fev. 1996. *Diário de Justiça*, 8 ago. 2003.
[18] BRASIL. Supremo Tribunal Federal. ADI 4.190/RJ. Relator Min. Celso de Mello. Julgado em 10 mar. 2010. Plenário. *Diário de Justiça Eletrônico*, n. 105, 11 jun. 2010.

direitos ou interesses dos Ministros, Conselheiros e Substitutos de Ministros e Conselheiros dos Tribunais de Contas" (grifos nossos).

Nota-se que o STF somente reconhece a legitimidade da Atricon para a apresentação de ADI e ADC quando atua em defesa dos interesses dos Ministros, Conselheiros ou Ministros e Conselheiros Substitutos, admitidos como membros dos Tribunais de Contas. Caso contrário, o referido Supremo entende que inexiste pertinência temática.

É o que ocorreu, por exemplo, na ADI 1.873/MG,[19] na qual o STF declarou como inocorrente o vínculo da pertinência temática por se tratar de interesses dos membros do Ministério Público especial. Já na ADI 1.994-5/ES, que versava, exclusivamente, sobre os interesses dos Conselheiros Substitutos, foi reconhecida a pertinência da ação, entendendo, por lógico, que estes são também membros dos Tribunais de Contas, pois do contrário não poderiam ser representados pela Associação de Membros.

Outrossim, o Tribunal Regional Federal da 1ª Região assentou a questão com a seguinte decisão na Apelação Cível nº 1997.01.00.000311-0/PA:[20]

> CONSTITUCIONAL – ESTATUTO DA ADVOCACIA E DA ORDEM DOS ADVOGADOS DO BRASIL (ART. 28, II, DA LEI 8.906, DE 4.794) EXERCÍCIO DA ADVOCACIA – AUDITOR DO TRIBUNAL DE CONTAS DO ESTADO DO PARÁ.
> I – a Constituição é bastante clara (§4º, do art. 73) ao prescrever que "o auditor, quando em substituição a ministro, terá as mesmas garantias e impedimentos do titular e, quando no exercício das demais atribuições da judicatura, as de Juiz do Tribunal Regional Federal".
> II – A Lei Orgânica do Tribunal de Contas do Estado do Pará (Lei 5.648/91), mutatis mutandis, reproduz o texto constitucional, ao dispor em seu art. 17: "o Auditor, quando em substituição a conselheiro, terá as mesmas garantias, impedimentos, vencimentos e vantagens do titular e, quando no exercício das demais atribuições da judicatura, as de juiz de direito (...)"
> III – *O Estatuto da Advocacia (Lei 8.906/94) também é claro e expresso (art. 28, II) em que "a advocacia é incompatível, mesmo em causa própria" com as atividades de "membros do Poder Judiciário, (...) dos Tribunais e Conselhos de Contas (...)"*
> IV – Negado provimento ao apelo (grifo nosso).

---

[19] BRASIL. Supremo Tribunal Federal. ADI 1873/MG. Relator Min. Marco Aurélio. Julgado em 2 set. 1998. Plenário. *Diário de Justiça Eletrônico*, 19 set. 2003.

[20] BRASIL. Tribunal Regional Federal da 1ª Região. Apelação Cível nº 1997.01.00.000311-0/PA. Segunda Turma. Relator: Juiz Carlos Fernando Mathias. Julgado em 12 ago. 1998.

Não por outra razão, a Atricon, diante da recalcitrância de alguns Tribunais de Contas, reafirmou a constatação supracitada, na Diretriz 16 da Resolução 03/2014, que estabelece que os Tribunais de Contas do Brasil devem "reconhecer: a) como membros dos Tribunais de Contas os Ministros, Ministros Substitutos, Conselheiros e Conselheiros Substitutos; b) e do Ministério Público de Contas, os respectivos Procuradores".

Seguindo essa diretriz, 70% (setenta por cento) dos Tribunais de Contas do Brasil[21] expressaram tal entendimento em seus normativos, ou seja, 23 dos 33 existentes. No TCU a previsão está na Lei nº 12.618/2012,[22] e, nos demais Tribunais, nas leis orgânicas e/ou resoluções sobre o código de ética dos membros e/ou resoluções administrativas.

Ressalte-se que não há que se confundir a composição do Tribunal de Contas com a composição do seu Colegiado. Se é lógica a afirmativa de que tanto Ministros e Conselheiros quanto seus Substitutos são membros dos Tribunais de Contas, o mesmo não acontece quanto à formação do Colegiado, pois este, por uma limitação constitucional,[23] é composto apenas pelos Titulares. Nesse sentido, veja-se decisão do Superior Tribunal de Justiça, no RMS 36.496/SE:[24]

> (...) Também deve ser indicado como fundamento, que a mácula consubstanciou-se em votação na qual o quantitativo de *membros do Plenário desbordou dos sete conselheiros*, em linha de previsão com o que está definido no parágrafo único do art. 75 da Constituição Federal e no art. 42 do Regimento Interno do Tribunal de Contas.

No próximo tópico, reforça-se a conclusão aqui exposta, ao aprofundar o estudo sobre a natureza jurídica do cargo de Ministro Substituto, a qual é a mesma do de Ministro, qual seja, o regime jurídico da magistratura. Por certo, por obrigação da simetria estabelecida na

---

[21] TCU, TCE/AC, TCE/AM, TCE/BA, TCM/BA, TCE/CE, TCE/ES, TCE/GO, TCM/GO, TCE/MA, TCE/MT, TCE/PA, TCM/PA, TCE/PB, TCE/PE, TCE/PI, TCE/PR, TCE/RN, TCE/RO, TCE/RS, TCE/SC, TCE/SE, TCE/TO.

[22] Art. 4º, §3º. Consideram-se membros do Tribunal de Contas da União, para os efeitos desta Lei, os Ministros, os Auditores de que trata o §4º do art. 73 da Constituição Federal e os Subprocuradores-Gerais e Procuradores do Ministério Público junto ao Tribunal de Contas da União.

[23] No Tribunal de Contas da União, são nove Ministros e, nos demais entes federados, sete Conselheiros.

[24] BRASIL. Superior Tribunal de Justiça. RMS 36.496/SE. Segunda Turma. Relator: Min. Humberto Martins. Julgado em 6 dez. 2012. *Diário de Justiça Eletrônico*, Brasília, 18 dez. 2012.

Constituição Federal, em seu art. 75, parágrafo único, o mesmo se aplica nos Tribunais de Contas dos demais entes federados.

3 As atribuições do cargo: natureza judicante

3.1 Da atribuição extraordinária e sua limitação inconstitucional

Da leitura do art. 73, §4º da Constituição Federal depreende-se o cuidado do constituinte em especificar a atribuição extraordinária do Ministro Substituto, qual seja, substituir os Ministros do Tribunal de Contas da União. Há autores, inclusive, que consideram essa a atribuição principal do cargo, a exemplo de Ramos Filho,[25] para quem "a principal função dos Auditores no TCU é substituir os Ministros (...)".

Nessa linha, é de se considerar que se o constituinte incluiu expressamente essa atribuição, sem fazer qualquer restrição ao seu exercício, é porque objetivou a manutenção de um maior número de julgadores nas sessões dos Tribunais, com o fito de qualificar o exame dos processos a partir de uma visão conjugada, expandindo certamente os horizontes decisórios.

A convocação dos Ministros Substitutos permite que o Tribunal de Contas da União, por ser órgão colegiado, delibere, em regra, com a composição máxima de julgadores. Isso se impõe tanto no Tribunal Pleno como nas Câmaras. Assim, atendem-se os princípios da colegialidade e da segurança jurídica – este tão caro ao Estado Democrático de Direito – e, em *ultima ratio*, ao interesse público.[26]

Logo, nota-se que a existência do cargo de Ministro Substituto visa preservar a própria competência das Cortes de Contas – órgãos genuinamente colegiados – ao garantir o funcionamento destas em sua plenitude, para satisfação do interesse público como princípio basilar da República, na medida em que, com a manutenção do rol de julgadores em sua completude, as decisões ocorrem dentro de uma vasta gama de possibilidades interpretativas.

A necessidade de funcionamento do Colegiado em seu número máximo de componentes, conforme previsto na Constituição, com a substituição dos ausentes ou impedidos pelos Ministros Substitutos, é

---

[25] RAMOS FILHO, Carlos Alberto de Moraes. *Direito financeiro esquematizado*. Coordenação de Pedro Lenza. São Paulo: Saraiva, 2015, p. 552.

[26] DINIZ, Gilberto Pinto Monteiro. Auditor do Tribunal de Contas: cargo público de extração constitucional. *Revista TCE/MG*, abr.-jun. 2012, p. 4.

expressão do pluralismo preconizado pelo poder constituinte e se dá na esperança metajurídica da qualificação do pronunciamento decisório pela presença de um maior número de julgadores coletivos.

A força produtiva da pluralidade de ideias, a partir do dissenso e do consenso, atende ao interesse social posto que as decisões são tomadas em grupo, com o aproveitamento de experiências diferenciadas, sendo a própria razão de existir dos órgãos colegiados.

Ainda que não se possa afirmar peremptoriamente que a decisão proferida pelo colegiado completo é melhor do que a decisão com o quórum mínimo, não deixa de ser correto que o exame com o maior número de julgadores tende a ser menos propenso ao erro do que o realizado com o número mínimo.

Analisando as normas do TCU que tratam da atribuição extraordinária dos Ministros Substitutos, Ramos Filho[27] leciona que:

A principal função dos Auditores no TCU é *substituir os Ministros* nas seguintes situações:

- Ausências e impedimentos dos Ministros por motivo de licença, férias ou outro afastamento legal (art. 63, *caput*, Lei n. 8.443/92);
- para efeito de *quórum*, sempre que os Ministros comunicarem, ao Presidente do Tribunal ou da Câmara respectiva, a impossibilidade de comparecimento à sessão (art. 63, §1º, Lei n. 8.443/92).
- vacância de cargo de ministro, até que haja novo provimento (art. 63, §2º, Lei n. 8.443/92).
- Ressalte-se que a convocação dos Auditores para substituir os Ministros deve observar os seguintes *critérios*:
- a ordem de antiguidade no cargo; ou
- a maior idade, no caso de idêntica antiguidade (grifos do autor).

Observa-se das normas do TCU que, sempre que há ausência do titular, por quaisquer motivos, o Ministro Substituto é chamado a substituí-lo. Inclusive há norma expressa no sentido de que o Colegiado esteja sempre completo, como se constata no Regimento Interno do Tribunal de Contas da União:

---

[27] RAMOS FILHO, Carlos Alberto de Moraes. *Direito financeiro esquematizado*. Coordenação de Pedro Lenza. São Paulo: Saraiva, 2015.

Art. 55. Incube ao Ministro-substituto: (...) II, "a": substituir, observada a ordem de preferência, os ministros para efeito de quórum *ou para completar a composição do Plenário ou das Câmaras*, sempre que estes comuniquem ao Presidente do Tribunal ou da câmara respectiva a impossibilidade de comparecimento à sessão (grifo nosso).

Da mesma forma, atendendo o comando constitucional e em atendimento ao princípio da simetria, com redação muito semelhante à do TCU, os Regimentos Internos dos Tribunais de Contas dos Estados de Mato Grosso, Minas Gerais, Piauí, Pernambuco, Tocantins, Rio Grande do Norte, Ceará, Paraná, Amazonas e TCM/PA também preveem a substituição irrestrita pelos Substitutos, com prevalência do Colegiado completo para julgamento, consagrando a efetividade do princípio da colegialidade.

Muito embora o princípio da simetria se aplique a todos os entes federados, ainda há Tribunais em que o exercício da substituição pelos Conselheiros Substitutos depende da discricionariedade do Presidente em exercício, pois, não raro, observam-se sessões funcionando com apenas quatro Conselheiros (normalmente o quórum necessário para deliberação) e Conselheiros Substitutos sendo convocados apenas para atingimento do quórum da sessão.

A Atricon, imbuída do esforço de fortalecer o sistema de controle externo, em especial, alçar os Tribunais de Contas para a estatura social e republicana originalmente prevista pela Carta Magna, estabeleceu como prioridade estratégica a uniformização da composição, da organização e do funcionamento das Cortes de Contas. Dentre as diretrizes constantes do Anexo Único da Resolução nº 03/2014 destaca-se a prevista no item 15 c/c o item 24, "b", que estabelece o seguinte:

> 15. Os Tribunais de Contas do Brasil observarão, em sua composição, organização e funcionamento, o modelo instituído pela Constituição Federal de 1988, implementando, para tanto, as diretrizes estabelecidas nos itens a seguir.
> (...)
> 24. Estabelecer as atribuições dos Ministros e Conselheiros Substitutos, nos termos do §4º do art. 73 da Constituição Federal, considerando as seguintes subdivisões:
> (...)
> b. *Eventuais: substituir Ministros e Conselheiros em suas ausências, a qualquer título, sendo automática a substituição destinada a completar a composição plena do colegiado, prescindindo-se de quaisquer formalidades.*

Nessa linha de intelecção, em se tratando de atribuição que é um imperativo constitucional, é de se ressaltar que a restrição imposta ao seu exercício padece de vício de inconstitucionalidade, por ferir o princípio da colegialidade e comprometer a atuação do próprio Tribunal de Contas.

Ademais, o STF já se manifestou pela obrigatoriedade de se seguir o modelo federal de controle externo e pela inconstitucionalidade da restrição da substituição do Conselheiro Substituto, como se verifica na ADI 5.698-TCE/RJ, na cautelar concedida pelo Ministro Luiz Fux, em 03.05.2017:

DIREITO CONSTITUCIONAL. ESTATUTO CONSTITUCIONAL DOS TRIBUNAIS DE CONTAS. ATRIBUIÇÕES DOS CONSELHEIROS SUBSTITUTOS. SIMETRIA ORGANIZACIONAL ENTRE TRIBUNAL DE CONTAS DA UNIÃO E TRIBUNAIS DE CONTAS DOS ESTADOS DA FEDERAÇÃO. ARTIGOS 73, §4º, E 75 DA CONSTITUIÇÃO. MEDIDA CAUTELAR CONCEDIDA.

(...) Não se observa, a partir do texto constitucional, *qualquer restrição à atribuição dos auditores de substituírem os membros titulares da Corte em caso de afastamento*. O art. 76-A, §3º, da Lei Complementar do Estado do Rio de Janeiro nº 63/1990, ao restringir o número de conselheiros substitutos em atuação concomitante no órgão pleno do Tribunal de Contas do Estado do Rio de Janeiro, afasta-se do regime constitucional, ofendendo o disposto nos artigos 73, §4º, e 75 da Carta Magna.

O Plenário deste Supremo Tribunal Federal possui jurisprudência consolidada reconhecendo a simetria organizacional entre o Tribunal de Contas da União e os Tribunais de Contas dos Estados Federados, sendo de rigor a transcrição dos seguintes arestos:

"O modelo federal de organização, composição e fiscalização dos Tribunais de Contas, fixado pela Constituição, é de observância compulsória pelos Estados, nos termos do caput art. 75 da Carta da República. Precedentes." (ADI 4416 MC, Relator(a): Min. RICARDO LEWANDOWSKI, Tribunal Pleno, julgado em 06/10/2010)

(...) *A violação à simetria*, in casu, *é nociva não apenas ao exercício das funções dos conselheiros substitutos, mas também ao próprio funcionamento do Tribunal de Contas estadual*, mercê de restar paralisado quando houver afastamento de número substancial de membros titulares (...) (grifo nosso).

Dessa forma, a convocação para substituição não pode ficar adstrita à vontade do Presidente, pois que se constitui em imperativo constitucional, devendo ocorrer sempre que haja ausência ou afastamento do Titular, por quaisquer motivos, vez que é do interesse público que o colegiado se mantenha completo, ao proferir seus julgados, de modo a permitir a pluralidade das discussões e a segurança jurídica das decisões.

3.2 Da definição das atribuições ordinárias e suas assimetrias inconstitucionais

Como visto acima, o artigo 73, §4º, da Constituição Federal estabelece que, no caso do Tribunal de Contas da União, o Auditor (Ministro Substituto), quando em substituição a Ministro, terá as mesmas garantias e impedimentos do titular e, quando no exercício das demais atribuições da judicatura, as de juiz de Tribunal Regional Federal.

A Constituição Federal de 1988, atenta ao princípio hermenêutico segundo o qual a lei não contém palavra ou expressão destituída de significação, define a natureza jurídica do cargo de Ministro e Conselheiro Substituto, dizendo, claramente, que esse agente, estando ou não em substituição a membro do colegiado, exerce, exclusivamente, atribuições da judicatura, e, para permitir o exercício de suas nobres atribuições, confere-lhe as garantias e os impedimentos próprios de magistrado.

Não somente o §4º do art. 73 faz expressa menção a isso, como do §2º, I, do art. 73 também se extrai tal conclusão, vez que se verifica que os critérios de antiguidade e merecimento se aplicam à lista a ser encaminhada para preenchimento da cadeira do Colegiado reservada ao Auditor (Ministro Substituto). Tais critérios são próprios do judiciário, conforme previsto nos arts. 93, 107, II e 115, II da CF/88.

Como se nota, são duas as atribuições constitucionais deferidas ao Ministro ou Conselheiro Substituto, uma ordinária (exercício das demais atribuições da judicatura) e outra extraordinária (substituir Ministros ou Conselheiros).

A respeito do tema, o renomado administrativista Jacoby Fernandes[28] leciona:

> Possuem os Tribunais de Contas substitutos de ministros e conselheiros concursados, prontos para atuar durante os impedimentos e vacância. Trata-se de um traço peculiar. O nome jurídico do cargo também é referido como auditor, e tem duas relevantes funções.
> A ordinária, consistente em participar do plenário ou câmara e relatar processos definidos especificamente nos regimentos internos como de sua competência. Como regra, as competências do auditor não são as mesmas do ministro ou conselheiro, ficando restritas a contas, especiais ou anuais.
> A extraordinária consiste, precisamente, em substituir, para integrar quorum, o ministro ausente, no caso do Tribunal de Contas da União, ou o conselheiro, nos demais tribunais. Nos impedimentos eventuais e

---

[28] FERNANDES, Jorge Ulisses Jacoby. *Tribunais de Contas do Brasil*: jurisdição e competência. 3. ed. Belo Horizonte: Fórum, 2012, p. 186.

nos não eventuais, assume integralmente as prerrogativas do substituído, inclusive quanto a voto.

(...)
É importante notar que o constituinte foi muito criterioso ao definir as atribuições ordinárias do auditor, qualificando-as, não sem motivo, de "judicatura", dada a feição judicialiforme do julgamento das contas. Esse argumento reforça o fato dos ministros e conselheiros, e do próprio tribunal de contas, exercerem funções jurisdicionais e outras funções. Já os auditores, voltados precipuamente para as funções de contas, têm atribuições ordinárias de judicatura, isto é, próprias de juiz, do exercício da magistratura.

Embora a Constituição seja expressa em afirmar que, fora da substituição a titular, o Ministro Substituto exerce as demais atribuições da judicatura, o que se observa nas legislações infraconstitucionais (ver Figura 1), é a assimetria nas atribuições dos Conselheiros Substitutos, pois ora observam-se atribuições típicas da judicatura, como em Tribunais

Figura 1 – Comparativo das atribuições ordinárias do cargo de Ministro e Conselheiro Substituto com base nas Leis Orgânicas ou Regimentos dos Tribunais de Contas.

Fonte: Elaborado pela autora.

que estabelecem a relatoria de processos, em consonância com o modelo federal, ora observam-se atribuições sem esse conteúdo judicante, como se verifica das disposições legais que atribuem ao Conselheiro Substituto o papel de emitir parecer técnico, de função meramente instrutória, ou mesmo de chefiar uma unidade técnica do órgão de controle externo.

Como se vê, os Tribunais de Contas do Estado de Alagoas, Amapá, Bahia, Goiás, Mato Grosso do Sul e o Tribunal de Contas dos Municípios da Bahia ainda mantêm como atribuição ordinária típica do cargo a emissão de parecer, de caráter meramente instrutório. Apesar disso, o Tribunal de Contas do Estado do Amapá é o único do Brasil em que os Conselheiros Substitutos ficam subordinados aos Conselheiros e possuem como uma de suas atribuições coordenar as atividades de fiscalização do órgão.

Por sua vez, os Tribunais de Contas do Estado do Tocantins, Rio Grande do Sul e Minas Gerais estabelecem a competência para a relatoria ordinária, mas mantêm a atribuição de emitir parecer em algumas circunstâncias. No caso de Tocantins, emitem parecer sobre todos os processos de contas, consultas e denúncias, mas relatam originariamente os processos de atos de pessoal e processos administrativos para aplicação de multa-coerção. No Rio Grande do Sul possuem relatoria originária, mas emitem parecer apenas em processos de alta indagação jurídica. No caso de Minas Gerais, a legislação ainda prevê a atribuição de emitir parecer nas contas de governo, no entanto, o Pleno do Tribunal afastou a aplicação da norma por inconstitucionalidade, como se verá adiante.

Nessa toada, para alcance da atribuição ordinária do cargo, mostra-se relevante analisar o significado literal, na língua pátria, do termo *judicatura* segundo Bueno,[29] única atribuição legal do Ministro ou Conselheiro Substituto do Tribunal de Contas, quando não está em substituição a Ministro ou Conselheiro: "JUDICATURA. s.f. Poder de julgar; função de juiz".

Deve-se reconhecer que na Constituição da República não existem palavras inúteis. A palavra *judicatura*, prevista na Lei Fundamental como atribuição exercida pelo Ministro ou Conselheiro Substituto, quando não está em substituição, consoante lição de dicionaristas especializados, como De Plácido e Silva,[30] pode ser utilizada no lugar de *magistratura*, sentido que foi intencionalmente empregado pelo constituinte de

---

[29] BUENO, Silveira. *Dicionário da Língua Portuguesa*. São Paulo: FTD, 2012, p. 98.
[30] SILVA, De Plácido e. *Vocabulário Jurídico*. São Paulo: Forense, 2012, p. 98.

1988, como se observa nas discussões quando da elaboração da CF/88, alhures mencionadas.

Ensina esse dicionarista que, no conceito de poder julgar, a judicatura é tomada sem qualquer ideia limitativa: é o poder, isto é, a autoridade, a atribuição para julgar, que será limitado ou determinado pela jurisdição, que é medida desse poder, ao mesmo tempo que assinala a determinação ou a medida da própria competência.

Destarte, tendo presente que o termo *judicatura* ao qual se refere o §4º do art. 73 da Lei Magna tem significado de magistratura (especial), no âmbito da União, o legislador ordinário, por meio da Lei nº 8.443/1992, que trata da organização do Tribunal de Contas da União, mantendo-se fiel ao texto constitucional, definiu, no parágrafo único do art. 78, que o Ministro Substituto, quando não convocado para substituir ministro, presidirá a instrução dos processos que lhe forem distribuídos, relatando-os com proposta de decisão a ser votada pelos integrantes do Plenário ou da Câmara para a qual estiver designado.

Nessa esteira, devem ser rechaçadas as normas que definem atribuições sem o conteúdo da judicatura, a exemplo da emissão de pareceres meramente instrutórios ou chefias de unidades técnicas, defendidas por alguns Tribunais de Contas, ignorando o princípio da simetria das formas, positivado no art. 75 do CF/88, que veda iniciativas que não se harmonizassem com o modelo federal, conforme ADI 916/ MT, de relatoria do Min. Joaquim Barbosa.[31]

Ora, no âmbito federal não foi incumbido ao Ministro Substituto o encargo de emitir parecer opinativo de caráter instrutório sobre os processos que tramitam naquele órgão federal, pois tal atividade não possui natureza judicante.

Por certo que o parecer tem natureza apenas de uma opinião técnica, uma recomendação ou sugestão sobre um encaminhamento ou resolução de um caso em análise. Não tem qualquer caráter decisório, como se constata dos ensinamentos de Hely Lopes Meirelles,[32] transcritos *ipis litteris*:

> Pareceres administrativos são manifestações de órgãos técnicos sobre assuntos submetidos à sua consideração. O parecer tem caráter meramente opinativo, não vinculando a Administração ou os particulares à

---

[31] BRASIL. Supremo Tribunal Federal. ADI 916/MT. Relator Min. Joaquim Barbosa. Julgado em 2 fev. 2009. Plenário. *Diário de Justiça Eletrônico*, 5 mar. 2009.
[32] MEIRELLES, Hely Lopes. *Direito Administrativo Brasileiro*. 40. ed. São Paulo: Malheiros, 2014, p. 193-194.

sua motivação ou conclusões, salvo se aprovado por ato subsequente. Já então, o que subsiste como ato administrativo não é o parecer, mas sim o ato sua aprovação, que poderá revestir a modalidade normativa, ordinária, negocial ou punitiva (...).

A seu turno, José dos Santos Carvalho Filho[33] leciona que "os pareceres consubstanciam opiniões, pontos de vista de alguns agentes administrativos sobre matéria submetida à sua apreciação".

Ora, partindo da premissa de que sua natureza jurídica é simplesmente opinativa, e que no âmbito de algumas Cortes de Contas a emissão de parecer que se atribui ao Conselheiro Substituto figura como mais uma das peças da instrução processual, essa atribuição se revela totalmente incompatível com as atribuições da judicatura, a qual, como já visto, tem natureza jurídica de julgar, com característica decisória e emissão de um convencimento final sobre determinada matéria.

Aqui, é fundamental destacar que o parecer prévio[34] emitido pelas Cortes de Contas sobre as contas governamentais, e mesmo o parecer emitido em processo de consulta formulado por um jurisdicionado e submetido à apreciação do colegiado das Cortes de Contas, distinguem-se profundamente daquele atribuído aos Conselheiros Substitutos em algumas Corte de Contas.

No caso do parecer prévio das contas de governo, trata-se de processo autônomo, cujo relator expressará sua manifestação final, após concluída a fase de instrução, por meio de voto ou proposta de decisão, para deliberação do Pleno Tribunal, sobre as contas do chefe do poder executivo, votando pela aprovação ou desaprovação das contas a serem encaminhadas ao parlamento.

As consultas formuladas pelos jurisdicionados sobre matérias de competência do Tribunais de Contas são classes processuais também autônomas, com tramitação própria em que a solução, igualmente, após uma fase de instrução, é apresentada pelo relator ao colegiado, por meio de um voto ou proposta de decisão.

Observe-se, assim, que em ambos os casos é autuado um processo e designado um Relator – de modo idêntico ao que acontece com todos

---

[33] CARVALHO FILHO, José dos Santos. *Manual de Direito Administrativo*. 24. ed. São Paulo: Lumen Juris, 2011, p. 126-127.

[34] "Art. 71. O controle externo, a cargo do Congresso Nacional, será exercido com o auxílio do Tribunal de Contas da União, ao qual compete: I – apreciar as contas prestadas anualmente pelo Presidente da República, mediante parecer prévio que deverá ser elaborado em sessenta dias a contar de seu recebimento; (...)" (BRASIL. Constituição (1988). *Constituição da República Federativa do Brasil*. Brasília, 1988).

os processos dos Tribunais de Contas – que o presidirá e apreciará a matéria à luz do seu livre convencimento motivado, fruto de um processo intelectivo de conhecimento calcado nas atribuições da judicatura baseadas naquelas previstas, entre outras, nos artigos 139 a 143 do Código de Processo Civil brasileiro,[35] que tratam dos poderes, deveres e responsabilidades do juiz e são aplicáveis, *mutatis mutandis*, aos Tribunais de Contas.

Inversamente, o parecer opinativo atribuído ao Conselheiro Substituto em alguns Tribunais constitui, tão somente, mais uma das peças instrutivas dos processos que tramitam nessas Cortes de Contas, destinada a, segundo a discricionariedade do relator, subsidiar seu voto. Nessas situações, o Conselheiro Substituto apresenta um parecer dentro de um processo cujo relator não é ele, e sim um Conselheiro. No TCE/AM, inclusive, esse parecer necessita ser referendado pelo Conselheiro relator do processo, numa espécie de subordinação do Substituto ao Conselheiro, contrariando a necessária autonomia e independência do cargo.

Tal questão foi objeto de discussão judicial no estado do Ceará, em que o Tribunal de Contas dos Municípios do Ceará pretendeu, por meio de resoluções normativas, negar aos Conselheiros Substitutos a distribuição originária de processos e, ao reverso, pretendeu atribuir-lhes a incumbência de emitir pareceres.

Apreciando o Mandado de Segurança nº 2009.0007.1576-4/0, o Desembargador Francisco Lincoln Araújo e Silva concedeu medida liminar, confirmada pelo Tribunal Pleno da Corte de Justiça do Estado de Ceará, no qual consignou:

> Demais disso, entendo que o exercício da "judicatura", ordinariamente, exercida pelo Auditor, por força de expressos mandamentos constitucionais e legais, não se revela compatível com a emissão de parecer de auditoria, pois, como de notória sabença, parecer é atividade de caráter opinativo – e não decisório – incompatível, portanto, com a atividade de caráter judicante, que, como visto, dentro dos limites constitucionais atinentes à espécie, constitui incumbência do Auditor.[36]

Ao longo da decisão precitada, o Relator define que até mesmo ao Poder Constituinte Decorrente é vedado inovar quanto às funções

---

[35] BRASIL. *Lei nº 13.105*, de 16 de maio de 2015. Código de Processo Civil. Brasília, 16 maio 2015.
[36] CEARÁ. Tribunal de Justiça do Ceará. MS Cível nº 5918-31.2009.8.06.0000/1. Relator: Des. Francisco Lincoln Araújo e Silva.

de competência do Conselheiro Substituto, sob pena de se subverter o modelo vinculativo delineado na Lei Maior. Ao apreciar os Embargos de Declaração nº 5918.31.2009.8.06.0000/1, impetrados pelo estado do Ceará contra a decisão proferida no referido mandado de segurança, o Desembargador concluiu, de forma categórica:

> (...) as atribuições dos membros da Corte e de seus órgãos assemelhados estão previstos na Lei e na Constituição, como, de resto, acontece, por exemplo, com os senhores desembargadores, cujas atribuições estão sabidamente, previstas na Constituição e nas Leis, e nunca no regimento interno do Tribunal a que pertencem. (...) O mesmo ocorre, *mutatis mutandis*, com a figura do AUDITOR, que integra as Cortes de Contas, ocupando uma posição peculiar, mas nem por isso de menor relevo, porque também integra a estrutura das Cortes de Contas, onde desempenham misteres institucionais também previamente delineados pela Constituição e pelas Leis.
>
> *Como se vê, portanto, com muita clareza, aliás, os auditores, assim como os magistrados, recebem, diretamente, da Constituição e das Leis, nunca dos Regimentos Internos, o seu acervo de competência institucional. Demais disso, deve-se reconhecer que o AUDITOR deverá atuar como magistrado, dentro dos limites constitucionalmente previstos, exercendo, portanto, seu mister institucional, com total independência funcional, como o fazem, ordinariamente, os magistrados integrantes do Poder Judiciário.*[37]

Analisando o pedido de suspensão de segurança (SS nº 4005) impetrado pelo estado do Ceará, o Ministro do Supremo Tribunal Federal Gilmar Mendes indeferiu, em 27.01.2010, tal pedido, asseverando que:

> A Constituição Federal e a *Constituição Estadual atribuem* função de judicatura *aos auditores quando não estejam a substituir o Conselheiro da Corte de Contas.* A Lei Orgânica do TCM/CE, por sua vez, estabelece atribuição expressa e específica para o cargo de auditor, ou seja, há estabelecimento por lei de atribuição de determinado cargo público. (...) Do mesmo modo, em juízo mínimo de delibação, a Resolução n.º 6/2008, ainda que delimite de forma mais detalhada as atribuições do cargo de auditor do TCM/CE, de fato retira do regimento interno qualquer disposição que se assemelhe a um detalhamento do que disposto no art. 74, §1º, da Lei Orgânica do TCM/CE. Nesse sentido, evidencia-se plausibilidade jurídica para a concessão da medida liminar concedida, a fim de assegurar pretensão jurídica individual reclamada em juízo.[38]

---

[37] *Ibidem.*
[38] BRASIL. Supremo Tribunal Federal. SS 4005 CE. Relator Min. Cezar Peluso. Julgado em 29 mar. 2012. Tribunal Pleno. *Diário de Justiça Eletrônico*, n. 84, 30 abr. 2012.

Por sua vez, em decisão inédita no âmbito do controle externo, o Tribunal de Contas do Estado de Minas Gerais, no uso de sua competência de arguir a inconstitucionalidade no caso concreto, conforme dispõe a Súmula 347[39] do Supremo Tribunal Federal, em análise do Processo nº 912.324, que tratava das contas de governo do Estado, referentes ao exercício de 2013, reconheceu a inconstitucionalidade de o Conselheiro Substituto atuar como parecerista naquele processo, a despeito de tal atribuição estar inserta na Lei Complementar Estadual nº 102/2008.

Tal processo teve origem na representação do Conselheiro Substituto Hamilton Coelho, parecerista no processo referente ao Balanço Geral do governo do Estado, o qual requereu o afastamento do dispositivo legal que incumbia a ele tal atribuição. Por oportuno, traz-se à baila trecho da representação do referido Conselheiro Substituto:

> Nem se diga que as funções do "juiz-instrutor" (inserta na Lei n.º 8.038/90 pela Lei n.º 12.019/09) e do "auditor-parecerista" se aproximam, haja vista que ostentam formatação e finalidade completamente diferentes: *o primeiro detém poder decisório na fase de instrução processual, por ele presidida, atuando como efetivo impulsionador da atividade jurisdicional, cabendo-lhe,* exempli gratia, *deferir ou indeferir provas e diligências, determinar medidas cautelares, perícias e oitivas de testemunhas, e conceder liberdade provisória, entre outras prerrogativas.* Já o segundo limita-se a formular peça opinativa, em processo no qual já atuam outros dois Conselheiros, a ser acolhida ou não como elemento de convicção. Em outras palavras, trata-se de três magistrados atuando num só feito, processualística, a meu sentir, avessa aos princípios da eficiência e da celeridade. Por consectário lógico da fundamentação aqui perfilhada, *concluo que a emissão de parecer instrutivo em processo de contas por Conselheiro Substituto configura afronta ao estabelecido pelo Poder Constituinte Originário na Carta Política do Brasil, em razão do que se impõe a esta Corte de Contas, no exercício do controle de constitucionalidade incidental que lhe toca, nos termos do Enunciado n.º 347 da Súmula do Supremo Tribunal Federal, afastar a aplicabilidade do disposto no art. 27, inciso V, da Lei Complementar Estadual n.º 102/08.* É como me manifesto.[40]

Seguindo essa linha de intelecção, o Procurador-Geral do Ministério Público de Contas de Minas Gerais, Daniel de Carvalho

---

[39] O Tribunal de Contas, no exercício de suas atribuições, pode apreciar a constitucionalidade das leis e dos atos do poder público.
[40] MINAS GERAIS. Tribunal de Contas de Minas Gerais. *Processo nº 912.324.*

Guimarães, opinou pelo reconhecimento da inconstitucionalidade da previsão de parecer instrutório, conforme trecho de sua manifestação:

> (...) 21. Concordo com o posicionamento aqui analisado. 22. Tomo as palavras do jurista Carlos Ayres Brito (ADI n. 1994-5/ES), citado pelo representante (fl. 04), "(...) auditor ainda tem uma particularidade: é regrado pela Constituição como um elemento de composição do próprio Tribunal". 23. A Constituição da República, no §4º do art. 73, e a Constituição do Estado de Minas Gerais, no §1º do art. 79, conferiu ao então Auditor o exercício da função de judicatura, incompatível com a de parecerista, prevista no inciso V do art. 27 da Lei Complementar Estadual n. 102/08. (...) 27. Em face do exposto, opino: (...) b) sucessivamente, quanto ao mérito, pelo reconhecimento da inconstitucionalidade do inciso V do art. 27 da Lei Complementar Estadual n. 102/08, diante do disposto nos arts. 73, §4º e 75 da Constituição de 1988.[41]

Apreciando o referido incidente de inconstitucionalidade, o Relator Conselheiro José Alves Viana, na sessão de 08.10.2014, apresentou o seguinte voto, o qual foi aprovado à unanimidade:

> Nesse diapasão, *forçoso concluir que, em razão da natureza das atribuições deferidas aos Conselheiros Substitutos pela Lei Fundamental, de exercer atividade judicante, ordinariamente, quando preside a instrução dos processos a eles distribuídos ou, extraordinariamente, quando atua em substituição a Conselheiro, qualquer norma de hierarquia inferior que eventualmente estatua atribuições de mera instrução afetas ao corpo auxiliar, destituída de caráter decisório, padecerá de inconstitucionalidade.*
>
> Em razão do exposto, considerando que a norma constante do inciso V do art. 27 da Lei Complementar 102/2008 afigura-se incompatível com a configuração preconizada pela ordem constitucional para o cargo de Conselheiro Substituto, entendo que a aventada inconstitucionalidade deve ser incidentalmente reconhecida por esta Corte, com amparo no Enunciado de Súmula nº 347 do Supremo Tribunal Federal. É como voto.[42]

Nesse sentido, é de se concluir que, diante da clara dicção da Carta da República, o parecer de caráter meramente instrutório se mostra inconstitucional, vez que cria a anômala figura de um magistrado (Conselheiro Substituto) instruindo processo em que outro magistrado (Conselheiro) é o Relator, em total descompasso com o modelo federal, vez que no TCU tal previsão inexiste.

---

[41] Ibidem.
[42] Ibidem.

Convém, ainda, ressaltar que a função judicante a que alude o §4º do art. 73 da Constituição Federal deve ser compreendida, no âmbito das Corte de Contas, como aquela cuja natureza seja deliberativa, de caráter judicante *lato sensu*, que, como tal, encerre as competências atribuídas aos Tribunais de Contas pelos incisos I, II e III, do art. 71 da Lei Maior. Assim, o Conselheiro Substituto deve atuar como presidente dos processos que lhe forem distribuídos, relatando-os com propostas de decisão a serem submetidas ao Colegiado.

É fundamental que as atribuições dos Conselheiros Substitutos reflitam sua relevância na estrutura dos Tribunais de Contas, de modo a não atentar contra os princípios da eficiência e da moralidade. Nas palavras de Canha:[43]

> Ao reduzir a relevância do papel dos Auditores dos Tribunais de Contas corre-se o risco de transformar o seu exercício em uma sinecura. E toda sinecura é incompatível com os princípios da eficiência e da moralidade da Administração Pública. Para que isso seja evitado, é necessário que a capacidade técnica desses profissionais seja plenamente aproveitada, remetendo-lhes as atribuições devidas, nos termos constitucionais, com os deveres e direitos inerentes à magistratura.

Portanto, é de se pontuar que a desconsideração da carta constituinte na composição das Corte de Contas debilita e corrompe o sistema de controle externo, e por tal razão deve ser repelida.

3.2.1 Das normas que promovem distinção na distribuição processual

Na sessão anterior foi apresentada a discussão quanto às normas infraconstitucionais que violam a atribuição judicante do cargo de Auditor. Convém avaliar agora se nos Tribunais de Contas, cuja previsão legal estabelece a atribuição judicante do cargo, tal disposição é cumprida em sua integralidade, respeitando todas as garantias do cargo, notadamente a do juiz natural.

O princípio do juiz natural, oriundo do art. 5º, incisos XXXVII[44] e LIII,[45] da Carta da República, traz como consequência a regra da livre

---

[43] CANHA, Cláudio Augusto. Evolução (?) do papel dos auditores nos Tribunais de Contas do Brasil. In: LIMA, Luiz Henrique (Coord.). *Tribunais de Contas*: temas polêmicos: na visão de Ministros e Conselheiros Substitutos. Belo Horizonte: Fórum, 2014, p. 47.
[44] "Não haverá juízo ou tribunal de exceção".
[45] "Ninguém será processado nem sentenciado senão pela autoridade competente".

distribuição. Tal regra está expressa no novo Código de Processo Civil, nos arts. 284 e 285, a seguir transcritos:

284. Todos os processos estão sujeitos a registro, devendo ser distribuídos onde houver mais de um juiz.

Art. 285. A distribuição, que poderá ser eletrônica, será alternada e aleatória, obedecendo-se rigorosa igualdade.[46]

Nas palavras de José Carlos Barbosa Moreira,[47] a referida regra estabelece que onde houver competência concorrente impõe-se a prévia distribuição, paritária e alternada, entre os juízes, em caráter de igualdade.

Nessa distribuição, deve-se verificar "aspectos abstratos, gerais e objetivos, a fim de evitar-se uma designação *ad hoc*".[48]

O princípio do juiz natural tem como objetivo garantir a justiça no processo, vez que almeja a imparcialidade do julgador. A relevância da imparcialidade do juiz mostra-se muito além de um atributo da função jurisdicional, mas é vista atualmente como imprescindível.

Justamente tendo como horizonte a imparcialidade do juiz é que as modernas Constituições têm consagrado o referido princípio, exigindo que a indicação do julgador se dê previamente à ocorrência dos fatos ensejadores de análise judicial e livre de qualquer evento concreto ocorrido ou que venha a ocorrer.

Assim, o juízo natural é aquele previamente designado para analisar as causas definidas de forma abstrata, de tal modo que o demandante tenha assegurado que seu processo será analisado desconectado de interesses ou paixões adversas.

Veja-se, por oportuno, o entendimento consagrado no Superior Tribunal de Justiça e no Supremo Tribunal Federal, a seguir transcritos:

HABEAS CORPUS. MAGISTRADO ESPECIFICAMENTE DESIGNADO PARA JULGAR A AÇÃO PENAL. OFENSA AO PRINCÍPIO DO JUIZ NATURAL. NECESSIDADE DE GARANTIA DO DEVIDO PROCESSO LEGAL. ORDEM CONCEDIDA.

1. O postulado do juiz natural tem por finalidade resguardar a legitimidade, a imparcialidade e a legalidade da jurisdição.

---

[46] BRASIL. *Lei nº 13.105*, de 16 de maio de 2015. Código de Processo Civil. Brasília, 16 maio 2015.
[47] MOREIRA, José Carlos Barbosa. *O Novo Processo Civil Brasileiro*. 21. ed. São Paulo: Forense, 2012, p. 20.
[48] SCHWAB, Karl. Divisão de funções e o juiz natural. *RePro*, São Paulo, n. 48, 1987, p. 127.

2. A garantia do devido processo legal somente se realizará plenamente com a certeza de que não haverá juiz de exceção.

3. É ilícita a designação *ad personam* de magistrado para atuar especificamente em determinado processo.

4. No caso, falta razoabilidade à justificativa apresentada pelo Tribunal de origem – grande acúmulo de serviços daquele que seria o substituto legal na ação – para proceder à designação casuística, especial de magistrados para julgar o feito. As Portarias n. 1.623/2009 e 744/2010 do Tribunal de Justiça do Estado do Piauí, são incompatíveis com os regramentos constitucionalmente estabelecidos.

5. Ordem concedida a fim de anular todos os atos praticados pelos magistrados designados pelo Tribunal de Justiça do Estado do Piauí para atuarem, especificamente na ação penal em questão.[49]

Processo. Distribuição. Direcionamento injustificado da causa a determinado juízo. Ato não aleatório. Ofensa aos princípios do juiz natural e da distribuição livre que asseguram a imparcialidade do juiz e integram o justo processo da lei. Nulidade processual absoluta. Desnecessidade de indagação de prejuízo (...) Aplicação do art. 5º, XXXVII e LIV, da CF. Distribuição injustificada de causa a determinado juízo ofende o justo processo da lei (*due process of law*) e, como tal, constitui nulidade processual absoluta.[50]

Considerando que a todos é garantido um julgamento justo, deve-se reconhecer que o princípio do juiz natural se aplica, de igual forma, ao processo administrativo. É certo que a cláusula expressa no referido inciso LIII do art. 5º da Constituição Federal não faz qualquer segregação entre processo judicial ou administrativo. Dessa forma, mostra-se correto afirmar que o dispositivo constitucional envolve as duas hipóteses, devendo, por conseguinte, ser observado em procedimentos administrativos.

Nesse ponto, é relevante demonstrar a natureza jurídica dos processos que tramitam nos Tribunais de Contas. O ilustre doutrinador Jacoby Fernandes[51] afirma ser possível indicar que esse órgão, a exemplo dos órgãos do Poder Judiciário, produz decisões de natureza jurisdicional e também meramente administrativa.

---

[49] BRASIL. Superior Tribunal de Justiça. HC 161877 PI 2010/0023115-8. Sexta Turma. Relator Ministro Celso Limongi. *Diário da Justiça da República Federativa do Brasil*, 15 jun. 2011.
[50] BRASIL. Supremo Tribunal Federal. ED n. AI 548.203. Segunda Turma. Relator Ministro Cezar Peluso. *Diário da Justiça da República Federativa do Brasil*, 7 mar. 2008.
[51] FERNANDES, Jorge Ulisses Jacoby. *Tribunais de Contas do Brasil*: jurisdição e competência. 3. ed. Belo Horizonte: Fórum, 2012.

Reforça seu argumento invocando o escólio do Ministro Athos Gusmão Carneiro,[52] no sentido de que os Tribunais de Contas têm atribuições de natureza administrativa, mas que, quando julgam as contas dos administradores e demais responsáveis por bens e valores públicos, é de se reconhecer que tal julgamento sobrepõe-se ao Poder Judiciário, no que concerne ao aspecto contábil, sobre a regularidade da própria conta.

Nos dizeres do Ministro Victor Nunes Leal, "a disposição constitucional de que a lei não poderá excluir da apreciação do Poder Judiciário qualquer lesão de direito individual não é obstáculo a estes entendimentos, porque, no caso, a redução de competência do Judiciário resulta da Constituição, e não da lei".[53]

Ademais o art. 73 c/c art. 96 da CF/88 expressa a simbiose da atuação desse órgão de controle externo com o órgão judiciário, ao determinar que o Tribunal de Contas exerce no que couber as atribuições previstas nas competências próprias dos Tribunais do Poder Judiciário. Não por outra razão Pontes de Miranda[54] dá à função desse órgão o nome *judicialiforme*.

Assim, é de se reconhecer as características jurisdicionais especiais das Cortes de Contas, notadamente quando se verifica que o órgão responsável por guardar e interpretar em última instância a Constituição Federal, o Supremo Tribunal Federal, já se manifestou sobre tais características, inclusive ao afirmar a impossibilidade de o Judiciário anular as decisões em processos de contas, ressalvada a hipótese de não ser observado o princípio do devido processo legal MS/DF 23550-1.[55]

Ora, conforme art. 73, §3º e §4º, da Constituição Federal de 1988, os Tribunais de Contas possuem em sua estrutura duas categorias de magistrados de contas: Ministros ou Conselheiros e Ministros ou Conselheiros Substitutos, estes equiparados a juízes do Tribunal Regional Federal, no caso na União, ou a juízes de entrância especial, no caso dos demais entes; aqueles aos Ministros do Superior Tribunal de Justiça, no caso da União, ou aos Desembargados dos Tribunais de Justiça, no caso dos demais entes.

---

[52] *Apud* FERNANDES, Jorge Ulisses Jacoby. *Tribunais de Contas do Brasil*: jurisdição e competência. 3. ed. Belo Horizonte: Fórum, 2012, p. 115.
[53] LEAL, Victor Nunes. *Problemas de Direito Público e outros problemas*. Rio de Janeiro: Forense, 1960, p. 231.
[54] MIRANDA, 1970, t. III, p. 255 apud Revista do Tribunal de Contas da União.
[55] BRASIL. Supremo Tribunal Federal. MS nº 23550-1/DF. Tribunal Pleno. Relator: Min. Marco Aurélio. Brasília, DF, 4 abr. 2001.

Por óbvio, para o pleno exercício da magistratura de contas exige-se o atendimento de todas as garantias inerentes ao cargo, notadamente quando se constata que no exercício de suas incumbências o magistrado manifesta parcela da soberania estatal, daí a importância de garantir a imparcialidade em sua atuação.

Nesse diapasão, com igual razão o princípio do juízo natural e da livre distribuição também se mostra obrigatório nos processos de contas, como forma de garantir uma atuação legítima, imparcial e impessoal do julgador, atuação que deve ter como norte preservar o erário dos malefícios do mau uso dos recursos públicos.

Convém trazer a lume o disposto na CF/88, a fim de refletir sobre o significado jurídico do conceito da distribuição processual:

> Art. 93 – Lei complementar, de iniciativa do Supremo Tribunal Federal, disporá sobre o Estatuto da Magistratura, observados os seguintes princípios:
> (...)
> XV – a distribuição de processos será imediata, em todos os graus de jurisdição.

Como visto, a Carta da República define a distribuição como um princípio a ser cumprido imediatamente onde houver magistrados. No dicionário jurídico, encontram-se os seguintes conceitos de distribuição:

> DISTRIBUIÇÃO
> Escolha do juiz ou relator do processo, por sorteio. Pode acontecer também por prevenção, ou seja, o processo é distribuído para um juiz ou ministro que já seja relator da causa ou de processo conexo. No caso de um juiz ou ministro declarar-se impedido é feito novo sorteio.[56]
> Ato administrativo pelo qual se registram e repartem entre os juízes processos apresentados em cada juízo ou tribunal, obedecendo aos princípios de publicidade, alternatividade e sorteio.[57]

Nesse norte, não se pode dissociar o conceito de distribuição processual dos princípios do sorteio, da publicidade e da alternância, indispensáveis para materializar o princípio da transparência e da imparcialidade na atuação dos Tribunais de Contas.

---

[56] BRASIL. *Dicionário Jurídico*. Disponível em: <http://www.centraljurídica.com.br>. Acesso em: 7 ago. 2017.

[57] BRASIL. *Dicionário Jurídico*. Disponível em: <http://www.mundolegal.com.br>. Acesso em: 7 ago. 2017.

O objetivo de tais princípios é impedir direcionamentos, a fim de resguardar o juiz natural, de tal modo que a manifestação do controle externo se dê estritamente em prol do erário, de modo isento na análise da aplicação dos recursos públicos e em atendimento ao interesse público.

Inobstante tais considerações, observa-se que, em alguns Tribunais de Contas, ainda prevalecem regramentos que, apesar de preverem a atribuição judicante do cargo de Conselheiro Substituto, buscam limitar sua atuação a apenas algumas classes processuais, retirando da livre distribuição alguns processos de contas específicos, sem qualquer fundamento jurídico que o justifique. Ou, em maior gravidade, atribuindo a um Conselheiro a discricionariedade quanto aos processos a serem distribuídos aos Conselheiros Substitutos.

No caso do TCE/PR, TCE/RO e TCE/TO, somente os processos referentes aos atos de pessoal sujeitos a registro são distribuídos aos Conselheiros Substitutos. No TCE/PA, os Conselheiros Substitutos participam do sorteio de todos os processos, com exceção das contas de governo e dos chefes de poderes.

Já no TCM/PA, os processos referentes aos atos de pessoal sujeitos a registro são distribuídos aos Substitutos de modo exclusivo, para julgamento na Câmara Especial, criada para essa finalidade. Na Câmara Especial, os Conselheiros Substitutos votam todos os processos. Entretanto, nas demais classes de processos, os processos são redistribuídos para a relatoria dos Conselheiros Substitutos, por discricionariedade do Conselheiro. Trata-se, em verdade, de uma delegação de processos, exigindo-se, inclusive, que a proposta de decisão do Conselheiro Substituto seja referendada, no momento do julgamento em sessão Plenária, pelo Conselheiro que efetuou a delegação.

Os demais Tribunais estabelecem critérios de distribuição equitativos entre Conselheiros e Conselheiros Substitutos, em consonância com o princípio do juiz natural. É importante ressaltar que muitos desses Tribunais dividem seus processos em listas de unidades jurisdicionadas, mas com critérios objetivos de distribuição, antes de realizarem o sorteio entre seus membros titulares e substitutos. Quanto aos Tribunais em que a distribuição dos processos autuados é realizada por sorteio igualitário entre todos os membros titulares e substitutos destacam-se o do Ceará, do Distrito Federal, do Maranhão, de Minas Gerais e do Piauí.

Perquirindo sobre a possibilidade de discriminação na distribuição de processos aos Conselheiros Substitutos, encontram-se recentes demandas judiciais em que a distribuição equânime e impessoal foi garantida, como se observa dessa decisão proferida no MS nº 5918-31.2009.8.06.0000/1, contra ato do Tribunal de Contas dos

Municípios do Estado do Ceará que cerceou a atribuição judicante do Conselheiro Substituto; o impetrante requereu:

> (...) 1 – Que seja concedida medida liminar *inaudita altera pars*, determinando ao Exmo. Sr. Presidente do TCM-CE, que CUMPRA o artigo 74, §1º, da Lei Estadual nº 12.160/1993 – Lei Orgânica do TCM, providenciando a imediata distribuição de processos de contas ao impetrante, para que possa coordenar (dirigir) a sua instrução, como magistrado-relator, *devendo ser os processos distribuídos mediante critérios impessoais de sorteio, aplicáveis a todos os magistrados da Corte de Contas*, inteligência do artigo 14 de sua Lei Orgânica, combinado com o artigo 33, inciso IV, do Regimento Interno do TCM;
>
> 2 – Que por meio da mesma medida liminar, se determine a suspensão da eficácia dos artigos da autônoma Resolução nº 06/2008, que impingem ao Auditor atribuições não previstas na CF/88, na Constituição do Ceará e tampouco na LOTCM, em especial os artigos 1º, 2º, 5º, 6º e 8º; ao final, na sentença, julgue-se por sua definitiva anulação, visto eivada de vícios insanáveis (...).[58]

Em análise ao referido mandado de segurança, o Relator deferiu a medida liminar requerida, nos seguintes termos:

> Daí porque essa Resolução do Tribunal de Contas – nº 06/2008 – no particular, por aplicação estrita do princípio da legalidade, deve ser, de todo, rejeitada, por manifesta ilegalidade e inconstitucionalidade.
>
> Diante do exposto, sem mais delongas, por vislumbrar, na espécie em exame, a presença dos requisitos necessários à concessão da medida liminar, *defiro-a para os fins a que aludem os itens 1 (um) e 2 (dois), da inicial respectiva* (fl. 39).[59]

Importante fazer constar também que, inconformado com a decisão proferida pelo Tribunal de Justiça do Ceará, o estado entrou com o pedido de suspensão de segurança (SS nº 4005) no âmbito do Supremo Tribunal Federal. No entanto, não logrou êxito, visto que o Ministro Gilmar Mendes indeferiu, em 27.01.2010, tal pedido e manteve a decisão inicial, que garantia não só o exercício da atribuição judicante, mas também a distribuição equânime e impessoal dos processos.[60]

---

[58] CEARÁ. Tribunal de Justiça do Ceará. MS Cível nº 5918-31.2009.8.06.0000/1. Relator: Des. Francisco Lincoln Araújo e Silva.
[59] Ibidem.
[60] BRASIL. Supremo Tribunal Federal. SS 4005 CE. Relator Min. Cezar Peluso. Julgado em 29 mar. 2012. Tribunal Pleno. *Diário de Justiça Eletrônico*, n. 84, 30 abr. 2012.

Dessa forma, é de se concluir que os procedimentos de distribuição processual impactam diretamente no exercício da judicatura de contas, vez que o princípio do juiz natural tem por finalidade resguardar a legitimidade, a imparcialidade e a legalidade da jurisdição e, por isso, quando não observada a igualdade, a paridade, a alternância e o sorteio na distribuição processual, o que se verifica é a corrosão da prestação jurisdicional e, por conseguinte, o enfraquecimento do próprio controle externo.

4 Conclusão

Centenário, o cargo de Auditor (Ministro Substituto) evoluiu ao longo do último século e se consolidou no âmbito federal. Entretanto, mesmo após seu assento constitucional, em 1988, no âmbito dos demais entes Federados, ainda se percebem algumas assimetrias nas normas atinentes à atuação dos Conselheiros Substitutos, sem que se verifique justificativa apta a legitimá-las.

Em diversas oportunidades, o Poder Judiciário se manifestou pela inconstitucionalidade das normas que restringem a atuação dos Conselheiros Substitutos, de modo a resguardar sua identidade na estrutura dos Tribunais de Contas e a reafirmar a impossibilidade de limitar tanto o exercício das suas atribuições judicantes quanto as garantias necessárias ao seu pleno exercício.

De todo o exposto, é possível sintetizar que o Ministro Substituto extrai sua identidade direto da Constituição, e, por possuir mesmo regime jurídico dos Titulares, também é membro do Tribunal de Contas da União, muito embora não integre o Colegiado, salvo em substituição.

Ademais, a restrição ao exercício da substituição pelo Conselheiro Substituto padece de vício de inconstitucionalidade, por ferir a simetria com o modelo federal e o princípio da colegialidade preconizado na Constituição, pois o que se almeja com tal princípio é a materialização da esperança metajurídica da qualificação do pronunciamento decisório pela presença de um maior número de julgadores coletivos.

Ordinariamente, as atribuições do Conselheiro Substituto só podem ser dotadas de natureza judicante, não se admitindo a emissão de parecer meramente instrutório, para instruir processo de outro relator, e, menos ainda, o desempenho de atividades no corpo auxiliar, pois é atribuição, conforme frisado, divorciada do exercício da judicatura, o que fere a simetria exigida constitucionalmente e desmoraliza a sua condição de magistrado.

A emissão de parecer somente se mostra possível em processos cuja deliberação se encerre sob essa forma, a exemplo do parecer prévio das contas de governo, mas sempre na condição de Relator desses processos – pois são também atividades afetas aos Ministros ou Conselheiros, a serem submetidas ao Colegiado do Tribunal de Contas na forma de uma proposta de decisão.

De igual modo, as previsões normativas que não promovam a distribuição de processos, de forma equânime e impessoal, aos Conselheiros Substitutos atentam contra o texto constitucional por ferirem o princípio do juízo natural, garantidor da imparcialidade, isonomia e igualdade na prestação jurisdicional dos Tribunais de Contas, danificando o sistema de controle externo idealizado pelo constituinte e, com igual gravidade, o próprio interesse público.

Assim sendo, assegurar a identidade institucional do cargo e o pleno e efetivo exercício de suas atribuições constitucionais é medida de alta relevância, pois não serve à república e ao interesse público que um agente público de tão alta envergadura seja subutilizado em seu mister constitucional.

Referências

BUENO, Silveira. *Dicionário da Língua Portuguesa*. São Paulo: FTD, 2012.

BRASIL. Constituição (1988). *Constituição da República Federativa do Brasil*. Brasília, 1988. Disponível em: <http://www.planalto.gov.br/ccivil_03/constituicao/constituicaocompilado.htm>. Acesso em: 15 ago. 2017.

BRASIL. *Dicionário Jurídico*. Disponível em: <http://www.centraljurídica.com.br≥. Acesso em: 7 ago. 2017.

BRASIL. *Dicionário Jurídico*. Disponível em: <http://www.mundolegal.com.br≥. Acesso em: 7 ago. 2017.

BRASIL. *Lei nº 12.811*, de 16 de maio de 2013. Acrescenta 2 (dois) cargos em comissão no Quadro de Pessoal da Secretaria do Tribunal de Contas da União para provimento em Gabinete de Auditor do Tribunal de Contas da União e dá outras providências. Brasília, 16 maio 2013. Disponível em: <http://www.planalto.gov.br/ccivil_03/_Ato2011-2014/2013/Lei/L12811.htm>. Acesso em: 18 nov. 2016.

BRASIL. *Lei nº 13.105*, de 16 de maio de 2015. Código de Processo Civil. Brasília, 16 maio 2015. Disponível em: <http://www.planalto.gov.br/ccivil_03/_ato2015-2018/2015/lei/l13105.htm>. Acesso em: 18 nov. 2016.

BRASIL. Superior Tribunal de Justiça. HC 161877 PI 2010/0023115-8. Sexta Turma. Relator Ministro Celso Limongi. *Diário da Justiça da República Federativa do Brasil*, 15 jun. 2011.

BRASIL. Superior Tribunal de Justiça. RMS 36.496/SE. Segunda Turma. Relator: Min. Humberto Martins. Julgado em 6 dez. 2012. *Diário de Justiça Eletrônico*, Brasília, 18 dez. 2012. Disponível em: <https://ww2.stj.jus.brprocesso/pesquisa/?tipoPesquisa=tipoPesquisaNumeroRegistro&termo=201102500770& total RegistrosPorPagina=40&aplicacao=processos.ea>. Acesso em: 7 ago. 2017.

BRASIL. Supremo Tribunal Federal. ADI 507-3/DF. Relator Min. Celso de Mello. Julgado em 14 fev. 1996. *Diário de Justiça*, 8 ago. 2003. Disponível em: <http://www.stf.jus.br/portal/processo/verProcessoAndamento.asp?incidente=1520409>. Acesso em: 18 nov. 2016.

BRASIL. Supremo Tribunal Federal. ADI 916/MT. Relator Min. Joaquim Barbosa. Julgado em 2 fev. 2009. Plenário. *Diário de Justiça Eletrônico*, 5 mar. 2009. Disponível em: <http://stf.jusbrasil.com.br/jurisprudencia/2909613/acao-direta-de-inconstitucionalidade-adi-916-mt>. Acesso em: 28 ago. 2017.

BRASIL. Supremo Tribunal Federal. ADI 1.873/MG. Relator Min. Marco Aurélio. Julgado em 2 set. 1998. Plenário. *Diário de Justiça Eletrônico*, 19 set. 2003. Disponível em: <https://stf.jusbrasil.com.br/jurisprudencia/740467/acao-direta-de-inconstitucionalidade-adi-1873-mg>. Acesso em: 28 ago. 2017.

BRASIL. Supremo Tribunal Federal. ADI 1.994. Relator Min. Eros Grau. Julgado em 24 maio 2006. Plenário. *Diário de Justiça Eletrônico*, 8 set. 2006. Disponível em: <http://redir.stf.jus.br/paginadorpub/paginador.jsp?docTP=AC&docID=347372>. Acesso em: 21 ago. 2017.

BRASIL. Supremo Tribunal Federal. ADI 4.190/RJ. Relator Min. Celso de Mello. Julgado em 10 mar. 2010. Plenário. *Diário de Justiça Eletrônico*, n. 105, 11 jun. 2010. Disponível em: <http://redir.stf.jus.br/paginadorpub/paginador.jsp?docTP=AC&docID=612217>. Acesso em: 28 ago. 2017.

BRASIL. Supremo Tribunal Federal. ED n. AI 548.203. Segunda Turma. Relator Ministro Cezar Peluso. *Diário da Justiça da República Federativa do Brasil*, 7 mar. 2008.

BRASIL. Supremo Tribunal Federal. MS nº 23550-1/DF. Tribunal Pleno. Relator: Min. Marco Aurélio. Brasília, DF, 4 abr. 2001. *Diário da Justiça da República Federativa do Brasil*, Brasília, 31 out. 2001, p. 6.

BRASIL. Supremo Tribunal Federal. SS 4005 CE. Relator Min. Cezar Peluso. Julgado em 29 mar. 2012. Tribunal Pleno. *Diário de Justiça Eletrônico*, n. 84, 30 abr. 2012. Disponível em: <http://stf.jusbrasil.com.br/jurisprudencia/21556726/agreg-na-suspensao-de-seguranca-ss-4005-ce-stf>. Acesso em: 20 ago. 2017.

BRASIL. Tribunal Regional Federal da 1ª Região. Apelação Cível nº 1997.01.00.000311-0/PA. Segunda Turma. Relator: Juiz Carlos Fernando Mathias. Julgado em 12 ago. 1998. Disponível em: <https://processual.trf1.jus.br/consultaProcessual/processo.php?proc=199701000003110&secao=TRF1&pg=1&enviar=Pesquisar>. Acesso em: 28 ago. 2017.

CANHA, Cláudio Augusto. Evolução (?) do papel dos auditores nos Tribunais de Contas do Brasil. In: LIMA, Luiz Henrique (Coord.). *Tribunais de Contas*: temas polêmicos: na visão de Ministros e Conselheiros Substitutos. Belo Horizonte: Fórum, 2014, p. 19-49.

CARVALHO FILHO, José dos Santos. *Manual de Direito Administrativo*. 24. ed. São Paulo: Lumen Juris, 2011.

CEARÁ. *Lei nº 13.983*, de 26 de outubro de 2007. Dispõe sobre alterações na Lei Estadual nº 12.509, de 6 de dezembro de 1995 – Lei Orgânica do Tribunal de Contas do Estado. Fortaleza, 26 out. 2007. Disponível em: <http://www.al.ce.gov.br/legislativo/legislacao5/leis95/12509.htm>. Acesso em: 29 ago. 2017.

CEARÁ. Tribunal de Justiça do Ceará. MS Cível nº 5918-31.2009.8.06.0000/1. Relator: Des. Francisco Lincoln Araújo e Silva. Disponível em: <http://esaj.tjce.jus.br/cposg5/search.do;jsessionid= 2531A11548BF2C7744DE74A2F864C8E2.

cposg3?conversationId= &paginaConsulta=1&localPesquisa.cdLocal= 900&cbPesquisa=NUMPROC&tipoNuProcesso= UNIFICADO&numeroDigitoAnoUnificado=0005918-31.2009&foroNumeroUnificado= 0000&dePesquisaNuUnificado=-0005918-31.2009.8.06.0000&dePesquisa= &uuidCaptcha=>. Acesso em: 29 ago. 2017.

DICIONÁRIO AURÉLIO DE PORTUGUÊS ONLINE. Disponível em: <https://dicionariodoaurelio.com/membro>. Acesso em: 20 set. 2017.

DINIZ, Gilberto Pinto Monteiro. Auditor do Tribunal de Contas: cargo público de extração constitucional. *Revista TCE/MG*, abr.-jun. 2012. Disponível em: <http://revista.tce.mg.gov.br/Content/Upload/Materia/1530.pdf>. Acesso em 23 out. 2017.

FERNANDES, Jorge Ulisses Jacoby. *Tribunais de Contas do Brasil*: jurisdição e competência. 3. ed. Belo Horizonte: Fórum, 2012.

GOIÁS. *Lei Complementar nº 15.958*, de 18 de janeiro de 2007. Dispõe sobre a Lei Orgânica do Tribunal de Contas dos Municípios do Estado de Goiás e dá outras providências. Goiânia, 18 jan. 2007. Disponível em: <http://www.tce.go.gov.br>. Acesso em: 29 ago. 2017.

LEAL, Victor Nunes. *Problemas de Direito Público e outros problemas*. Rio de Janeiro: Forense, 1960.

MACIEIRA, Leonardo dos Santos. Auditor constitucional dos Tribunais de Contas: natureza e atribuições. In: LIMA, Luiz Henrique (Coord.). *Tribunais de Contas*: temas polêmicos: na visão de Ministros e Conselheiros Substitutos. Belo Horizonte: Fórum, 2014, p. 69-82.

MARANHÃO. *Lei nº 9.519*, de 13 de dezembro de 2011. Dispõe sobre alterações na Lei n.º 8.258, de 6 de junho de 2005 (Lei Orgânica do Tribunal de Contas do Estado do Maranhão), e dá outras providências. São Luís, 13 dez. 2011. Disponível em: <http://www.tce.ma.gov.br>. Acesso em: 29 ago. 2017.

MEIRELLES, Hely Lopes. *Direito Administrativo Brasileiro*. 40. ed. São Paulo: Malheiros, 2014.

MINAS GERAIS. Tribunal de Contas de Minas Gerais. *Processo nº 912.324*. Disponível em: <www.tce.mg.gov.br>. Acesso em: 20 ago. 2017.

MOREIRA, José Carlos Barbosa. *O Novo Processo Civil Brasileiro*. 21. ed. São Paulo: Forense, 2012.

PARÁ. *Ato nº 63/2012*. Regimento Interno do Tribunal de Contas do Estado do Pará. Disponível em: <http://www.tce.pa.gov.br>. Acesso em: 29 ago. 2017.

PARÁ. *Constituição do Estado do Pará*. Disponível em: <http://www.sefa.pa.gov.br/legislacao/interna/constituicao/cpara_1989.pdf>. Acesso em: 29 ago. 2017.

PARÁ. *Lei Complementar nº 81*, de 26 de abril de 2012. Dispõe sobre a Lei Orgânica do Tribunal de Contas do Estado do Pará e dá outras providências. Belém, 26 abr. 2012. Disponível em: <http://www.tce.pa.gov.br>. Acesso em: 29 ago. 2017.

PARAÍBA. *Resolução nº 01*, de 2014. Altera a Resolução nº 10/2010, Regimento Interno do Tribunal de Contas do Estado da Paraíba. 2014. Disponível em: <http://www.tce.pb.gov.br>. Acesso em: 29 ago. 2017.

PIAUÍ. *Resolução nº 13*, de 26 de agosto de 2011. Aprova o novo Regimento Interno do Tribunal de Contas do Estado do Piauí. Teresina, 26 ago. 2011. Disponível em: <http://www.tce.pi.gov.br>. Acesso em: 29 ago. 2017.

RAMOS FILHO, Carlos Alberto de Moraes. *Direito financeiro esquematizado*. Coordenação de Pedro Lenza. São Paulo: Saraiva, 2015.

REVISTA DO TRIBUNAL DE CONTAS DA UNIÃO, Brasília, DF, v. 1, n. 1, (1970 –). Brasília, DF: TCU, (1970 –). Disponível em: <http://portal2.tcu.gov.br/portal/pls/portal/docs/2055478.PDF>. Acesso em: 10 ago. 2017.

RIO DE JANEIRO. *Lei Complementar nº 63*, de 1º de agosto de 1990. Dispõe sobre a lei orgânica do Tribunal de Contas do Estado do Rio de Janeiro e dá outras providências. Rio de Janeiro, 1º ago. 1990. Disponível em: <http://www.tce.rj.gov.br≥. Acesso em: 29 ago. 2017.

RIO DE JANEIRO. *Lei Complementar nº 289*, de 25 de novembro de 1981. Regula a organização do Tribunal de Contas do Município do Rio de Janeiro e dá outras providências. Rio de Janeiro, 25 nov. 1981. Disponível em: <http://www.tcm.rj.gov.br≥. Acesso em: 29 ago. 2017.

RIO GRANDE DO SUL. *Lei Complementar nº 14.413*, de 2 de janeiro de 2014. Altera a Lei Orgânica do Tribunal de Contas do Estado do Rio Grande do Sul. Porto Alegre, 2 jan. 2014. Disponível em: <http://www.tce.rs.gov.br≥. Acesso em: 29 ago. 2017.

RONDÔNIA. *Lei Complementar nº 806*, de 12 de dezembro de 2014. Altera as Leis Complementares ns. 154, de 26 de julho de 1996; 194, de 12 de janeiro de 1997; 307, de 1º de outubro de 2004; 799, de 29 de setembro de 2014; e 659, de 13 de abril de 2012 e dá outras providências. Porto Velho, 12 dez. 2014. Disponível em: <http://www.tce.ro.gov.br≥. Acesso em: 29 ago. 2017.

RORAIMA. *Lei Complementar nº 225*, de 29 de janeiro de 2014. Altera dispositivos da Lei Orgânica do Tribunal de Contas do Estado de Roraima, de 6 de junho de 1994, e dá outras providências. Boa Vista, 29 jan. 2014. Disponível em: <http://www.tce.rr.gov.br≥. Acesso em: 29 ago. 2017.

SCHWAB, Karl. Divisão de funções e o juiz natural. *RePro*, São Paulo, n. 48, 1987.

SERGIPE. *Lei Complementar nº 205*, de 6 de julho de 2011. Institui a Lei Orgânica do Tribunal de Contas do Estado de Sergipe, e dá providências correlatas. Aracaju, 6 jul. 2011. Disponível em: <http://www.tce.se.gov.br≥. Acesso em: 29 ago. 2017.

SERGIPE. Tribunal de Justiça. Mandado de Segurança nº 2012.00107425. Relator Des. Marilza Maynard Salgado de Carvalho. *Diário de Justiça*, Aracaju, 18 abr. 2012.

SILVA, De Plácido e. *Vocabulário Jurídico*. São Paulo: Forense, 2012.

Informação bibliográfica deste texto, conforme a NBR 6023:2002 da Associação Brasileira de Normas Técnicas (ABNT):

CUNHA, Milene. O auditor (Ministro/Conselheiro Substituto) do Tribunal de Contas: uma análise da identidade institucional e da natureza jurídica do cargo. In: LIMA, Luiz Henrique (Coord.). *Tribunais de Contas*: temas polêmicos: na visão de Ministros e Conselheiros Substitutos. 2. ed. rev., ampl. e atual. Belo Horizonte: Fórum, 2018. p. 253-290. ISBN 978-85-450-0521-6.

SOBRE OS AUTORES

Alexandre Manir Figueiredo Sarquis
Conselheiro-Substituto no TCE de São Paulo. Graduado em Engenharia e Administração Pública. Mestre em Economia pela Universidade de Brasília (UnB).

Cesar Santolim
Conselheiro Substituto no TCE do Rio Grande do Sul. Graduado em Direito e Economia. Professor da Faculdade de Direito da UFRGS. Mestre e Doutor em Direito pela UFRGS. Bacharel em Direito e Bacharel em Economia pela UFRGS. *Visiting Scholar* na *University of Illinois at Urbana-Champaign* (UIUC) em 2011. Pós-Doutorado na Universidade de Lisboa (2012/2014).

Cláudio Augusto Canha
Conselheiro Substituto no TCE do Paraná. Graduado em Direito. Especialista em Auditoria Governamental e Administração de Material.

Diogo Ribeiro Ferreira
Analista de Controle Externo no TCE de Minas Gerais. Graduado em Direito. Especialista em Direito Público Constitucional e em Direito Privado. Doutorando e Mestre em Direito Processual (UFMG).

Jaylson Fabianh Lopes Campelo
Conselheiro Substituto no TCE do Piauí. Graduado em Direito e Ciências Econômicas. Especialista em Controle Externo da Administração Pública.

Leonardo dos Santos Macieira
Ex-Conselheiro Substituto do Tribunal de Contas dos Municípios do Estado do Pará. Graduado em Direito e Administração. Especialista em Políticas Públicas. Mestre em Administração pela Universidade de Brasília.

Licurgo Mourão
Conselheiro Substituto no TCE de Minas Gerais. Especialista em Direito Administrativo, Contabilidade Pública e Controladoria Governamental. Mestre em Direito Econômico com extensões universitárias na *The George Washington University* (USA), na Fundação Dom Cabral (MG) e na *Universidad del Museo Social Argentino* (ARG). Doutorando em Direito Econômico e Financeiro (USP).

Luiz Henrique Lima
Conselheiro Substituto no TCE de Mato Grosso. Graduado em Ciências Econômicas. Especialista em Finanças Corporativas. Mestre e Doutor em Planejamento Energético pela Universidade Federal do Rio de Janeiro (UFRJ). Autor de diversos livros e artigos científicos nas áreas de controle externo, gestão

pública e gestão ambiental. Palestrante e professor de cursos de pós-graduação em diversas universidades em todo o país.

Milene Cunha
Conselheira Substituta do TCE do Pará. Vice-Presidente da AUDICON – Região Norte. Bacharel em Administração. Especialista em Direito Público, com ênfase em Gestão Pública, e em Gestão de Pessoas e Marketing. Mestranda em Ciência Política.

Omar Pires Dias
Conselheiro Substituto no TCE de Rondônia. Graduado em Ciências Contábeis e Direito. Especialista em Contabilidade Governamental, Planejamento Estratégico e Qualidade e Docência do Ensino Superior. Mestre em Ciências Contábeis.

Rafael Neubern Demarchi Costa
Procurador do Ministério Público de Contas no TCE de São Paulo. Graduado em Direito.

Sabrina Nunes Iocken
Conselheira Substituta no TCE de Santa Catarina. Graduada em Direito. Especialista em Direito da Administração Pública. Mestre em Direito pela Universidade Federal de Santa Catarina (UFSC). É doutoranda em Direito pela UFSC.